누구나 할 수 있는
Rhino 3D 따라하기
기초편

Rhino 4.0 기초편

누구나 할 수 있는

Rhino 3D
따라하기

유상현 · 문재호 · 오재성 지음

예경

머 리 말

3D를 접한 지 오랜 시간이 흘렀습니다. 처음 3D를 접했을 때, 3D는 신세계로 보였습니다. 내가 찾던 게 이거라며 시작한 프로그램이 3D Studio였습니다. 재미있어 시간가는 줄 모르고 매달려 있었던 날들이 지금 저에게는 소중한 추억이자 발판이 되고 있습니다.

디자인을 위해 3D를 사용한다는 것은 디자인 프로세스의 보조도구로서의 역할이라고 생각합니다. 디자인을 시작할 때 컴퓨터 앞에서 3D로 시작하는 사람도 있고, 스케치로 디자인을 완성한 후 프로그램을 사용하는 사람들도 있을 것입니다. 그러나 모두에게 처음으로 3D를 만나는 것은 저처럼 새로운 세계를 맞이하게 되는 것과 같을 것입니다.

한국에서 접한 3D Studio를 통해 3D라는 것을 알게 된 후, 독일로 유학을 가서 라이노라는 프로그램을 배울 수 있었던 것은 저에게는 행운이었습니다. AutoCAD를 알고 있었기에 쉽게 다룰 수 있는 프로그램이었으며 언제나 아쉽게 느끼던 정확도 면에서도 매우 우수했기 때문입니다. 독일에서 갈고 닦은 라이노는 저를 한 단계 발전시킬 수 있었던 좋은 계기가 되었습니다. 저는 라이노를 책이 아닌 피부로 느끼고 배웠기에 명령어 하나하나를 익히는 일이나 프로그램에 대한 지식보다는 실전에서 쓸 수 있는 감각과 노하우가 중요하다는 것을 깨달았습니다. 또한 한국에 돌아온 후 여러 학교에서 라이노를 통한 3D 강의를 하면서 학생들이 책으로 공부할 때 느끼는 어려움과 고충을 알게 되었고 단순한 명령어보다는 실제로 쓸 수 있고 응용할 수 있는 내용의 책이 필요하다고 느꼈습니다.

이 책은 3D를 처음 배우는 사람들을 위한 책입니다. 명령어 설명 위주의 학습서가 아니라 기초부터 천천히 따라할 수 있도록 상세하게 풀어썼으며 예제를 통해 하나씩 명령어를 공부하도록 했습니다. 체험을 통해 배우지 않은 명령어는 습득하더라도 금세 잊혀지기 때문에 반복학습과 실습을 통해 자연스럽게 익히도록 하였습니다.

집필을 마치는 이 순간에 기쁨보다는 저의 부족함을 더 많이 느끼고 있습니다. 비록 미숙한 책이지만 이 책을 통해 라이노의 재미를 느낄 수 있기를 바랍니다. 이 책이 나올 때까지 많은 도움을 주신 세종대학교, 세명대학교, 인덕대학 교수님들과 지인들, 저를 지켜봐준 사람들과 매일 밤샘으로 인해 고생한 가족들에게 마음속 깊은 감사를 드립니다.

2011. 7. 유상현

차례

머리말	5
제품디자인의 분야	8
3D 프로그램이란?	9

Part 1   Rhino 3D의 이해   11

Section 01	Rhino 3D란?	13
Section 02	Rhino 3D의 Layout 구성	17
Section 03	File	21
Section 04	Edit	33
Section 05	View	54
Section 06	유용한 필수 기능	68

Part 2   실습 예제   75

Section 01   Curve를 이용한 모델링   77

1. 태극기
   - 수치 입력하기   78
   - 면 생성하기   84
   - 음각 태극기 만들기   89

2. 주사위
   - 주사위 몸체 만들기   92

3. 레고
- 레고 블록 만들기   100

Section 02   Curve와 Solid 혼합 모델링   106

1. 의자
- 의자 만들기   106

2. 수도꼭지
- 수도꼭지 만들기   116

3. 볼펜
- Loft 응용 - 볼펜 만들기   137
- 볼펜 로고 넣기   157
- 손잡이 주름 만들기   159

4. 라이터
- 라이터 몸체 만들기   163
- 라이터 캡 만들기   169
- 라이터 버튼 만들기   188
- 라이터 부속 만들기   200
- 가스 분출구 만들기   219

5. 면도기
- 면도기 몸체 만들기   228
- 면도기 로고 넣기   249
- 손잡이 부분 만들기   257
- 디테일 만들기   280

제품디자인의 분야

디자인이란 회화의 소묘부터, 기술자가 기계나 건물을 설계하는 것에 이르기까지 모든 조형 활동에 대한 계획을 통틀어 말한다. 그중에서도 제품 디자인은 제품의 기능성과 심미성을 적용하여 산업적 방식으로 제품을 생산하는 것이다. 오늘날에는 그 영역이 넓어져 서비스 발전, 창조를 위한 가치, 기능, 외관, 설계를 통해 사회, 문화, 기업, 사용자의 상호 이익을 최적화하는 디자인을 만들어내는 것이라 할 수 있다.

제품디자인에는 일상생활용품 디자인을 비롯해 가구디자인, 장신구디자인, 자동차디자인 등이 포함된다. 최근에는 제품디자인의 영역이 제품의 외형뿐 아니라 각 제품의 구조, 기능까지 포괄하고 있으며 점차 넓어지고 있는 추세이다.

디자인 프로세스(Design Process)

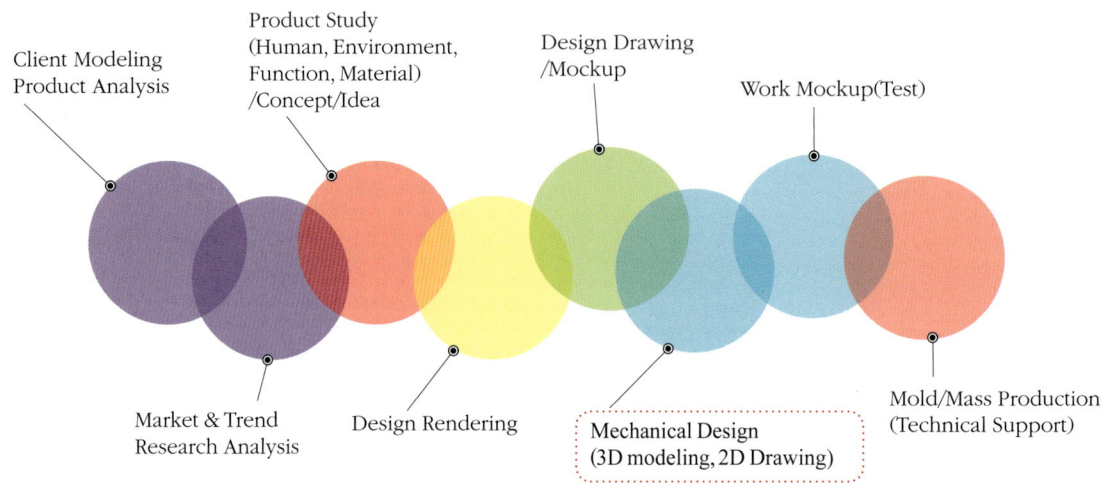

이 외에도 여러 단계의 디자인 프로세스가 진행되고 있는데 점차적으로 모든 영역에서 그래픽의 역할이 커지고 있으며, 그 중 3D Modeling은 필수적인 요소가 되었다.

지금 시장에는 많은 3D 프로그램들이 존재하며 우리나라에서도 디자인에 컴퓨터 그래픽이 도입된 이후 약 20여 년의 시간 동안 다양한 프로그램들이 쓰여왔다. 또한 3D의 역할은 보조도구로서 디자인의 표현에 중요한 요소로 작용하고 있을 뿐만 아니라 사회 여러 분야에서 중요해졌다.

3D 프로그램이란?

라이노는 기존의 3D 프로그램과 차별화된 프로그램이다. 라이노는 Nurbs Curve로 면을 생성하는 프로그램으로, 기존의 폴리곤 기반 프로그램인 Max와는 기본 구조가 다르다.

현재 대중적으로 많이 쓰는 프로그램은 Nurbs 기반과 Polygon 기반으로 나눌 수 있다.

Nurbs Curve	Polygon Curve
Rhino Alias Maya	Max Lightwave

이 외에도 대중적으로 사용되는 여러 프로그램들이 있으나, 대부분이 두 가지 중 하나를 기반으로 하는 프로그램이며 이 중에는 Nurbs와 Polygon을 같이 사용할 수 있는 프로그램도 많이 있다.

Rhino 4.0

PART 1
Rhino 3D의 이해

- Rhino 3D란? • Rhino 3D의 Layout 구성
- File • Edit • View • 유용한 필수 기능

Rhino 3D란?

라이노(Rhino) 3D는 1992년 미국의 Robert McNeel & Acssoccton에서 개발한 넙스(NURBS : Non-Uniform Rational B-Spline) 방식의 3D 모델링 프로그램이다. NURBS란 정형화되지 않은 함수 곡선이라는 뜻으로 크기, 각도, 복잡함의 정도에 제한이 없으며, 3차원 기하학 도형을 수학적으로 가장 정확하게 정의하고 표현하는 가장 진보된 방식의 모델링 소프트웨어이다. 개발 단계부터 프리 베타유저 프로그램을 통해 수많은 사용자들에게 검증받았으며, 단순하고 쉬운 인터페이스를 차용해 처음 접하는 사람들이 거부감을 적게 느끼도록 디자인되었다.

라이노는 기존의 AutoCAD와 유사한 인터페이스를 취하고 있으며 명령어 또한 유사한 부분이 많기에 처음 접하는 사람들도 적응하기 쉬운 프로그램이다. 또한 컴퓨터의 요구 사양이 높지 않아 일반적인 컴퓨터나 노트북에서도 3차원 모델링을 할 수 있다.

라이노는 Max에 비해 곡선과 곡면의 표현이 단순하며 빠른 시간 내에 작업이 가능할 뿐 아니라, 수치 개념이 정확해 정밀하게 제품을 생성할 수 있는 것이 큰 장점이다. 또한 곡선 부분의 취약한 지점을 보완해줄 수 있으며 다른 3차원 프로그램과도 호환성이 뛰어나기 때문에 제품 디자인 회사에서 많이 사용하고 있다. 또한 3D 모델링의 고품질 Surface와 치수 정밀도를 고도로 요구하는 산업 디자인, 주얼리 디자인, 건축, 신발, 자동차, 선박, 항공기, 신속 조형 제작 및 엔지니어링, 금형 등 광범위한 응용 분야에 많은 사용자층이 생기게 되었다.

01 라이노(Rhino) Object의 유형

라이노 3D의 기본 요소는 Point, Curve, Surface, Polysurface, Solid, Mesh로 나누어진다. 이러한 요소들이 모여 3D 모델링을 만든다.

■ Point

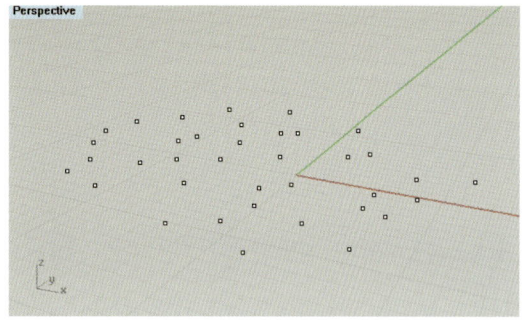

라이노에서의 가장 작은 오브젝트라고 할 수 있다. Max같이 Polygon이 기본이 되는 프로그램에서는 Particle로서의 역할도 하지만 라이노에서는 그러한 역할을 하지 않는다. Point의 기본적인 역할은 보조의 개념으로 개체의 위치를 정하거나 표시한다.

■ Curve

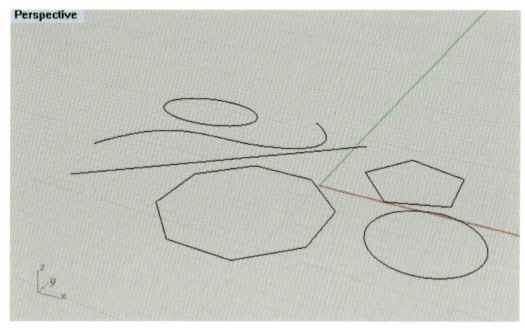

Curve는 라이노의 가장 큰 장점이라고 말할 수 있다. Polygon 프로그램에서는 직선이 모여 Curve를 이루게 되지만 라이노에서는 직선이 아닌 순수한 Curve로 인식할 수 있다. 라이노에서 Curve를 만드는 방법은 AutoCAD와 굉장히 유사하다. 또한 Curve를 편집하는 과정은 Illustrator와 유사해 기본적인 2D에 어느 정도 익숙한 사람이라면 쉽게 적응할 수 있다.

■ Surface / Polysurface

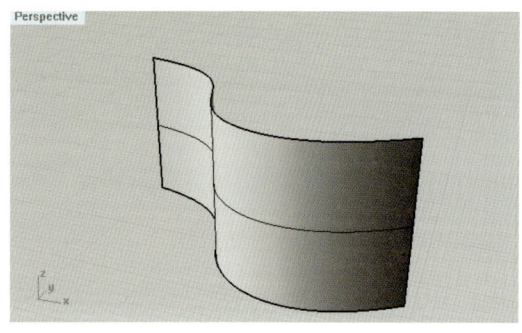

라이노에서 가장 기본이 되는 것이 Surface이다. Surface가 여러 개 합쳐지면 Poly+Surface=Polysurface이다. 다시 말해 Polysurface란 두 개 이상의 Surface가 합쳐진 것을 의미한다.

■ Solid

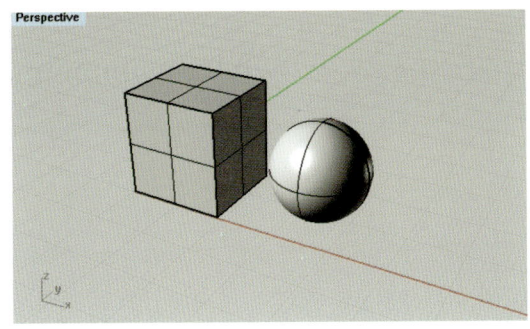

Polysurface들이 모여 완전하게 닫혀, 열린 부분이 없는 Surface가 되었을 때 Solid라고 한다.

■ Mesh

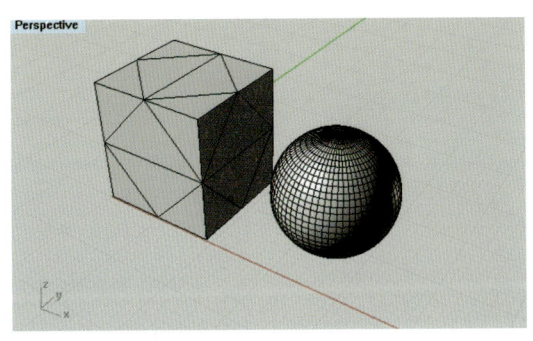

3개의 점(3개의 라인)으로 만들어진 Surface를 말한다. Surface의 형태는 3각형 또는 4각형으로 나타나는데 부드러운 Surface일수록 다각형의 Mesh가 많다고 생각하면 된다.

02 Surface의 기본 단위

■ 폴리곤(Polygon)

폴리곤은 3D 객체를 구성하는 기본 단위이다. 3차원 공간 안에 3개의 점(Point, Vertex)을 선으로 이으면 하나의 Surface가 만들어지는데, 이때 3개의 점(3개의 라인)으로 만들어진 Surface의 기본 단위를 폴리곤이라고 한다. 이렇게 생성된 3각의 폴리곤은 3D 오브젝트를 구성하는 기본적인 폴리곤이다.

  3각 폴리곤을 합치면 4각 폴리곤이 만들어진다. 4각 폴리곤은 3각 폴리곤보다 사용하기가 편리하기 때문에 대부분의 객체들은 4각 폴리곤을 기본으로 구성되는 경우가 많다.

■ NURBS(Non-Uniform Rational B-Splines)

1. Nurbs 구조는 폴리곤의 단점을 근본적으로 개선하여 정밀한 표현이 가능하게 한다.
2. Nurbs 구조는 유선형의 물체나 생명체 등을 모델링하는 데 적합한 특성을 갖고 있으나, 처리 속도

가 폴리곤보다 느리기 때문에 고급 시스템에서 사용되어왔다. 그러나 PC의 성능이 향상됨에 따라 3D MAX에서도 Nurbs 구조를 이용한 모델링이 도입되고 있다.

3. 3D MAX는 폴리곤 구조를 이용한 모델링을 기본으로 사용하면서도, 고급 모델링의 기초가 되는 Nurbs 구조를 동시에 지원하고 있다.
4. Nurbs 구조를 이용하면 일반적인 폴리곤 구조보다 더 많은 시간과 노력이 소모된다. 하지만 구조적으로 완벽한 유선형 객체를 생성할 수 있게 된다.
5. 폴리곤 구조는 근본적으로 4각 폴리곤, 3각 폴리곤을 이용하기 때문에 유선형 객체에서는 꺾어지는 부분이 생긴다. 반면에 Nurbs 구조는 이러한 부분이 발생하지 않는데 객체의 유선형 구조를 곡선 자체로 구성한 덕분이다. 그래서 Nurbs 구조는 보다 완벽한 형태를 필요로 하는 고급 모델링에 사용된다.

03 3D 좌표축(Axis)의 이해

우리가 쓰는 좌표 계수는 World cordinat system을 기본으로 하고 있다. 라이노 3D의 좌표는 각 Viewports별로 개별적인 축을 가지는 것이 아니기 때문에 다른 프로그램보다 좌표 개념이 쉽고 단순하다.

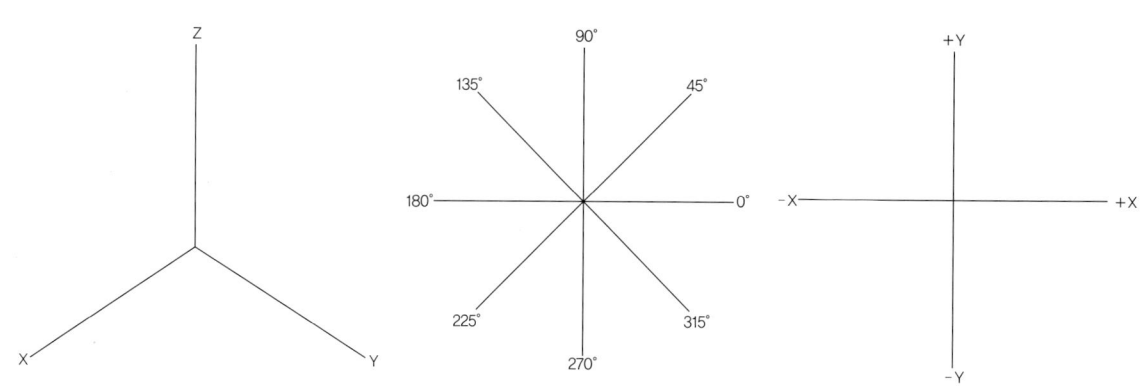

각도 지정을 위한 좌표 시스템

■ 절대좌표, 상대좌표

절대좌표는 좌표 시스템의 중앙을 0,0으로 하여 각 방향의 수치를 입력하는 것이다. 반면 상대좌표는 좌표 시스템의 중앙을 0,0으로 인식하는 것이 아니라 바로 전에 시작한 좌표를 0,0으로 인식하게 된다.

Rhino 3D의 Layout 구성

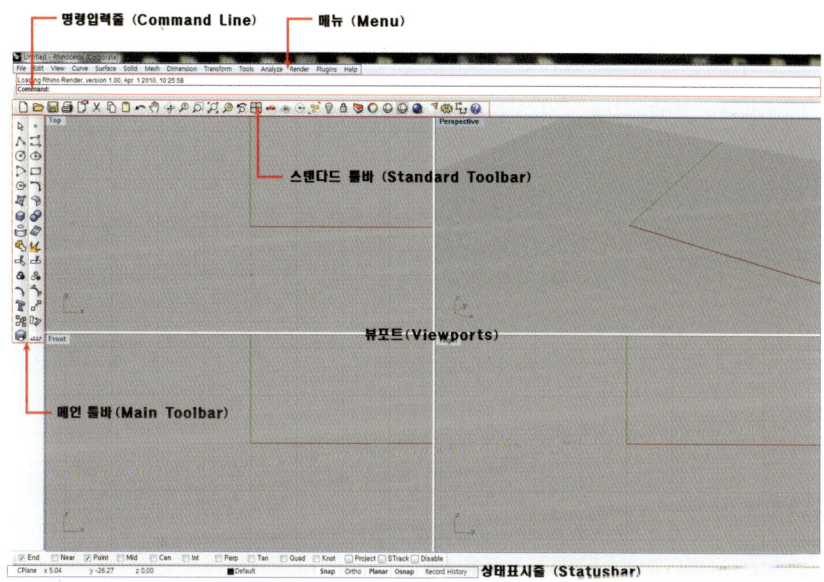

기본적인 메뉴는 다음과 같이 구성된다.

ⓐ 메뉴(Menu)

ⓑ 명령 입력줄(Command Line)

ⓒ 스탠다드 툴바(Standard Toolbar)

ⓓ 메인 툴바(Main Toolbar)

ⓔ 뷰포트(Viewports)

ⓕ 상태표시줄(Statusbar)

01 명령 입력줄 (Command Line)

명령 입력줄은 AutoCAD와 구성이 비슷하다.

> 명령어의 마무리는 Enter, 스페이스바를 누르거나 마우스 오른쪽(MR)을 클릭해 실행할 수 있다. 대부분 마우스 오른쪽을 사용한다.

메뉴는 Curve, Surface, Solid, Mesh로 순차적으로 구성되어 있다. 3D 기본 구성의 순서로 되어 있다고 볼 수 있으며 작업의 기본 순서 역시 이와 비슷하다.

02 뷰포트 (Viewports)

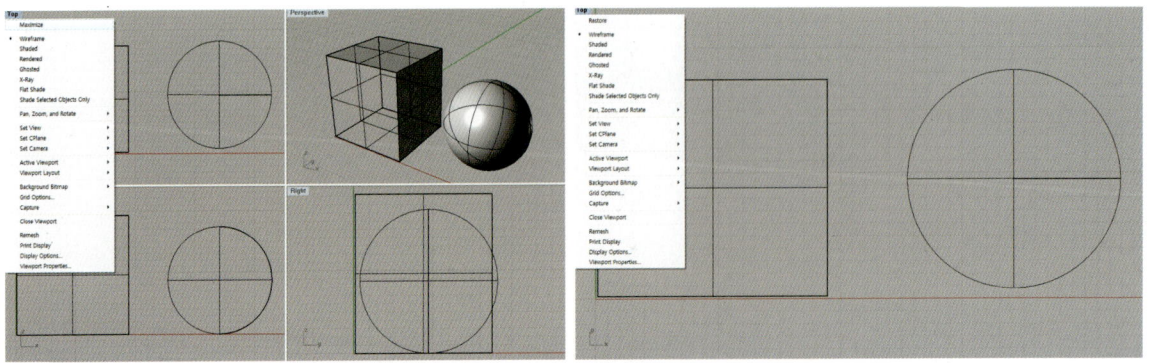

각 Viewport의 왼쪽 상단에 있는 이름을 더블 클릭하면 전체 화면으로 확대된다. 다시 원상태로 돌아오려면 더블 클릭한다.

왼쪽 상단의 이름에서 마우스 오른쪽을 클릭하면 메뉴가 나오는데 여기에서 Maximize를 클릭하면 확대된다. 다시 돌아오려면 Restore를 클릭하거나 위 Standard Toolbar의 아이콘을 클릭하면 된다.

■ Viewport display modes

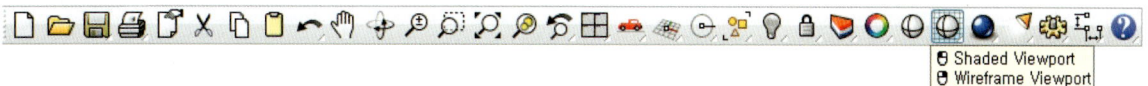

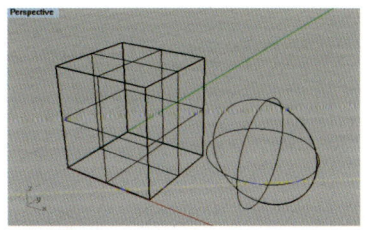

화면의 Viewport display modes는 다음과 같이 7가지 종류가 있다.

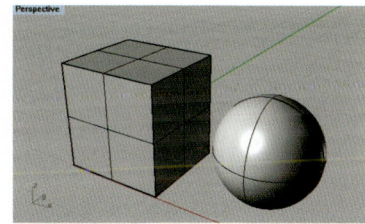

Wireframe

오브젝트의 외형을 음영이 없는 와이어프레임으로 보여준다. 작업 속도가 빨라 자주 쓰인다.

Shaded

오브젝트의 Surface가 회색 면으로 표현되어 면이 불투명한 음영 모드로 보인다. 면을 확인하기 위하여 많이 쓰인다.

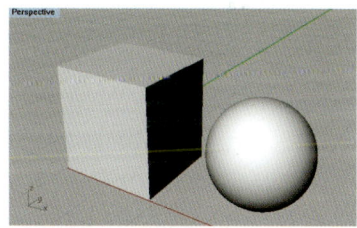

Rendered

렌더링 뷰의 OpenGL 시뮬레이션으로 Viewport를 음영 처리하여 면의 디테일한 질감을 볼 수 있다. 시간이 오래 걸리는 단점이 있다.

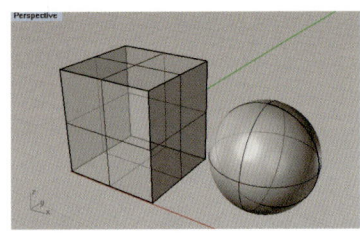
Ghosted

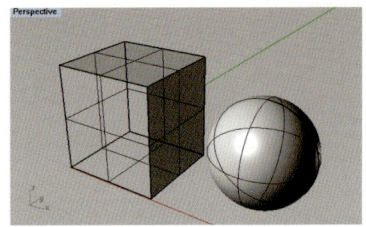
X-Ray

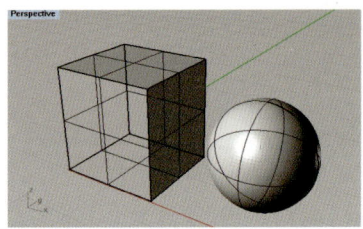
Flat Shade

Shaded Mode와 비슷하나 면이 반투명해서 반대쪽까지 보인다.

Viewport에서 앞에 있는 Surface에 의해 보이지 않는 모든 와이어프레임과 점 개체가 표시된다. 면을 편집하거나 반대면의 Curve, 오브젝트를 선택하기 편리하다.

단순 음영 모드로 면을 보여준다. Viewport의 면을 매끄럽게 하지 않고 음영 처리하여 각각의 면을 보여준다.

Shade Selected Objects Only

선택한 Surface, Polysurface, Solid, Mesh를 Viewport에서 Shaded로 보여준다.

> **TIP**
>
> Shaded Mode에서 Surface 사이에 틈새가 나타날 경우, Properties의 Render mesh quality에서 렌더링 Mesh의 밀도를 높여주면 면의 틈새가 사라진다. 또는 면을 Join하여 polysurface로 결합시키면 된다.
>
>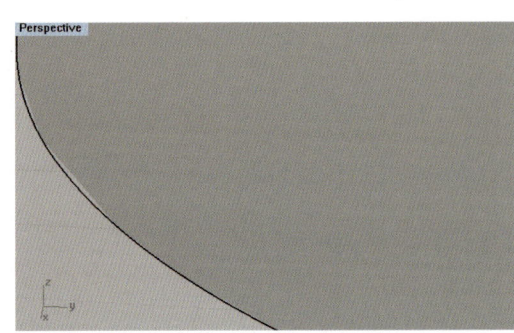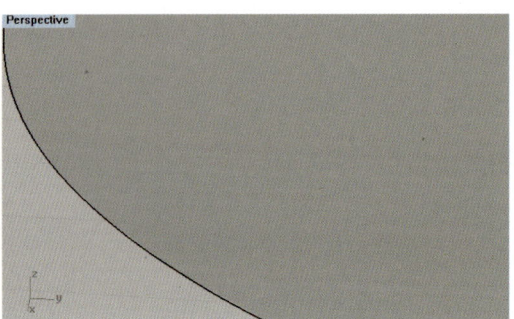

File

Rhino 4.0

01　New – 새로운 파일 작성, 새 창 열기

■ New

새로운 작업을 시작할 때 새 창을 열게 한다.

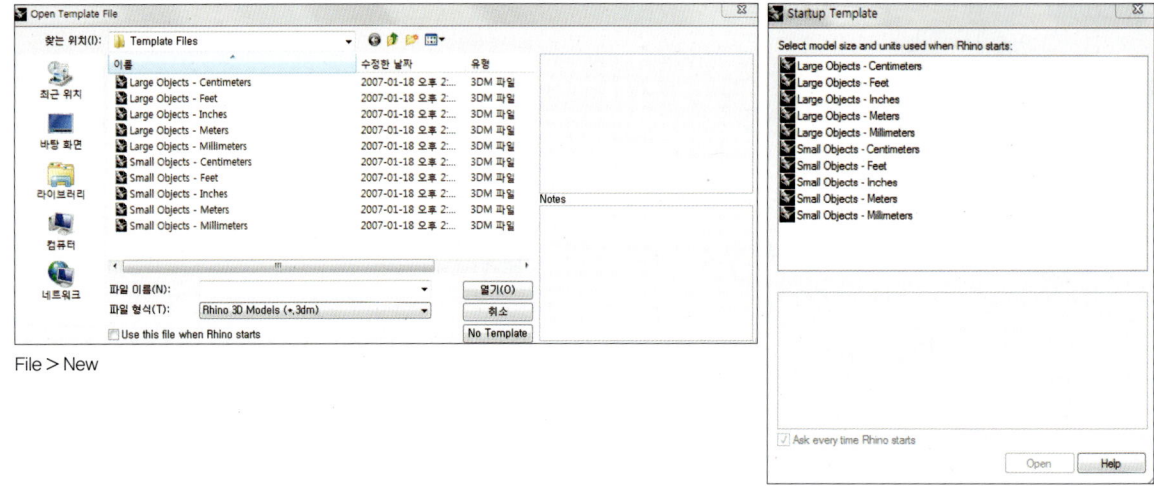

File > New

Rhino 실행 시

두 그림 모두 라이노의 작업 단위를 지정하는 창이다. 작업 시 어떤 단위를 사용할지 설정하는 창으로써 우리나라에서는 기본적으로 Millimeter를 사용하고 있다.

02 Open - 열기

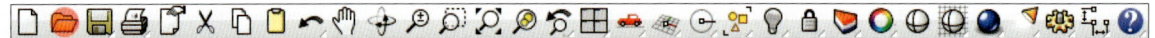

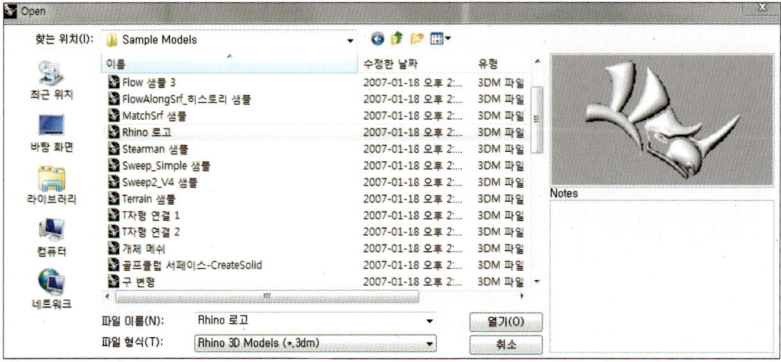

■ Open

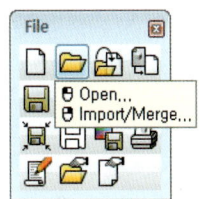

File > Open을 클릭하거나 Menubar의 아이콘을 클릭하면 창이 뜬다. 열고 싶은 파일을 선택하면 우측 창에 미리보기를 지원한다.

아이콘 위에 마우스를 올려놓아 그림과 같은 메뉴가 떴을 때 마우스 왼쪽을 클릭하면 Open, 마우스 오른쪽을 클릭하면 Import가 실행된다.
라이노에서 Open할 수 있는 포맷은 대부분의 3D 모델링 파일을 지원한다.

Rhino 3D Models(*.3dm), IGES(*.igs, *.iges), step(*.stp, *.step), 3D studio(*.3ds) Lightwave(*.lwo), Autocad File(*.Dwg), PDF file(*.pdf), Illustrator(*.ai), Sketch up(*.skp), SolidWorks(*.sldprt, *.sldasm), Stereolithography(*.stl), Wavefront(*.obj)

03 Save, Save As, Save As Template, Incremental Save, Save Small - 저장

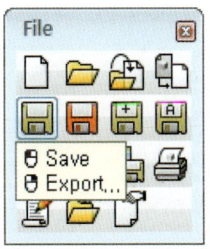

■ Save
저장하기

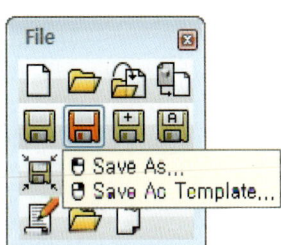

■ Save As
새로운 이름으로 저장

■ Save As Template
Layer, Grid, Viewport, Unit 등 사용자가 설정해놓은 파일이다.

라이노를 처음 시작할 때 나오는 기본환경의 설정값이 아닌 다른 값을 설정하였을 때, 그 설정을 사용하고 싶을 때 쓰인다. 다른 사람이 자신의 작업환경과 동일한 환경으로 작업해야 한다면 Save As Template으로 저장한 후에 공유하면 된다.

C:₩ProgramData₩McNeel₩Rhinoceros₩4.0₩English₩Template Files에 저장을 한다.

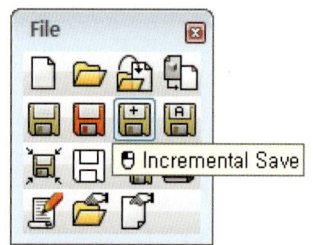

■ Incremental Save

순차 저장으로 저장할 때마다 이름을 지정해주지 않아도 뒤에 번호가 붙으며 작업 순서대로 저장되어, 후에 수정 작업이 수월하다.

■ Save Small

오브젝트의 Geometry와 부수적인 것만 저장되어 용량을 줄인다. 기존 파일의 30퍼센트 정도 크기로 줄어드는데 라이노 파일 중에서 필요한 데이터만 남고 나머지는 사라져 용량이 줄어들게 된다. Mesh 면의 데이터가 사라져 3dm 파일의 등록정보를 볼 때 미리보기가 안 보인다.

04 Import, Insert - 삽입, 불러들이기

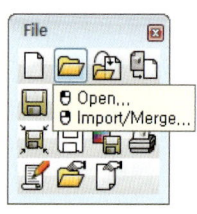

■ Import

다른 3D 파일들을 라이노 파일 내부에 삽입한다. 라이노에서 Open할 수 있는 대부분의 3D 모델링 파일도 Import할 수 있다.

Rhino 3D Models(*.3dm), IGES(*.igs, *.iges), step(*.stp, *.step), 3D studio(*.3ds) Lightwave(*.lwo), Autocad File(*.Dwg), PDF file(*.pdf), Illustrator(*.ai), Sketch up(*.skp), SolidWorks(*.sldprt, *.sldasm), Stereolithography(*.stl), Wavefront(*.obj)

■ Insert

Import와 동일하게 3D 파일을 파일 내부에 삽입하는 기능인데 파일을 설정할 수 있는 옵션이 많다. 그룹, 블록 또는 개별 개체로 회전, 크기를 조절하여 가져올 수 있다.

05 Export Selected, Export with Origin - 내보내기

■ Export Selected

파일 전체를 저장하는 것이 아니라 선택한 부분만을 저장할 경우에 사용한다. 3dm 포맷이 아닌 다른 포맷으로 저장할 경우에도 쓴다.

■ Export with Origin

Export Selected와 동일하다. 차이점은 좌표값을 오브젝트에 지정하여 저장한다는 것이다.

06 Notes - 주석

■ **Notes**

파일에 주석을 삽입하는 것으로, 작업 중에 필요한 내용을 적어놓는다.

> 1. 여러 사람과 작업 시 필요한 부분을 적어놓음으로써 시간을 절약하고 작업의 능률을 높일 수 있다.
> 2. 작업의 튜토리얼이나 맥닐사에서 공식으로 지원하는 Sample 파일을 열어보면 작업 과정을 적어놓았다.

07 Properties - 환경설정

■ **Properties**

전체적인 환경을 설정한다.

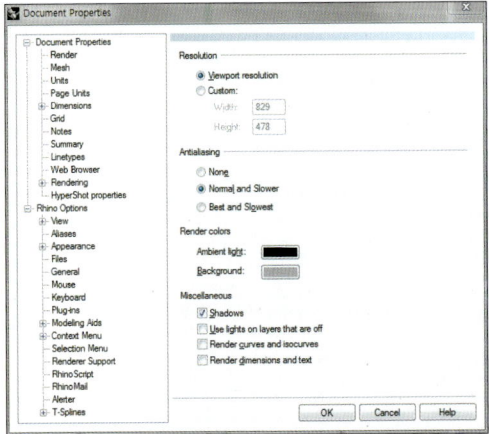

환경설정 창에는 라이노의 기본 설정이 모두 들어 있다. 기본적으로 알아두어야 할 부분이니 상세하게 알아보자.

■ Render

• Resolution

Viewport resolution : 현재 활성화되어 있는 Viewport의 크기로 렌더링을 한다.
Custom : 렌더링의 크기를 사용자가 지정한다.

• Antialiasing

None : 안티알리아싱을 설정하지 않는다.
Normal and Slower : 안티알리아싱을 일반값으로 설정한다. None보다는 렌더링 시간이 느려진다.
Best and Slowest : 안티알리아싱의 값을 최상으로 놓아 렌더링의 퀄리티를 높인다. 그러나 렌더링 시간은 매우 느려진다.

• Render colors

Ambient light : 렌더링을 할 때 나타나는 Ambient light의 컬러이다. 조명의 색채라고 생각하면 된다.
Background : 렌더링 시 배경색을 지정한다.

• Miscellaneous

Shadows : 렌더링 시 그림자를 나타낼지를 설정한다.
Use lights on layers that are off : 두 개의 스포트라이트가 있을 경우 스포트라이트가 off되어 있어도 강제적으로 라이트를 적응시키는 기능이다.
Render curves and isocurves : 렌더링 시 Curve와 isocurve도 같이 렌더링한다.
Render dimensions and text : 렌더링 시 수치선과 수치까지 렌더링한다.

■ Mesh

• Render mesh quality

1. 작업 시 View mode를 Wireframe이 아닌 Shaded나 Rendered로 했을 경우 나타나는 상면의 질을 결정하게 된다.

2. 렌더링될 때 면의 부드러움을 조절하는 창이다.

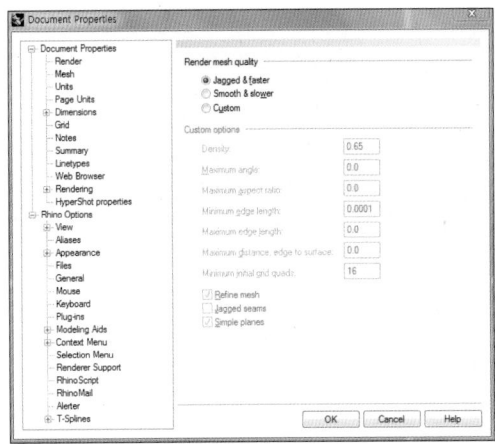

Jagged & faster : 면이 부드럽지는 않지만 빠르게 렌더링이 된다.
Smooth & slower : 면이 부드럽게 렌더링되지만, 속도가 느려진다. 이때의 Max angle 값은 15이다.
Custom : 사용자가 렌더링의 옵션 수치를 지정한다. Custom으로 되어 있을 경우 아래의 옵션 창이 활성화된다.

• Density

렌더링 시 보이는 면이 구체화된다. 수치가 0일 경우에는 적용이 되지 않으며 높을수록 면의 최대 각도, 최소 가장자리 길이, 최대 가장자리 길이, 가장자리에서 Surface까지의 최대 거리가 조절되어 면이 정밀해진다. 0부터 1 사이를 입력한다.

Maximum angle : 렌더링 면의 최대 각도이다. 수치를 낮출수록 부드럽게 렌더링된다.
Maximum aspect ratio : 폴리곤의 최대 각도 비율이다. 1부터 100까지 적용되며 0은 적용되지 않는다.
Minimum edge length : edge 면의 최소 길이를 지정한다.
Maximum edge length : edge 면의 최대 길이를 지정한다.
Maximum distance, edge to surface : Surface에 연결되는 edge까지의 최대 길이를 나타낸다.
Minimum initial grid quads : Mesh의 그리드를 초기화시킬 경우의 쿼드 수를 나타낸다. 0부터 10000까지 적용된다.
Refine mesh : 좀더 세밀하게 렌더링하는 기능이다.

Jagged seams : Refine mesh의 체크를 해제하고 Jagged seams에 체크한다. Refine mesh를 켜면 메시가 삼각형이 되고, 끄면 사각형이 된다.

Simple planes : 폴리곤 컨버팅 시 옵션에서 Jagged seams와 Simple planes을 체크해주면 동일한 평면에 있는 폴리곤과 삼각형으로 된 폴리곤이 생기지 않는다.

> **TIP**
>
> 오브젝트가 곡선이나 복잡한 형태이고 확대해서 크게 보이거나, mesh가 깨져 보이는 부분, 렌더링 시 중요한 부분은 이러한 설정들이 필요하다. Maximum angle을 20에서부터 시작해 점점 작은 수치로 낮추며 곡면의 형태를 확인해본다. 그 외의 다른 Maximum option 값들도 조절해 확인해본다.

■ Unit

• Units / Page Units

라이노로 작업할 때 가장 먼저 실행하는 것이 바로 단위 조정이다. 우리나라에서 사용하는 기본 단위는 밀리미터(mm)이다.

Model Units와 Page Units은 모델의 기본 단위수와 레이아웃의 기본 단위수를 정하는 것이 차이일 뿐 나머지는 동일하다.

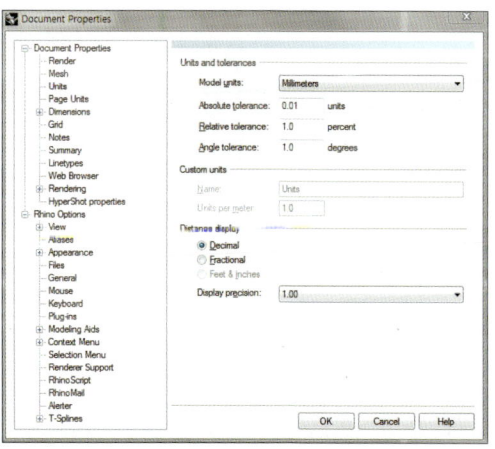

• Units and tolerances

Model units : 직업의 단위를 설정한다. 일반적으로 mm를 사용한다.

Absolute tolerance : 절대 공차

Relative tolerance : 상대 공차

Angle tolerance : 각도 공차

• Custom units

Model units을 custom으로 정했을 경우 활성화된다. 단위의 이름을 지정하고, 길이를 미터로 지정한다.

• Distance display

Decimal : 십진법으로 표시

Fractional : 분수로 표시

Feet & Inches : 피트와 인치로 표시

Display precision : 단위의 정밀도를 표시

■ Dimension

도면의 치수 기입에 대한 조절을 하는 옵션을 나타낸다. 수치 기입에 필요한 글꼴, 크기, 위치 등을 지정하는 기능으로서 AutoCAD의 기능과 차이가 없다. 라이노에서 도면을 그리는 경우 AutoCAD보다 단순해 사용하기 쉽다.

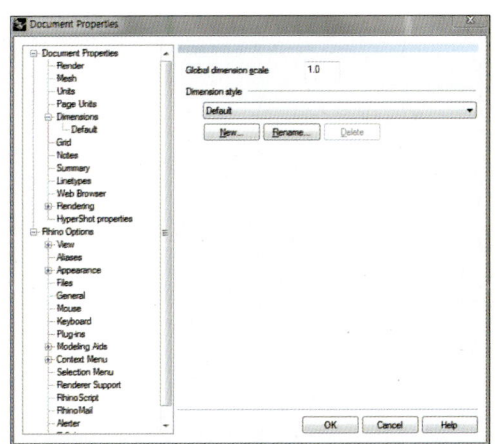 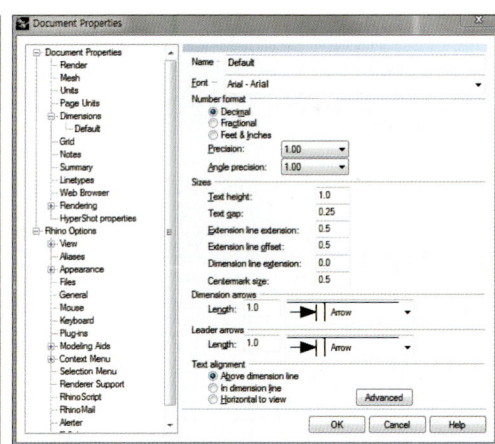

• Global dimension scale : 전체 치수의 배율을 설정한다.
• Dimension style : 치수의 스타일을 정하고 저장해 사용할 수 있다.

Name : 앞의 페이지에서 정한 이름을 사용하게 된다.

Font : 글꼴을 정한다.

• Number format

십진법(Decimal), 분수(Fractional), 피트와 인치(Feet & Inches)를 정한다.

Precision : 단위의 정밀도

Angle precision : 각도의 정밀도

• Size

텍스트의 높이(Text Height), 텍스트와 치수선의 간격(Text gap), 치수선의 보조선 연장(Extension line extension), 치수 보조선의 간격 띄우기(Extension line offset), 치수선의 연장(Dimension line extension), 중심 표시의 크기(Centermark size)를 설정한다.

• Dimension arrows : 치수 화살표의 스타일

• Leader arrows : 지시선 화살표의 스타일

• Text alignment : 텍스트의 정렬

Above dimension line(치수선 위), In dimension line(치수선 내부), Horizontal to view(뷰에 수평)

■ Grid

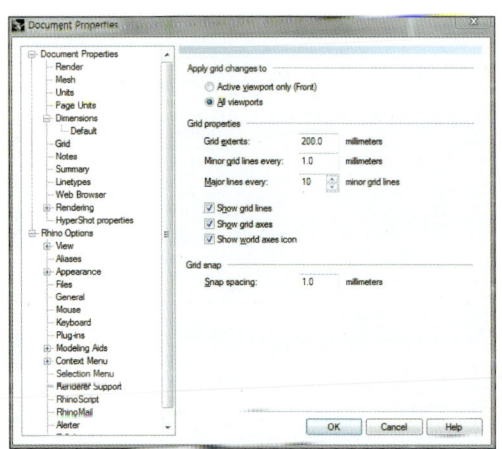

- Apply grid changes to

  Active viewport only : 현재 활성화되어 있는 Viewport에만 그리드를 보여준다.

  All viewports : 전체 뷰에 모두 그리드를 보여준다.

- Grid properties

  Grid extents : 그리드 전체의 크기를 나타낸다.

  Minor grid lines every : 그리드 중 가는 선의 간격을 나타낸다.

  Major lines every : 그리드 중 굵은 선의 간격을 나타낸다.

  Show grid lines : 그리드를 화면에 나타낸다.

  Show grid axes : 그리드의 원점 표시기를 나타낸다.

  Show world axis icon : 화면의 좌표를 나타낸다.

- Grid snap : 그리드에 맞추어 Snap을 사용한다.

  Snap spacing : 그리드의 간격을 나타낸다.

■ Linetypes

AutoCAD에 있는 라인 타입과 동일하다. 도면을 그릴 때 선의 종류를 정하는 것으로 레이어를 활성화하여 레이어 창에서 선을 선택하면 된다.

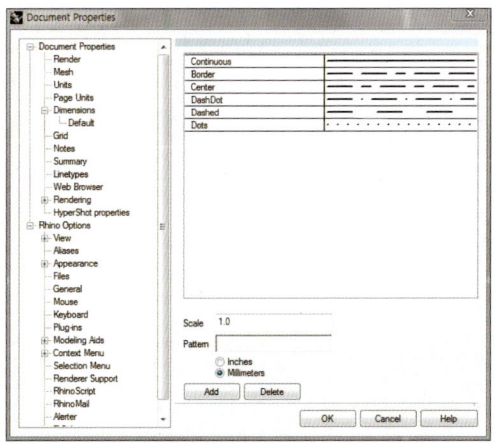

Section 04 | Edit
Rhino 4.0

01 Undo, Redo, Undo Multiple, Redo Multiple - 실행 취소

■ Undo

작업한 내용을 되돌릴 때 사용한다. Standard Toolbar에서 마우스 왼쪽을 클릭하면 된다.

■ Redo

Undo한 내용을 취소할 때 쓰인다. Standard Toolbar에서 마우스 오른쪽을 클릭하면 된다.

■ Undo Multiple

실행 취소로 작업한 내용을 되돌릴 때 쓴다.

작업 내용들이 나타나면 Undo할 부분을 클릭한다. Photoshop의 History 기능과 비슷하다고 생각하면 된다.

왼쪽을 보면 가장 최근의 명령어는 Mesh이다. Undo는 한 단계씩 취소가 되나, 이 기능은 지금까지 적용한 명령어 중 취소할 부분까지 선택하여 동시에 적용할 수 있다.

■ Redo Multiple

Undo한 내용을 취소할 때 쓴다. Undo Multiple에서 마우스 오른쪽을 클릭하면 다음과 같은 창이 뜨는데, 취소하고 싶은 명령을 동시에 적용하면 된다.

■ Cut

선택한 부분을 잘라내고 클립보드에 저장하여 Paste로 붙일 수 있다. Delete는 바로 지워버리는 것이기 때문에 기능이 다르다.

■ Copy

복사하기 기능으로, 선택한 부분을 클립보드에 저장한다.
라이노에는 복사 기능이 하나 더 있는데 Transform > Copy와 Main Toolbar의 Copy 이다. 이 두 가지는 Multidrop 기능으로서 다중 복사이다. 즉, 복사하기 기능은 한 번만 실행되는 반면 두 가지는 무한에 가깝게 붙일 수 있다.

> **TIP**
>
> 수정을 할 때 새로운 라이노 창을 열어 Copy하여 붙여넣고 수정 후 다시 붙여넣으면 좌표도 그대로 기억되므로, 복잡한 작업을 할 경우 편리하다.

■ Paste

붙여넣기이다. 복사나 잘라내기로 클립보드에 저장된 오브젝트를 화면에 불러들일 때 쓰인다.

■ Delete

Edit > Delete에 위치해 있고 Standard Toolbar에는 없다. 삭제를 할 때는 키보드의 Delete를 누르는 것이 일반적이다. 클립보드에 저장이 되지 않는다는 점이 Cut과의 차이점이다.

02 Select Object - 오브젝트 선택

오브젝트를 선택하는 기능이다. 앞서 말했듯이 라이노는 AutoCAD와 유사한 점이 많은데 선택에 있어서 Select Window과 Select Crossing이 있다.
- Select Window는 선택할 오브젝트가 사각형 영역 안에 완전히 포함되어야 한다.
- Select Crossing은 선택한 사각형 영역에 개체의 일부분이 걸쳐지기만 해도 선택된다.

■ Select Window

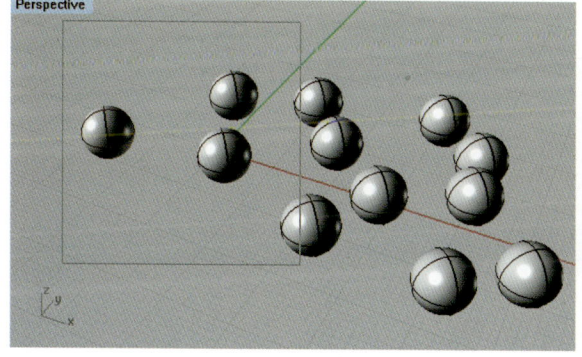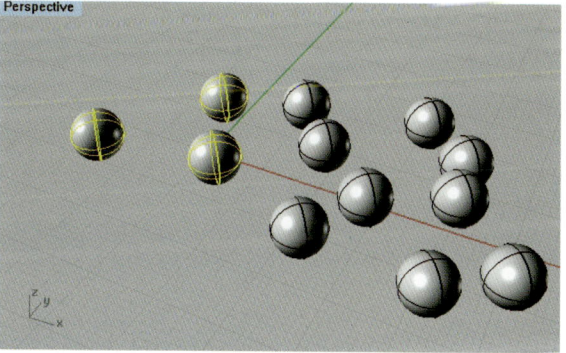

마우스를 왼쪽에서 오른쪽으로 드래그해서 선택하는데, 사각형 박스 안에 완전히 들어와야만 선택이 된다.

■ Select Crossing

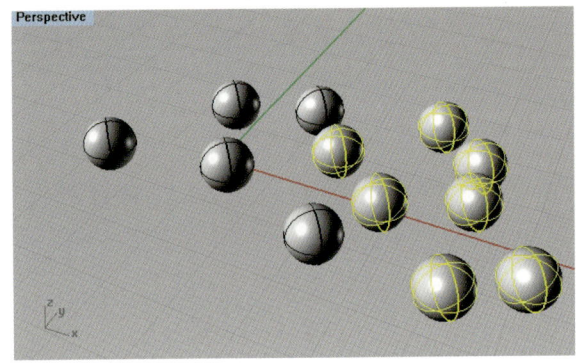 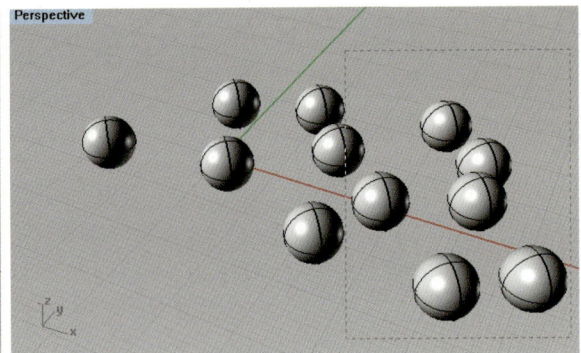

마우스를 오른쪽에서 왼쪽으로 드래그해서 선택하는데, 사각형 박스 안에 걸쳐지기만 해도 선택된다.

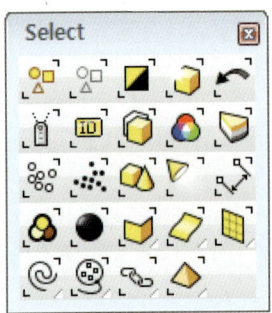

Standard Toolbar를 선택하면 나오는 하위 메뉴 창이다.
왼쪽부터 순차적으로 설명하면

1. Select All - 전체 선택, Edit > Select Objects > All Objects
2. Select None - 선택 취소, Edit > Select Objects > None
   바탕화면을 클릭하거나 Esc를 누른다.
3. Invert Selection - 반전 선택, Edit > Select Objects > Invert 여러 개를 선택해야 하는 경우 나머지를 선택하여 반전시키면 된다.
4. SelLast - 마지막에 만들어낸 오브젝트를 선택하는 것이다.
   Edit > Select Objects > Last Created Objects
5. SelPrev - 마지막에 선택했던 것을 다시 선택하고자 할 때 쓰인다.
   Edit > Select Objects > Previous Selection
6. SelName - 이름으로 선택을 하게 된다. Edit > Select Objects > By Object Name
7. SelID - 오브젝트의 ID 번호로 선택하게 된다.
8. SelDup - 복사된 사본인 오브젝트들이 선택된다. 마우스 오른쪽으로 선택하면 복사된 사본 모두가 선택된다. Edit > Select Objects > Duplicate Objects
9. SelColor - 오브젝트의 색에 따라 선택된다. Edit > Select Objects > By Color
10. SelLayer - 레이어에 따라 선택된다. 레이어를 여러 개 나누었을 경우 편리하다. 마우스 오른쪽으로 선택한 경우에는 레이어 번호로 선택된다. 첫 번째 레이어의 번호는 0으로, 각각의 레이어에는 라이노 편집 세션 중에 할당된 번호가 있다. Edit > Select Objects > By Layer

11. SelPt – Point만 선택하게 된다. Edit > Select Objects > Points

12. SelPt Cloud – Point Clouds만 선택된다.

13. SelBlock Instance/Named – 모든 블록이 선택된다. Edit > Select Objects > Block Instances 마우스 오른쪽으로 선택했을 때는 블록들의 이름으로 선택된다. Edit > Select Objects > By Block Name

14. SelLights – 조명이 선택된다. Edit > Select Objects > Lights

15. SelDim – 모든 치수선이 선택된다. Edit > Select Objects > Dimensions

16. SelGroup – 그룹된 오브젝트들을 이름으로 선택하게 된다. Edit > Select Objects > By Group Name

17. SelDot – 모든 주석의 점이 선택된다.

18. SelPolysrf – 모든 Polysurface가 선택된다. Edit > Select Objects > Polysurfaces

19. SelSrf – 모든 Surface가 선택된다. Edit > Select Objects > Surfaces

20. SelMesh – 모든 Mesh 면의 오브젝트들이 선택된다. Edit > Select Objects > Polygon Meshes

21. SelCrv – 모든 Curve가 선택된다. Edit > Select Objects > Curves

22. Lasso – Control points를 편집할 때 Control points를 선택하게 되는 것으로 Photoshop의 Lasso와 유사하다. Edit > Control Points > Select Control Points > Lasso
    Lasso는 Control points를 편집하는 것이므로 Points on을 하거나 약키 F10을 눌러 Control points를 활성화한 후 사용한다. 선택할 경우 하나씩 클릭하거나 드래그하여 영역을 그린 후 Enter를 누르면 된다.

23. SelChain – 끝과 끝이 만나는 Surface의 가장자리 또는 Curve가 선택된다.

24. Selobjects with history – history를 가진 오브젝트가 선택된다.

> **TIP**
> 여러 가지를 선택하거나 개별적으로 하나씩 선택하는 경우에는 Shift를 누른 상태에서 클릭한다. 잘못 선택했을 경우에는 Ctrl을 누르고 잘못 선택된 오브젝트를 클릭하면 선택이 취소된다.

03 Control Points - 조절점, Curve 조절

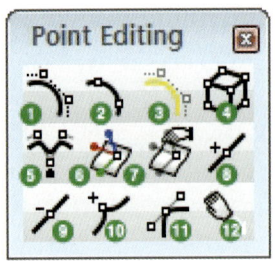

Point Editing으로 말하는 편이 이해하기 쉬울 것이다. Nurbs Curve로 면을 만드는 것이 라이노의 장점이다. Nurbs modeling에서 Curve의 역할은 절대적이라고 할 수 있는데 Curve를 그리는 것에 따라 그 형태의 디테일을 정할 수 있다. 그러나 Curve는 처음부터 정확히 그릴 수 없기에 변형과 편집이야말로 중요하며, 많은 시간을 들여 숙달되도록 연습하는 것만이 최선이다.

Point Editing은 Curve만을 편집하는 것이 아니다. Curve와 면 등 모든 오브젝트들은 각각의 Point를 가지고 있고, 그 Control Points로 면이나 Curve를 수정하여 세부적인 모델링의 편집을 하게 된다.

■ Control Points On

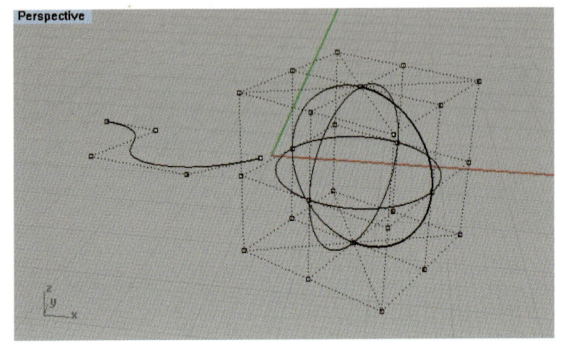

❶ 선택된 오브젝트의 Control Points를 활성화시킨다.

Edit > Control Points > Control Points On 또는 약키 F10을 눌러주면 활성화되어 보인다.

■ Edit Points On

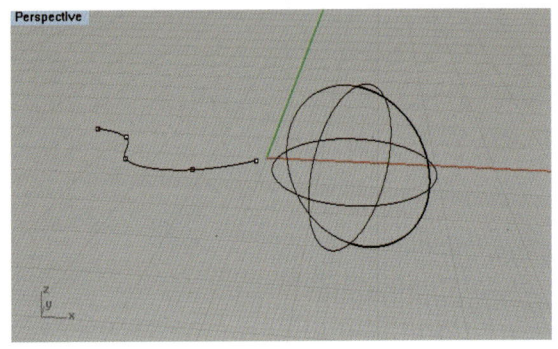

❷ Point가 보이는 상태에서 편집하기 위해 사용한다. 옆의 예제 그림을 보면 Curve에만 Point가 보인다. Surface나 Solid에서는 나타나지 않는다.

Edit > Control Points > Show Edit Point

■ Control Points off

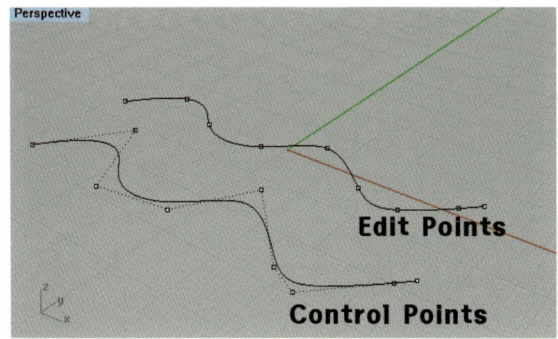

❸ 활성화된 Points를 사라지게 한다. F11을 눌러도 된다.

· Edit Points와 Control Points의 차이

한국어로 번역하자면 Edit Points는 편집점이고, Control Points는 조절점이라 할 수 있다. 위 그림의 Curve를 보면 Points의 위치가 다른 것을 볼 수 있을 것이다. Curve 위에 Point가 나타나느냐 외각에 나타나느냐의 차이로 쉽게 구분할 수 있다.

■ Hide Points Control

Control Points나 Edit points 중에 선택된 것을 숨겨준다.

■ Show Points

숨겨진 Control Points나 Edit points를 나타낸다.

■ Cull Control Polygon

❹ Surface 또는 Mesh 제어점 중에서 카메라를 향하는 Surface의 변에 있는 점만을 표시하게 되어 Surface의 제어점 편집을 수월하게 할 수 있다.

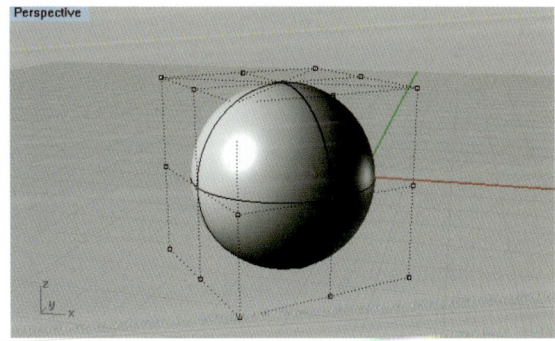

Control polygon culling is on

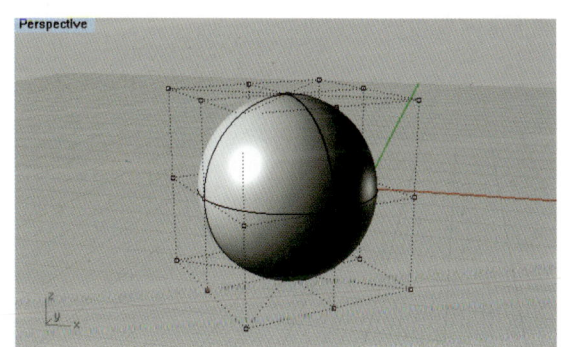

Control polygon culling is off

■ Insert Control Point

Control Point를 Curve 또는 Surface상에 추가한다. Control Point를 삽입하면 Curve 또는 Surface의 형태에 영향을 주어 변형될 수 있다.

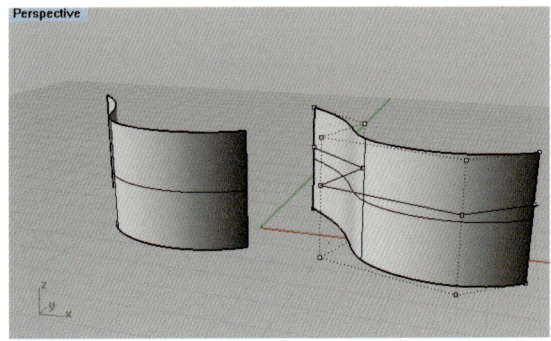 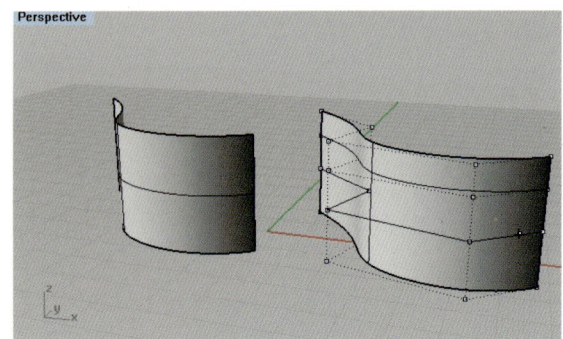

■ Remove Control Point

Control Point를 삭제한다. 선택 후 Delete를 누른다.

■ Select Control Point

Point를 선택하는 여러 가지 옵션으로 방향성과 인접, 반전 등 일반적인 선택의 방법들이 나열되어 있다.

■ Edit Weight

❺ Control Point에서 조절점이 Curve와 Surface에 영향을 주어 형태를 바꾸는 것이다. Point를 이동시키는 것이 아니라 조절 바를 통해 조절하게 된다.

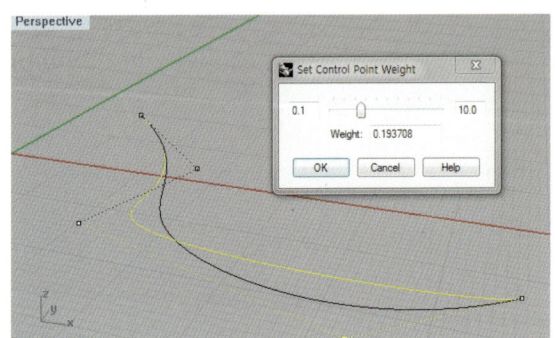 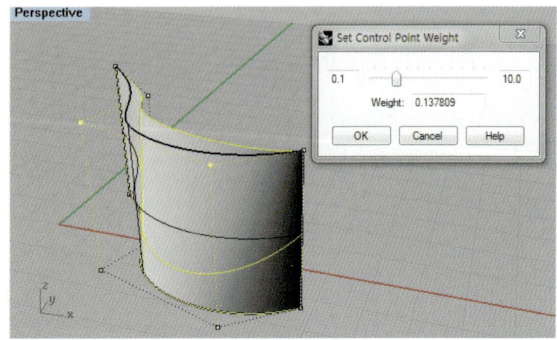

■ Insert Kink

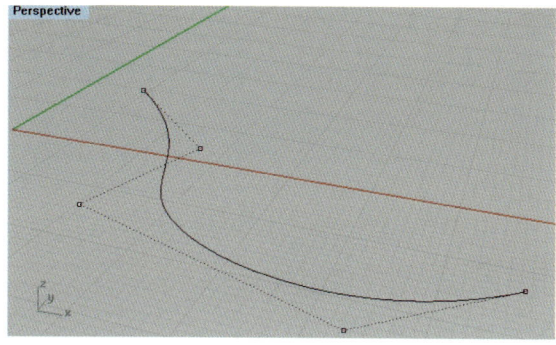 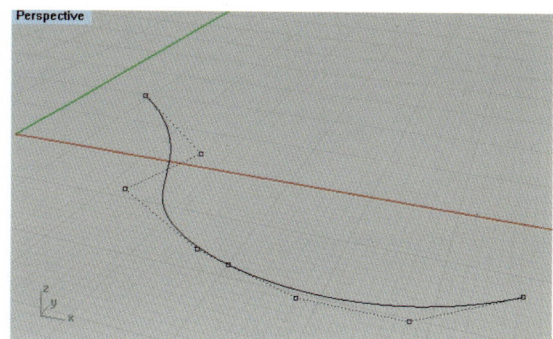

■ Insert Knot

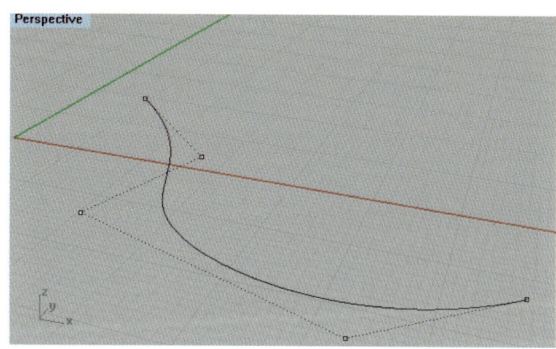 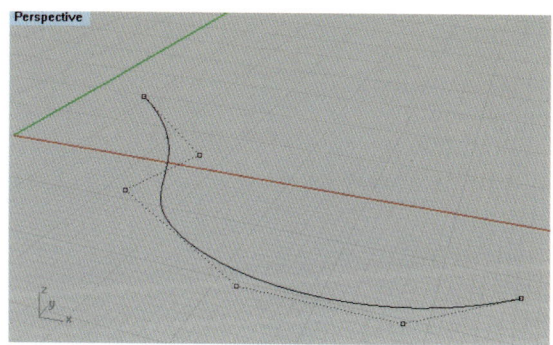

■ Remove Knot
❾ Knot를 지워주는 명령어이다. Delete를 눌러도 된다.

■ Show edit points
Main1 > Edit Points On 과 같다.

■ Insert edit point
❽ 마우스 오른쪽을 클릭한다. Edit Point는 삽입해도 Curve의 형태가 바뀌지 않는다.

■ MoveUVN

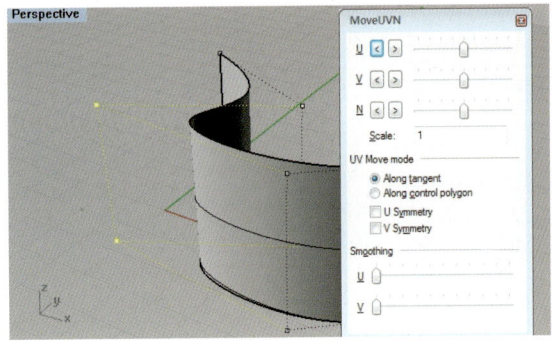

❻ Surface u, v 방향을 따라 선택된 Surface의 Control Point를 이동시킨다.

■ Handlebar editor

⓫ Adobe사의 Illustrator에서 사용하는 베이어 Curve처럼 Curve나 Surface를 편집할 수 있는 명령어이다. Curve나 Surface를 선택하면 나오는 핸들 Curve를 조절하여 Surface와 Curve를 변경할 수 있다.

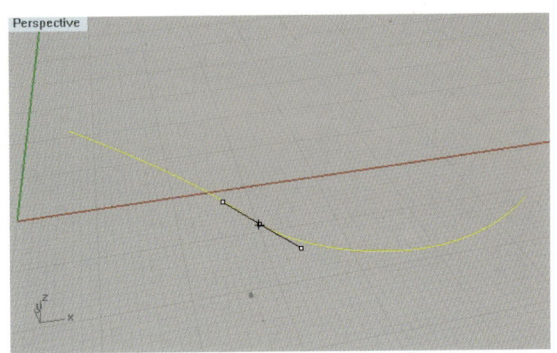
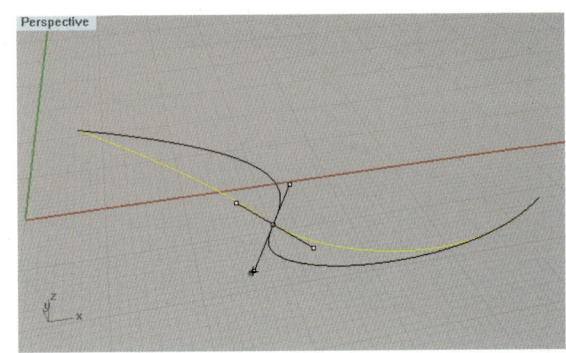
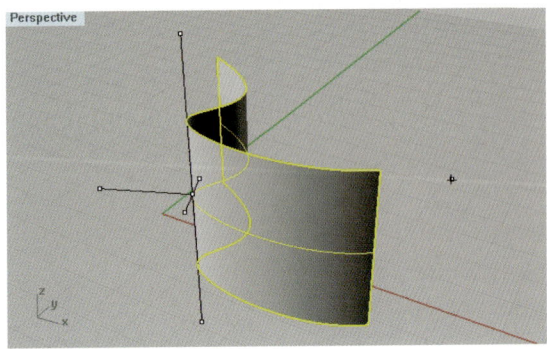
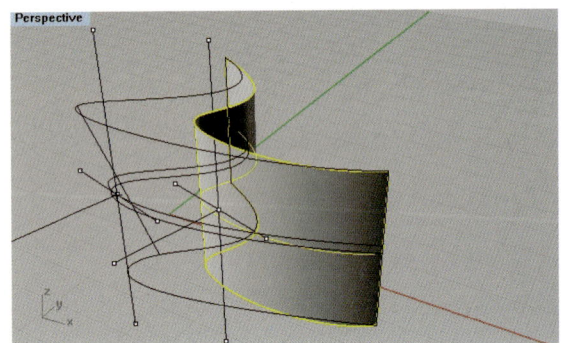

04 Visibility

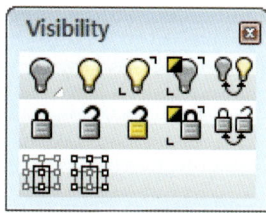

작업의 편의성을 위한 Hide와 Lock이 주 메뉴이다. Hide와 Lock 기능은 이곳에만 있는 것이 아니라 레이어에도 같은 이름의 기능이 있다. 똑같은 기능임에도 두 군데로 나뉘어 있는 이유는 그 편의성이 다르기 때문이다. Visibility 안에 있는 기능은 주체가 오브젝트에 달려 있다. 즉, 선택한 오브젝트에 영향을 주는 것임에 반해 레이어에 있는 기능들은 그 주체가 레이어에 달려 있어 오브젝트의 선택에 영향을 받지 않는다.

■ Hide
숨김 기능으로 오브젝트를 감춘다. 명령어를 클릭하고 오브젝트를 선택한 다음 MR을 클릭하거나, 오브젝트를 선택하고 명령어를 클릭하는 것은 순서는 다르지만 같은 결과가 나온다.
Standard Toolbar의 Hide 아이콘 위에서 ML을 클릭해 실행한다.

■ Show – Unhide
숨겨진 모든 오브젝트를 다시 보이게 한다. Standard Toolbar의 Hide 아이콘에서 MR을 클릭하면 Unhide가 된다.

■ Show Selected
숨겨진 오브젝트 중에서 지정된 오브젝트만을 보이게 한다.

■ Invert Selection and Hide Object
현재 선택되지 않은 오브젝트를 숨긴다.

■ Swap Hidden and Visible
숨겨진 오브젝트는 모두 보이고, 보이는 모든 오브젝트는 숨겨진다.

■ Lock
모든 오브젝트를 Lock한다. Standard Toolbar의 Lock 아이콘에서 ML을 클릭하면 Lock이 된다.

■ Unlock
Lock된 오브젝트를 모두 Unlock한다. Standard Toolbar의 Lock 아이콘에서 MR을 클릭하면 Unlock이 된다.

■ Unlock Selected
Lock된 오브젝트 중에서 지정된 오브젝트만을 Unlock한다.

■ Swap Locked and Unlocked
Lock된 오브젝트와 Lock되지 않은 오브젝트들이 반전되어 바뀐다.

■ Invert Selection and Hide Point
선택되지 않은 Control points와 Edit points를 숨긴다. - ML
Hide된 Control points와 Edit points를 나타낸다. - MR

■ HidePt
선택된 Control points를 숨긴다. - ML
모든 Control points를 보이게 한다. - MR

05 Group

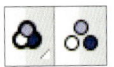 여러 개의 오브젝트를 하나로 묶어 선택하면 간편하게 작업을 할 수 있다. Main Toolbar 에 있는 그룹 아이콘이다.

■ Group

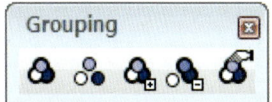
선택된 오브젝트들을 하나의 그룹으로 묶어준다.

■ Ungroup

선택된 그룹을 개개의 오브젝트로 풀어준다.

■ Add to Group

기존의 그룹에 새로 선택된 오브젝트를 추가한다.

■ Remove from Group

기존의 그룹에서 오브젝트를 삭제한다.

■ Set Group Name

선택된 그룹의 이름을 지정한다. 기존 그룹 이름과 같은 이름을 설정하여 두 그룹을 결합할 수도 있다.

06 Blocks

하나 또는 여러 개의 오브젝트를 하나로 묶어 저장하는 것으로, AutoCAD의 Block 개념과 동일하다. 그룹과는 다른 개념으로 여러 가지의 오브젝트를 하나로 묶는 것은 같지만, 블록은 하나의 3dm 파일로 저장하여 밖으로 저장할 수도 있고 또 불러들일 수도 있다.

■ Create Block Definition

블록을 지정하는 명령어로, 저장할 때의 기준 좌표값을 지정하게 되어 있다.

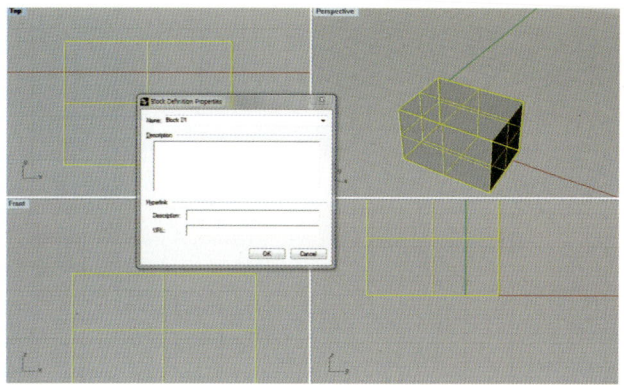

■ Insert Block Instance

블록을 삽입하는 명령어로 Insert와 동일하다.

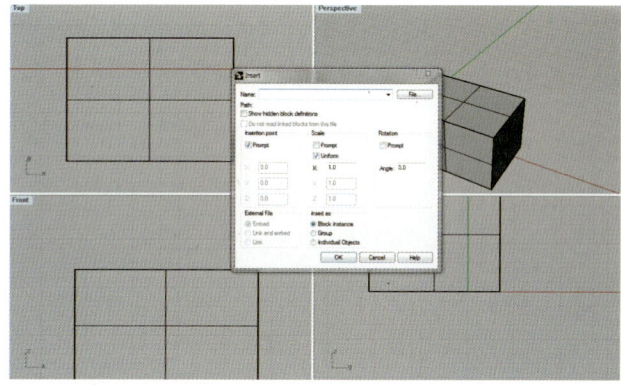

■ Block Definitions

저장해놓은 블록을 관리하는 명령어로, 블록을 불러들이고 내보낼 수 있다. Insert나 Import 기능과 같기 때문에 이 명령어들을 써도 된다.

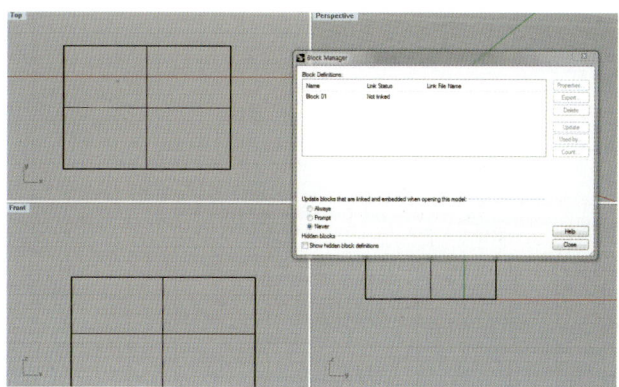

07 Layers

기본적인 레이어의 구성은 AutoCAD와 유사하다. 개별 개체의 속성은 Properties에서 변경할 수 있다.

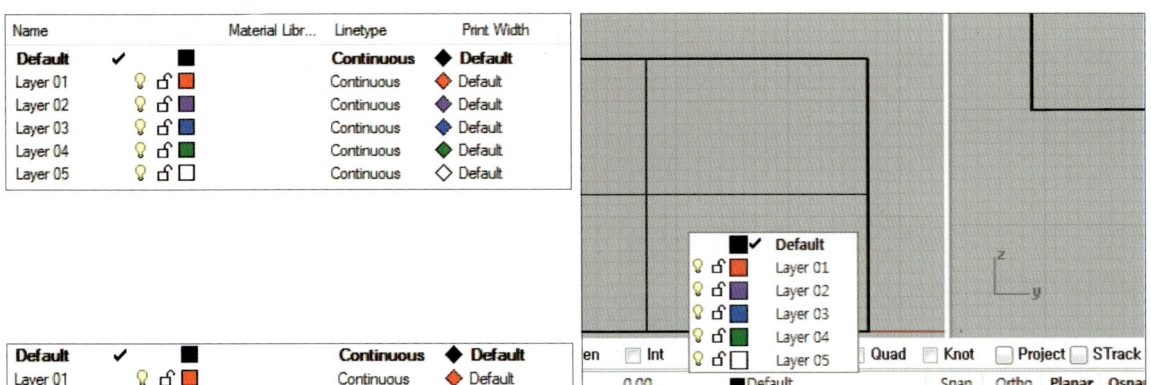

■ Block Definitions
지정된 영역을 저장한다.

■ Layer 이름
각각의 레이어마다 이름을 지정할 수 있다.

■ 보이기 & 감추기
램프로써 레이어를 보이고 안 보이게 하는 기능이다.

■ 색상
레이어의 색상을 정한다.

■ Material & Library
렌더링에 사용되는 색과 속성을 나타낸다.

■ Continuous
직선을 말하는 것으로, AutoCAD상의 도면에서 선 속성을 정하는 기능이다.

■ 인쇄 색상

인쇄할 때 선의 색상을 지정한다.

■ Default

인쇄할 때 레이어에 적용된 선 두께를 말한다.

■ New Layer

새로운 레이어를 생성한다. 이름은 자동으로 번호가 붙어 만들어진다. 레이어의 이름은 더블 클릭하거나 이름을 선택하고 F2를 눌러 바꿀 수 있다.

■ New Sublayer

선택된 레이어의 하위 레이어를 새로 만든다.

■ Delete

레이어를 삭제한다.

■ Move Up, Down

목록에서 선택된 레이어를 위와 아래로 이동시킨다.

■ Move Up One Parent

선택된 레이어를 한 단계 위로 이동시킨다.

■ Filters

여러 개의 레이어가 있을 때 레이어 표시를 대화상자에서 조정하여 관리할 수 있다.

All Layers, On Layers, Off Layers, Locked Layers, Unlocked Layers

Layers with Objects, Empty Layers, Selected Layers, Filtered Layers

■ Tools

Select All : 목록에 있는 모든 레이어를 선택한다.

Invert selection : 선택한 레이어는 선택이 취소되고, 선택 해제된 레이어가 선택된다.

Select Objects : 레이어를 변경할 개체를 선택한다.

Select Object Layers : 선택된 개체를 일치시킬 레이어를 선택한다.

Change Object Layer : 선택된 레이어의 개체를 변경한다.

Copy Objects to Layer : 개체를 선택된 레이어에 복사한다.

Collapse All : 모든 하위 레이어를 숨긴다.

Expand All : 모든 하위 레이어를 표시한다.

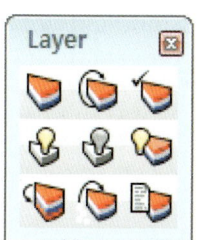

■ **Edit layers**

레이어 창을 활성화시킨다.

■ **Change Object layer**

선택된 오브젝트의 레이어를 변경한다.

■ **Copy Object to layer**

선택된 오브젝트를 레이어로 복사한다.

■ **Match Object layer**

선택된 오브젝트의 레이어 속성을 다른 오브젝트의 레이어 속성과 일치하도록 한다.

■ **Change Object to current Layer**

선택된 오브젝트의 레이어를 현재 레이어로 변경한다.

■ **All Layers On**

모든 레이어를 활성화한다.

■ **One Layer On**

선택된 레이어만 활성화한다.

■ **One Layer Off**

선택된 레이어만 끈다.

■ **Set Current Layer**

선택된 레이어를 기본 레이어로 한다. 마우스로 더블 클릭해도 된다.

■ **Set Current Layer to Object**

선택된 오브젝트의 레이어를 현재 레이어로 지정한다.

■ **Duplicate Layer**

선택된 레이어 모든 속성을 새로운 레이어로 복사한다.

■ **Layer State Manager**

파일에 레이어의 현재 상태를 저장하거나, 파일에서 레이어 상태를 불러온다.

■ **Set Layer Linetype**

선택된 레이어의 선 종류 옵션을 설정한다.

08 Join, Explode

■ **Join (Edit > Join)**

Curve, Surface 등의 오브젝트를 연결하는 기능이다.

Curve는 Curve와 연결되고 Surface는 Surface와 연결되어 합쳐질 수 있다. 오브젝트의 숫자가 많을 경우 하나씩 클릭하기에는 너무 많은 시간이 소요되고 잘못 클릭할 수도 있으므로, 선택의 순서를 바꾸면 작업의 불편함을 줄일 수 있다. 아이콘을 클릭하고 오브젝트를 선택하려면 하나씩 클릭해야 하나, 미리 드래그로 전체를 선택한 후 Join 아이콘을 클릭하면 빠르게 실행이 가능하다.

■ Explode (Edit > Explode)

오브젝트를 분리하는 기능이다. Join된 오브젝트들을 각각 Surface나 Curve로 분리한다. 명령어를 클릭하고 오브젝트를 선택하거나, 실행 순서를 반대로 해도 상관없다.

09 Trim, Untrim, Split Surface by Isocurve

■ Trim (Edit > Explode)

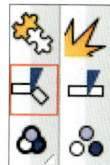
단순히 말해 잘라내기 기능이라고 말할 수 있다. AutoCAD를 사용해본 이라면 명령어만 들어도 어떤 기능인지 알 수 있을 것이다. Curve와 Curve, 면과 면을 자를 수도 있으나 보통 Curve 작업 시에 사용하고 면을 잘라낼 때는 Split 기능을 사용한다.

• Curve

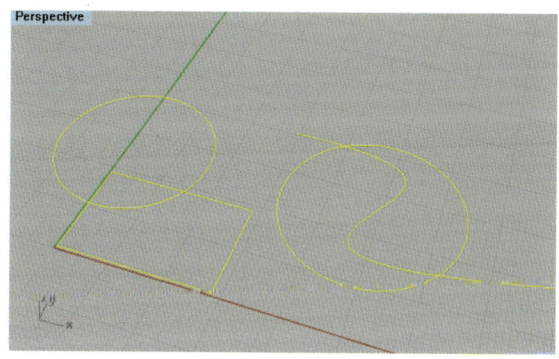 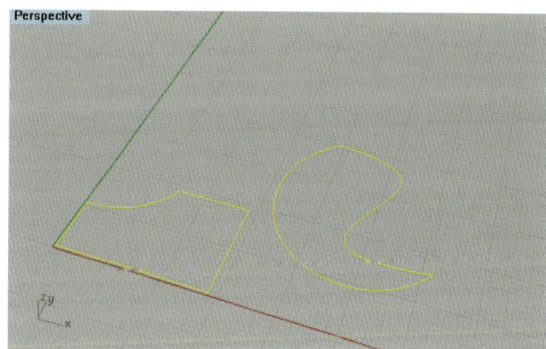

• Surface

 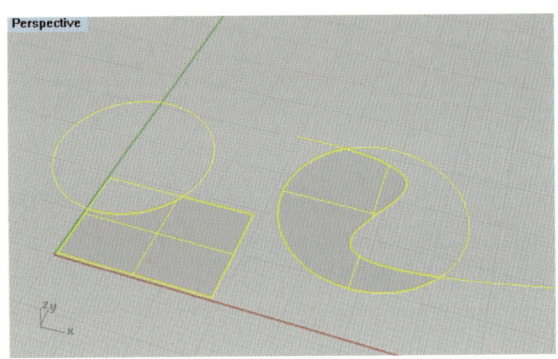

잘라야 할 Curve(Surface)와 자르게 될 Curve(Surface)를 동시에 택한 후 지울 Curve만을 선택하면 된다.

■ Untrim (Edit > Untrim)

Un-이 붙는 것은 반대라는 의미이다. Trim되거나 Split된 면을 채워 원상태로 복구하는 기능으로, 잘린 면의 편집과 수정에 필요하다. 메뉴에는 없으므로 아이콘 명령어에서 마우스 오른쪽을 클릭하여 실행한다.

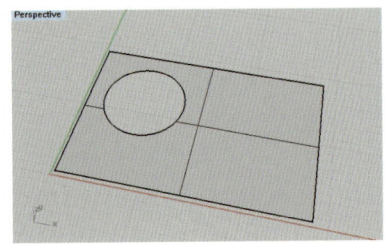 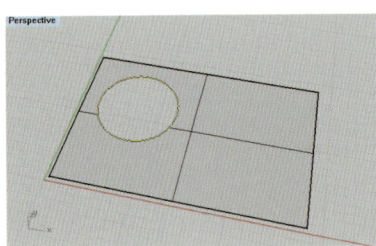 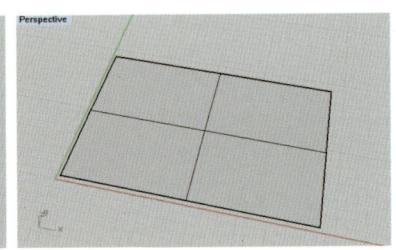

■ Split (Edit > Split)

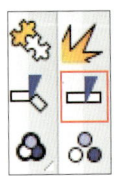 Trim이 잘라내 삭제하는 기능이라면 Split은 지우기 전에 단계 분리만을 하는 기능이다. 라이노에서 가장 많이 사용되는 기능으로 면의 편집과 수정에 사용한다. Curve의 경우 Trim으로 하는 경우 형태가 잘못 수정되어 오류가 뜨기도 하나, Split은 단순히 분리만을 해서 오류가 거의 없기 때문에 많이 쓰인다.

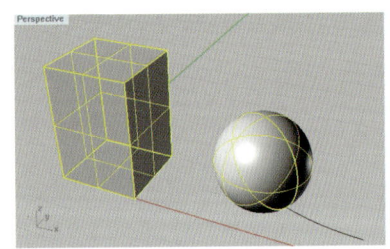 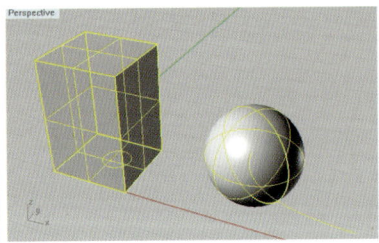 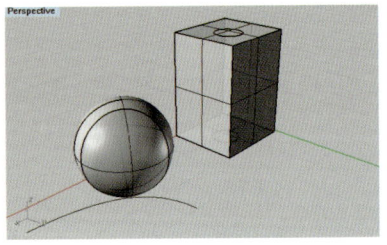

명령어를 실행 후 분리되어야 할 오브젝트를 선택하고 Enter를 누르거나, 자르게 될 오브젝트를 선택하고 Enter(MR)를 누르면 잘리게 된다. 앞의 그림 중 육면체를 보면 아래위로 분리된 것임을 알 수 있다.

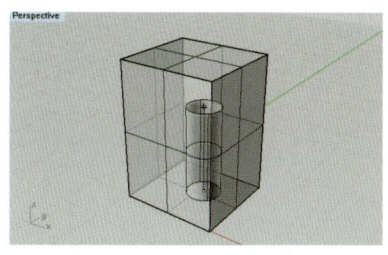 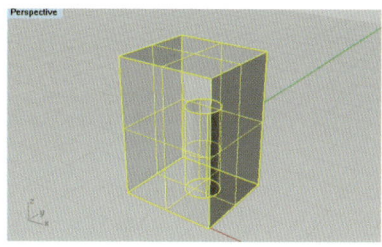 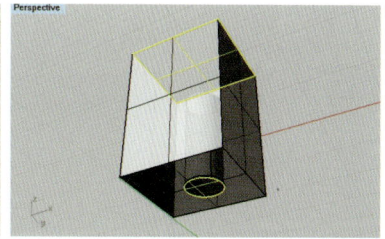

Split으로 한 면만을 자를 경우, 자르고자 하는 부분만을 통과하는 면을 만들어 그 면으로 Split을 하면 교차되는 면만 잘라진다.

> **TIP**
> 이렇게 자를 경우 Curve의 위치는 면과 동일 선상에 위치하기보다 약간 떨어진 것이 작업에 유리하다.

■ Split Surface by Isocurve

면을 분리하는 기능 중에 Isoparm을 따라 Surface를 분리하는 기능이다.

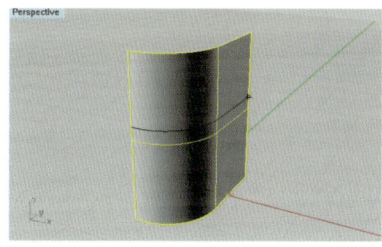 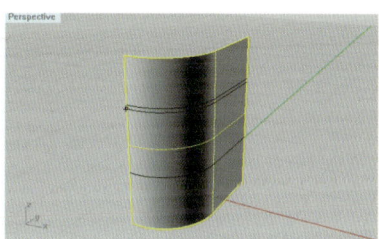 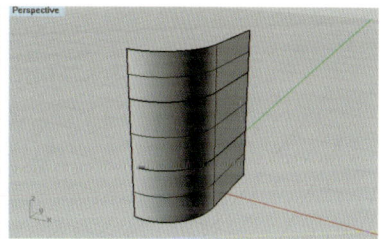

Split은 자르고자 하는 기준이 되는 오브젝트가 있어야 하나, 이 기능에서는 오브젝트가 아닌 면을 따라 있는 Isocurve를 따라 면을 분리하게 된다. 명령을 실행시키고 면을 선택하면 첫 번째와 같이 면을 따라 움직이는 Curve가 하나 만들어진다. Curve는 좌표 값인 U, V를 따름으로, Command Line에 입력해 방향을 바꾸고 분리하고자 하는 위치에서 클릭하면 분리된다.

View

01 Pan, Rotate, Zoom

■ Pan

대부분의 다른 프로그램에서도 Pan으로 불려진다. 화면의 포커스를 맞추기 위해 쓰인다.

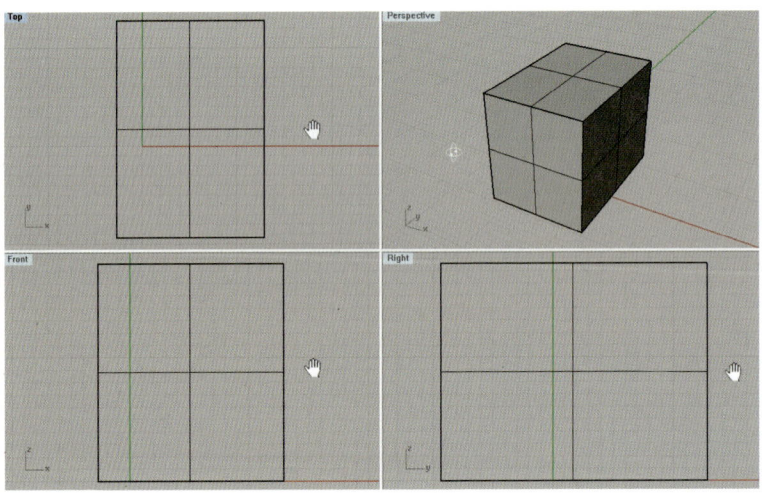

마우스 오른쪽을 누르고 움직이면 Pan과 Dolly 명령어가 적용된다. Top, Front, Side View에서는 Pan 이지만 Perspective View에서는 그 옆의 Dolly 기능을 하게 된다.

■ Rotate(Dolly)

Viewport의 회전 기능으로 앞서 말한 대로 Perspective View에서 적용이 된다. 다른 창에서 사용하게 되면 CPlane이 바뀌게 되므로 주의해야 한다. CPlane에 대해서는 뒤에서 설명할 것이다.

■ Zoom

오브젝트를 확대/축소해서 보는 기능이다.

• Zoom Dynamic을 클릭하고 마우스를 위아래로 드래그하면 화면이 확대/축소된다.
  1. 마우스 왼쪽을 클릭한 상태로 움직인다.
  2. 마우스 왼쪽으로 클릭한 후 움직이면 움직임에 따라 확대/축소된다.

• Zoom Window
  마우스를 드래그해 지정하는 부분만 확대/축소해 보여준다.

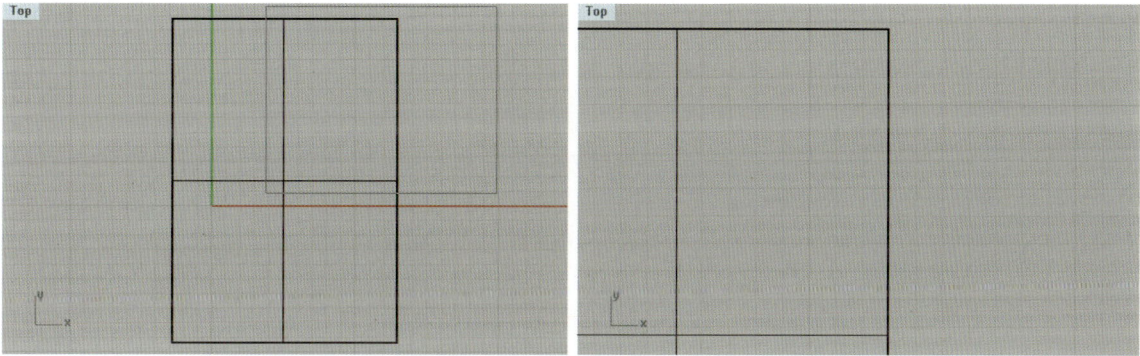

• Zoom Target

Zoom Window에서 마우스 오른쪽을 클릭하면 실행되는 명령어로, 중심에 맞추어 확대된다. 중심으로 하려는 곳을 클릭한 후 드래그로 확대 영역을 설정하면 된다.

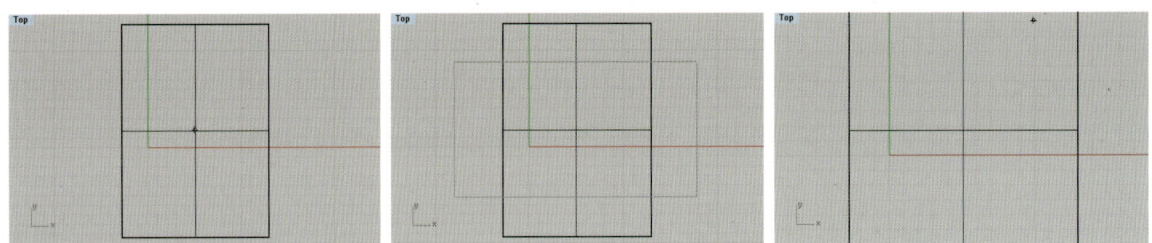

- Zoom Extents

현재 활성화되어 있는 Viewport 안에 오브젝트를 꽉 채워 보여주게 하는 명령어이다.

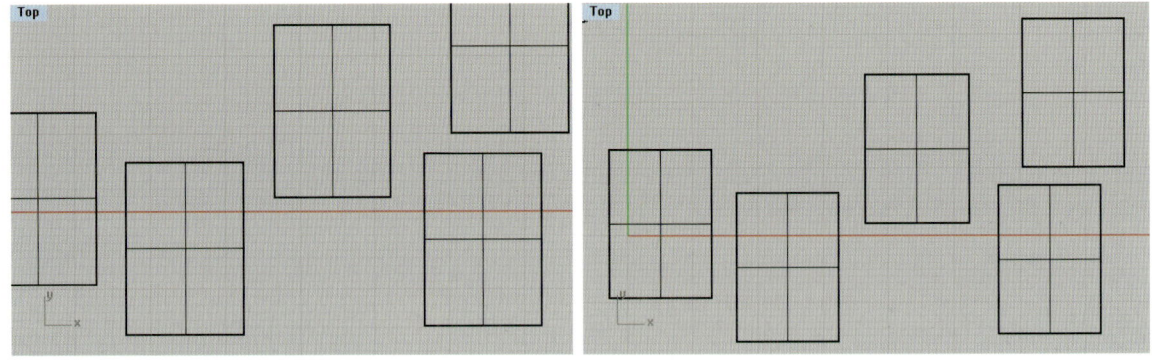

- Zoom Extents All

Zoom Extents 아이콘 위에서 마우스 오른쪽을 클릭하면, 활성화되어 있는 창뿐 아니라 모든 창에 오브젝트를 가득 차게 보여준다.

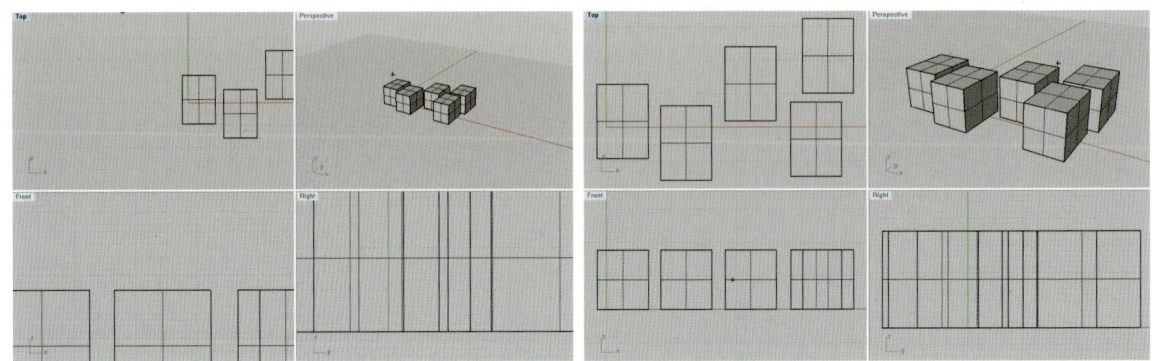

- Zoom Selected

선택한 오브젝트를 현재 활성화되어 있는 Viewport 안에 꽉 채워 보여주는 명령어이다.

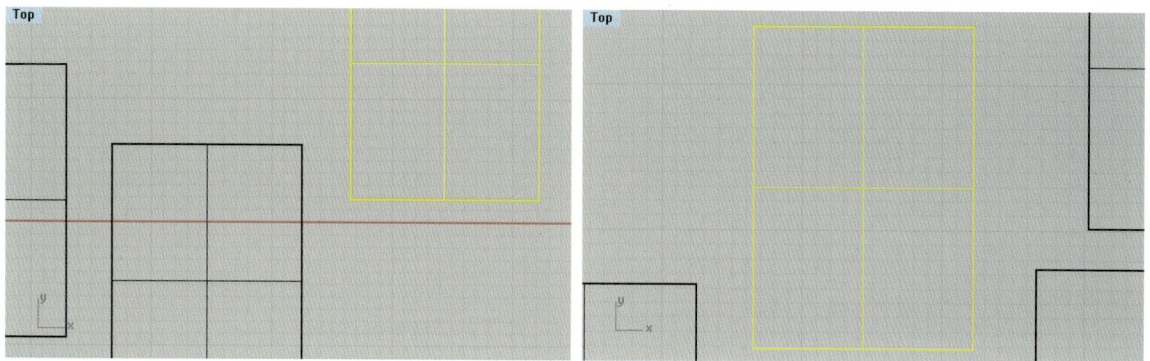

- Zoom Selected All

Zoom Selected 아이콘 위에서 마우스 오른쪽을 클릭하면 활성화되어 있는 창뿐 아니라 모든 창에 선택한 오브젝트를 꽉 채워 보여준다.

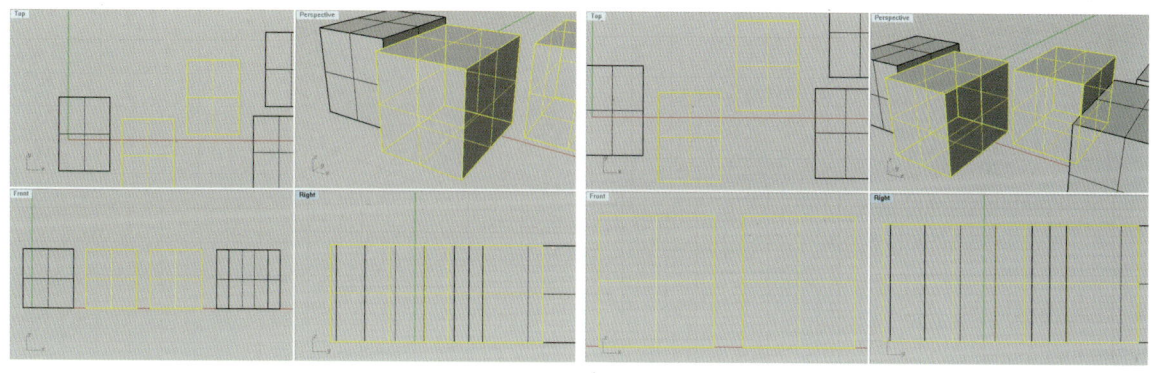

02 Set View

Viewport의 보는 방향을 지정한다. 앞서 말했듯이 Viewport의 Top이나 그 외의 평면 뷰에서 Rotate (Dolly) 등의 명령어를 잘못 썼을 경우에 뷰를 원상태나 작업하기 편한 뷰로 조정한다. Menu Toolbar에도 있으나, 보통 Viewport 위에서 마우스 오른쪽을 클릭해도 똑같은 창이 뜬다.

■ Plan (View > Set View > Plan)

앞서 설명한대로, Viewport가 회전되었을 경우 평면으로 맞추기 위해서 쓰는 명령어이다.

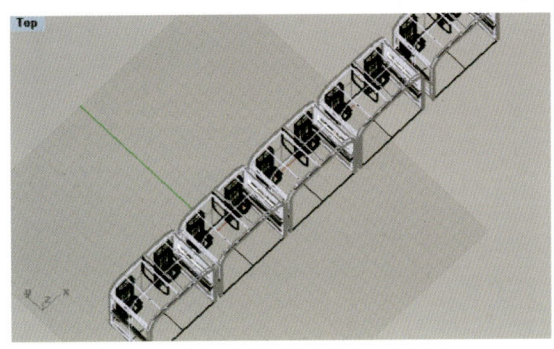
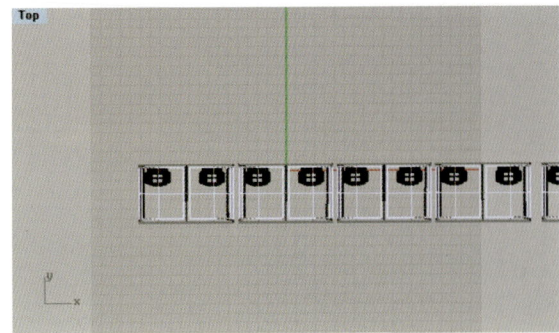

■ Top (View > Set View > Top)

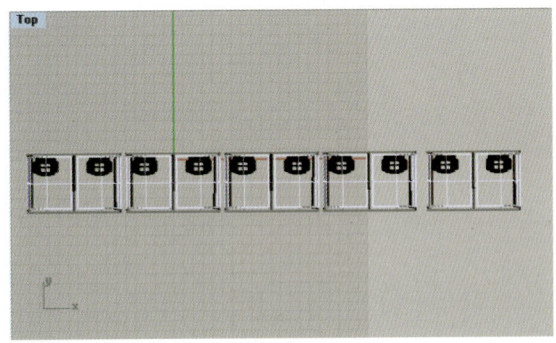

오브젝트를 위쪽에서 본 모습이다.

■ Bottom (View > Set View > Bottom)

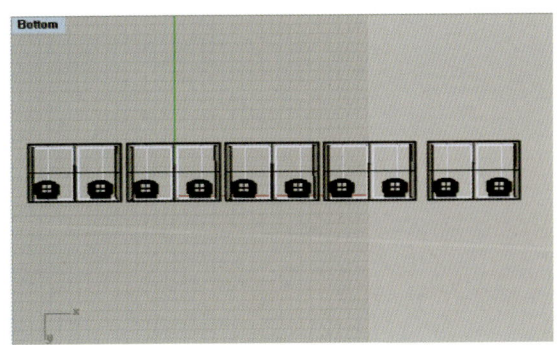

오브젝트를 아래쪽에서 본 모습이다.

■ Left (View > Set View > Left)

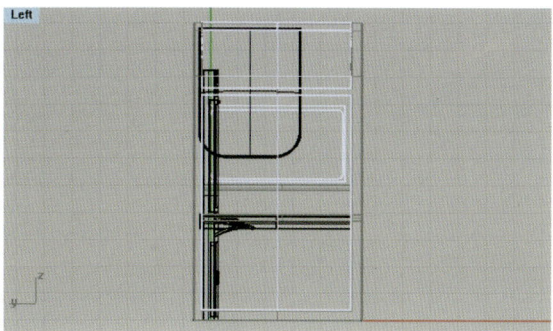

오브젝트를 좌측에서 본 모습이다.

■ Right (View > Set View > Right)

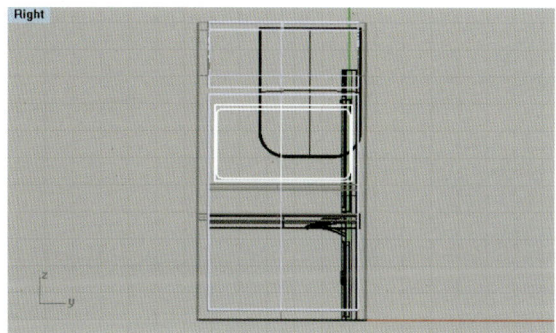

오브젝트를 우측에서 본 모습이다.

■ Front (View > Set View > Front)

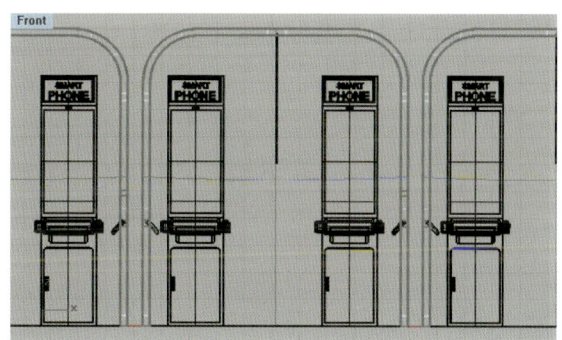

오브젝트를 정면에서 본 모습이다.

■ Back (View > Set View > Back)

오브젝트를 뒤쪽에서 본 모습이다.

■ Perspective (View > Set View > Perspective)

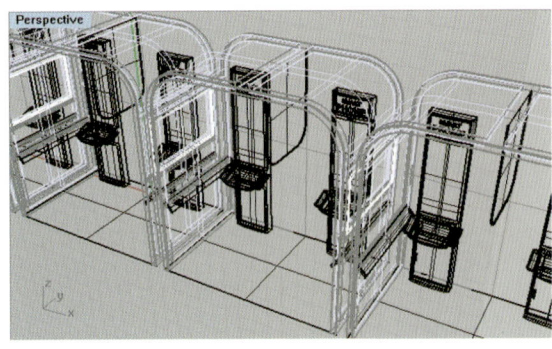

오브젝트를 입체형 각도, 소위 '얼짱각도'와 비슷한 각도에서 본 모습이다.

■ Named Views (View > Set View > Named Views)

자신이 조절한 Viewport의 이름을 되돌릴 수 있게 저장하는 명령어이다.

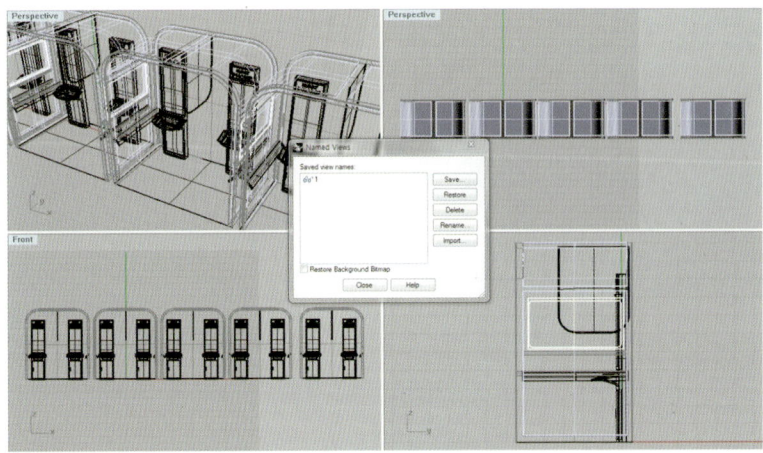

03 Viewport layout

■ New Viewport

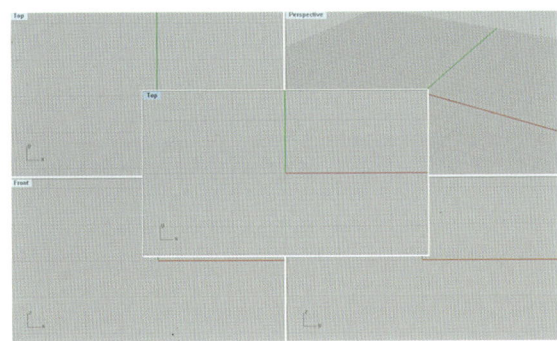

Viewport 내부에 새로운 Viewport를 추가하는 것이다.

■ Maximize

현재 활성화되어 있는 Viewport를 최대 창으로 키우는 명령어이다. 창을 더블 클릭해도 된다.

■ Float Viewport

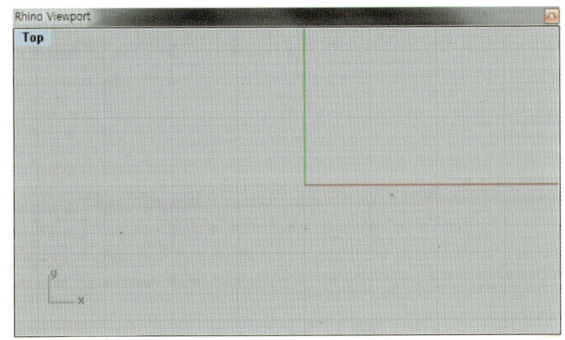

라이노 Viewport 유형을 보통의 고정된 Viewport와 부동 Viewport 사이에서 전환하여준다. 창을 이동시키거나 크기를 마음대로 조절할 수 있다.

보통의 레이아웃에서도 활성화된 창을 움직이거나 키울 수 있다. 그러나 일반 Viewport가 프로그램의 View 영역을 벗어날 수 없는 반면, Float Viewport는 영역을 벗어나서 볼 수 있는 장점이 있다.

■ Show Viewport Tabs

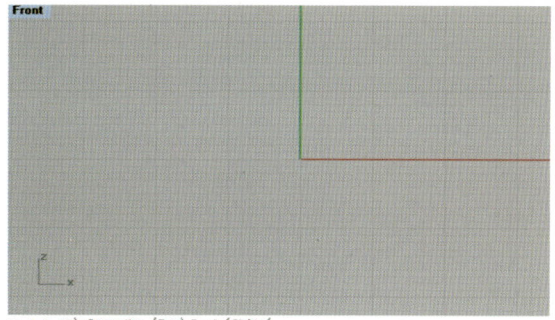

표준 Viewport와 여러 페이지의 레이아웃 스타일을 사용할 때 쓰는 기능이다. 여러 창으로 전환할 때 편리하다.

■ Split Horizontal

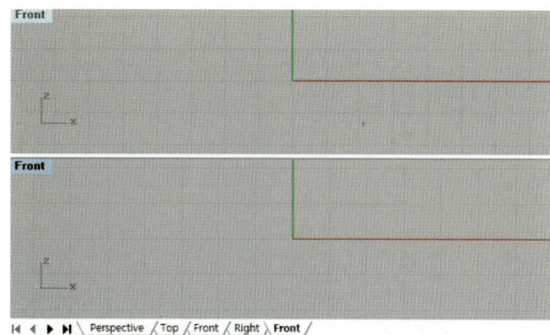

Viewport를 가로 방향으로 분할한다.

■ Split Vertical

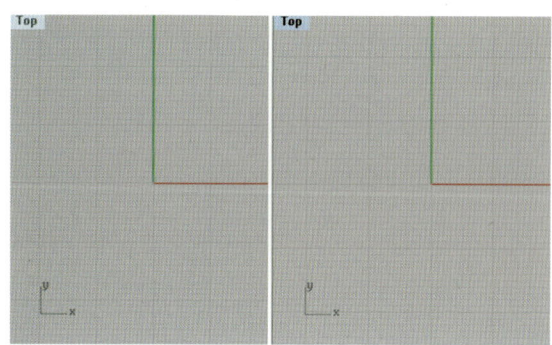

Viewport를 세로 방향으로 분할한다.

■ 4 Viewport

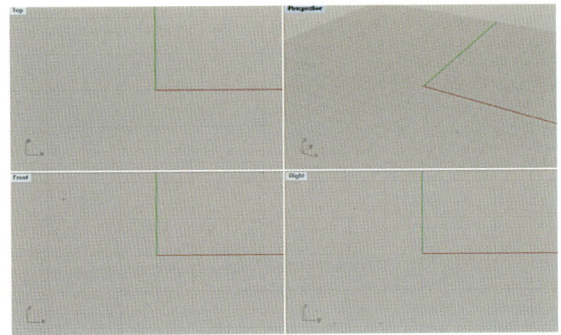

기본 Viewport로, 4개의 화면으로 구성되어 있다.

■ 3 Viewport

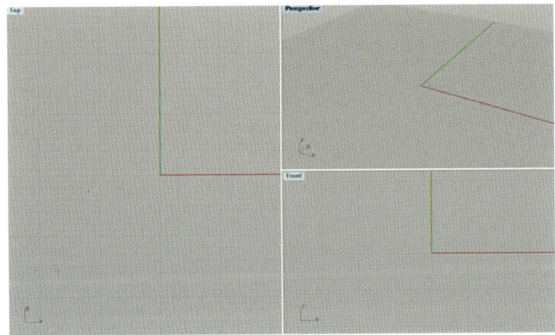

Top, Front, Perspective로 구성되어 있다.

■ Read From File

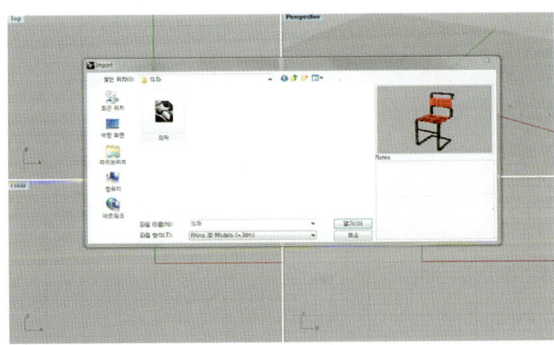

전에 작업했던 파일의 Viewport 형태를 그대로 불러온다.

04 Background Bitmap

현재의 Viewport에 배경 이미지를 삽입하는 기능으로, 많이 쓰이는 명령어이다.

아래의 이미지는 인터넷에서 흔하게 구할 수 있는 것이다. Photoshop을 이용하여 이미지들을 배율에 정확히 맞게 각각의 면으로 잘라내어 분리시킨 후 Background Bitmap > Place를 이용해 배치한다.

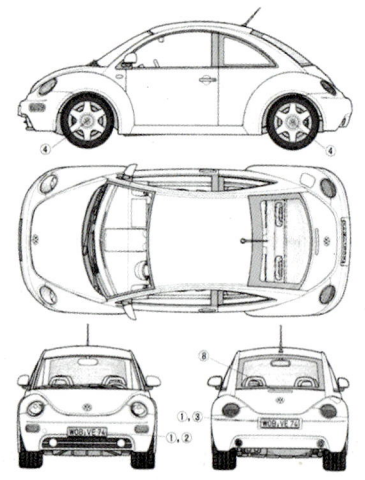 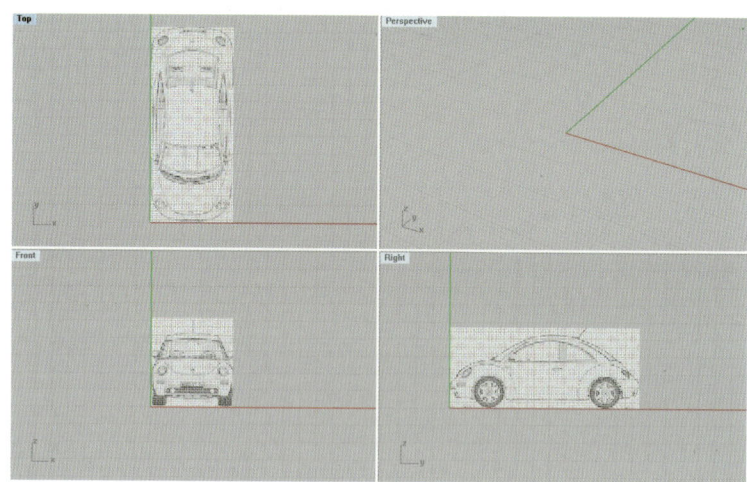

■ Place

활성화된 Viewport에 이미지를 삽입하기 위해 쓰는 명령어이다.

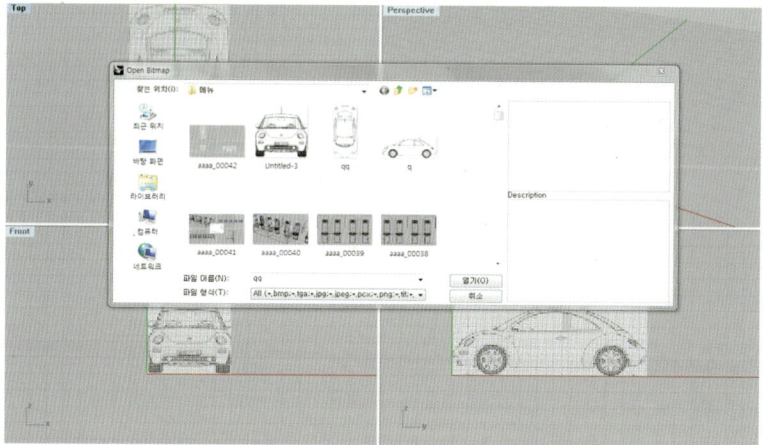

삽입 시 이미지는 흑백으로 설정되어 있다. Command Line에서 Grayscale=Yes로 되어 있는 것을 클릭하면 이미지가 원색상으로 바뀐다. 그러나 이미지의 역할은 Curve를 그리기 위한 것이므로 흑백이 수월하다. 또한 그리드 역시 화면을 복잡하게 하므로, 배치를 하고 난 후에는 Command Line에서 'Grid'를 입력해 그리드를 숨기거나 Properties의 그리드 옵션에서 Hide하거나 View의 그리드 옵션에서 숨기면 된다.

> **TIP**
>
> photoshop에서 정확한 배율을 맞춰도 위치를 정확하게 맞추기는 힘들다. 이런 경우에는 이미지 하나를 먼저 삽입해 사각형을 그려주면 각각의 다른 뷰에서 크기를 정확히 맞추기가 수월해진다. 배치 시 정확한 위치를 위해 snap을 활성화시키는 것이 편하다.

■ Remove
삽입되어 있는 백그라운드 이미지를 삭제한다.

■ Hide
이미지를 숨긴다. 작업 시 Curve를 확인하기 위해 이미지를 숨겨야 할 경우가 있다.

■ Show
숨겨놓은 이미지를 다시 나타나게 할 때 쓴다.

■ Move
이미지를 이동해야 할 때 쓰인다. 처음 이미지를 배치할 때 정확하게 맞추는 것이 바람직하다.

■ Align
이미지를 정렬할 때 쓴다. 라이노 명령어에 있는 Align과는 전혀 다른 명령어이다.

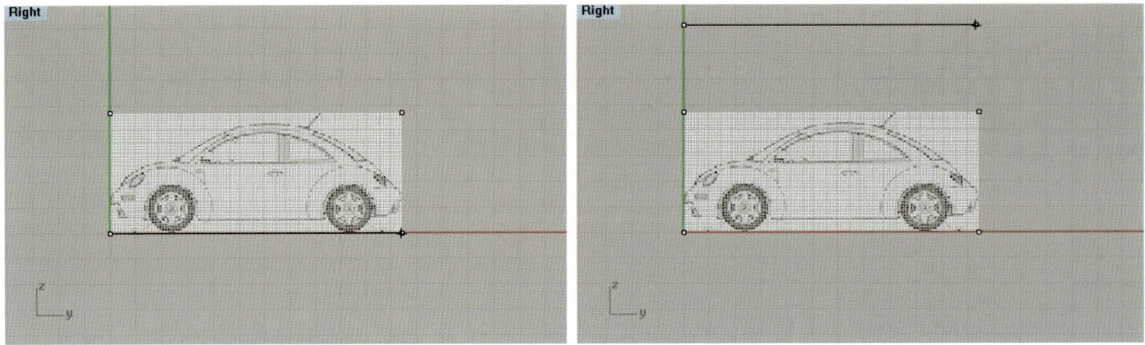

기존에 삽입된 이미지를 사용하거나 삽입할 때 옵션의 Align을 클릭하고 이미지의 일정 면을 클릭한 후 옮겨질 곳에 같은 형태로 배치한다. 이때 길이가 처음보다 길어지면 Scale이 커지고, 작아지면 옮겨진 이미지도 작아진다.

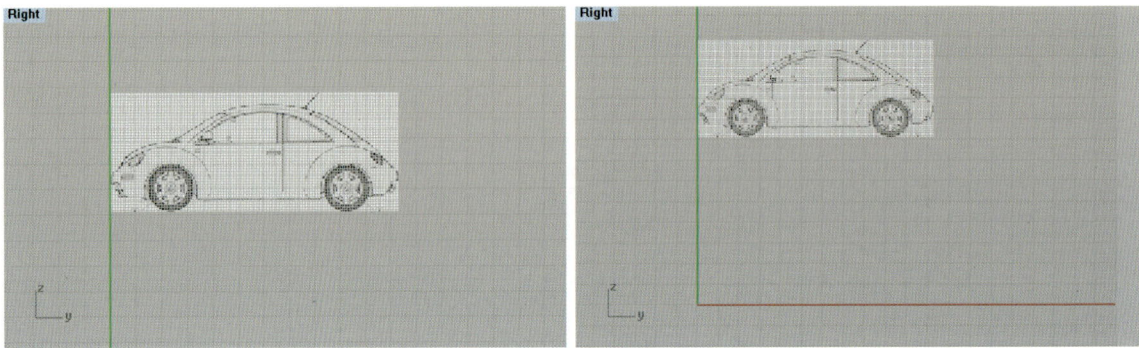

■ Scale

백그라운드 이미지의 크기를 변경한다.

> **TIP**
>
> ● Picture frame
>
> Plane > Picture Frame이라는 명령어이다. Background Bitmap과 비슷한 명령어이나 차이가 크다. Background Bitmap은 Viewport에 배경화면으로 이미지가 삽입되나, Pictureframe은 오브젝트로서 삽입된다.

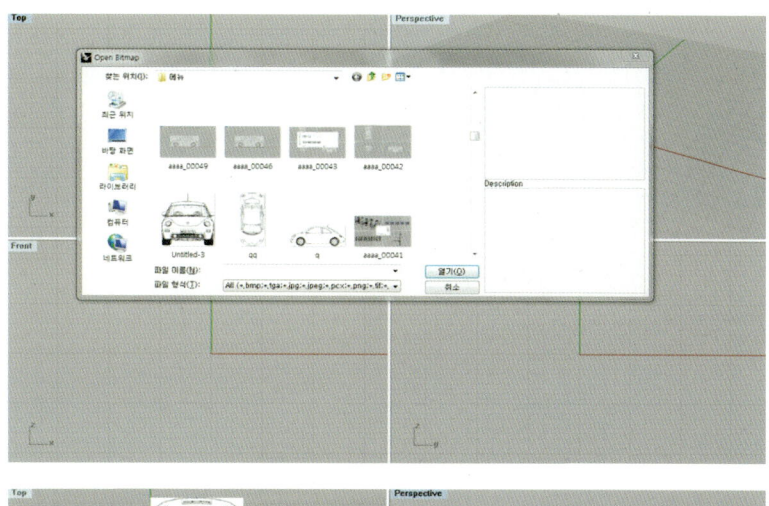

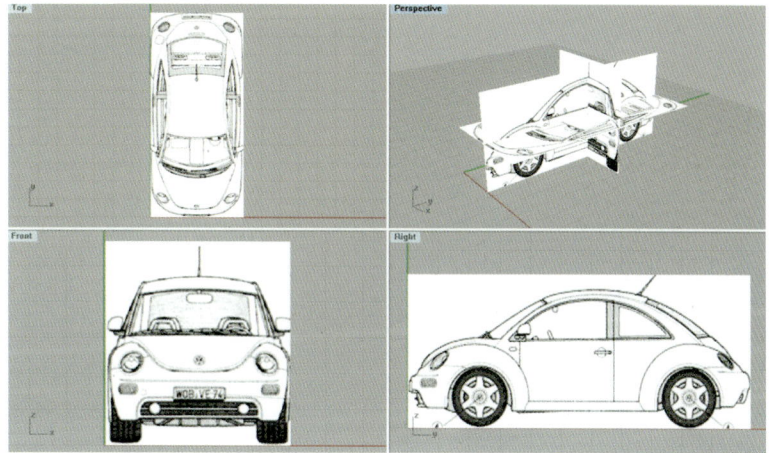

Image는 Surface에 입혀진 오브젝트로 일반적인 Editing 명령어가 모두 적용되기에 이미지의 크기를 맞추는 데 있어서 훨씬 간편하다.

유용한 필수 기능

01 Osnap

Osnap은 AutoCAD에서 제공하는 Object Snap과 매유 유사한 기능이다. 라이노의 장점인 정확한 치수와 더불어 Osnap 기능은 특정 부분을 빠르고 정확하게 선택할 수 있다는 점에서 매우 유용하다.

■ Standard Toolbar에 위치한 Osnap

■ Standard Toolbar에 위치한 Osnap의 하위 메뉴

■ 라이노를 실행했을 때 Statusbar 위에 위치한 Osnap

Osnap 사용 시 보통 여러 가지를 체크하게 된다. 특정 Osnap만을 사용하고자 할 경우, Statusbar의 Osnap 위에서 Shift를 누르고 클릭하면 특정 Osnap만 활성화된다.

■ Tools > Object Snap에서 Osnap

앞에서와 같이 세 곳에 Osnap 메뉴가 있다.

• End(End Point)

각 Curve나 면에서 모서리 부분의 정점이나 최종점이 선택된다.

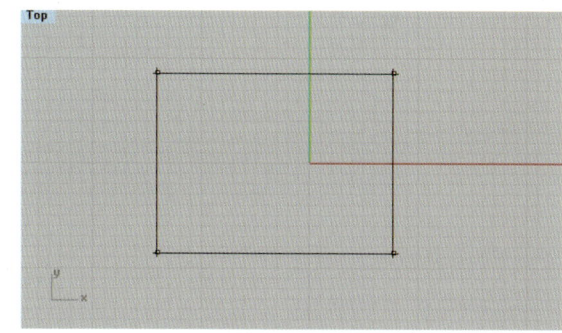

• Near(Nearest)

Curve 위에서 임의의 점이 선택된다.

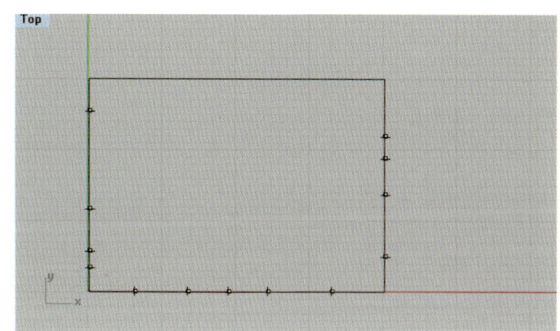

• Point

Edit > Control Points > Control Points On 또는 약키 F10을 눌러 Control Point를 활성화시킬 수 있다. Point를 그려넣어 Point를 이용할 수도 있다. Point는 오브젝트의 개념보다는 보조 역할로 많이 쓰인다.

• Mid(Mid point)

선이나 면의 모서리 부분의 중간점을 택하게 된다. Curve가 Polyline일 경우 각 폴리라인 세그먼트의 중간점을 택하게 된다.

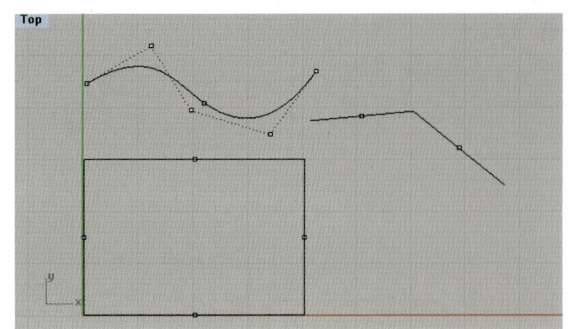

• Cen(Center)

아크나 원, 정사각형의 중점을 선택하게 된다. 센터를 찾을 경우 주의할 점은 센터 위치로 커서를 가져가야 하는 것이 아니라 기준이 되는 Curve로 가져가야 한다는 것이다.

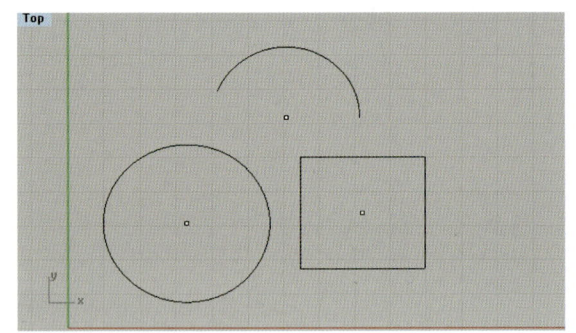

• Int(Intersection)

Curve, 면 등 오브젝트의 교차점을 찾는다.

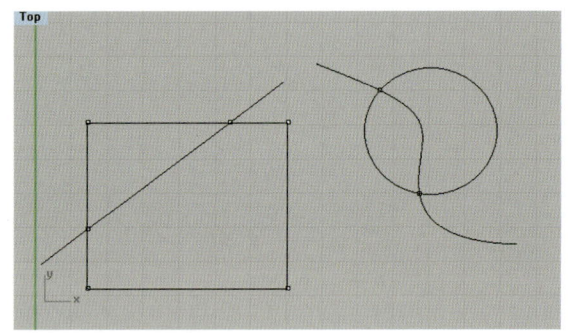

• Perp(Perpendicular)

마지막으로 선택한 점과 수직을 이루는 오브젝트의 위치가 선택된다.

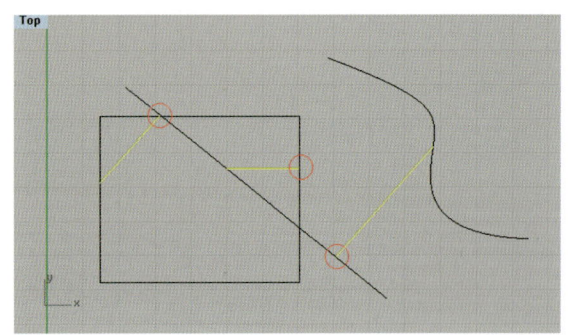

• Tan(Tangent)

아크나 원에서 마지막으로 선택한 점에서의 탄젠트를 나타내는 점이 선택된다. 즉, 마지막 Curve와 가장 부드럽게 이어지는 Curve가 만들어진다.

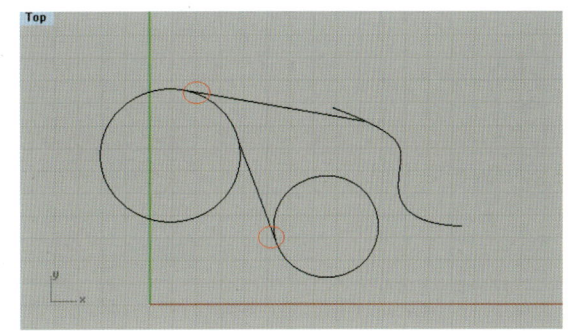

• Quad(Quadpoint)

아크나 원에 가장 가까운 기본방위 또는 원에서 0, 90, 180, 270° 위치의 사분점을 찾는다. 그림에서 보이듯이 자유곡선에서는 찾을 수 없고 아크나 원에서 찾게 된다.

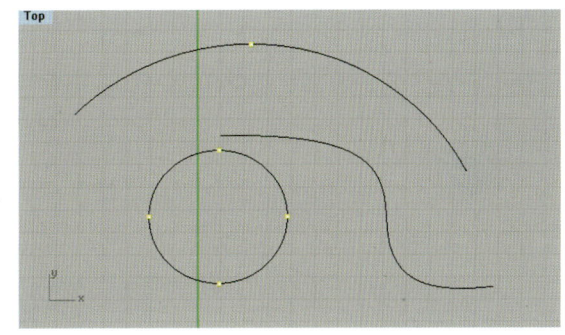

• Knot

Curve 편집 시 Curve의 Knot만을 찾는다.

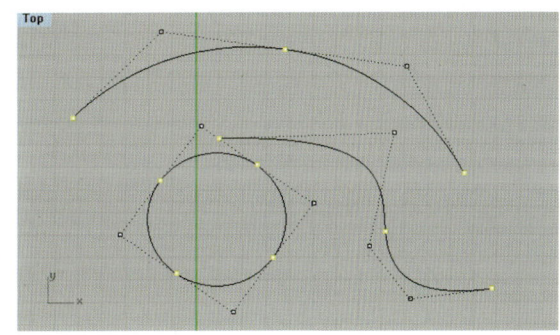

• Project(Project Osnap)

실제 점에서 구성 평면까지 개체 스냅을 투영한다. Project Osnap 명령은 개체 스냅을 평면모드로 설정된 가상의 평면에 투영하는 것이다. 커서를 개체 스냅 점에 가까이 하면, 마크는 구성 평면 위에 대응하는 위치에 있는 점에 위치하게 된

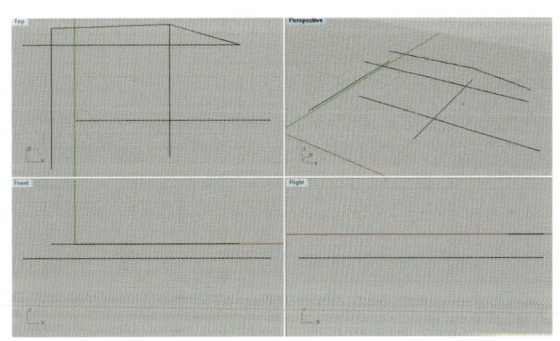

다. 이때 개체 위에 있는 점과 실제 점 사이에 흰색의 추적선이 표시된다.

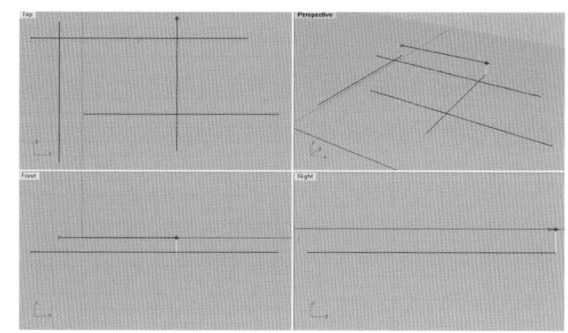

• STrack(Smart Track)

포인트에서 X축과 Y축 방향으로 즉, 좌표축의 방향으로 위치점들이 연관되어 Viewport에 그려지는 임시 참조선과 점이다.

Illustrator의 Smart Guides라는 기능과 비슷하게 좌표의 위치를 맞추어준다. 맞추어야 할 Point 쪽으로 선택 후 맞추어갈 수 있다.

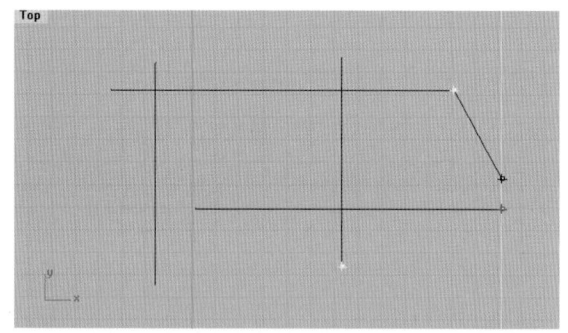

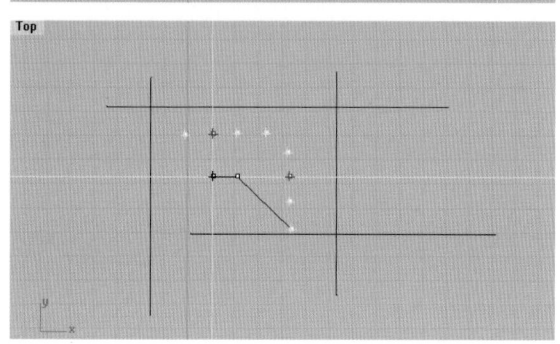

• Disable

Osnap을 사용하지 않는다.

02 Statusbar

`CPlane  x 87.86   y -46.04   z 0.00        ■Default        Snap  Ortho  Planar  Osnap  Record History`

■ Cplane
좌표의 표준을 나타낸다. Cplane인지 World 좌표를 사용하는지 나타낸다. 우측으로 좌표의 수치가 나타난다.

■ Layer panel
현재의 레이어를 나타낸다.

■ Snap
그리드의 정해진 간격을 따라서만 움직일 수 있는 것을 말한다. 스냅을 사용하지 않으려면 Command Line에서 Snap을 입력하거나, 상태표시줄의 Grid를 클릭하거나, 맨 오른쪽의 Disable을 체크해주면 된다. (Alt 키를 누르면 일시적으로 스냅이 전환된다.)

■ Ortho
시작된 부분으로부터 마지막 부분이 지정된 각도의 배수로 이동하도록 제한하는 기능으로, 보통 수직 수평으로 움직이게 된다. Ortho를 해제하려면 상태표시줄의 Ortho를 클릭하거나 F8을 누르면 된다. (Shift 키를 누르고 움직여도 된다.)

■ Planar
Curve를 그릴 때 이전 위치와 동일한 평면에만 그릴 수 있도록 한다.

■ Osnap
Osnap 창을 보이게 하거나 안 보이게 한다.

■ Record History
일정 오브젝트에 사용한 명령들이 기록되도록 하는 기능이다.

03 Align

오브젝트들을 정렬하는 기능이다. Adobe사의 Illustrator의 Align 기능과 거의 흡사한데 라이노는 여러 뷰에서 사용하게 된다는 점이 다르다. 즉 어느 뷰에서 사용할지 잘 선택해야 한다. 하지만 몇 번 해보면 바로 익숙해지므로 걱정할 필요는 없다.

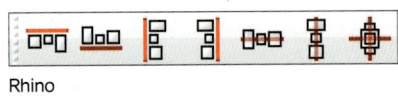
Rhino

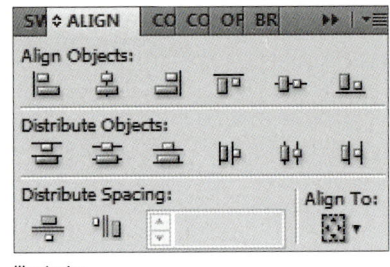
Illustrator

활성화되어 있는 뷰를 기준으로

- 위로 정렬
- 우로 정렬
- 가로와 세로축의 중심으로 정렬
- 아래로 정렬
- 가로축의 중심으로 정렬
- 좌로 정렬
- 세로축의 중심으로 정렬

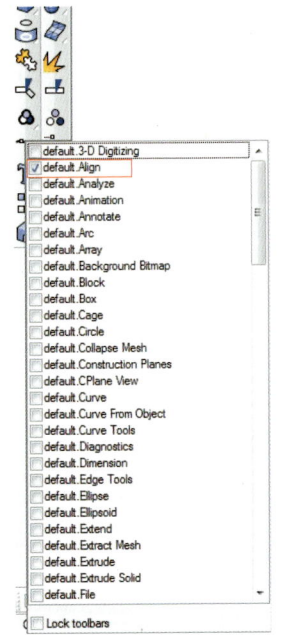

Main Toolbar 아랫부분의 빈 공간에서 마우스 오른쪽을 누르면 메뉴 설정창이 나오게 된다(좌측의 창). 여기에서 Align을 체크해주면 Align Toolbar가 나타난다.

Rhino 4.0

PART 2
실습 예제

- **Curve를 이용한 모델링**
  태극기 / 주사위 / 레고

- **Curve와 Solid 혼합 모델링**
  의자 / 수도꼭지 / 볼펜 / 라이터

Curve를 이용한 모델링

1. 태극기

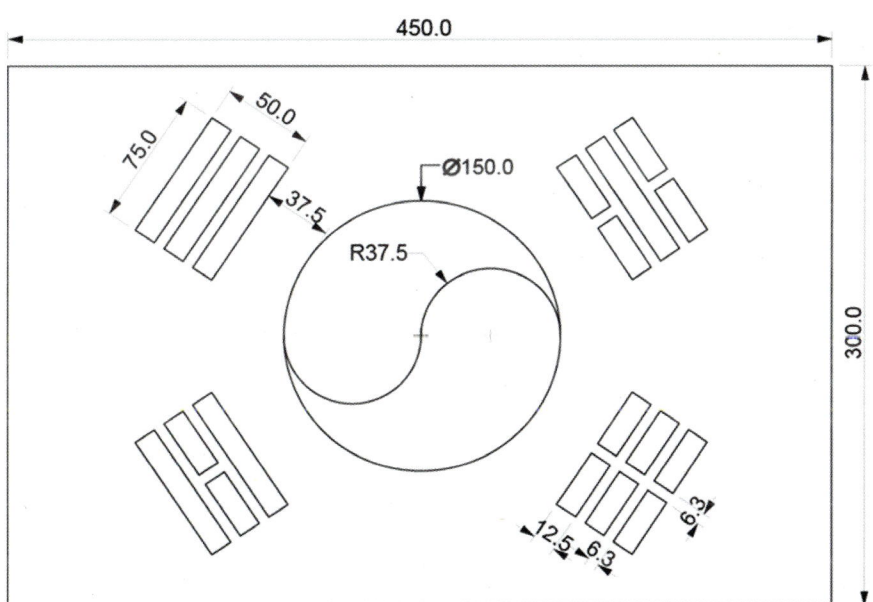

태극기 사이즈-예시

● 수치 입력하기

01 • 절대좌표 – Curve > Rectangle > Corner to Corner ▢ 클릭 후 '0,0' 위치를 잡고 좌표의 중심에서 시작해 '450,300'을 입력한다.
• 상대좌표 – ▢를 클릭해 '0,0'을 입력 후 '@450,300'을 입력한다.

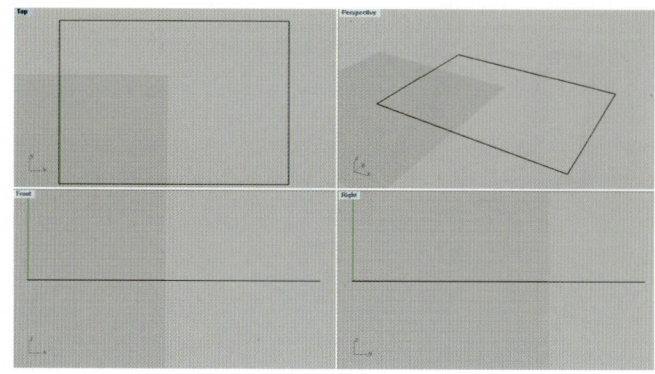

02 Osnap > End를 활성화시키고 Poly line ⋀을 클릭해 사각형 각 모서리의 Curve를 이어 Center를 찾는다. (오른쪽의 그림처럼 두 선의 교차점을 찾거나 선 하나를 그어 중간점을 찾아도 똑같은 위치를 찾을 수 있다.) Osnap > Cen이나 Osnap > Int를 활성화시킨 다음 중앙 점을 기준으로 Curve > Circle > Center, Radius ◎를 클릭하고 Center를 기준으로 잡아 반지름 75인 원을 그린다.

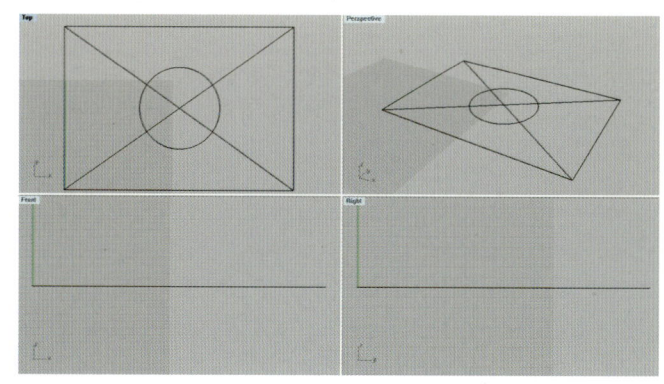

03 Osnap > Quad를 활성화시키고 원을 그릴 때, Circle의 두 번째 옵션인 Diameter ◎를 선택해 양쪽에 원을 그린다. 큰 원과 작은 두 원을 선택한 후 Edit > Trim ✂을 클릭해 태극 문양을 남기고 나머지 Curve를 지운다.

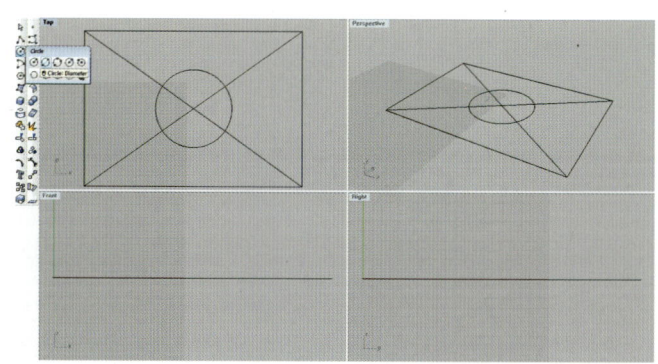

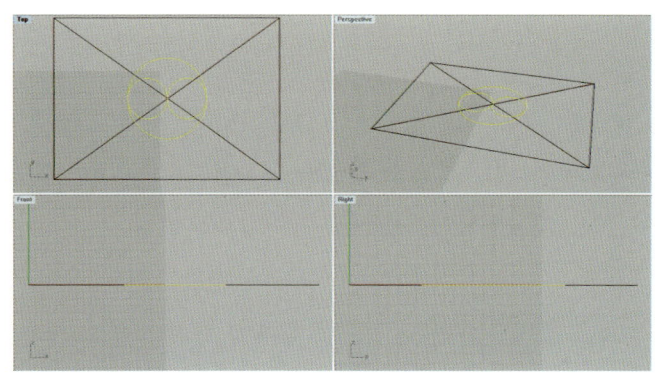

04 Polyline ⚡을 클릭해 임의로 위치를 잡은 후 '@50<90'을 입력해 길이 50의 Curve를 만든다. Curve > Rectangle > Corner to Corner ▱를 클릭하고 '@75,12.5'를 입력해 사각형을 그린다.

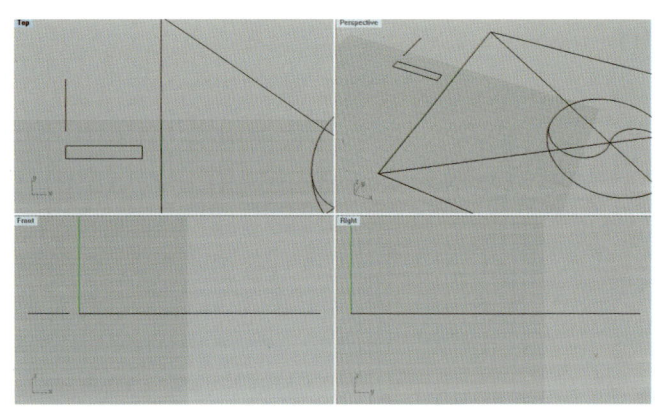

05 Osnap > End를 활성화시키고 Transform > Move ⚙를 클릭 후 ❶의 그림처럼 모서리를 클릭한 다음 ❷와 같이 Curve 끝점으로 옮긴다.

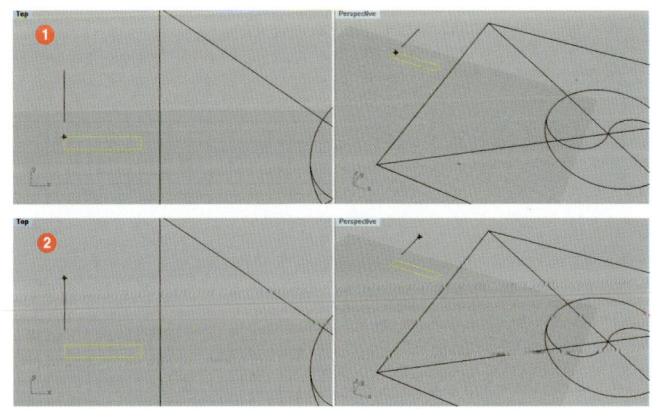

06 ❶의 그림처럼 Curve를 선택해 복사(Ctrl+C), 붙여넣기(Ctrl+V)해서 새로운 Curve를 만든다. Transform > Move 를 클릭하고 Osnap > End를 활성화시킨 다음 모서리의 왼쪽 아랫부분을 클릭해 ❷처럼 이동한다.

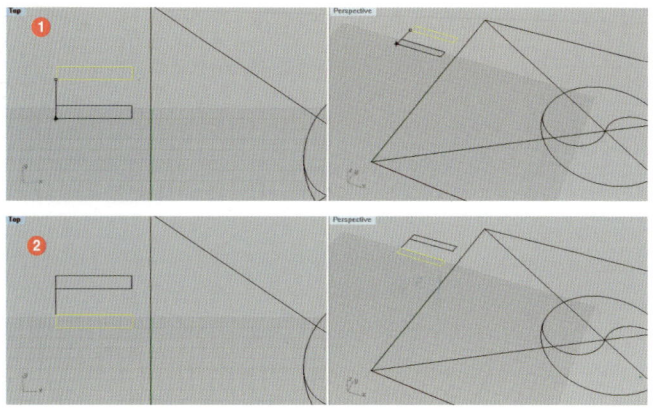

07 Osnap > Mid를 활성화시키고 ❶과 같이 Transform > Move 를 클릭해 실행시킨 후 아래 사각형의 중간점을 클릭한다. ❷ 그림과 같이 좌측 Curve를 따라 위로 움직여 ❸처럼 위치가 중간으로 나왔을 때 클릭한다.

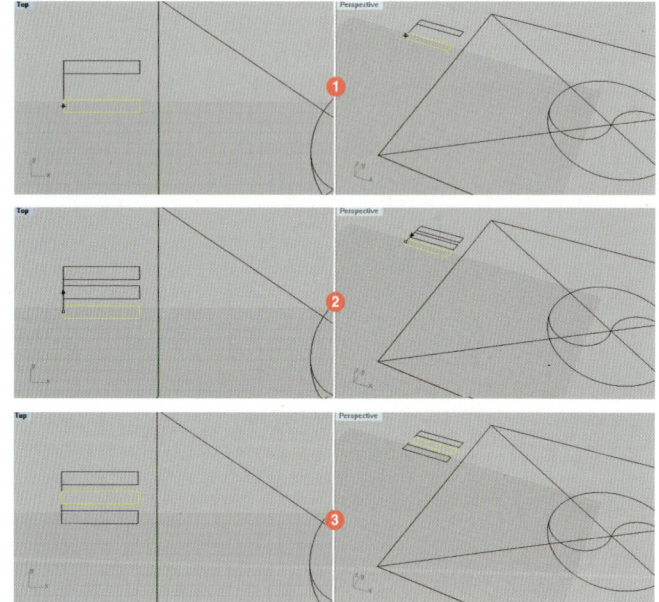

08 Curve를 하나 더 복사, 붙여넣기해서 총 세 개를 만든다. Curve > Line > Single Line ✏️을 클릭하고 Osnap > Mid를 활성화시켜 수직으로 Curve를 만든다.

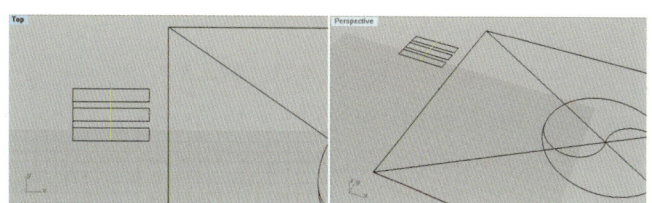

09 Curve Tools > Offset Curve 🖊️를 클릭하여 거리값 '3.15'를 입력하고 오른쪽과 왼쪽에 두 개의 Curve를 만든다.

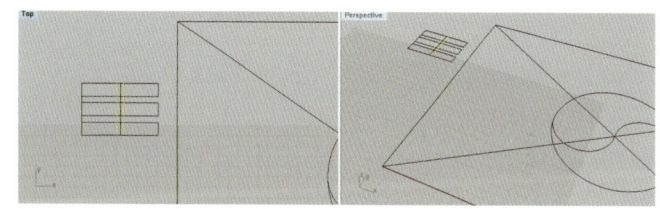

10 Osnap > End를 활성화시키고 Curve > Line > Single Line ✏️을 클릭하여 수직으로 '@37.5<90'의 Curve를 만든다.

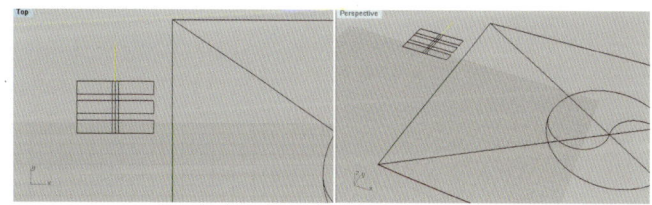

11 Transform > Copy 를 클릭한다. 그려놓은 Curve를 복사(Ctrl+C)해서 4괘에 맞게 4개를 붙여넣기(Ctrl+V)한다.

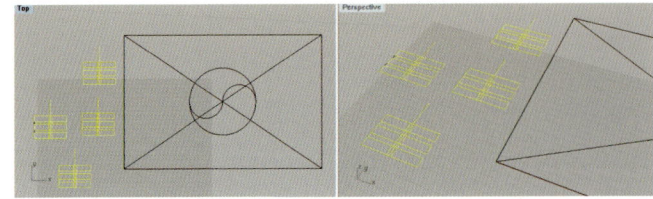

> **TIP**
> 똑같은 Copy지만 명령어의 Copy는 대부분 Ctrl+C로 쓰인다. 그러나 아이콘의 Copy는 Multi-copy 명령어로서 하나만이 아니라 여러 개를 동시에 복사할 때 유용하게 쓰인다.

12 각각의 좌측에 있는 보조선을 선택하고 Delete를 눌러 삭제한다. Edit > Trim 을 클릭하고 각 괘의 모양에 맞게 Curve를 지워 모양을 만든다. 전체 Curve를 선택 후, 마우스 오른쪽을 클릭하거나 Enter를 누르고 지울 부분들을 클릭하여 삭제한다.

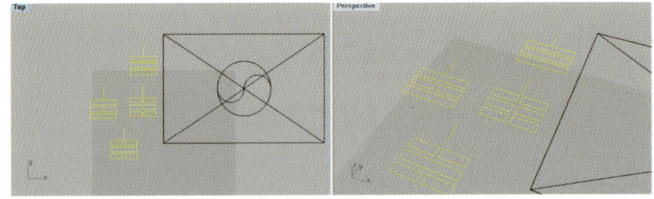

13 Osnap > End를 활성화시켜 Transform > Move 실행 후 괘 위쪽 부분의 끝점을 잡아주고 Osnap > Int를 활성화하여 태극의 원과 대각선의 Curve가 교차되는 곳의 위치를 잡는다. 각 괘마다 동일하게 실행하는데 여기에서는 편의상 두 개를 이동했다.

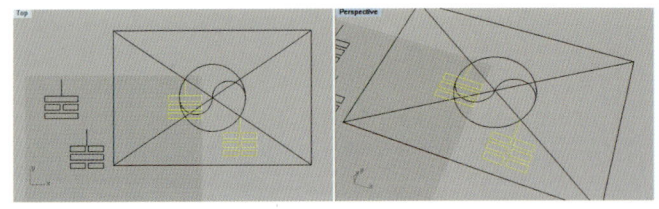

82 Rhino 3D 따라하기

14 Transform > Rotate 를 클릭하고 회전축의 기준을 교차점으로 잡은 후 두 번째 기준점을 수직(시작 시 보여준 좌표 그래프상에서의 각도는 270°)으로 내려 잡는다. 다음 회전할 값 '123.69'를 입력한다.

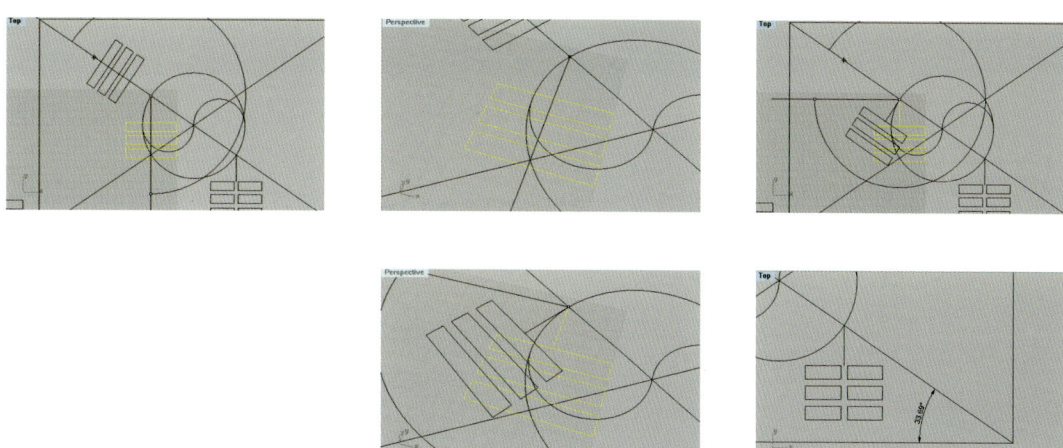

- **각도가 나온 계산식**

시계 방향으로 회전해야 하므로 − 가 붙는다.

각도의 계산이 33.69°였으므로 각도의 기본인 90°+33.69°=123.69° 이다.

15 두 번째 회전 역시 Osnap > Near를 활성화시킨 다음 Rotate 클릭 후 회전축을 수직 아래쪽으로 설정해 대각선 부분으로 회전하면 Osnap에 의해 정확히 선이 맞춰진다.

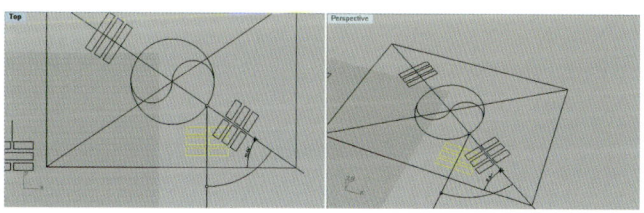

16 남은 두 괘 역시 마찬가지로 각도를 계산한 다음 입력해서 회전시킬 수도 있고 Osnap을 사용하여 맞출 수도 있다. 보조선으로 사용되었던 선들은 Delete로 지운다.

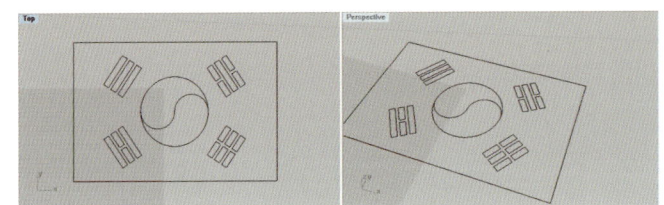

● 면 생성하기

01 면을 생성하기 위하여 선을 정리할 필요가 있다.
Edit > Split 을 클릭하고 ❶을 선택 후 ❷를 선택하여 ❶의 Curve를 두 개로 분리한다. ❷의 Curve는 분리된 ❶의 Curve의 아래, 위에 필요하므로 ❷의 Curve를 복사(Ctrl+C), 붙여넣기(Ctrl+V)하면 한 자리에 두 개의 Curve가 존재하게 된다.

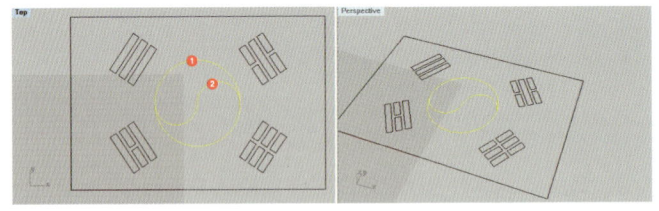

02 앞에서 분리한 Curve와 복사하여 붙인 Curve를 선택하여 그림처럼 각각 두 개의 닫힌 Curve로 Join 시킨다.

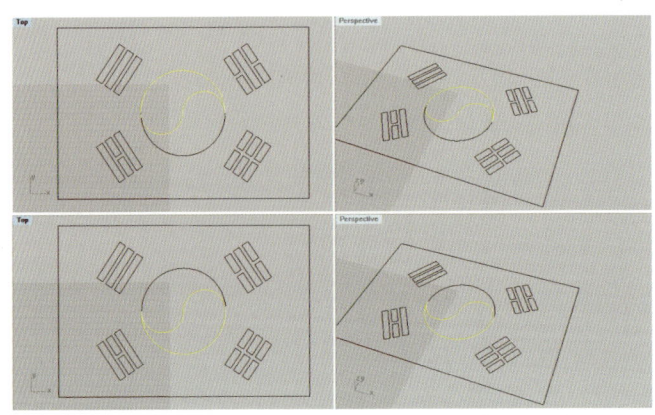

03 Curve 전체를 드래그로 선택 후 Join을 클릭한다. 태극의 원들은 이미 Join되어 닫힌 Curve이므로 다시 연결되지 않는다.

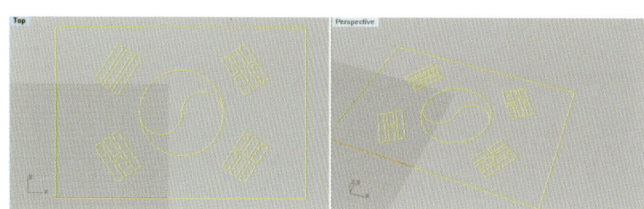

04 외곽선을 선택한 후 Surface > Extrude Curve > Straight 를 클릭하고 좌표 아래쪽으로 면이 생성되어야 하므로 값 '-2'를 입력한다.

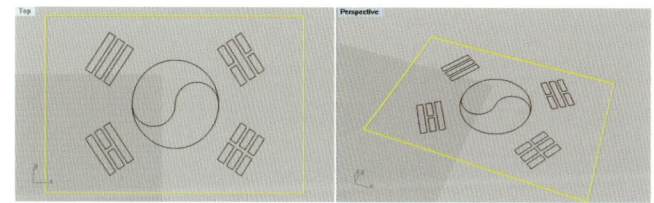

05 면의 생성을 확인하기 위해 Perspective View의 좌측 상단 위에서 마우스 오른쪽(MR)을 클릭하여 View를 Shaded로 바꾼다. 앞에서 선택했던 Curve를 다시 선택하고 Surface > Patch 를 클릭하여 면을 생성한다.

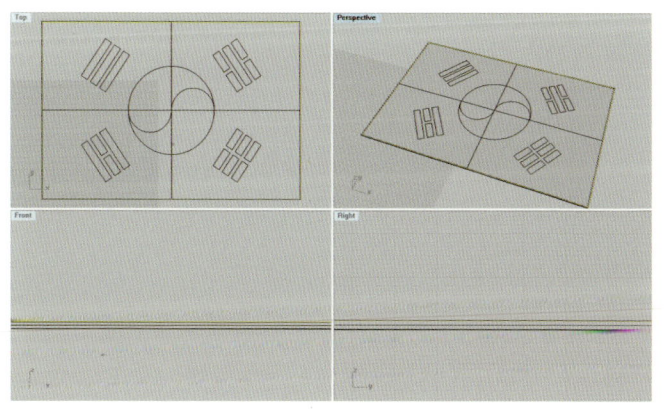
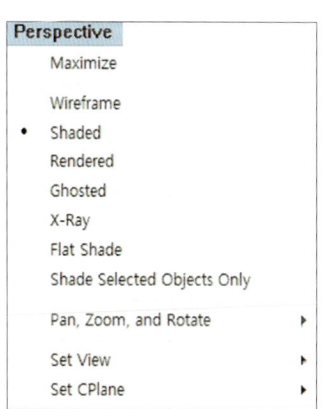

06 ①처럼 좌에서 우로 드래그하여 전체가 사각형 안에 들어온 것만 선택한다. ②와 같이 안쪽의 Curve만 선택된다.

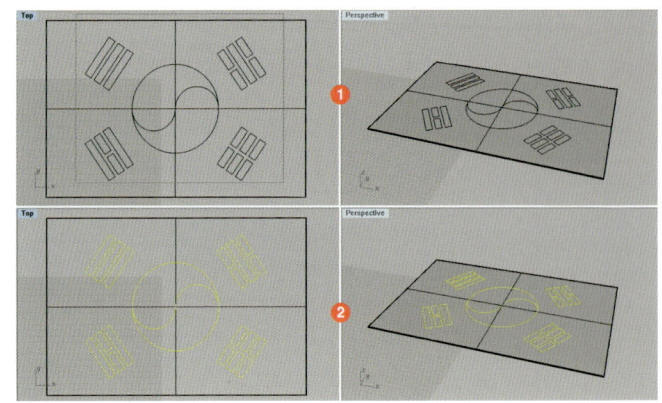

07 Curve가 선택되어 있는 상태에서 Surface > Extrude Curve > Straight 를 클릭하고 거리값 '2'를 입력하여 면을 생성한다.

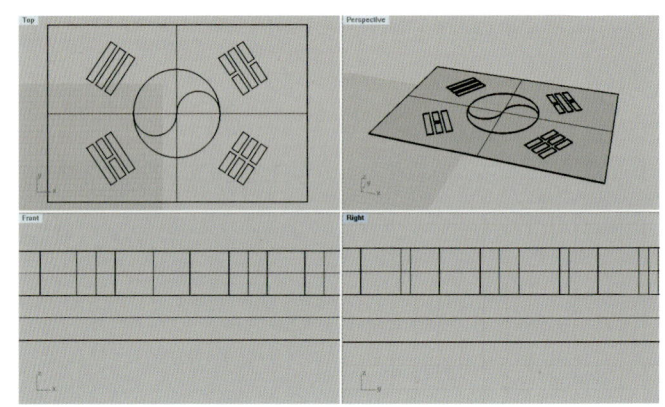

08 이번에는 드래그로 Surface와 Curve를 선택한다.

[TIP]
우리에게 필요한 것은 Surface다. 그러나 Cap 명령어는 Surface에 좌우되므로 Curve가 같이 선택되어도 상관없다. 하나하나 클릭으로 선택하면 시간도 오래 걸리고 잘못 클릭할 수도 있으니 드래그가 유용하다.

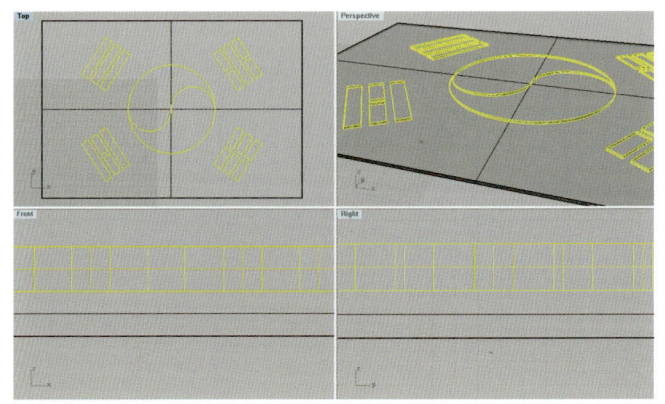

09 선택된 상태에서 Solid > Cap Planar Holes ▦을 클릭하여 개개의 닫힌 Curve를 아래 윗면이 닫힌 Solid로 만든다.

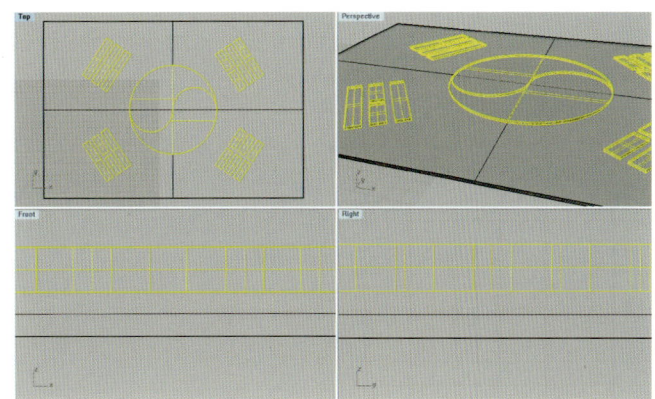

10 태극기 바탕의 아랫부분은 면이 없으므로 면을 생성한다. Extrude로 면을 생성해서 내렸기에 아랫부분에는 Curve가 존재하지 않아 형태에 맞추어 Curve를 만들어야 한다. 물론 앞에서와 같이 Cap 명령어를 이용해 바로 Solid로 만들 수도 있다.
Curve > Curve From Objects > Duplicate Edge ▦를 클릭 후 ❶처럼 좌에서 우로 드래그하여 아랫부분만을 선택하고 ❷처럼 Curve를 만든다.

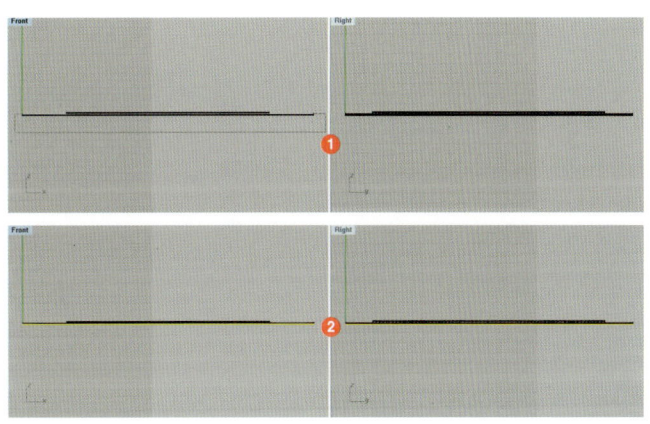

11 Curve를 만든 후 바로 Surface > Patch ▦를 클릭하여 면을 생성한다.

12 드래그로 전체를 선택하고 Join을 클릭하여 각각의 면들을 Solid로 만든다.

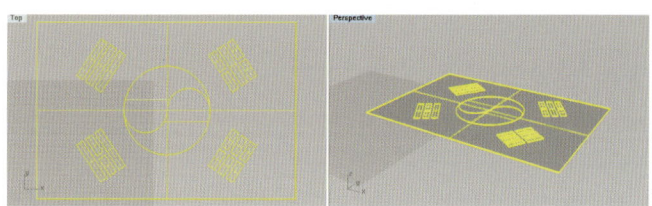

13 Toolbar에서 Edit Layers를 클릭하면 우측에 레이어 창이 뜬다. 새로운 레이어를 만들어 Curve만을 저장한다. 기존에 만들어놓은 Curve들은 Change Layer를 클릭해 레이어를 바꾼다.

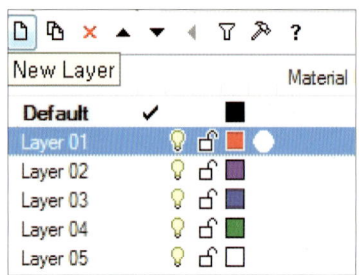 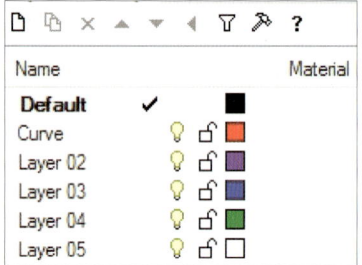

14 기존 레이어의 이름 부분을 더블 클릭해서 각 부분의 명칭에 맞게 레이어를 생성하고 그곳에 맞는 Surface를 Change layer 한다.

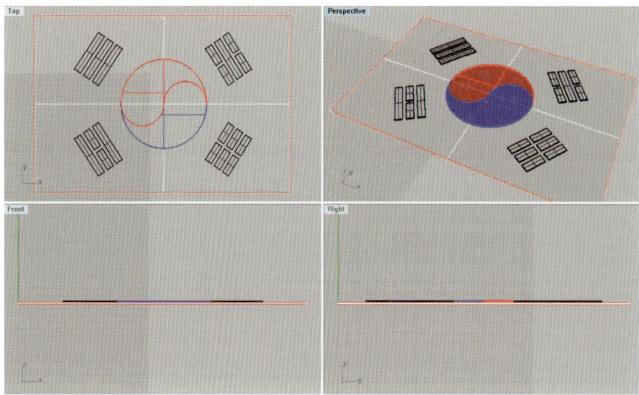 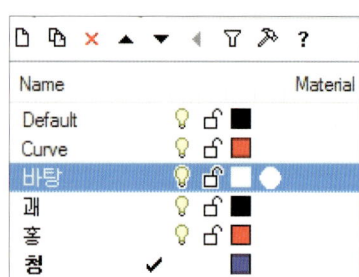

앞에서 만든 태극기는 양각이다. 이번에는 이것을 음각으로 바꾸어보자.

● 음각 태극기 만들기

01 ① 그림처럼 괘와 태극 부분의 면을 선택하기 위해 우에서 좌로 드래그한다. 드래그할 때 스치는 것들은 모두 선택되므로 살짝 끝부분에만 닿게해 ② 와 같이 선택한다.

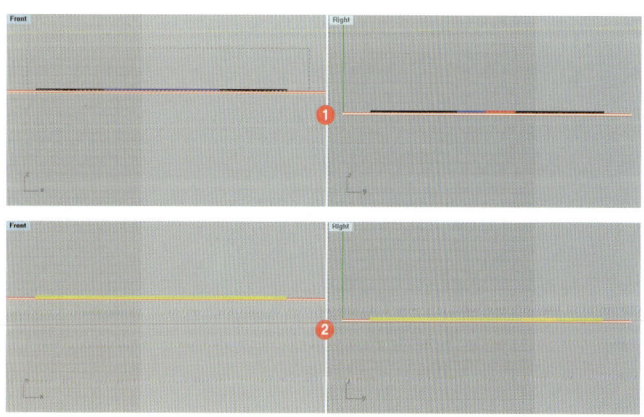

02 Transform > Move 를 클릭하여 모서리 부분을 선택하고 '@1<270'을 입력해 아래쪽으로 이동한다.

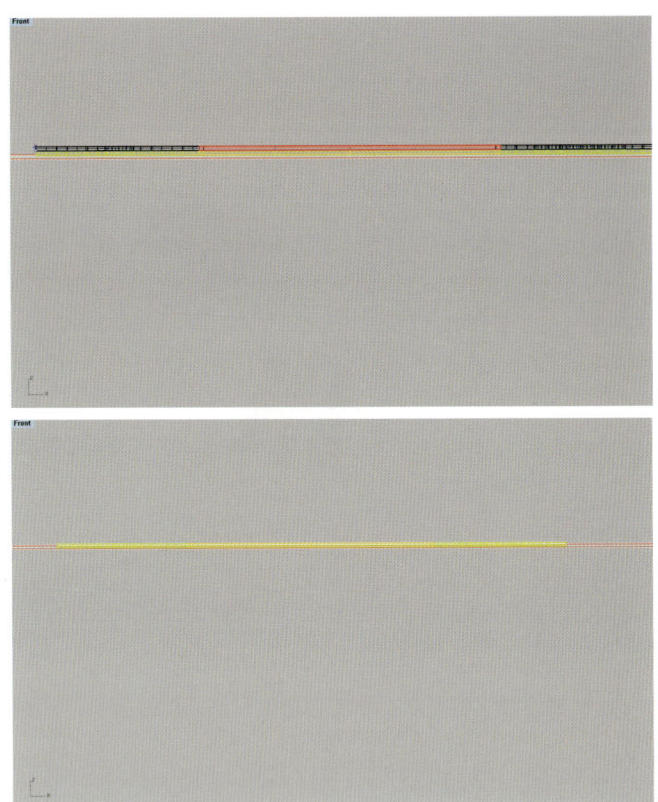

03 Solid > Difference 를 클릭하고 ❶과 같이 선택한 후, 마우스 오른쪽(MR)을 클릭한다. 드래그로 나머지를 선택해 Enter를 누른다. 겹쳐져 있는 부분의 면들이 도려내지듯이 면의 겹친 부분이 사라지며 태극과 4괘의 모양이 음각으로 남는다. 또한 레이어가 하나로 합쳐져 있으므로 각 부분이 하나의 음각으로 남는다.

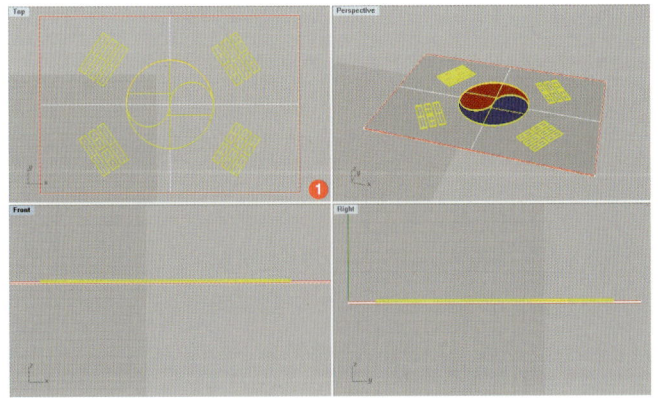

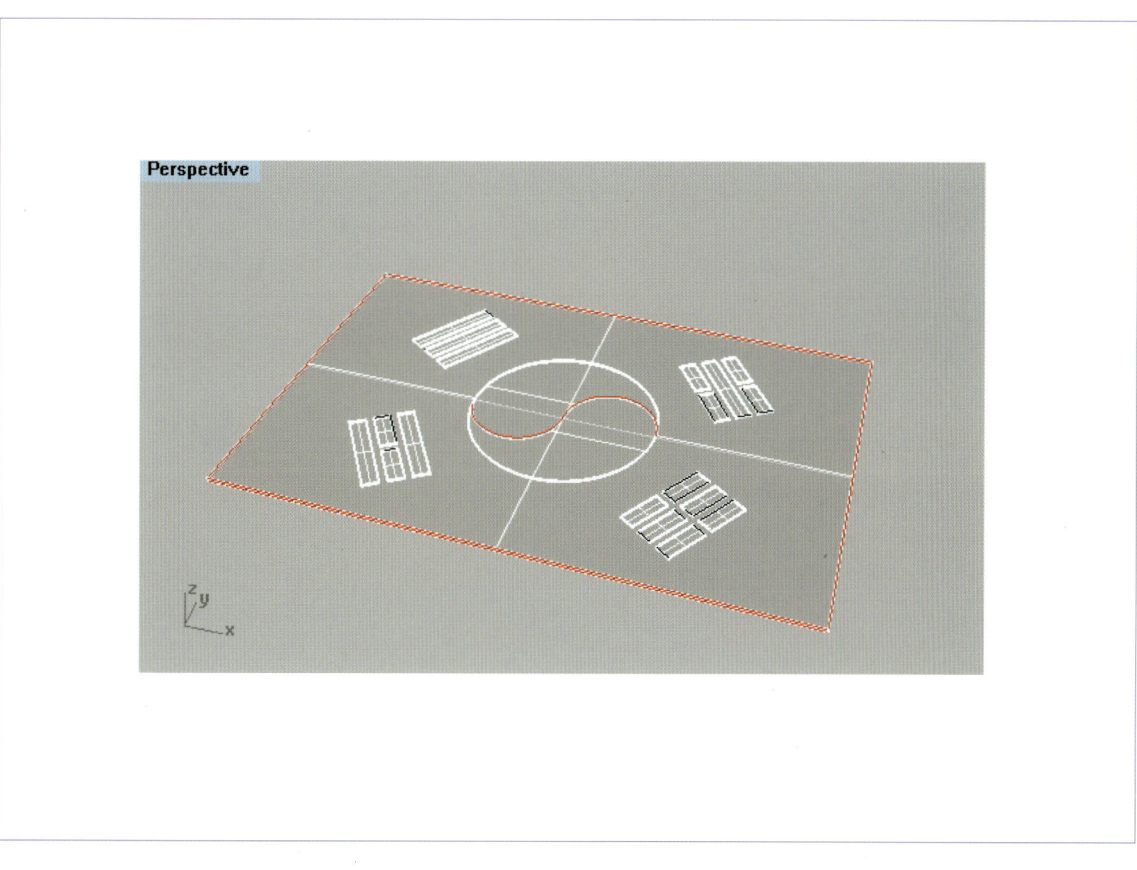

2. 주사위

● 주사위 몸체 만들기

01 Solid > Box > Corner to Corner, Height 🔲 를 클릭해 ❶과 같이 Top View 에서 '0,0'을 입력하고 크기값 '@40,40' 을 입력한다. ❷의 Front View에서 역시 '@40,40'을 입력하여 정육면체를 만든다.

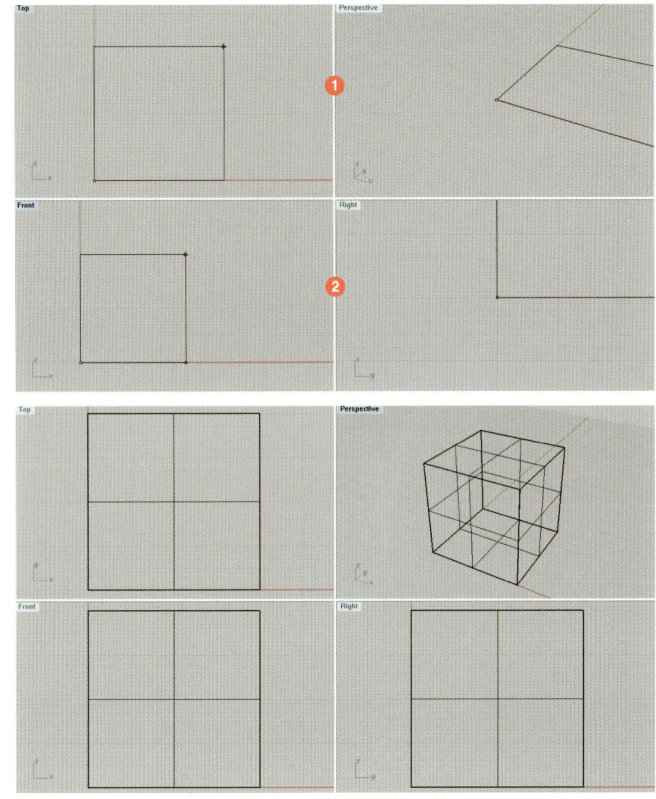

02 Curve > Rectangle > Corner to Corner 🔲 를 클릭하여 한 점을 찍고 '@40,40'을 입력하여 사각형을 그린 후, 사각형을 복사(Ctrl+C), 붙여넣기(Ctrl+V)한다. Snap을 활성화시킨 후 새로 생성된 Curve를 위쪽으로 40만큼 이동한다.

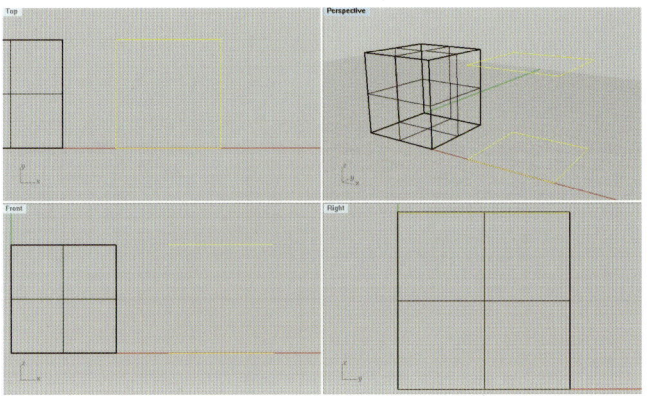

03 두 Curve를 선택하고 Surface > Loft 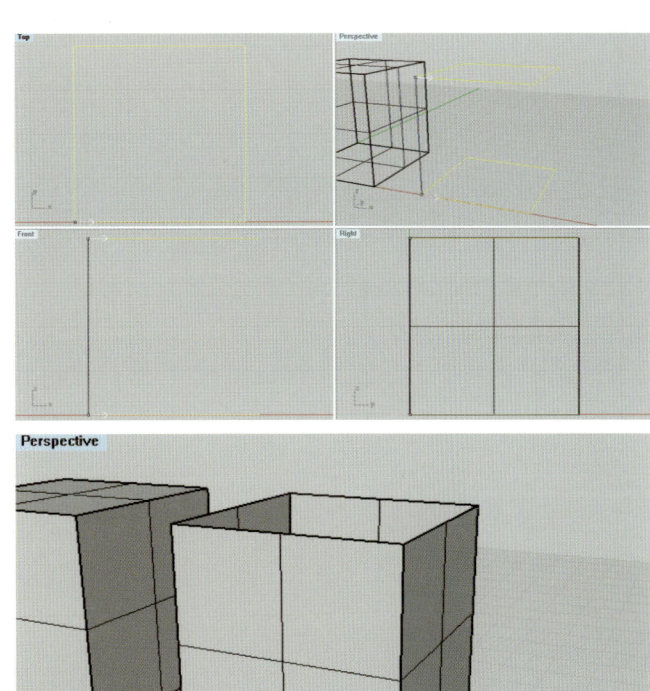를 클릭하여 면을 생성한다.

04 Surface > Patch 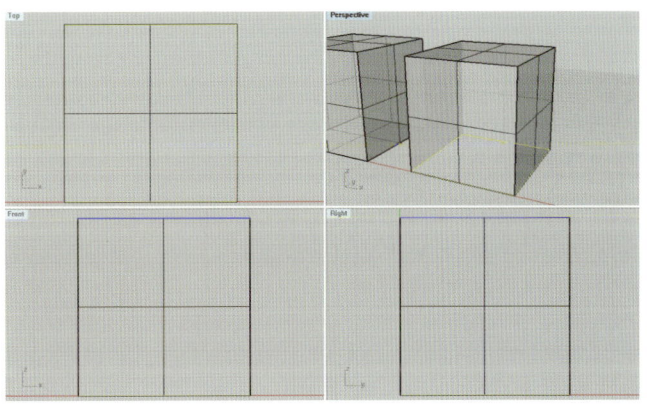를 클릭하여 위쪽 Curve와 아래쪽 Curve 사이에 면을 생성한다.

[TIP]
닫힌 Curve는 따로따로 선택하여 면을 생성해야 한다.

05 전체를 드래그로 선택하고 Join 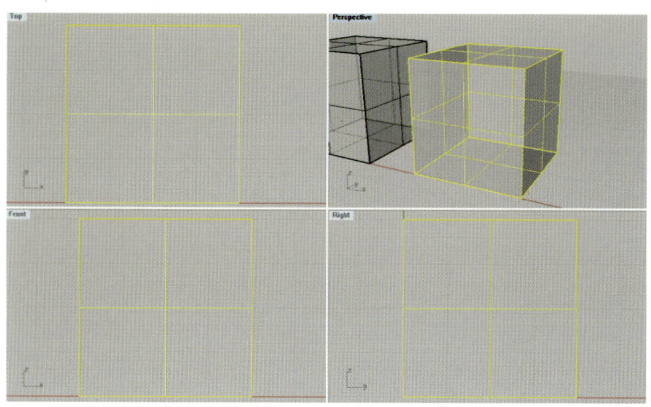을 클릭하여 Solid로 만든다.

위의 두 가지 방법으로 똑같은 형태를 만들 수 있으나 첫 번째 방법으로 만든 것은 Solid 이기에 두 번째 방식의 Curve를 이용하는 것이 연습으로는 더욱 유용하다.

06 Solid > Sphere > Center, Radius 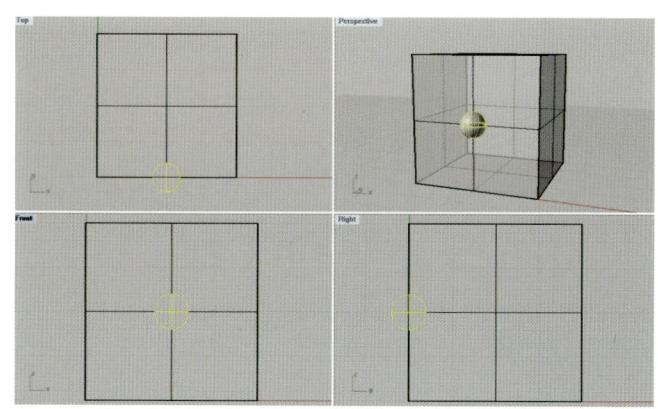를 클릭하여 그림과 같이 반지름 4의 구를 만든다.

07 구를 복사(Ctrl+C), 붙여넣기(Ctrl+V) 하여 그림과 같이 배치한다.

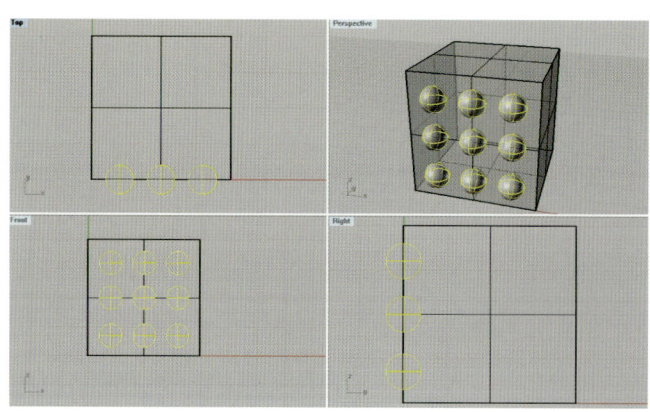

08 Curve > Curve From Objects > Duplicate Edge 를 클릭하고 좌에서 우로 드래그하여 모서리의 Curve를 추출한다. Curve 추출 후 바로 Join 을 클릭하여 Curve를 연결한다.

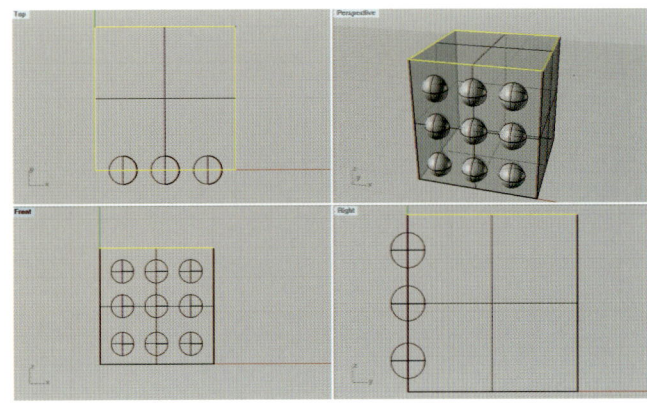

09 Transform > Array > Along Curve 를 클릭한다.

❶(Array될 오브젝트)을 선택하고 MR, ❷(오브젝트가 따라갈 Curve)를 선택 후 MR을 클릭하면 옵션 창이 뜬다. 면이 4개이므로 Number of items에 '4'를 입력 후 Enter를 누른다.

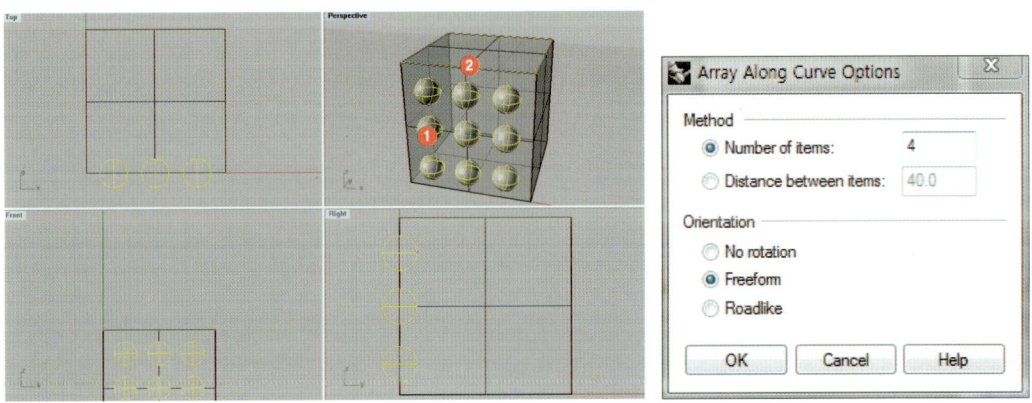

10 각 면의 Curve를 따라 오브젝트들이 Array되었으나 아랫면과 윗면 역시 같은 오브젝트를 배치해야 한다. 그러나 다시 Array를 하면 다른 두 면에 오브젝트가 겹쳐지므로 다른 방법으로 배치한다.

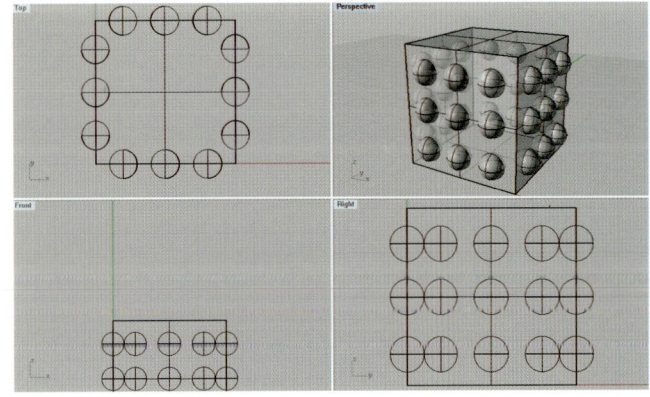

11 Front View에서 좌우의 오브젝트를 선택 후 Transform > Rotate 를 클릭한다. 중심 부분을 회전축으로 클릭한 후 Command Line에 '90'을 입력한다.

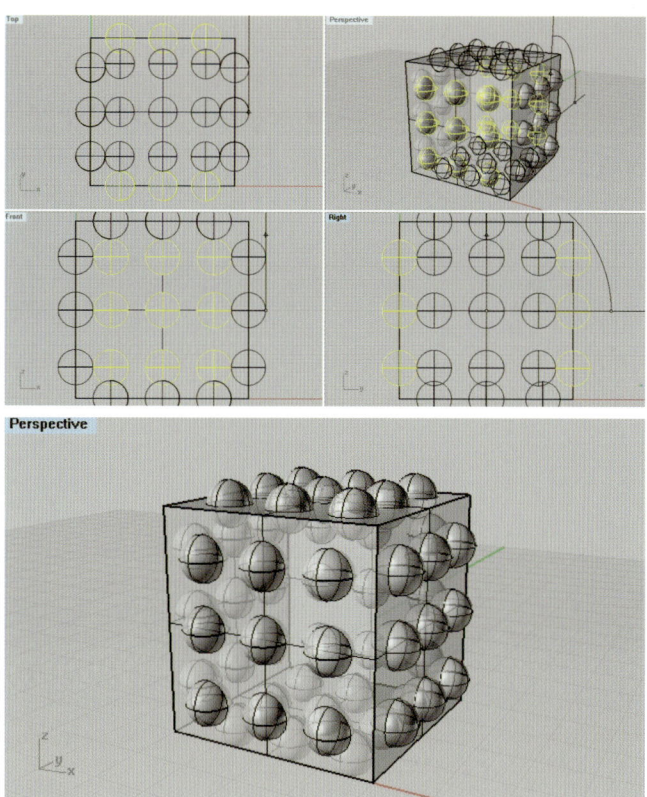

12 각 면들의 개수를 맞추기 위해 각 Surface에 1부터 6까지 구의 형태들만 남기고 지운다.

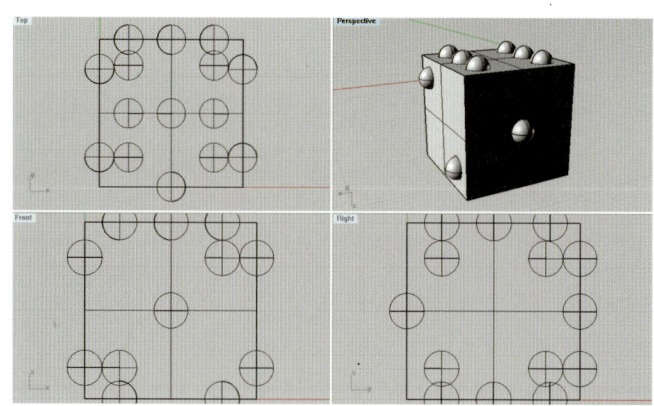

13 Solid > Difference 를 클릭하고 ❶과 같이 Box 오브젝트를 선택한다. 나머지 구들을 ❷와 같이 선택 후 Enter를 누르게 되면 육면체에서 구의 형상이 빠지게 된다.

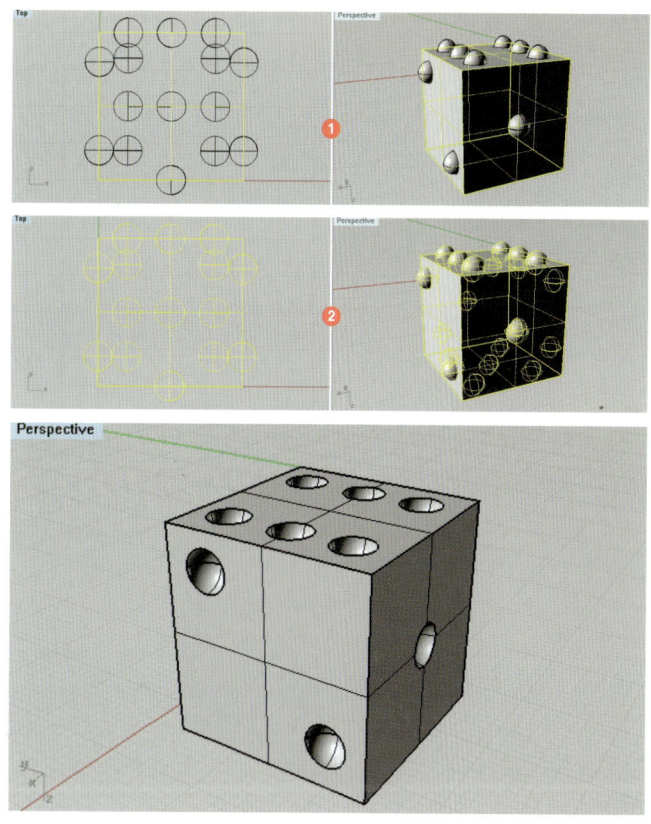

14 Solid > Fillet Edge > Fillet Edge 를 클릭하고 Radius값을 '2'로 입력한다. 각각의 Edge를 선택한다.

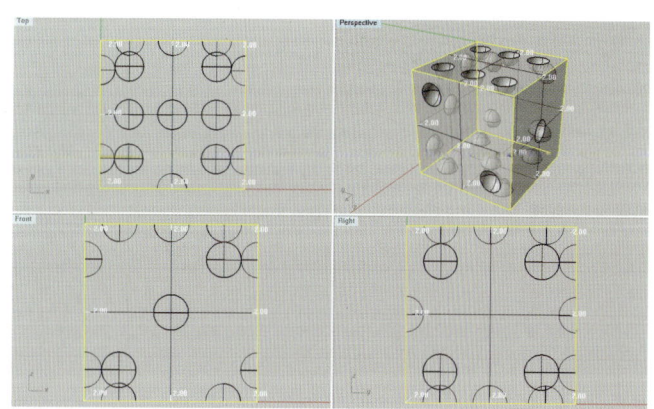

15 Solid > Fillet Edge > Fillet Edge 를 클릭하고 Radius값을 '0.5'로 입력 후 전체를 드래그해도 음각 부분의 Edge만 선택된다.

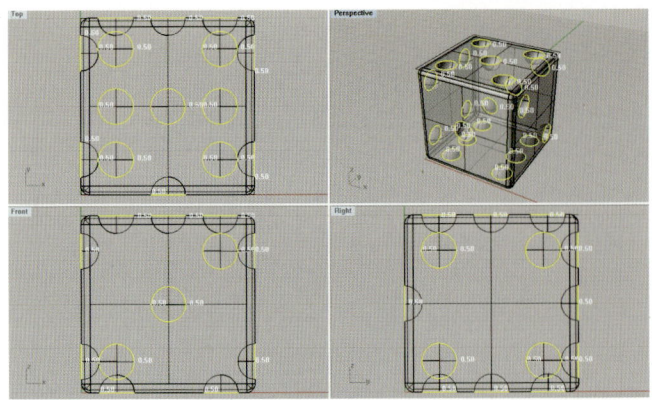

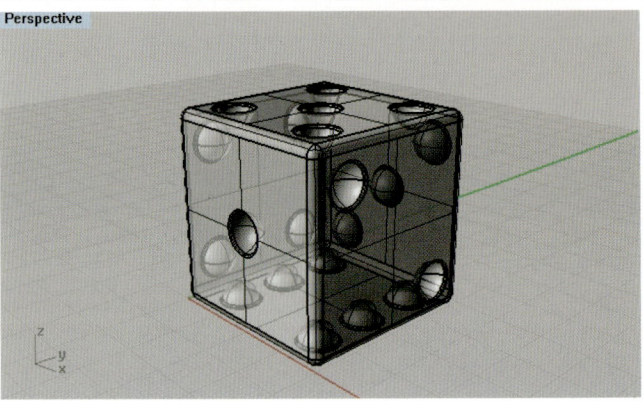

3. 레고

● 레고 블록 만들기

01 Curve > Rectangle > Corner to Corner 를 클릭하여 0,0을 기준으로 점을 찍고 '@40,20'을 입력해 사각형을 그린다.

> **TIP**
> Snap을 활성화시키고 시작한다.

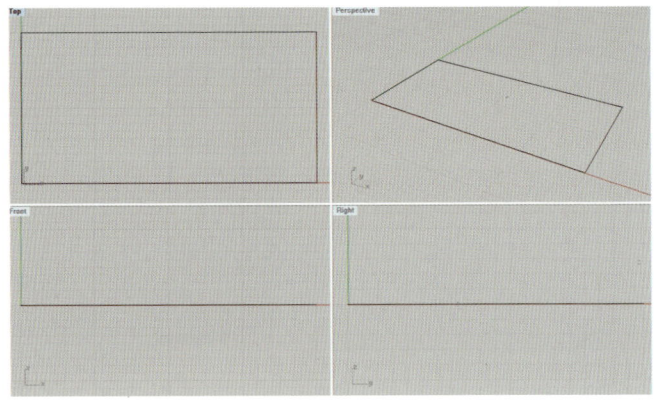

02 사각형을 선택한 상태에서 Curve > Offset Curve 를 클릭하고 '2'를 입력해 안쪽으로 2만큼 들어간 Curve를 만든다.

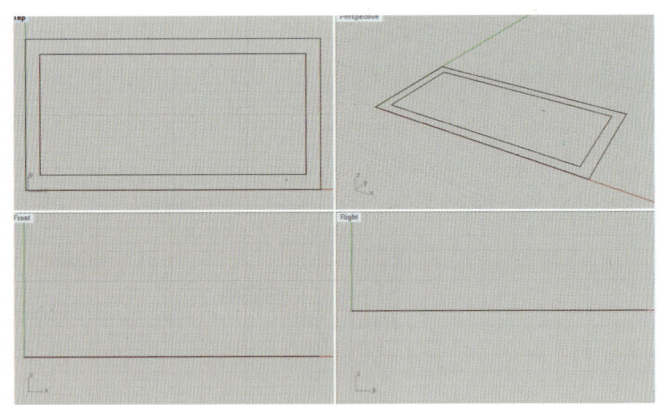

03 Curve > Circle > Center, Radius 를 클릭하고 Radius값 '3'을 입력하여 원을 그린다.

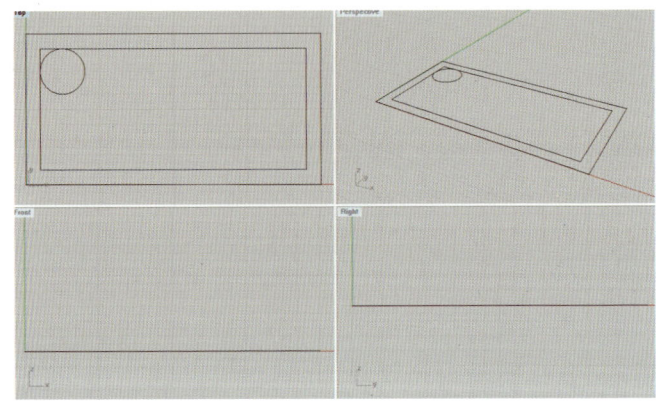

04 Transform > Array > Rectangular ▦를 클릭 후 Circle을 실행하면 XNumber/YNumber/ZNumber이 뜬다. 지금 Top View에서 원을 그리고 있으므로 XN은 4/ YN은 2/ ZN은 1을 입력한다. 다음 XSpacing/YSpacing/ZSpacing의 수치는 입력할 수도 있으나 그림에서와 같이 X와 Y축의 간격을 Snap을 켜고 드래그로 정해줄 수도 있다.

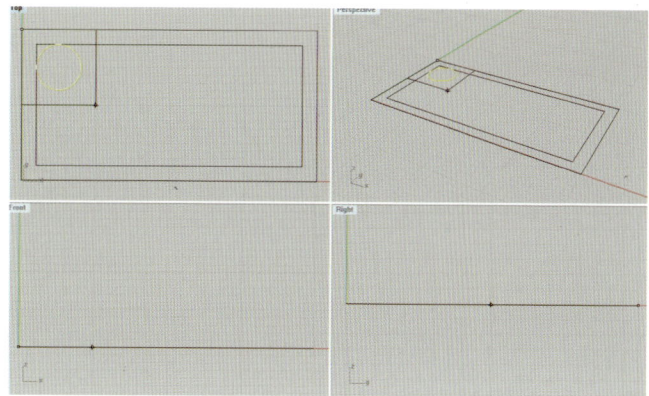

05 그림과 같이 레고의 평면도를 그린 후 면을 생성한다.

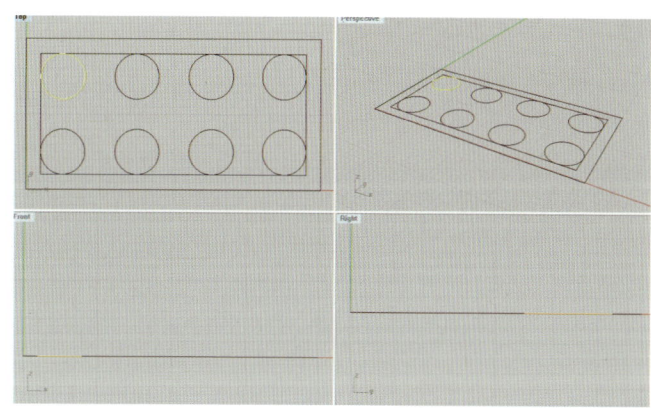

06 Extrude Surface > Straight 🔲를 클릭해 ❶(바깥쪽 Curve)은 '10'을 입력하고 ❷(안쪽 Curve)는 '8'을 입력하여 면을 생성한다.

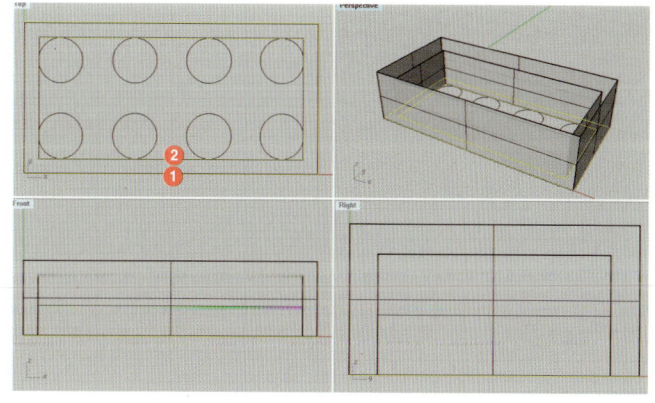

07 ❶, ❷는 각각 Surface > Patch 를 클릭하여 면을 생성한다.

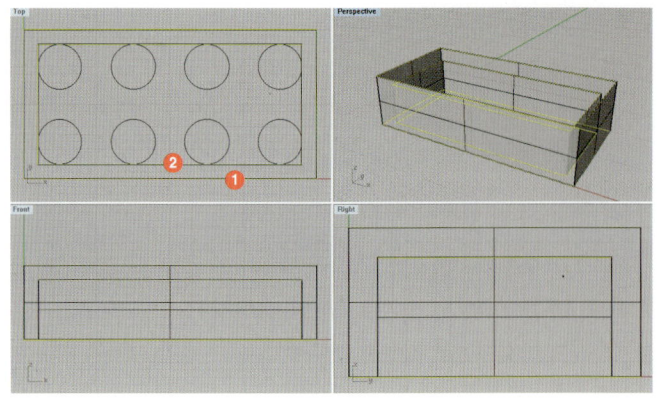

08 두 Curve를 선택하고 Surface > Loft 를 클릭해 면을 생성한 후, 모든 Surface 를 선택하고 Join 을 클릭하여 Solid로 만든다.

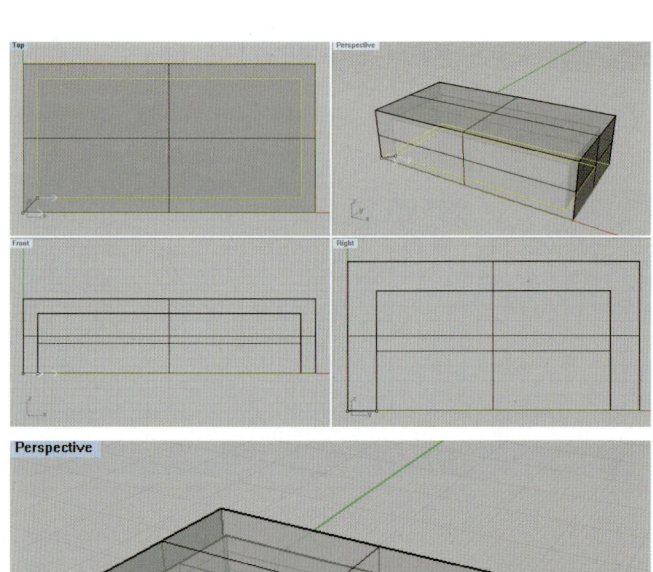

09 Snap과 Ortho를 활성화시킨 후, 아랫부분에 있던 Curve를 드래그하여 면의 위치로 옮긴다.

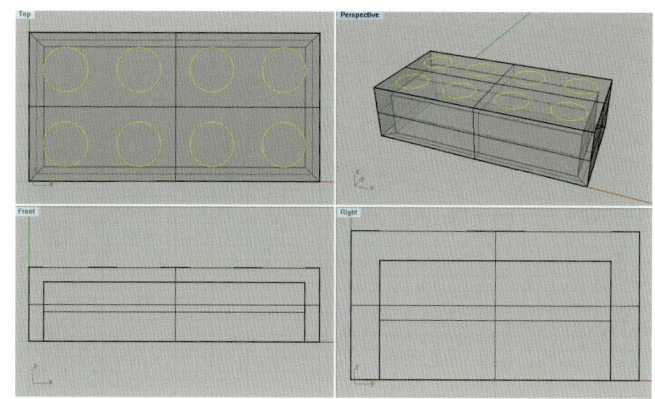

10 각각의 좌측에 있는 보조선들을 선택하고 Delete를 눌러 삭제한다.

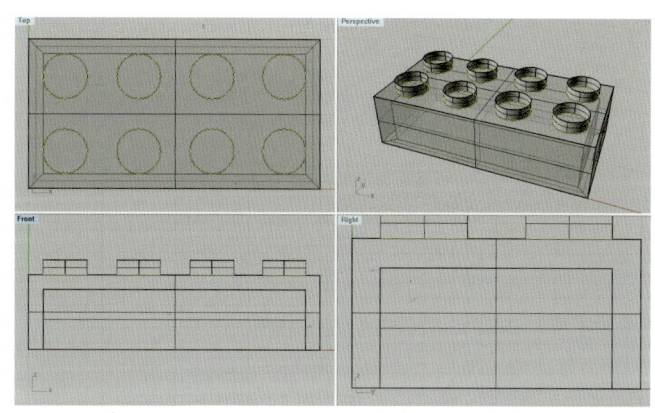

11 Edit > Split 을 클릭하고 ❶과 같이 선택 후 MR, ❷와 같이 8개의 Curve를 선택 후 MR을 클릭한다.

TIP
❷ 장면에서 Curve를 선택하였으나, 면을 선택해도 동일한 결과가 나오므로 Front View나 Right View에서 드래그로 돌출 부분을 선택해도 된다.

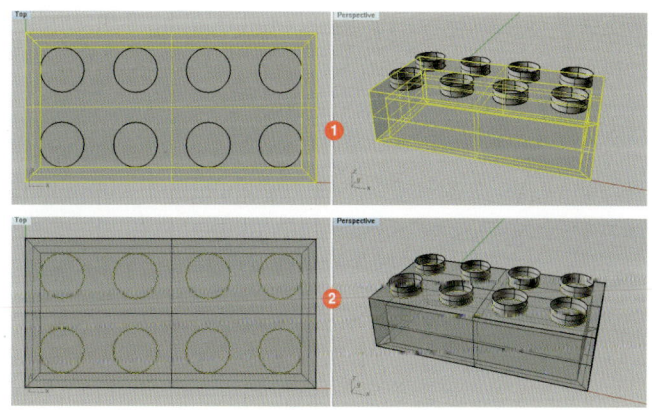

12 Top View에서 원의 형태를 선택한 후, Transform > Move 를 클릭해 한 점을 찍어주고 Command Line에 '@2<90'을 입력하면 레고의 몸체에서 잘라낸 면이 위쪽 돌출부의 면으로 이용된다. 그런 다음 전체를 선택하고 Join 을 클릭해 Surface를 Solid 로 만든다.

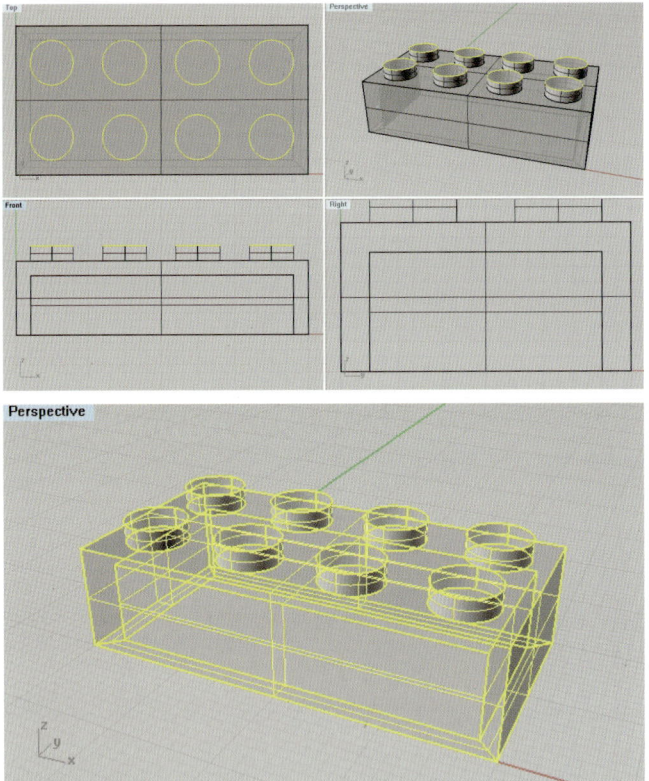

13 Solid > Fillet Edge > Fillet Edge 를 클릭하고 Command Line에 Radius값 '0.5'를 입력 후 몸체의 모서리를 선택한다. 다시 Radius값 '0.2'를 입력하여 몸체와 돌출부가 접하는 부분의 모서리를 선택하고, Radius값 '0.4'를 입력해 돌출부 상단을 선택한 후 Enter를 누른다.

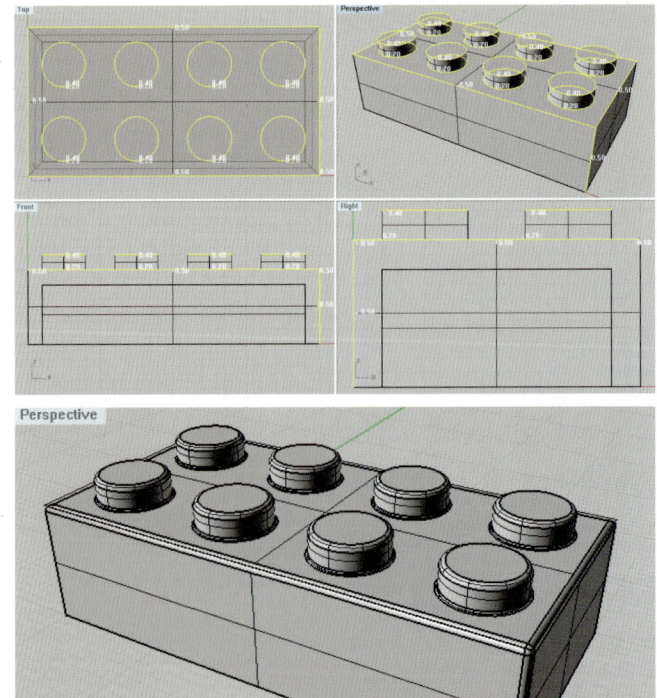

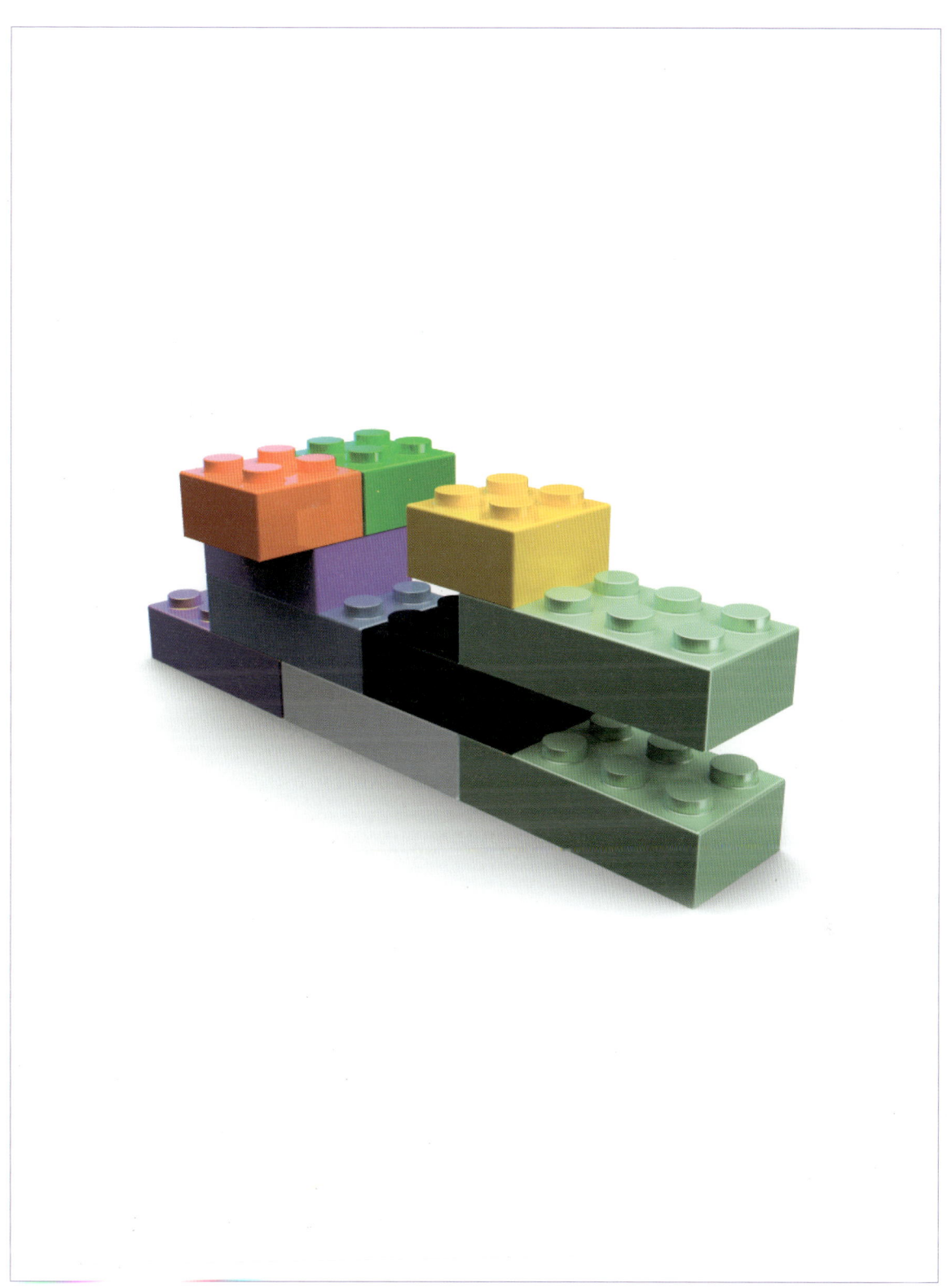

Curve와 Solid 혼합 모델링

1. 의자

● 의자 만들기

01 Curve > Line > Line Segments
를 클릭하고 Front View에서 각각의 길이가 40, 37, 40, 33인 Curve를 만든다. (각 좌표는 절대좌표나 상대좌표를 원하는 값으로 선택하여 입력한다.)

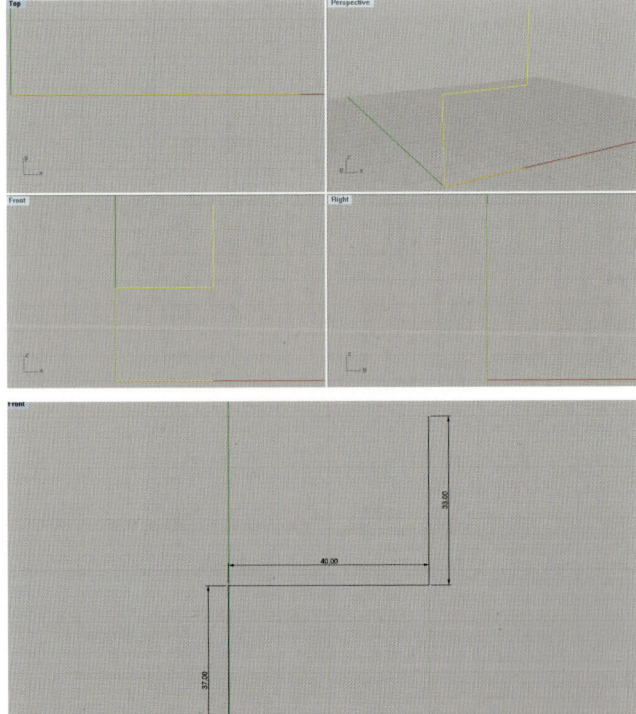

02 전 단계에서 그린 Curve를 Copy하고 ①과 같이 좌측으로 35 떨어진 만큼 Paste하여 배치한다. Curve > Line > Single Line 을 클릭하여 ②와 같이 떨어진 두 Curve를 각각 연결해주는 Curve를 만든다.

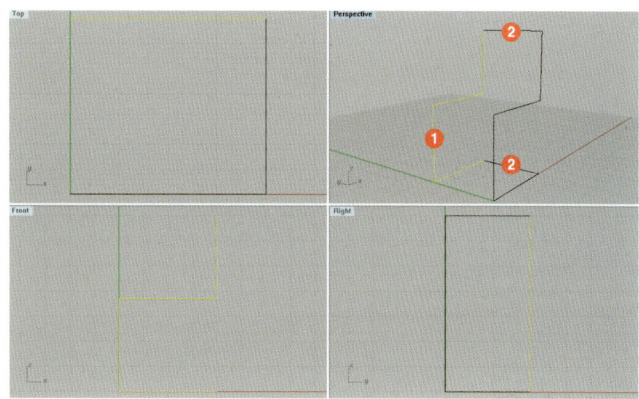

03 Curve > Fillet Curves 를 클릭하고 Radius값 '3'을 입력하여 각각의 모서리를 굴린다.

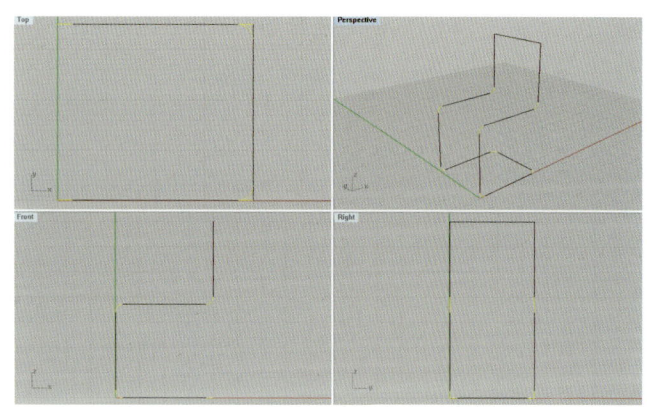

04 Move > Move 를 클릭해 상단의 Curve를 우측으로 7만큼 이동한다. 이동 후 각각의 끝점을 Curve > Line > Single Line 으로 잇는다.

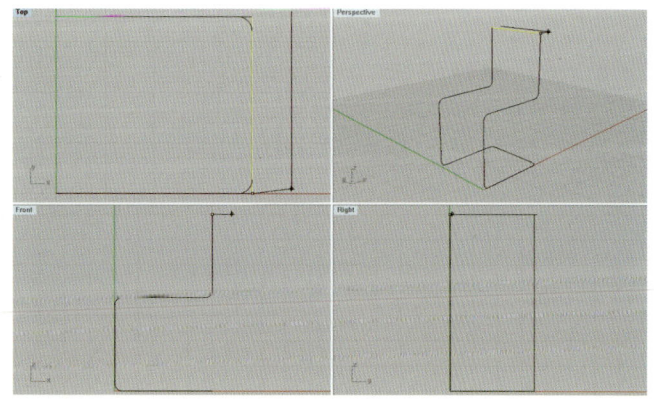

05 Osnap > End를 활성화시키고 Curve > Line > Single Line 을 클릭해 각각의 끝점을 ❶, ❷와 같이 연결한다.

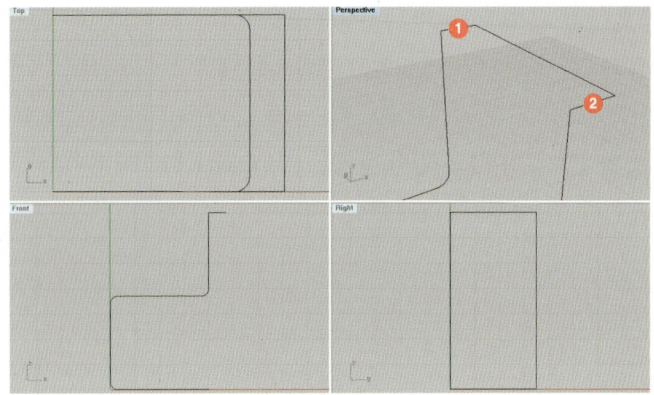

06 Curve > Fillet Curves 를 클릭하고 Radius값 '3'을 입력하여 각각의 모서리를 굴린다.

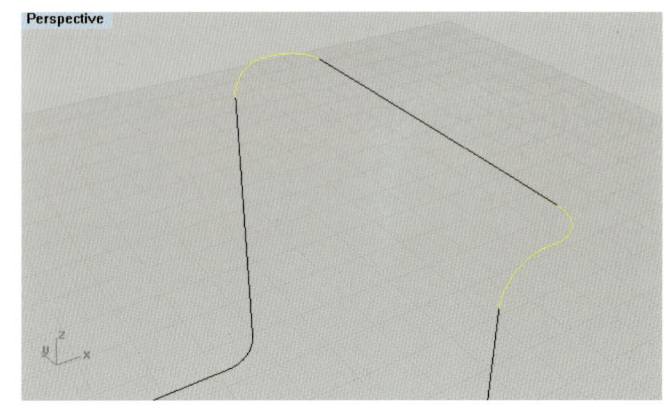

07 Top View에서 Curve의 모서리 중 90°나 180°로 정면이 보이는 곳에 Curve > Circle > Center, Radius 를 클릭하고 Osnap > End를 활성화하여 임의의 비율에 맞추어 원을 그린다.

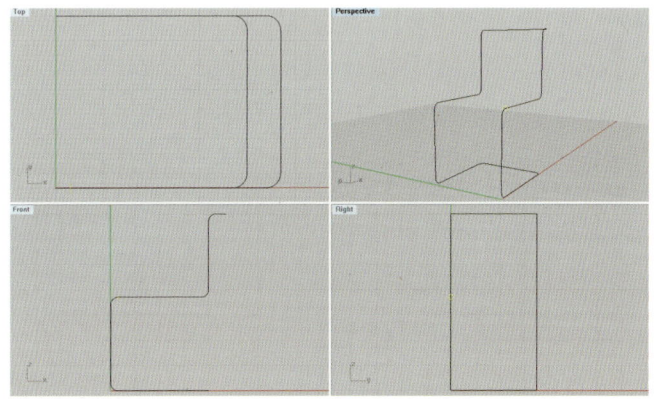

08 Surface > Sweep 1 Rail을 클릭하고 의자 모양의 Curve와 원을 선택 후 Enter를 눌러 면을 생성한다.

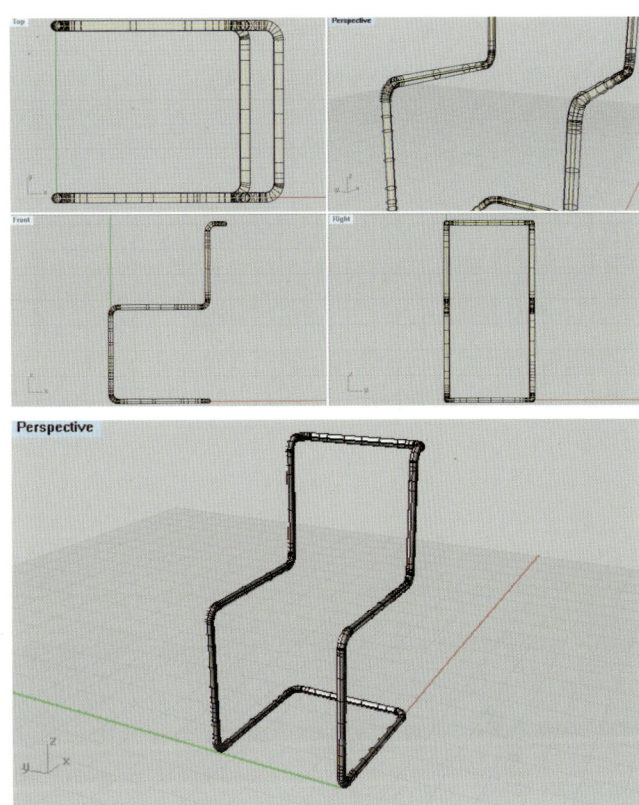

09 Osnap > Quad를 활성화시키고 Curve > Line > Single Line을 클릭해 Right View에서 처음 그렸던 원을 기준으로 Curve를 아래, 위로 만든다.

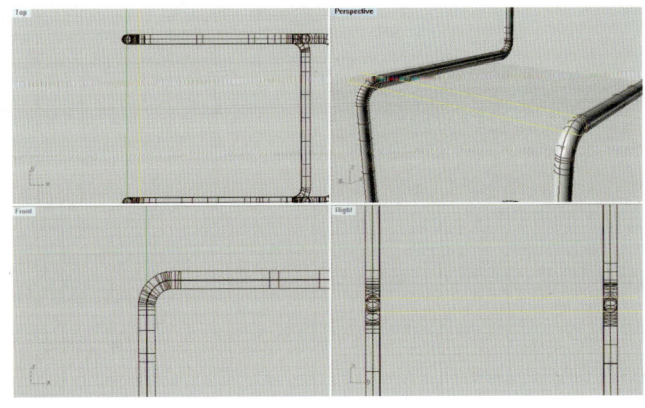

10 Curve > Circle > Diameter ⌀ 를 클릭하고 Osnap > Int를 활성화시켜 원을 그린다.

> **TIP**
> 기존의 원과 같은 크기의 원을 반대쪽에 다시 그리는 방법도 있다. Curve > Line > Single Line ✎ 을 클릭하고 Osnap > Quad를 활성화시켜 원과 원을 이어주는 Curve를 만든다.

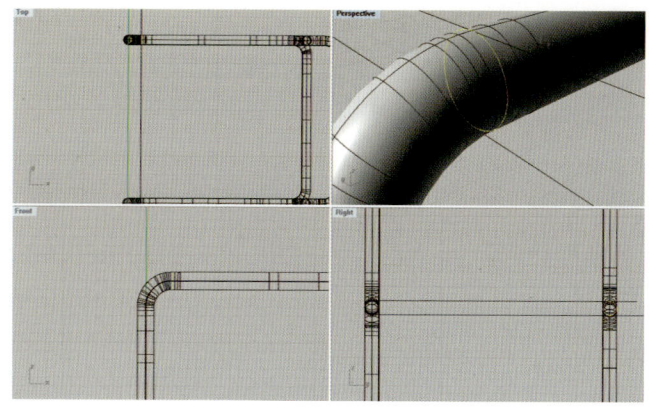

11 Transform > Move 🔲 를 클릭하여 그림과 같이 중심 방향으로 Curve를 이동시키고 Edit > Trim 🔲 을 클릭해 불필요한 Curve를 지운다.

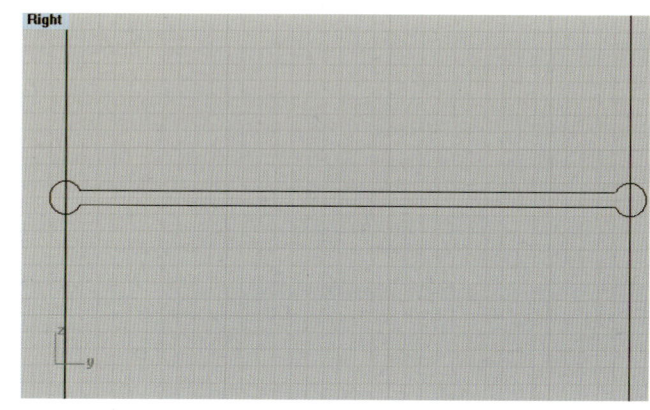

12 Edit > Control Points > Insert Kink 🔲 를 클릭하고 Osnap > Mid를 활성화시켜 두 개의 Curve에 Point를 넣는다.

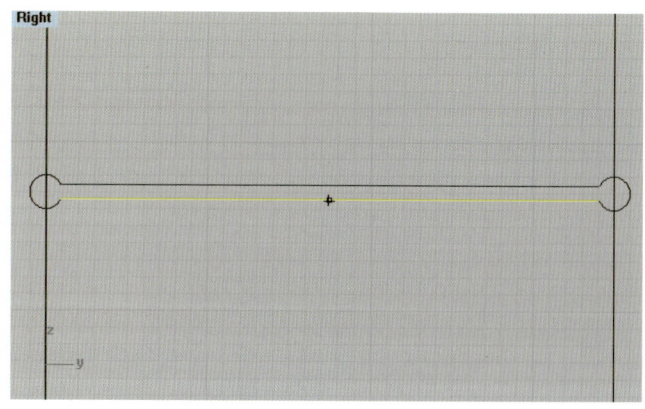

13 Curve 선택 후 Edit > Control Points > Control Points On 또는 약키 F10을 누르고 중심부의 Curve를 이동시켜 그림과 같은 모양을 만든다.

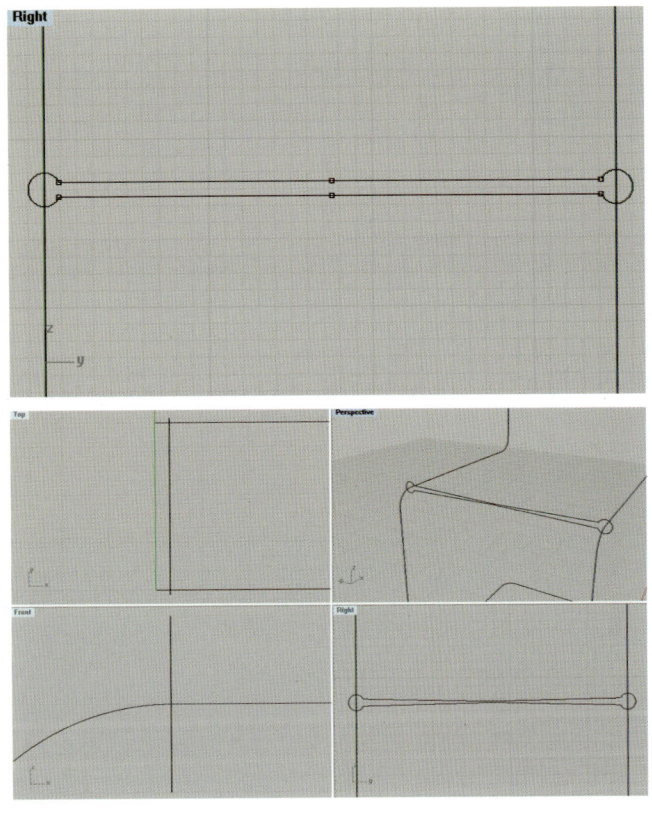

14 Curve > Fillet Curves 로 원과 선이 이어지는 부위에 Radius값 '1'을 입력하여 부드럽게 잇는다. 만들어진 선을 전부 선택해 Join 시킨다.

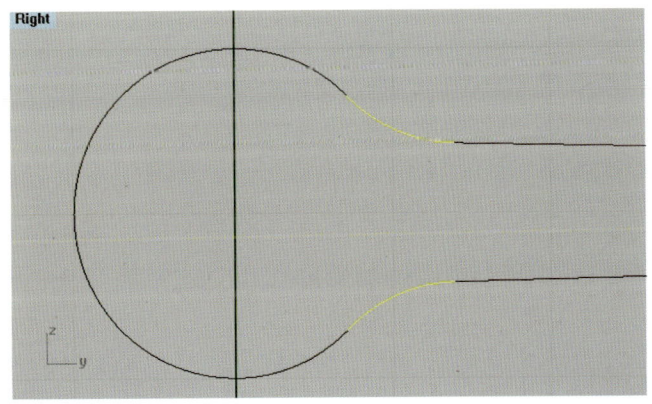

15 Curve > Offset Curve 를 클릭하고 '0.1'을 입력해 바깥쪽으로 새로운 Curve를 만든다.

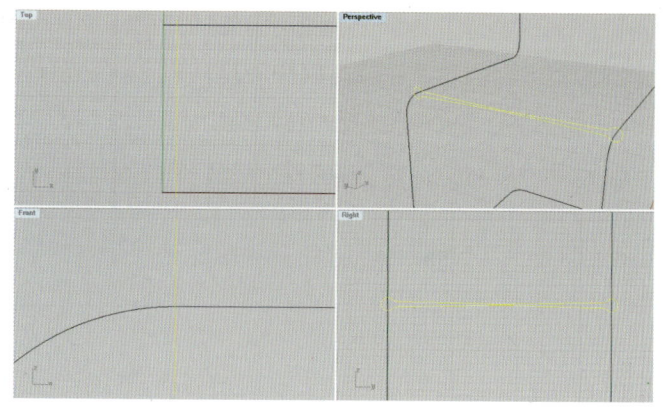

16 Surface > Extrude Curve > Straight 를 클릭하고 만들어진 두 개의 Curve를 모두 선택 후, Command Line 옵션에서 Cap을 선택한다.

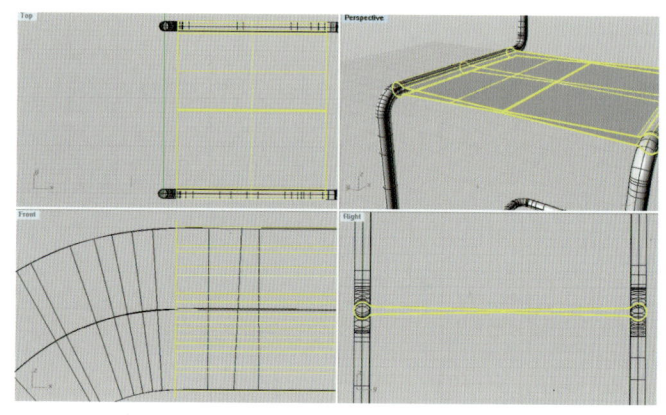

17 기존에 만들어놓은 Curve를 Rotate , Move 하여 위치를 잡는다.

TIP
-90°로 Rotate한 후 Move할 때 Osnap > Cen을 활성화시켜 정확한 위치를 잡는다.

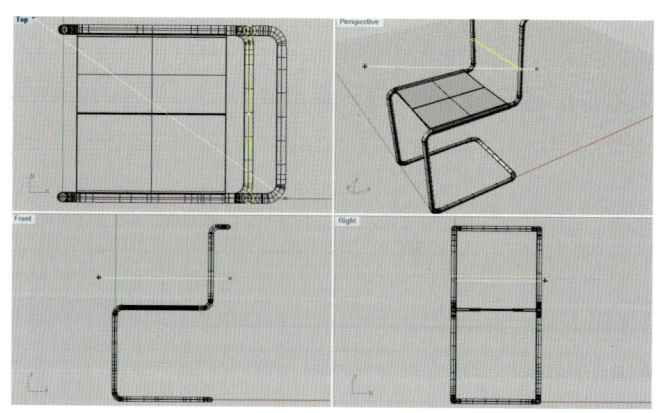

18 Surface > Extrude Curve > Straight 을 클릭하고, 만들어진 두 개의 Curve를 모두 선택 후 Command Line 옵션에서 Cap을 선택한다.

이렇게 의자의 쿠션 부분과 등받이 부분을 만든다. Curve의 형태를 약간만 변형하면 더욱 재미있는 형태를 만들 수 있다.

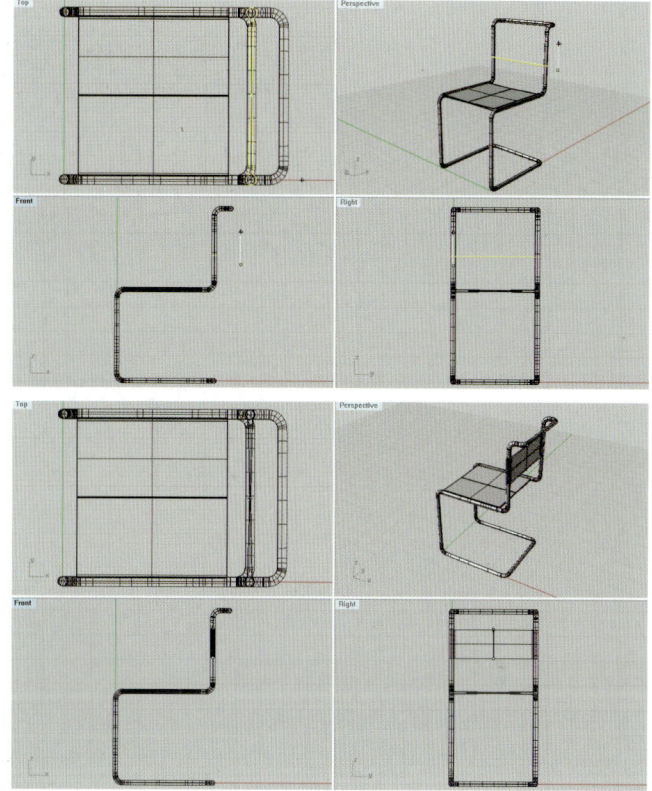

19 Solid > Pipe 를 클릭해서 시작 부분 Radius값 '0.5', 반대쪽 부분 Radius값 '0.5'를 입력하고 Enter를 누른다.

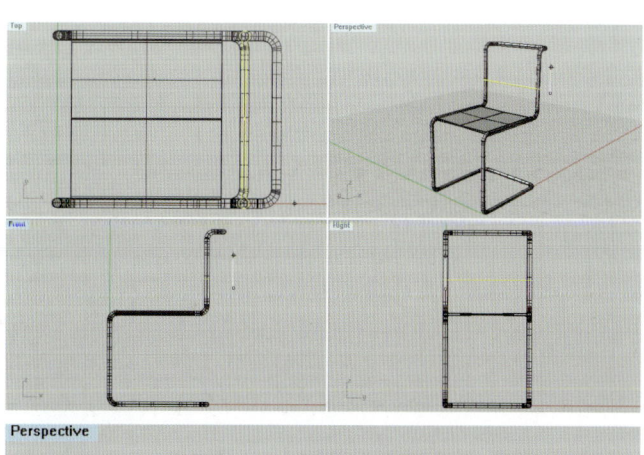

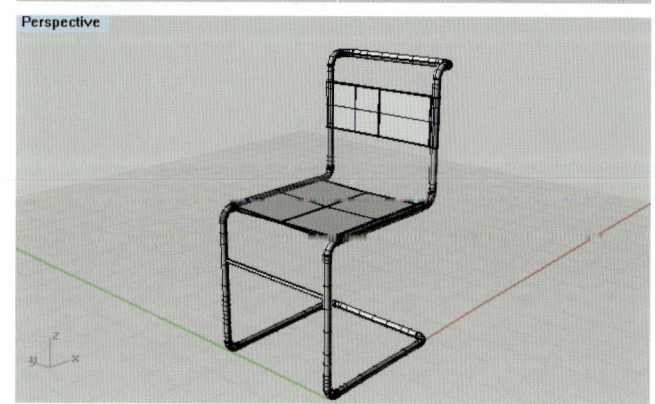

20 전체를 선택하고 Join 시킨다.

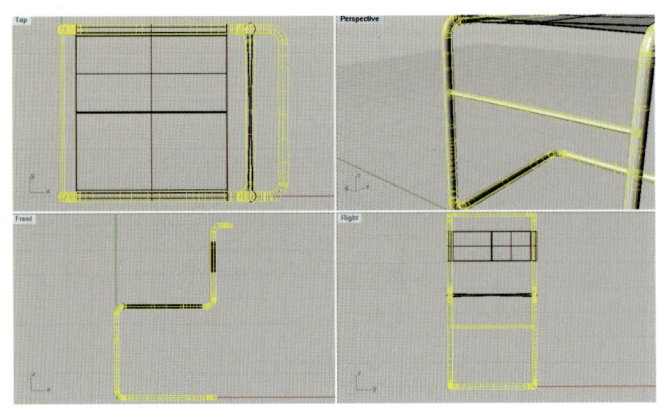

21 Solid > Fillet Edge > Fillet Edge 를 클릭해 가로지르는 파이프와 의자의 본체 부분이 만나는 곳을 선택하여 Radius값 '0.2'를 입력한다.

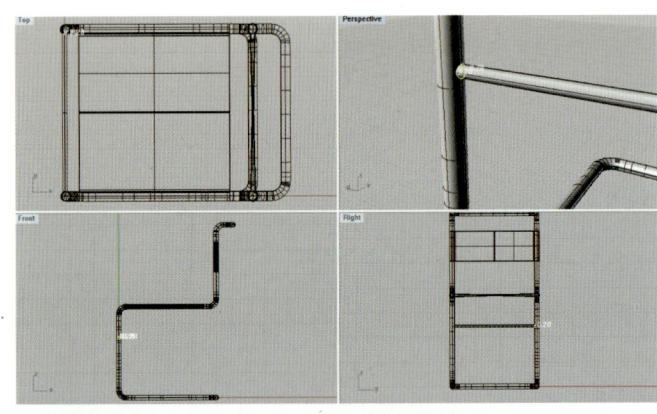

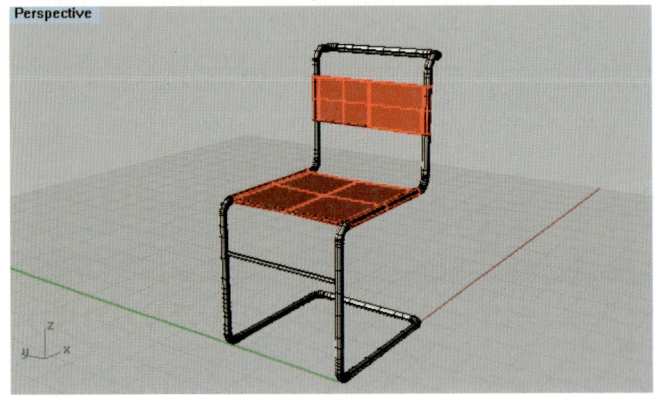

2. 수도꼭지

● 수도꼭지 만들기

01 Curve > Rectangle > Corner to Corner 를 클릭하고 '45,20'을 입력해 사각형을 그린다.

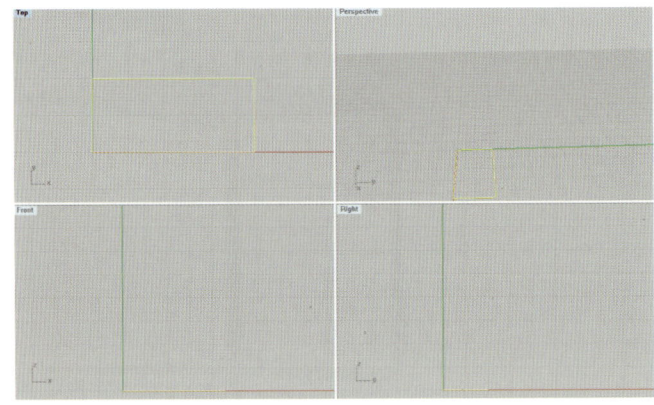

02 사각형을 선택한 상태에서 Explode 를 클릭한다. 아래의 Curve를 선택하고 Edit > Control Points > Insert Kink 를 클릭한 다음 Osnap > Mid를 활성화시켜 Curve에 Point를 넣는다.

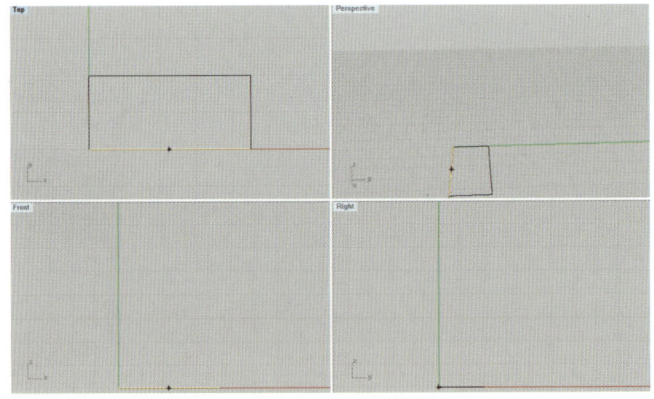

03 Osnap > Mid를 활성화시킨 다음 Edit > Control Points > Control Points On 또는 약키 F10을 누르고 중심부의 Point를 이동시켜 모양을 만든다.

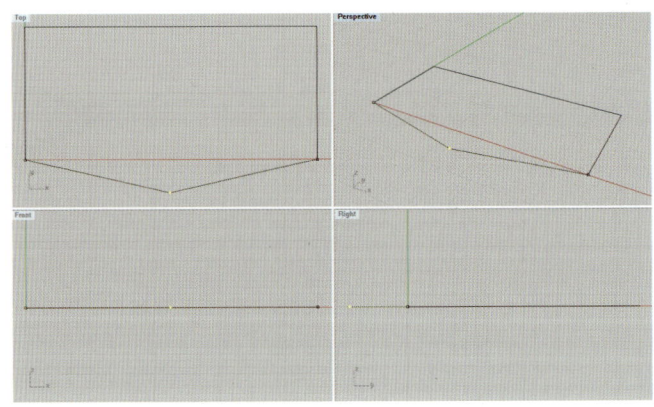

04 그림과 같이 Curve를 선택하고 Curve > Free-Form > Fit To Polyline 을 클릭해 Polyline을 Curve로 변형시킨다.

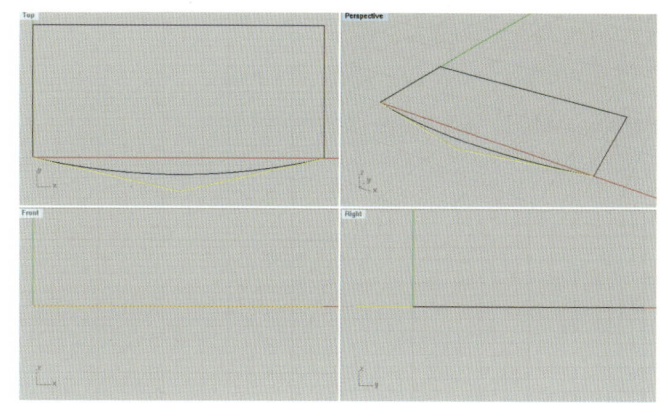

05 Edit > Control Points > Control Points On 또는 약키 F10을 눌러 Point를 선택해 모양을 맞춘다. 중심이 좌우로 이동하지 않도록 Ortho를 활성화시키거나 Shift를 누른 상태에서 이동한다.

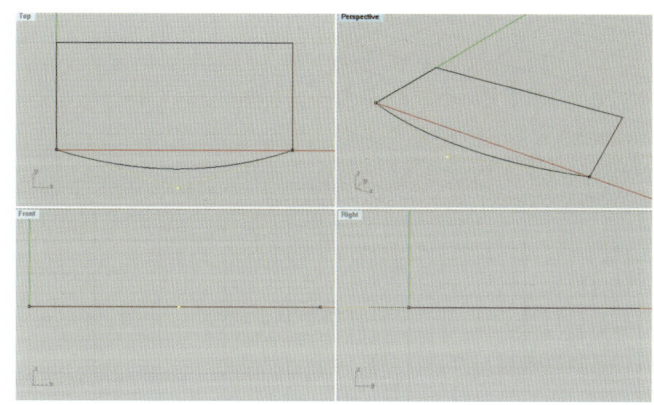

06 Curve > Rectangle > Corner to Corner 를 클릭하고 '45,12'을 입력해 사각형을 그린다.

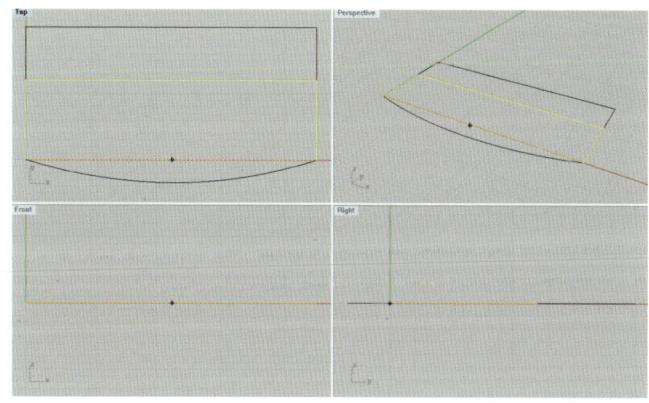

07 앞에서 그린 사각형을 선택한 상태에서 Transform > Move 를 클릭하고 Osnap > Mid를 활성화시켜, 원의 Mid에 맞도록 이동한다.

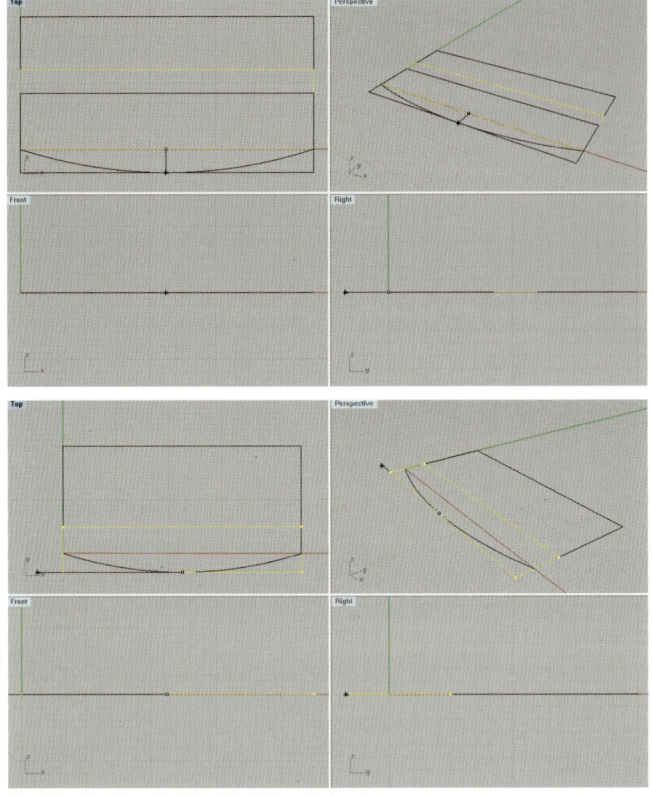

08 Edit > Control Points > Control Points On 또는 약키 F10을 눌러 Control Points를 활성화시킨 후, 양쪽 모서리 4개의 Point를 선택한다. Transform > Scale > Scale 1-D 를 클릭하여 Scale의 중심축을 중간점(Osnap > Mid)으로 선택하고 스케일의 방향을 좌 또는 우로 움직이며 X축으로만 크기를 줄인다.

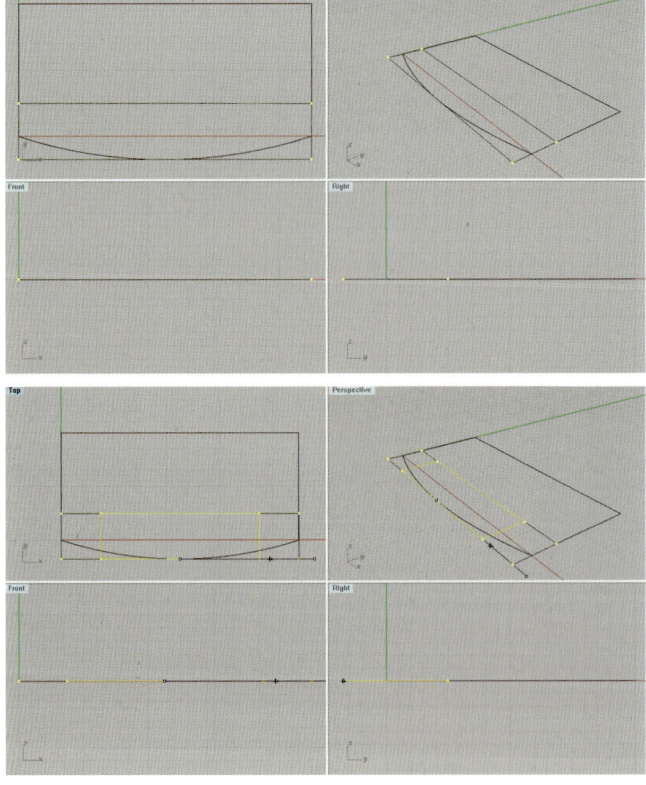

09 Curve > Free-Form > Control Points 를 클릭해 그림에 제시된 형태대로 Right View에서 Curve를 만든다. 시작점은 중심축을 맞추기 위하여 Mid에서 시작한다. 처음부터 정확한 형태를 표현하기보다는 대략의 크기와 위치를 맞춘 후 다음 단계에서 조절하여 형태를 맞추는 것이 시간을 절약하는 방법이다.

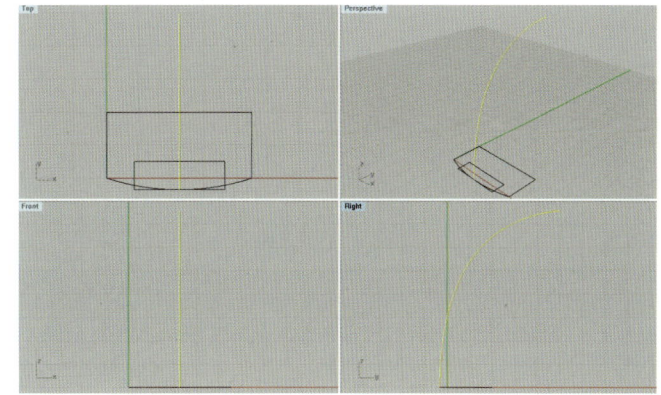

TIP
Top View에서 볼 때 Curve가 직선으로 그려지지 않으면 Planar를 활성화시킨다.

10 Edit > Control Points > Control Points On 또는 약키 F10을 눌러 Point를 선택해 정확한 모양으로 수정한다. 중심의 좌표값이 바뀌지 않도록 Ortho를 활성화시키거나 Shift를 누른 상태에서 이동한다.

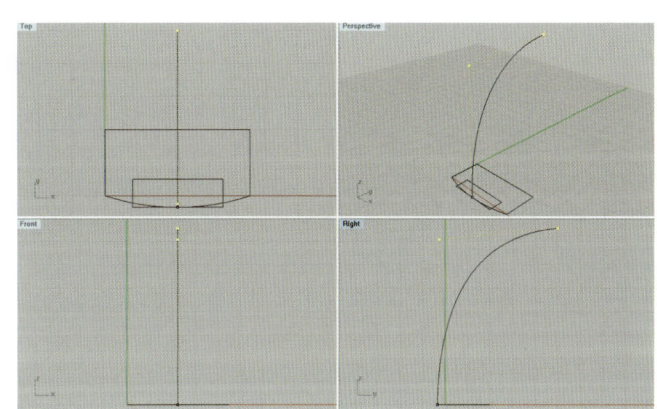

11 Transform > Array > Along Curve 를 클릭하고 먼저 이동해야 할 Curve를 선택한 다음, 기준이 되는 Curve를 선택한다. 옵션 창이 뜨면 OK를 클릭한다.

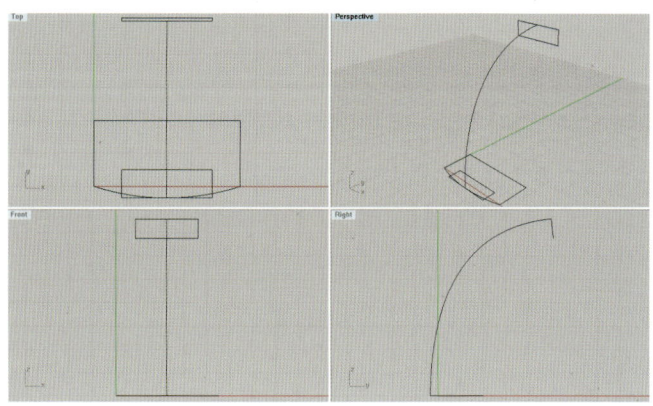

12 Surface > Sweep 1 Rail 을 클릭하여 진행되어야 할 Curve를 선택하고 Curve의 양쪽을 Cross-section Curve로 사용하여 면을 생성한다.

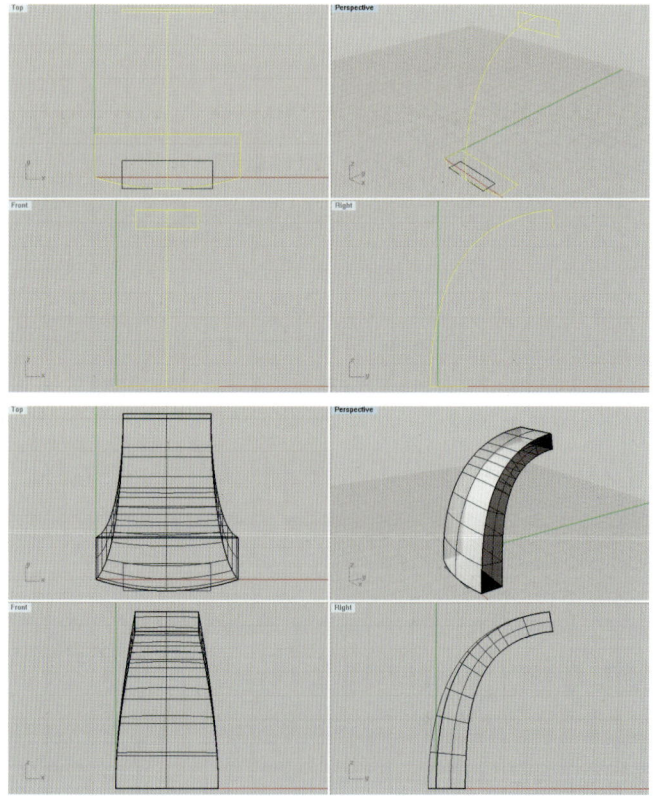

13 Curve > Arc > Start, End, Point on Arc 를 클릭하고 Osnap > Near, Perp, Mid를 활성화시킨 후 Curve를 만든다.

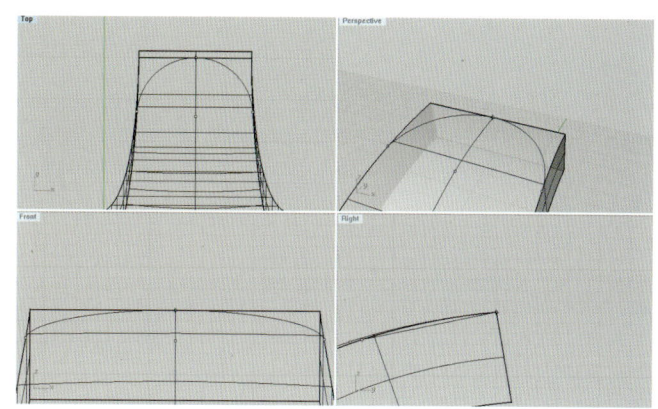

14 Surface > Extrude Curve > Along Curve 를 클릭해 기준이 되는 Curve를 선택한 후 Enter(MR)를 누르고, 진행되어야 할 Curve를 선택하여 면을 생성한다.

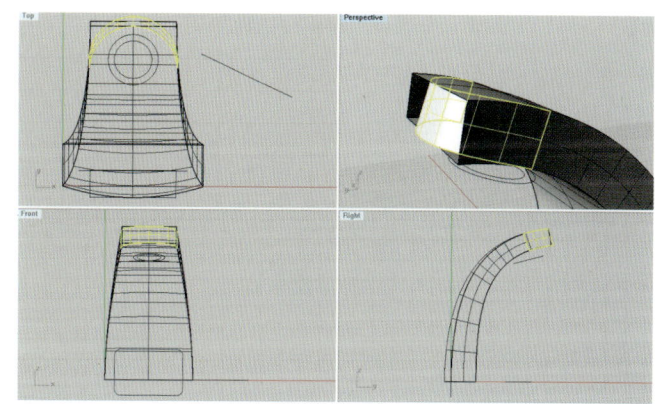

15 Surface > Extend Surface 를 클릭하여 면의 길이가 짧은 부분의 Edge를 선택 후, 연장할 길이값 '2'를 입력한다.

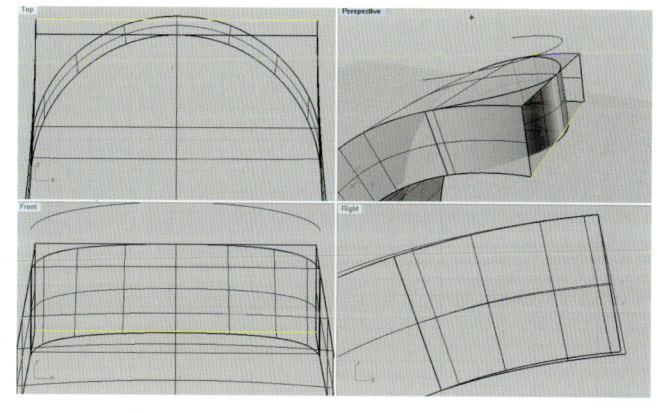

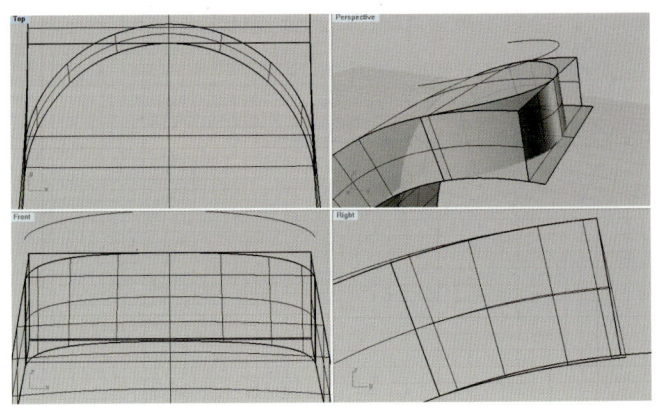

16 Edit > Split 을 클릭하여 아랫면을 선택하고 Enter(MR), 윗면에서 타원의 면을 선택하고 Enter를 누른다.

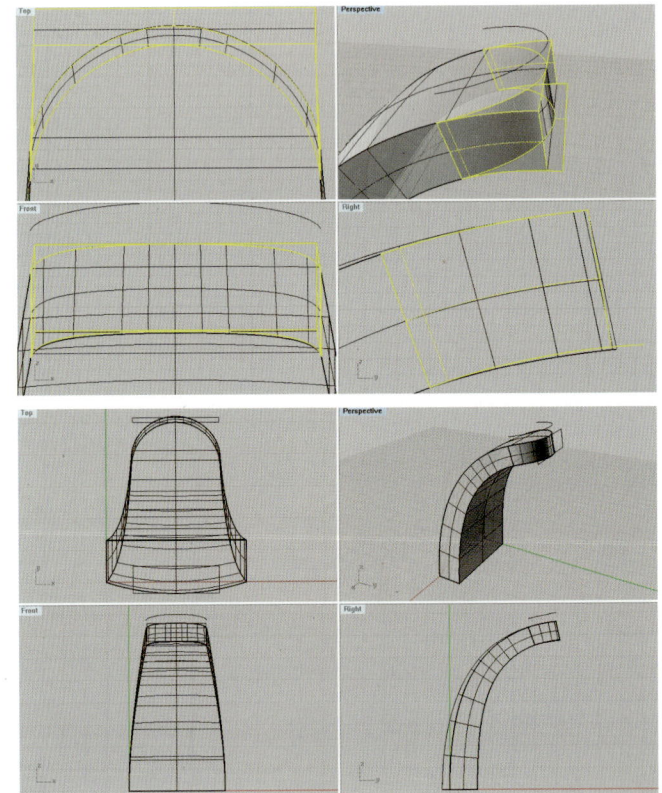

17 전체 Surface를 선택하여 Join 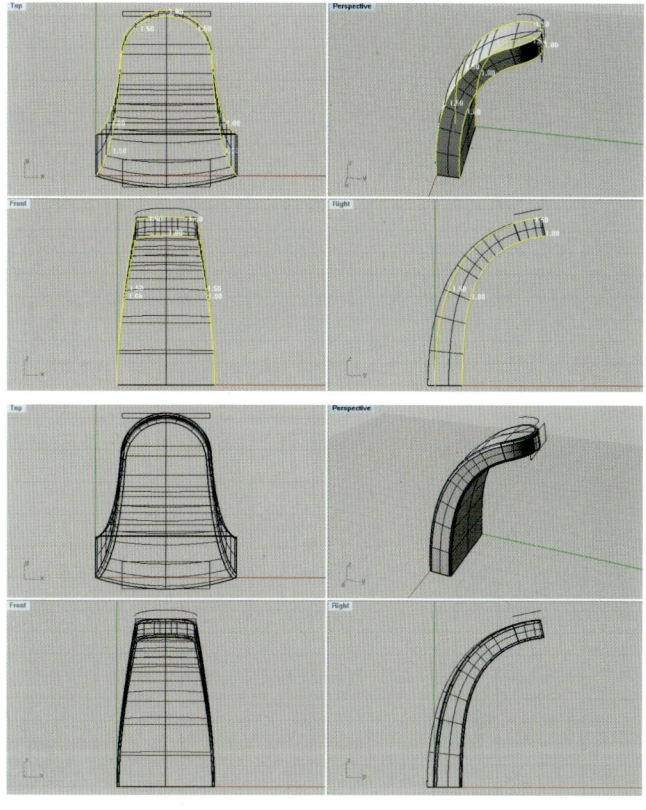한 후, Solid > Fillet Edge > Fillet Edge 를 클릭하고 윗면의 Radius값은 '1.5', 아랫면의 Radius값은 '1'로 입력하여 면을 생성한다.

18 Top View에서 Curve > Circle > Center, Radius 를 클릭해 Radius값 '8'의 원을 그린다. 원의 위치를 정확히 맞추기 위해 Osnap > Cen을 활성화시킨 상태에서 그릴 수도 있다.

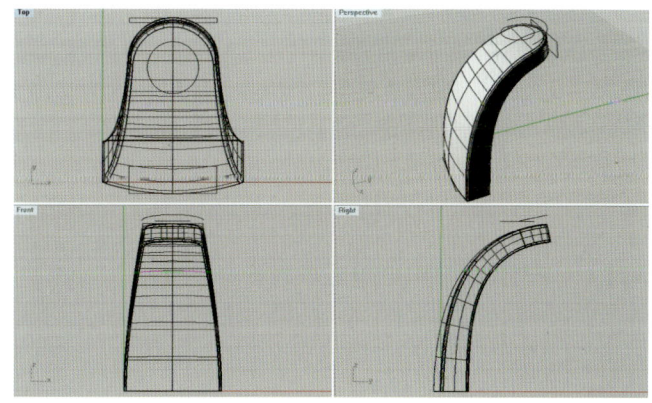

19 그려진 원에서 Surface > Extrude Curve > Straight 를 클릭해 적당한 길이의 면을 -X 방향으로 생성한다.

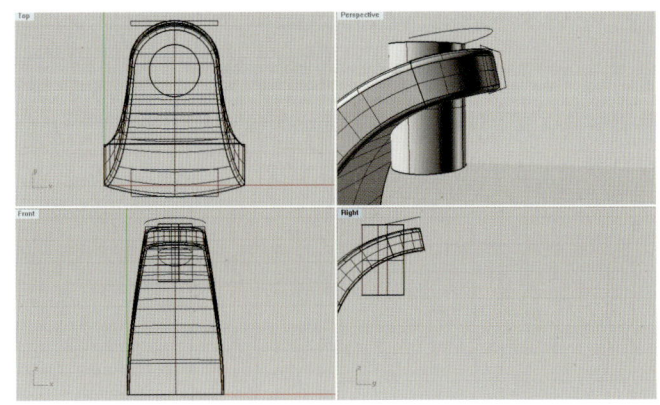

20 이제 정확한 위치를 맞춘다. Transform > Move 를 클릭하고 Osnap > End, Mid, Quad를 활성화시켜 중심으로 맞춘다. Quad를 이용해 모서리 부분에 맞추는 것이 가장 쉽다.

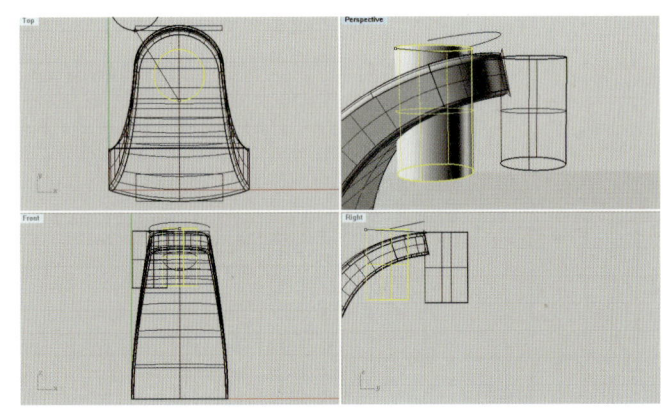

21 Transform > Rotate 를 클릭해 면이 접한 부분을 기준으로 삼고 Osnap > Near를 활성화시켜 면의 각도와 동일한 각도로 회전시킨다.

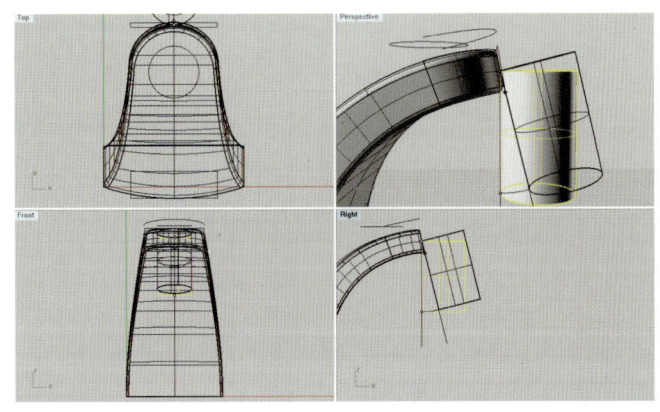

22 각도가 맞다면 Move 또는 드래그로 이동하여 위치를 잡는다. Y축의 위치가 변하지 않게 Shift를 누른 상태에서 이동한다.

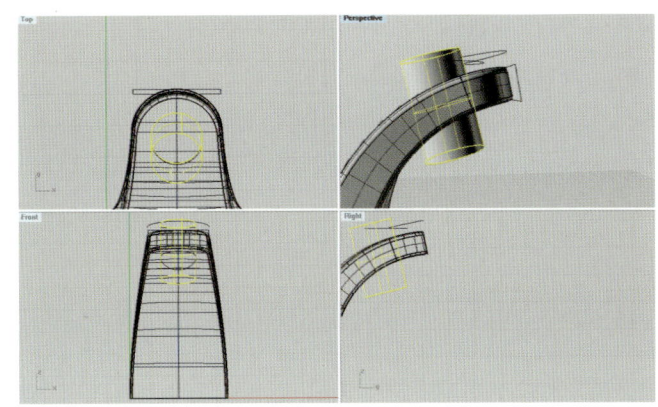

23 면의 단면은 아랫부분만 필요하므로 Explode 를 클릭해 면을 삭제하고 Edit > Split 으로 아랫부분을 먼저 선택 후, 원통을 선택하여 면을 분리한다. 그 반대의 순서로 다시 한 번 Split하여 원통 역시 분리해낸다.

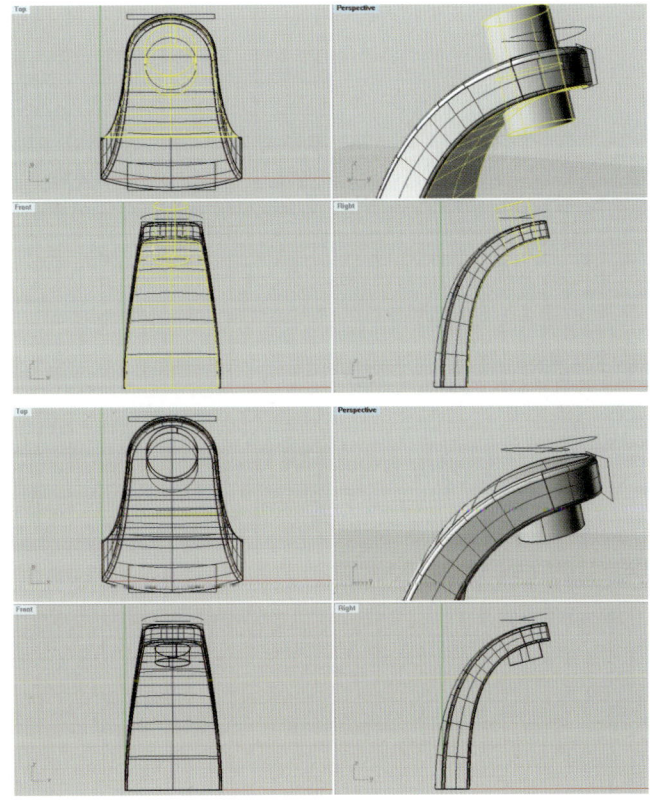

24 Polyline 을 클릭하고 Right View 에서 각도에 맞추어 Curve를 만든다. Edit > Split 을 클릭해 면을 분리하여 필요 없는 부분을 삭제한다.

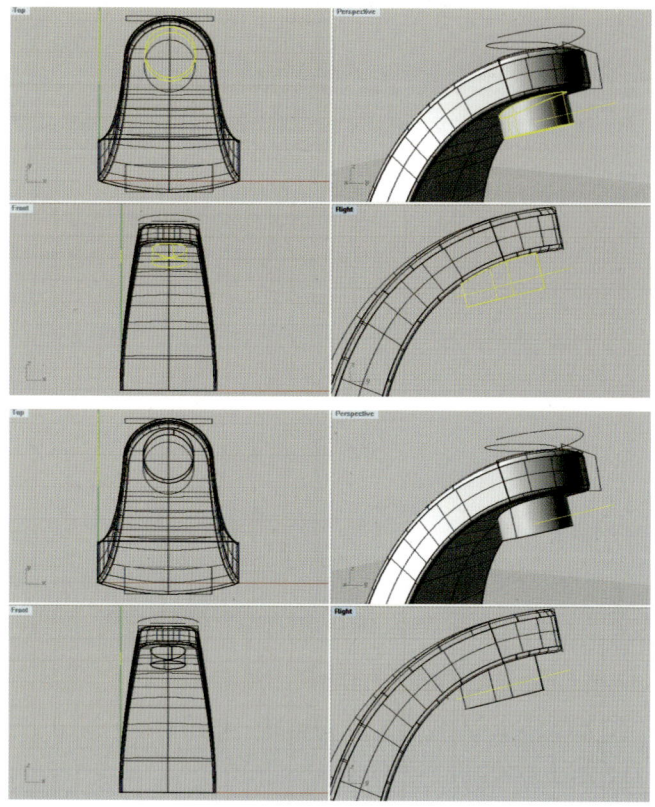

25 Curve > Curve From Objects > Duplicate Edge 를 클릭해 단면 부분의 Curve를 추출한다.

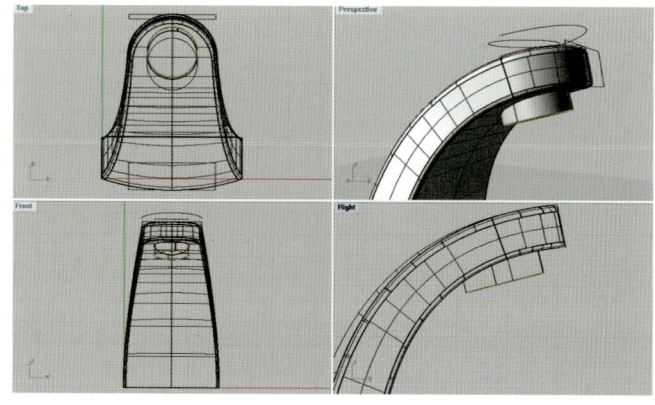

126   Rhino 3D 따라하기

26 모든 Surface를 선택하고 Join 을 클릭하여 Surface를 Polysurface로 만든다.

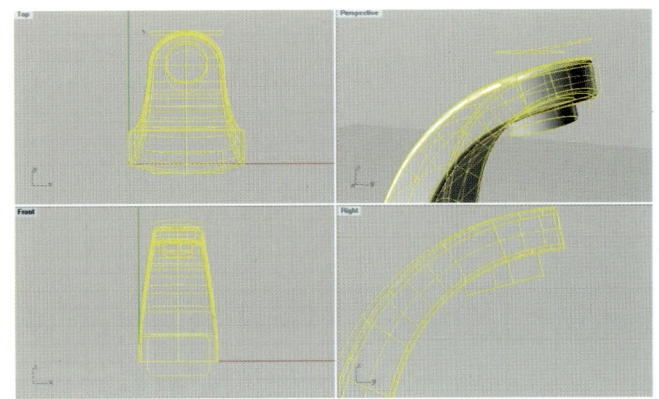

27 Curve > Rectangle > Corner to Corner 를 클릭해 옵션의 Rounded를 선택하고 Radius값 '3'을 입력하거나, Main2 > Rectangle: Rounded Rectangle 을 클릭하고 '3'을 입력하여 사각형을 그리고 Osnap > Mid를 활성화시켜 중심을 맞춘다.

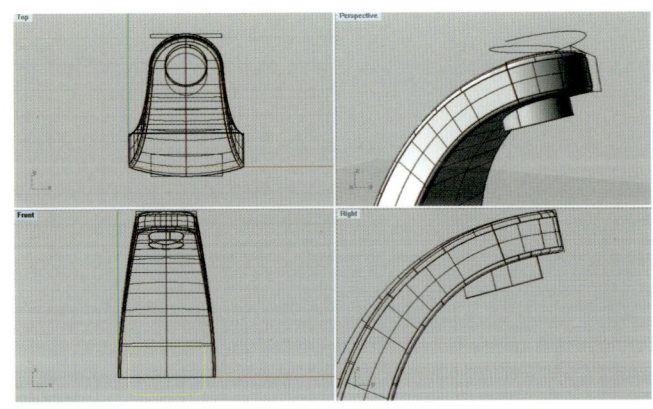

28 Surface > Extrude Curve > Straight 를 클릭해 적당한 길이의 면을 생성한다.

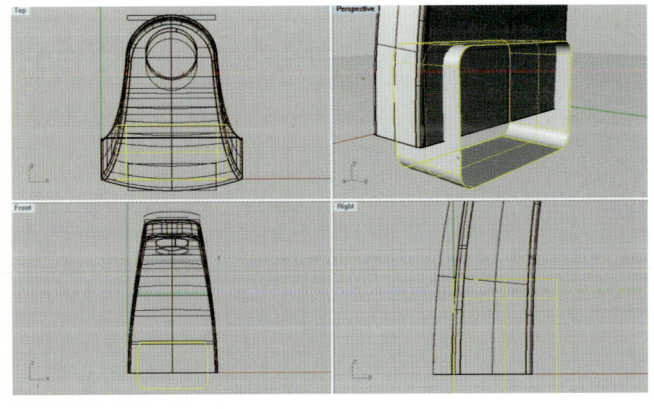

29 Edit > Split 을 클릭하고 몸체 부분과 새로 그린 면을 차례로 선택해 잘라내고 면을 삭제한다. 면을 생성하지 않고 Curve만으로 Split할 수 있으나 절단이 필요한 부분은 앞부분만이기에 면을 만들고 교차시켜 한 면만 잘라낸다.

> **TIP**
> 앞에서 보았듯이 보통 Split을 할 때는 교차로 절단하여 면을 생성하는 것이 편리하나, 지금의 경우에는 밑면이 생성되어 있지 않기에 삭제한다.

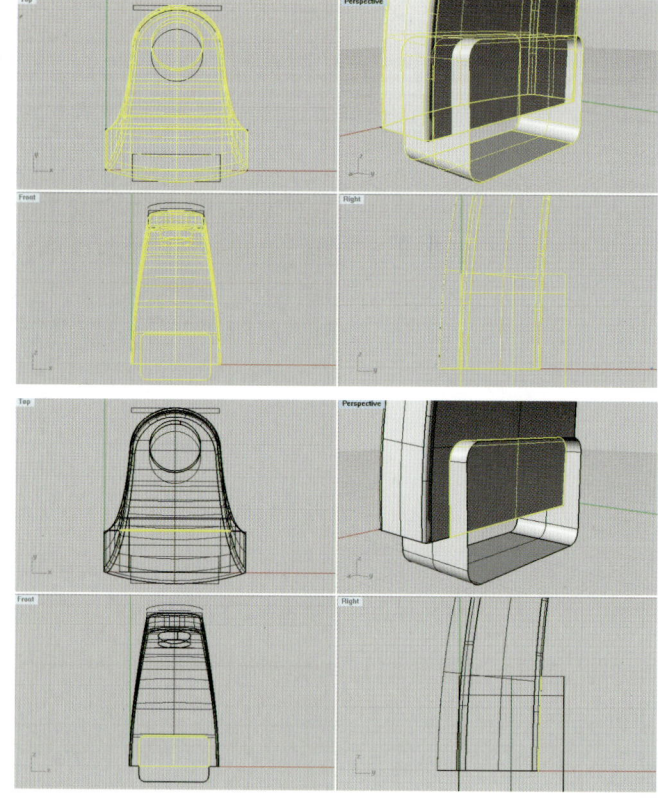

30 Surface > Extrude Curve > Straight 를 클릭하여 면을 생성할 때는 Curve를 선택하기도 하지만 지금의 경우에는 Edge를 선택하여 면을 생성한다. ❷는 Copy, Paste로 면을 하나 복사하여 붙여준 후 전면부에 잘린 면 ❶과 함께 Change Layer 로 레이어를 바꾸어주고 레이어를 Hide 시킨다.

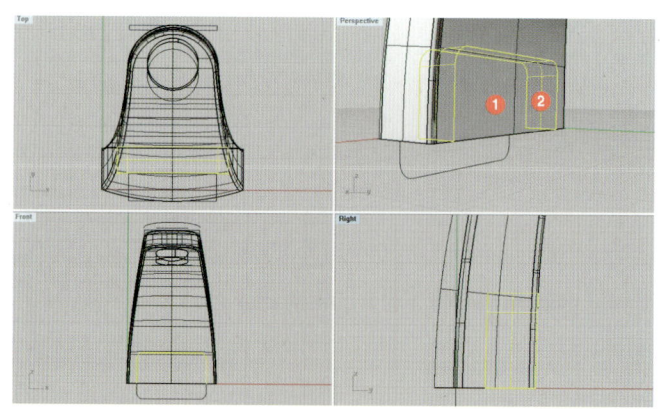

31 전체를 선택하고 Join 을 클릭한 후 오브젝트를 Hide 시킨다. 30에서 Hide시킨 레이어를 다시 활성화시킨 후 역시 Surface를 Join 시킨다.

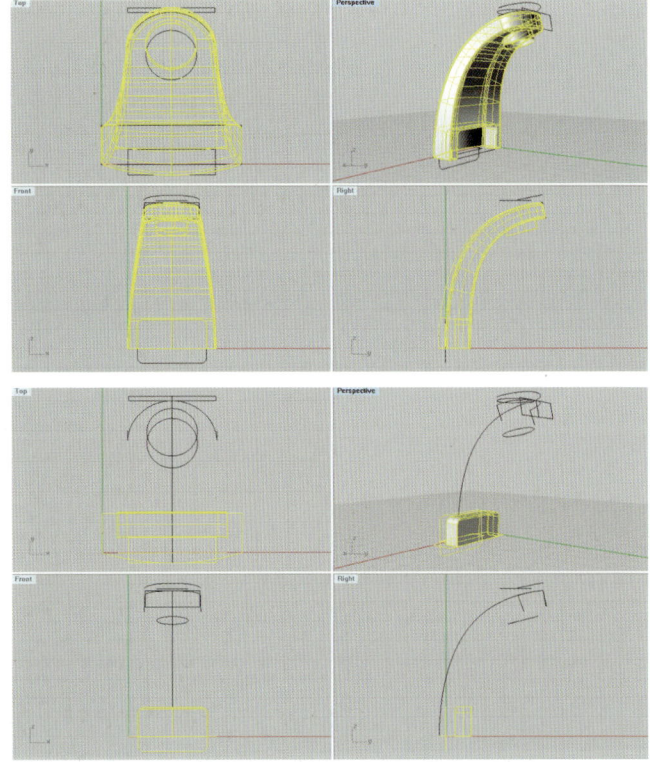

32 Solid > Fillet Edge > Chamfer Edge 를 클릭하고 '0.1'을 입력하여 모서리를 딴다.

| TIP |
대부분 Fillet을 선호하나, Edge를 살리기에는 Chamfer가 더 깔끔하다.

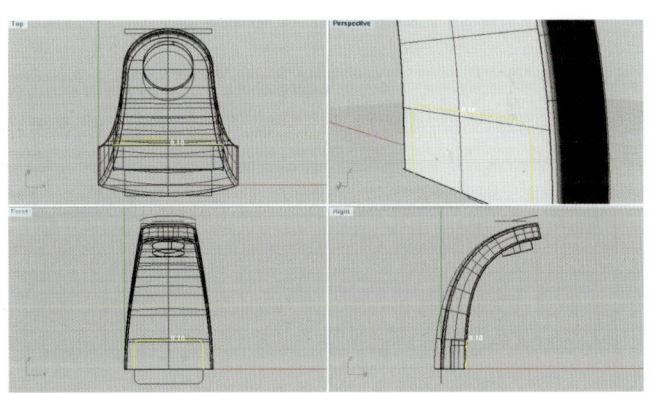

chapter 2 **실습 예제** _ Curve와 Solid 혼합 모델링 • 수도꼭지 129

33 Polysuface인 오브젝트가 두 개이므로 두 번 실행한다.

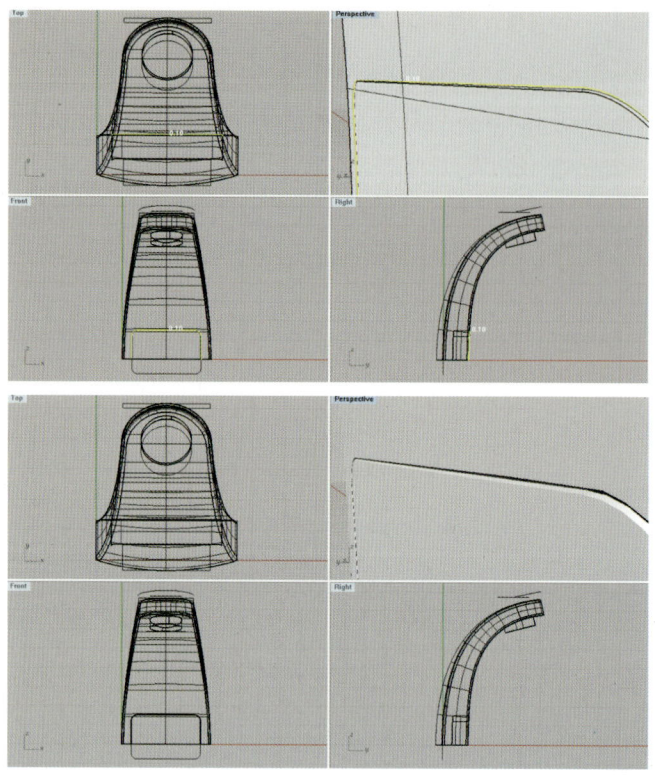

34 면이 교차된 Edge 부분을 선택하고 Solid > Fillet Edge > Fillet Edge 를 클릭해 Radius값 '1'을 입력한다.

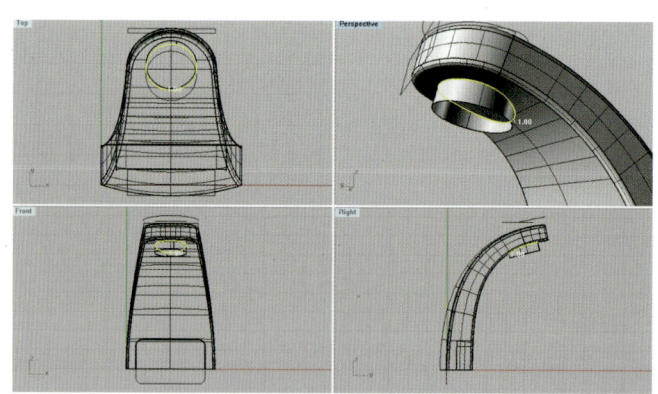

35 Curve > Rectangle > 3 Points 를 클릭하고 중심 부분에 맞추어 '100, 35'를 입력해 사각형을 그린다.

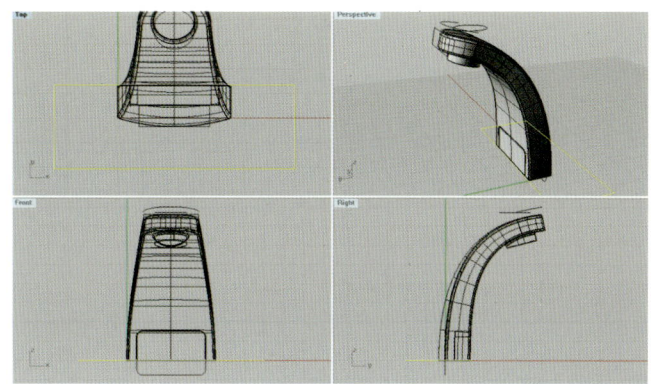

36 Curve > Arc > Start, End, Point on Arc 를 클릭해 Arc를 그린다.

> [TIP]
> Edit > Control Points > Control Points On 으로 Editing을 할 수도 있다.

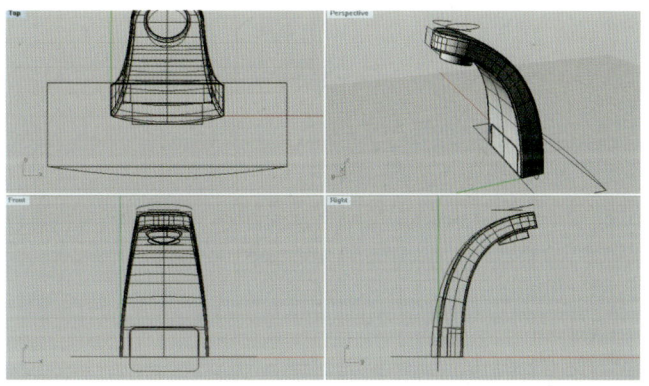

37 Curve > Fillet Curves 를 클릭하고 각각의 모서리에 Radius값 '3'을 입력해 모서리를 굴린다.

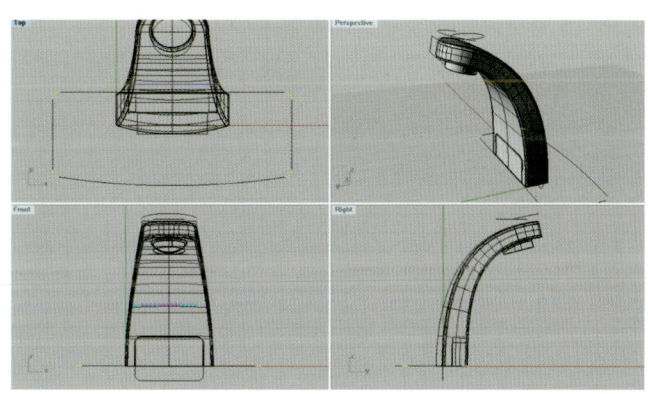

chapter 2 실습 예제 _ Curve와 Solid 혼합 모델링 • 수도꼭지

38 Extrude > Straight 를 클릭해 옵션에서 Cap을 선택하고 높이값 '2'의 면을 생성한다.

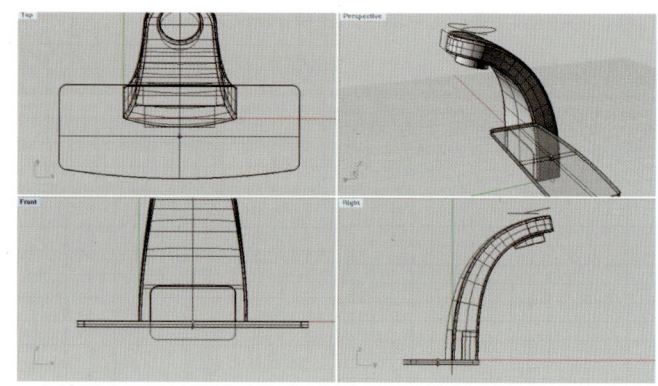

39 Explode 를 클릭한 후 면을 선택한다. Curve > Line > Polyline 을 클릭하고 Osnap > End를 활성화시킨 상태에서 잘린 면의 안쪽에 Curve를 만든다.

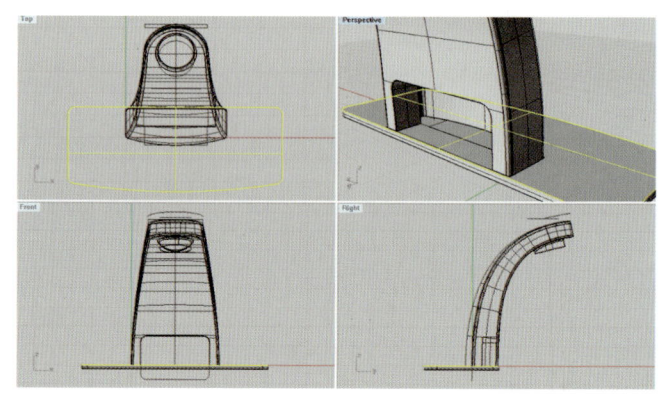

40 Edit > Split 을 클릭하고 바닥면, 몸체와 Curve를 차례로 선택해 절단한다. 바닥의 잘린 면을 Delete로 삭제한다. 전체를 선택하고 Join 을 클릭한다.

TIP
몸체의 면이 완전히 바닥면에 닿지 않았기 때문에 Curve를 하나 만들어 면이 완전히 겹치게 한다.

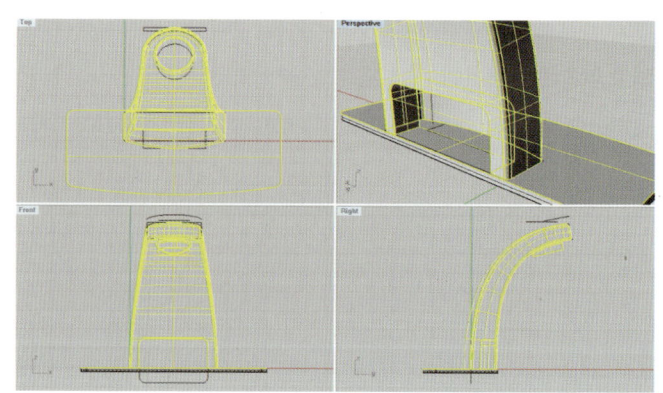

41 Solid > Fillet Edge > Fillet Edge 를 클릭하여 Radius값 '0.5'를 입력하고 겹친 부분의 Edge를 선택하여 모서리를 굴린다.

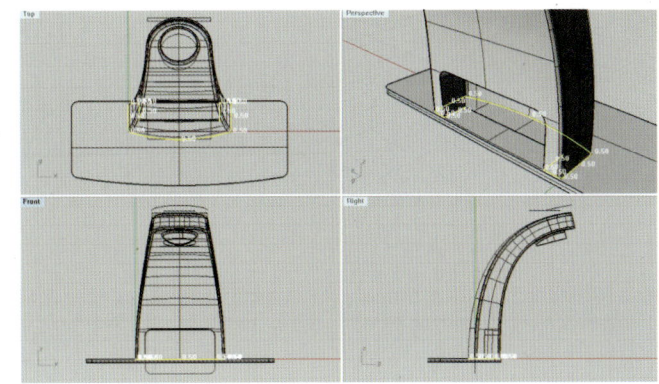

42 물이 나오는 부분의 Curve를 선택하고 Surface > Patch 를 클릭해 면을 생성한 다음 Join 을 클릭한다.

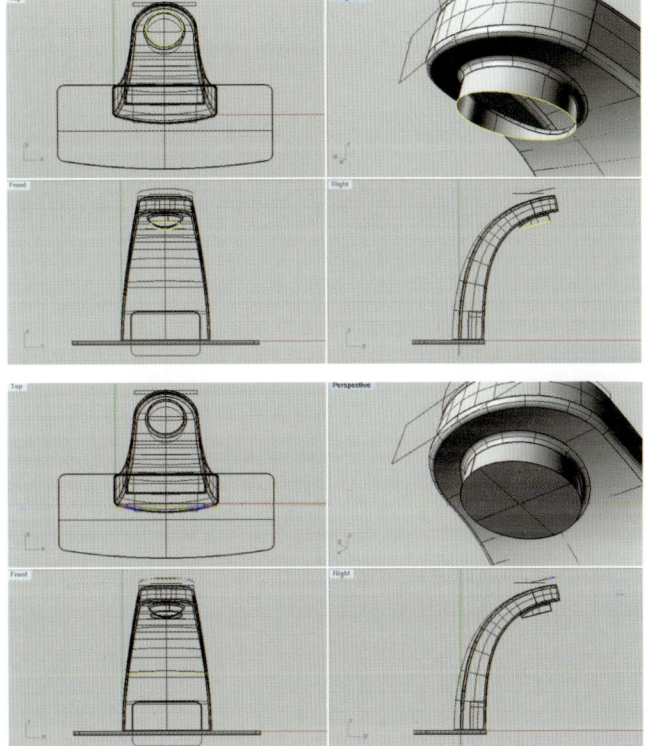

43 Surface > Chamfer Surfaces 를 클릭하고 '5'를 입력하여 절단면을 만든다.

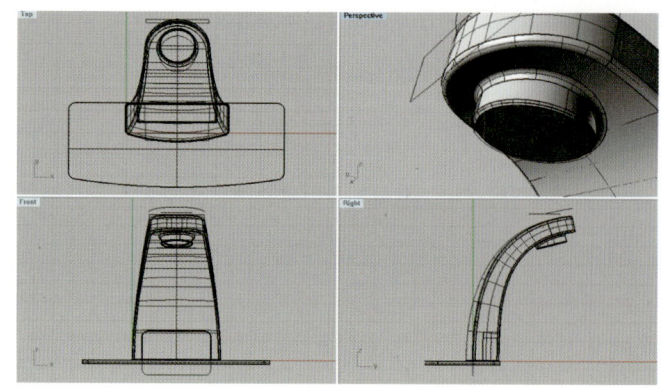

44 Curve > Offset Curve 를 클릭해 안쪽으로 '2'만큼 들어오는 Curve를 만든다.

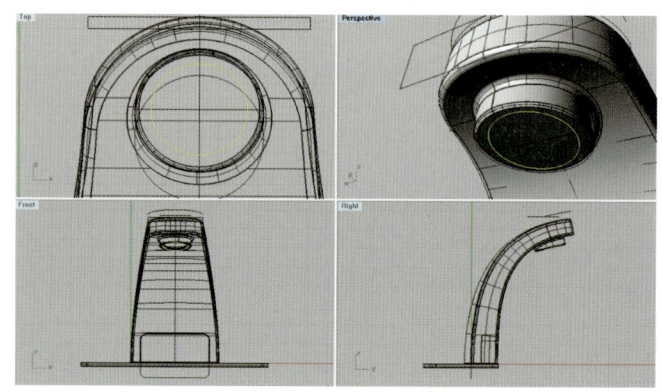

45 Edit > Split 을 클릭해 면을 잘라 준 후 삭제한다.

> **TIP**
> Join되었던 면이지만 Chamfer를 해서 면이 분리 되었기 때문에 뒷면까지 삭제되지 않는다.

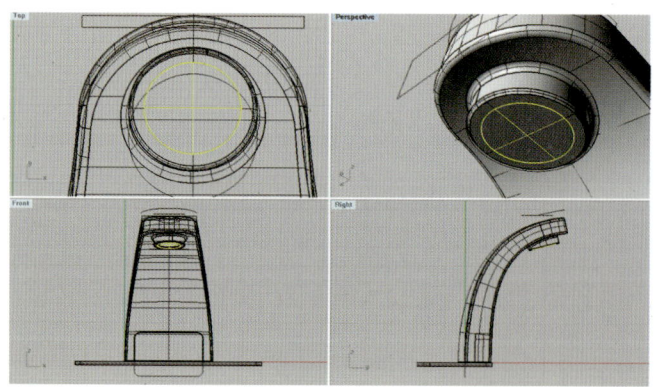

46 Extrude > Straight 를 클릭하고 Edge를 선택하여 면을 생성한다.

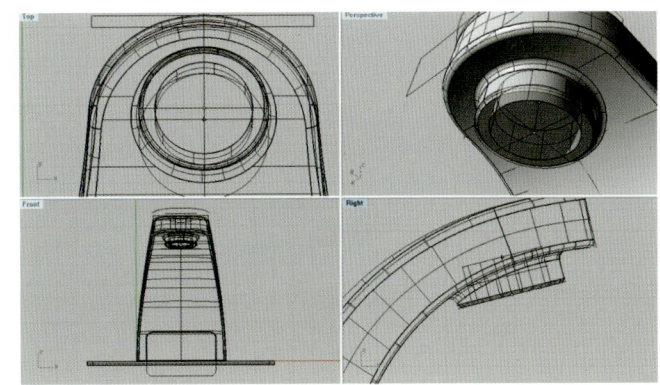

47 전체를 선택하고 Join 시킨다. Surface > Chamfer Surfaces 를 클릭하고 '0.1'을 입력하여 면의 각을 만든다.

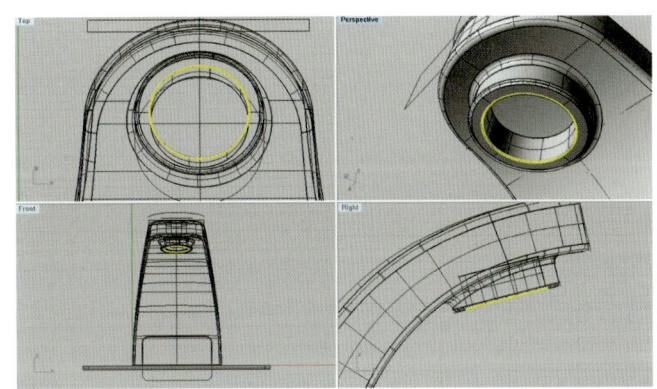

48 전체를 선택하여 Join 시키고 Hide 된 레이어를 보여준다.

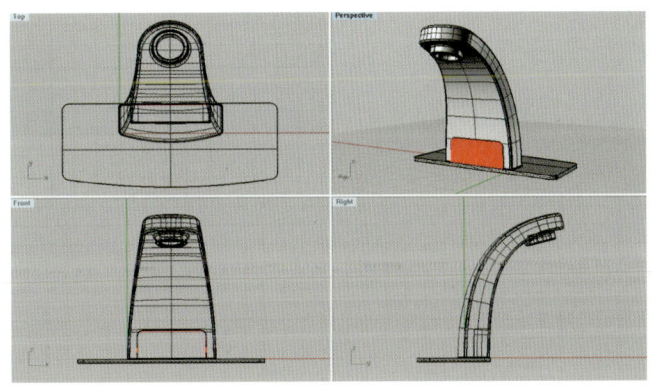

3. 볼펜

● Loft 응용 – 볼펜 만들기

01 Curve > Circle > Center, Radius 를 클릭해 Right View에서 0,0을 중심으로 원을 그린다. Osnap > Cen을 활성화시킨 상태에서 Curve > Offset Curve 를 클릭하고 크거나 작은 Curve들을 만들어 그림과 같이 배치한다.

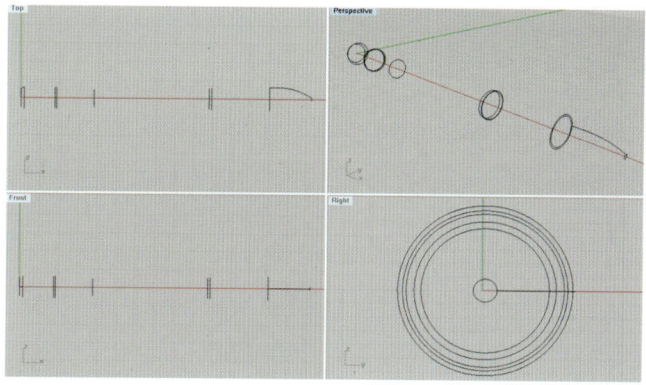

02 Osnap > Quad를 활성화시킨 후 Curve > Arc > Start, End, Point 를 클릭해 앞부분과 뒷부분에 Curve를 만든다.

> **TIP**
> Edit > Control Points > Control Points On 또는 약키 F10으로 Curve의 형태를 조정한다.

03 Surface > Sweep 2 Rails 를 클릭하고 옵션 창이 뜨면 기본값 그대로 OK를 클릭해 면을 생성한다.

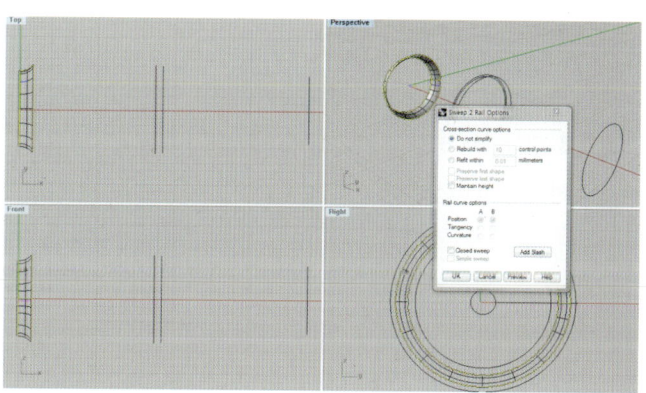

04 Surface > Loft 를 클릭하고 Option > Style > Straight section으로 변경하여 면이 직선으로 생성되게 바꾼 후, Curve를 순서대로 선택하여 면을 생성한다.

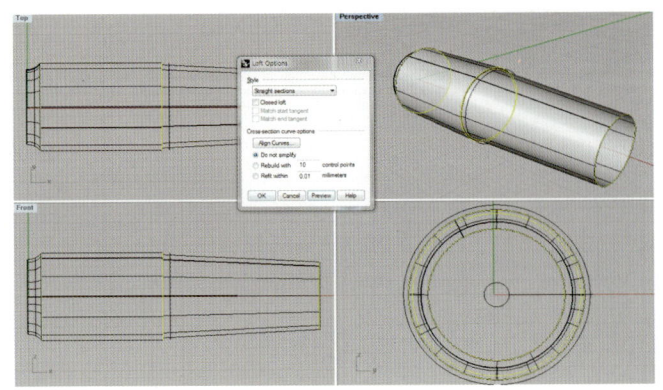

05 다시 한 번 그림과 같이 Curve들을 선택하고 Surface > Loft 를 클릭한다. Option > Style > Normal로 변경하여 면이 직선으로 생성되게 바꾼 후, Curve를 순서대로 선택하여 면을 생성한다.

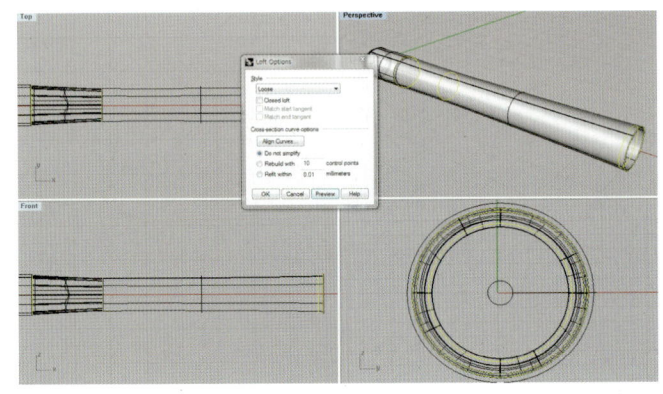

06 Surface > Loft 를 클릭하고 Option > Style > Loose로 변경하여 면이 직선으로 생성되게 바꾼 후, Curve를 순서대로 선택하여 면을 생성한다.

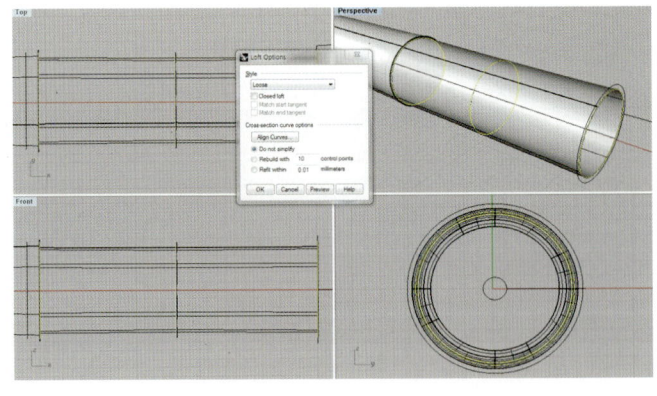

07 안쪽의 Curve 두 개를 선택하고 Surface > Loft 를 클릭해 면을 생성한다.

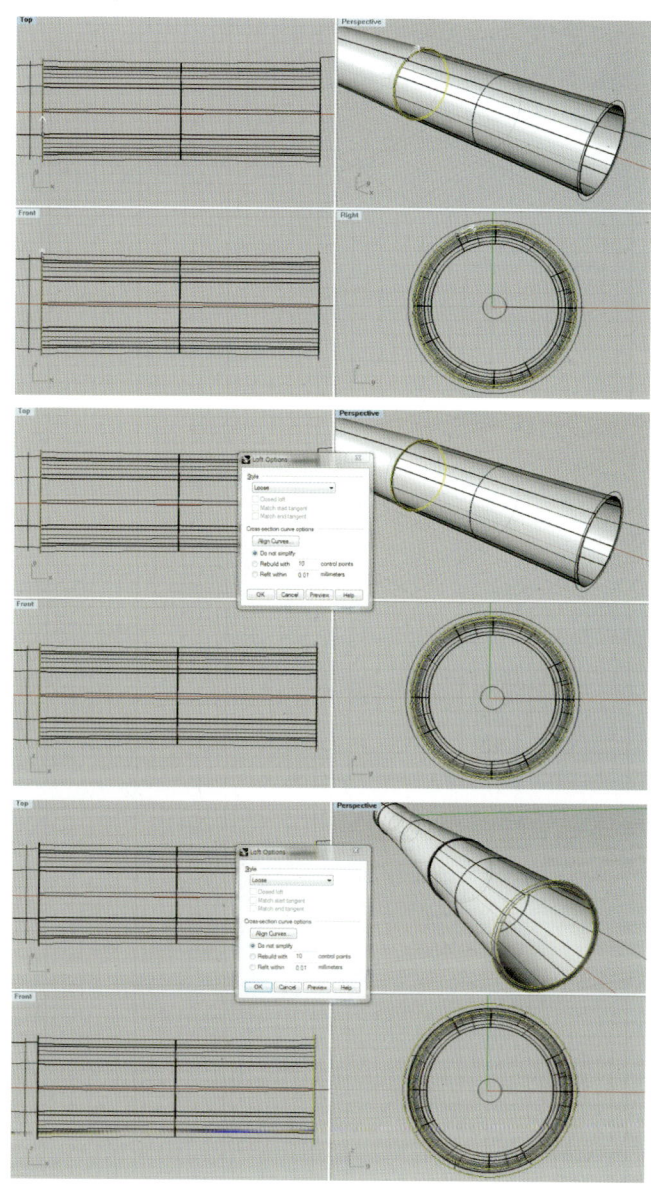

08 Surface > Sweep 2 Rails 를 클릭하고 옵션의 기본값을 사용하여 면을 생성한다.

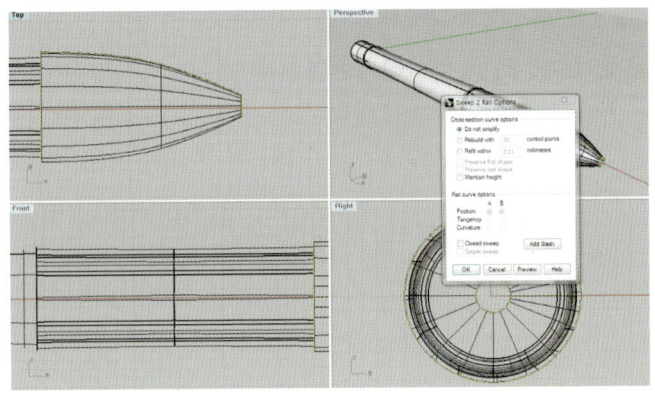

09 Surface > Patch 를 클릭하고, Curve를 선택하여 면을 닫아준다.

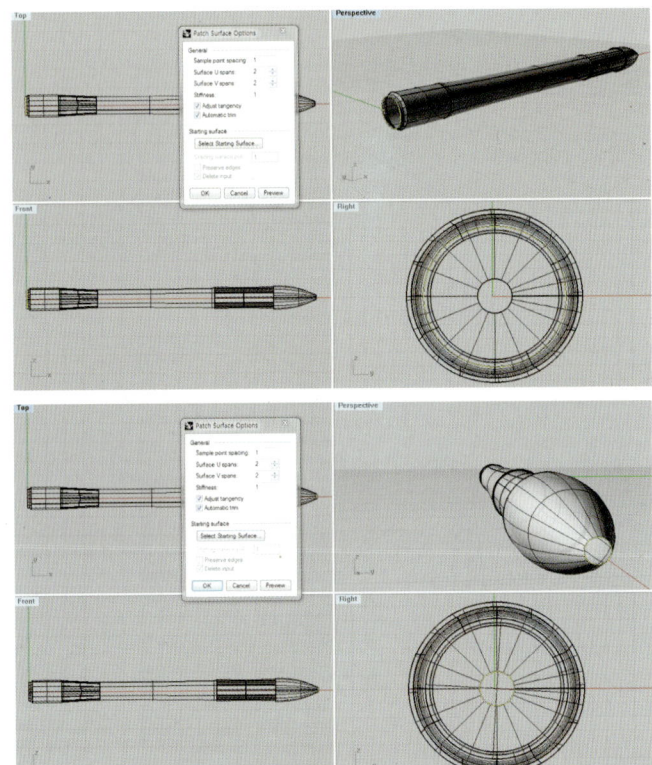

10 그림과 같이 두 면을 선택하고 Join ![]을 클릭하여 면을 Polysurface로 만든다.

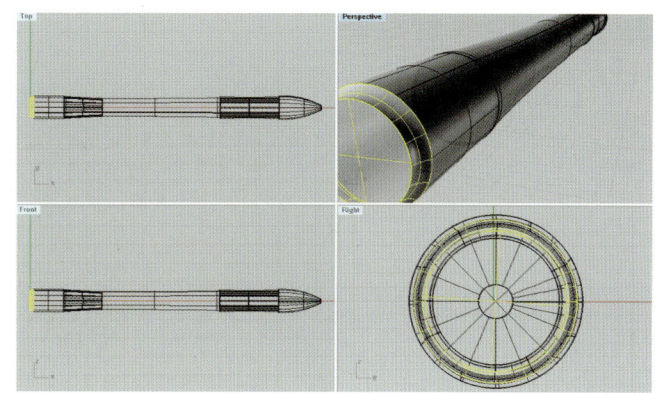

11 Solid > Fillet Edge > Fillet Edge ![]를 클릭해 면의 모서리를 적당히 굴린다.

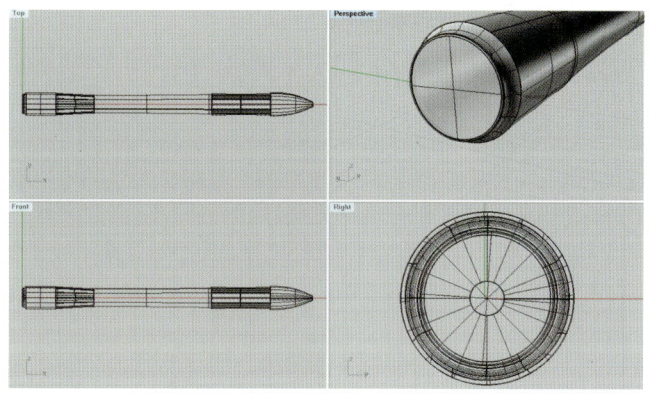

12 Curve > Offset Curve ![]를 클릭해 안쪽으로 볼펜의 스위치가 될 Curve를 만든다.

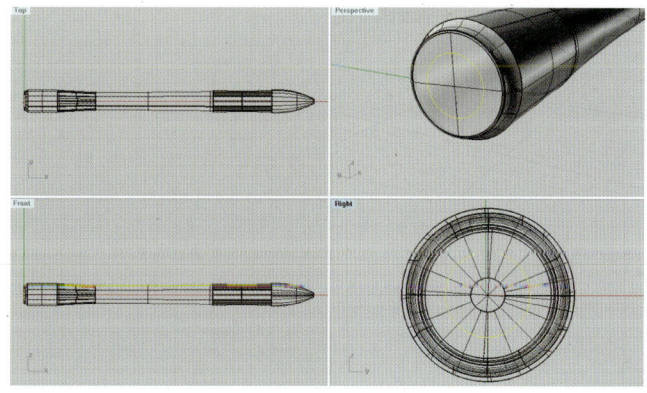

13 Edit > Split 을 클릭하고 아랫면과 안쪽 Curve를 차례로 선택하여 면을 분리한다.

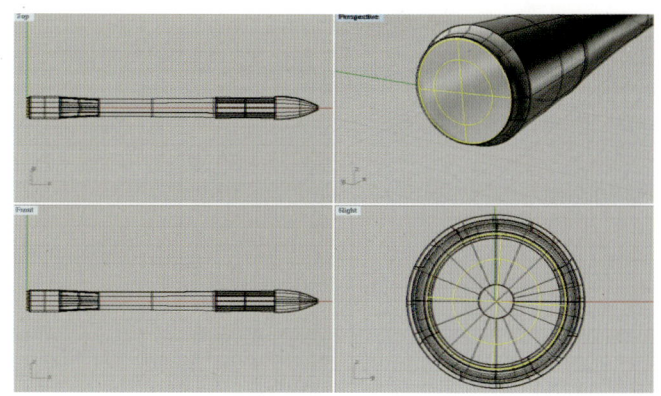

14 Surface를 선택하고, 드래그로 면의 위치를 뒤쪽으로 이동시킨다.

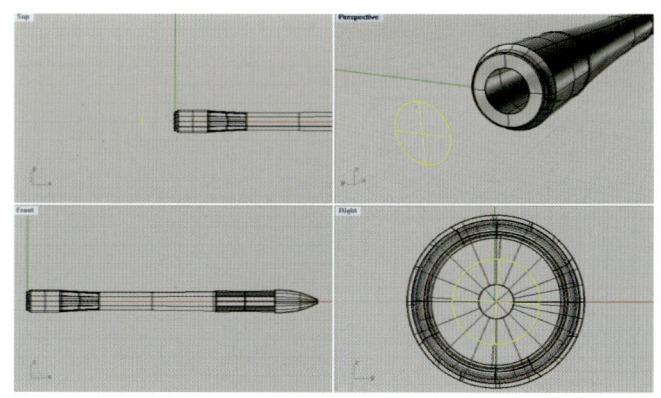

15 Surface > Extrude Curve > Straight 를 클릭하는데, Curve가 없기 때문에 면의 Edge를 선택하여 적당한 길이로 면을 생성한다.

> **TIP**
> 옵션에서 Cap을 선택하지 않는다.

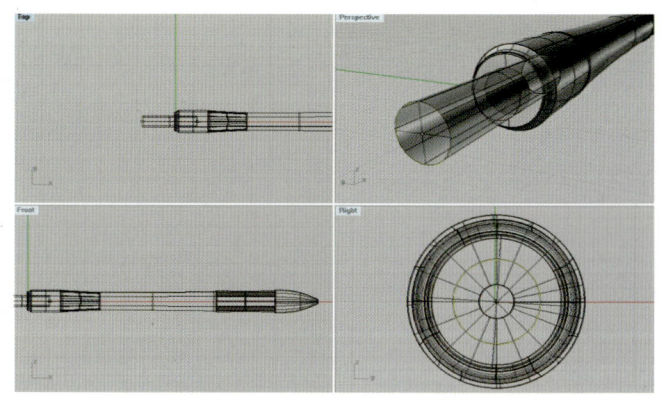

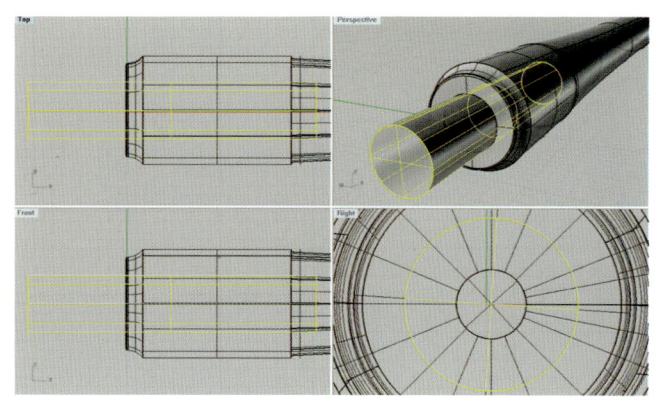

16 Curve > Offset Curve 를 클릭해 안쪽으로 Curve를 만든다.

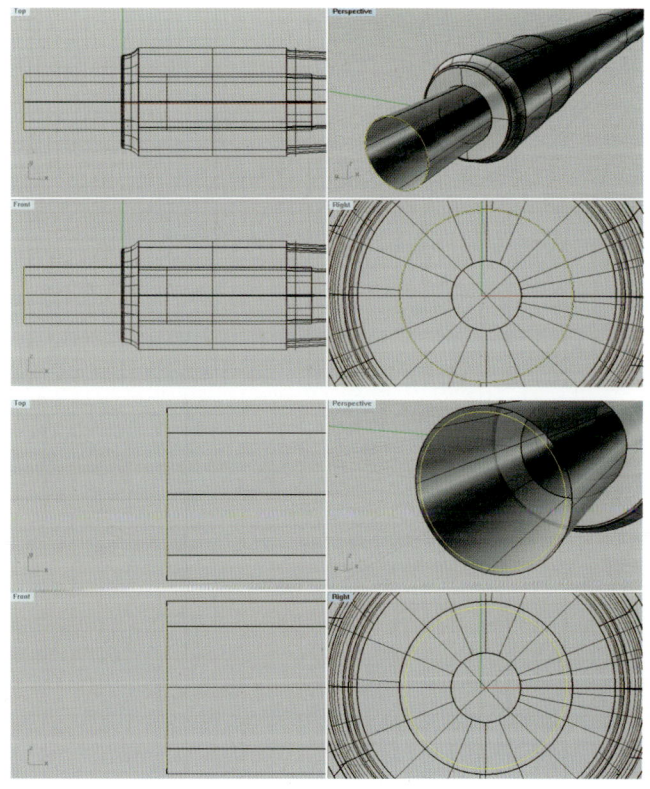

17 생성된 Curve를 -Y축으로 약 0.2 정도 그림과 같이 이동시킨다.

> **TIP**
> 거리가 멀어질수록 면이 많이 부풀어 오르므로, 원하는 면이 생길 수 있도록 적당히 조절한다.

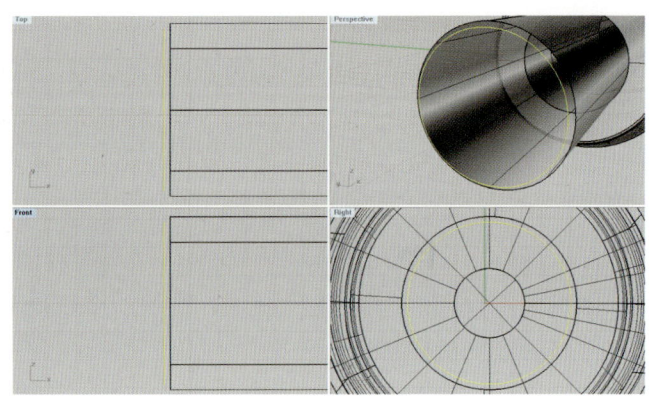

18 Surface > Patch 를 클릭해 면을 생성한다. 기존의 Patch는 Curve의 형태로 면을 만들기 위해 닫힌 Curve 하나를 택했으나, 이 경우에는 생성된 Curve 두 개를 모두 선택한다.

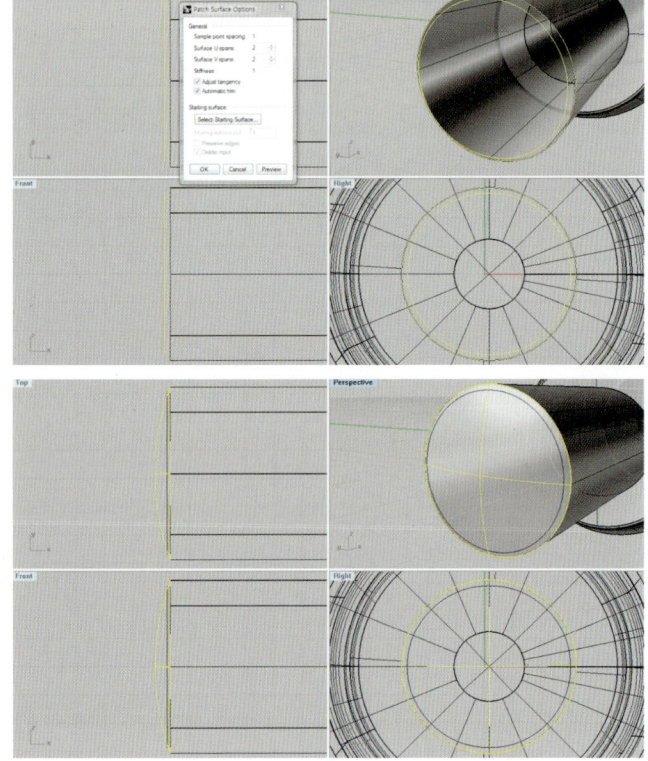

19 Surface > Fillet Surfaces 를 클릭해 면의 모서리를 부드럽게 한다.

> **TIP**
>
> Fillet Edge를 실행시키기 위해서는 면이 Poly-surface로 Join되어 있어야 하나 위의 오브젝트는 Join되어 있지 않다. Patch로 면을 부풀려 만들었을 경우 Edge가 맞지 않을 수도 있기에 Fillet Surfaces가 Surface 생성에 유리하다. Surface가 맞지 않아도, 모서리 Surface와 생성된 Surface를 Fillet Surfaces할 경우에는 Surface가 생성되므로 그 값을 고려해본다.

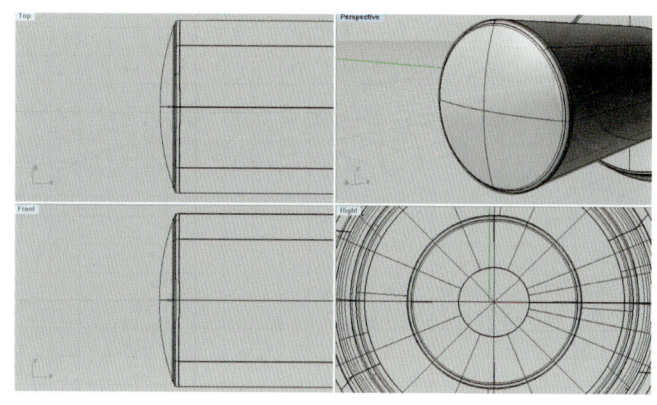

20 Curve > Offset Curve 를 클릭해 안쪽에 Curve를 만든다.

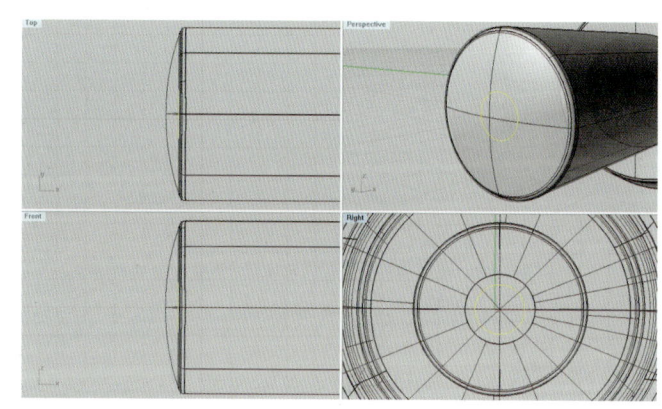

21 Surface > Extrude Curve > Straight 를 클릭해 옵션에서 Cap을 선택한 후 면을 생성한다.

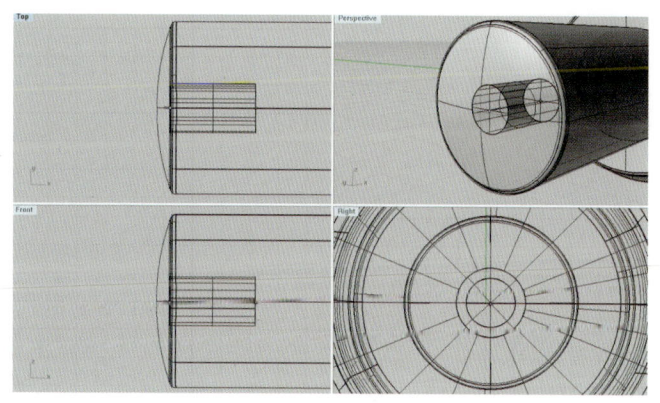

22 Solid > Difference 를 클릭하고 볼펜의 스위치 부분을 선택 후 MR, 새로 생성된 Solid를 선택하고 MR을 클릭한다.

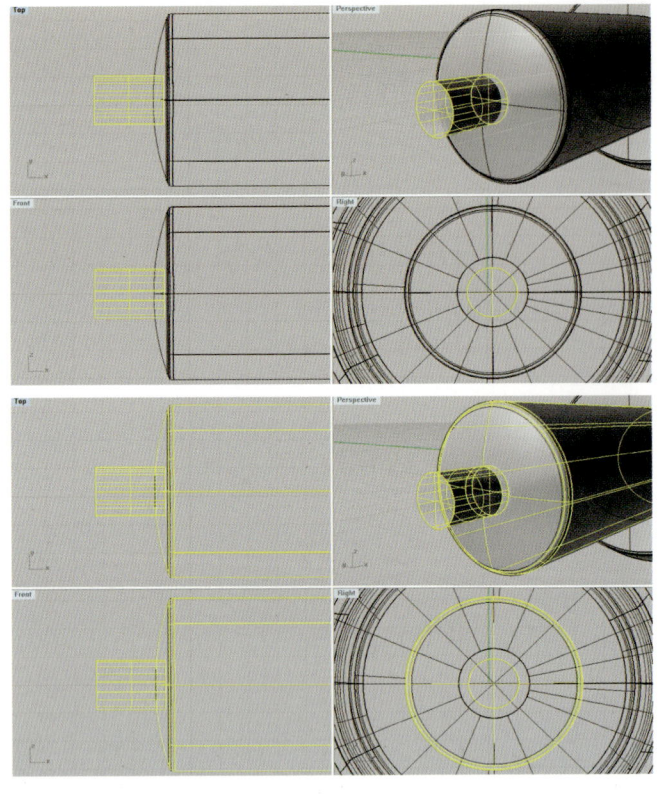

23 절단된 면의 Edge를 선택 후 Surface > Fillet Surfaces 를 클릭하고 양쪽 거리 값 '0.1'을 입력한다.

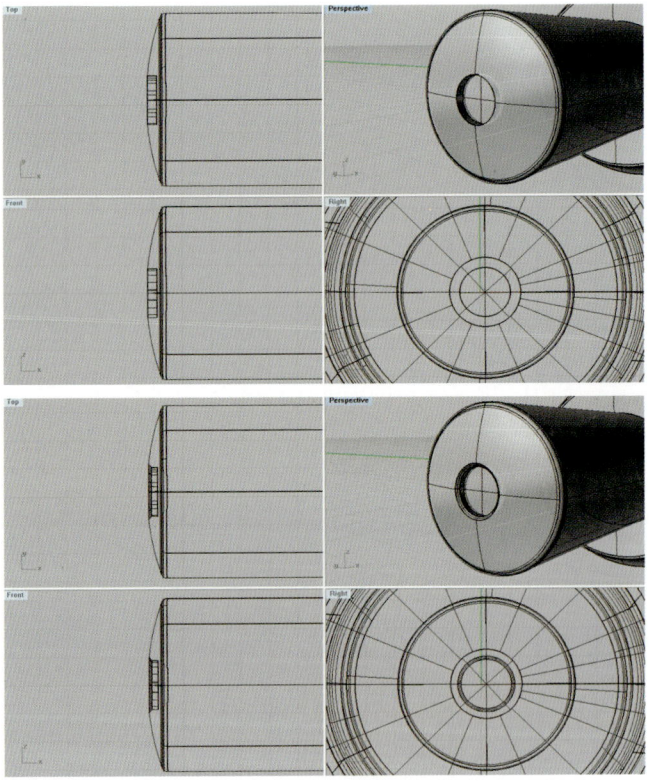

24 그림과 같이 Surface를 선택하여 Surface > Offset Surface 를 클릭하고 옵션에서 Flip을 선택하여 면의 방향을 안쪽으로 바꾼 후, '0.1'을 입력한다.

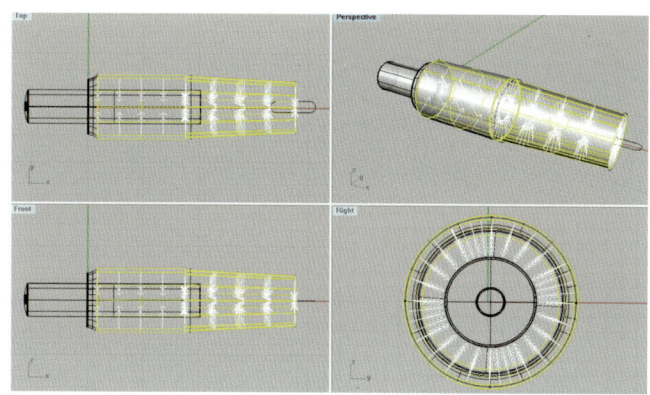

25 Surface > Loft 를 클릭하고 두 면의 Curve를 선택하여 두 면 사이에 면을 생성한다.

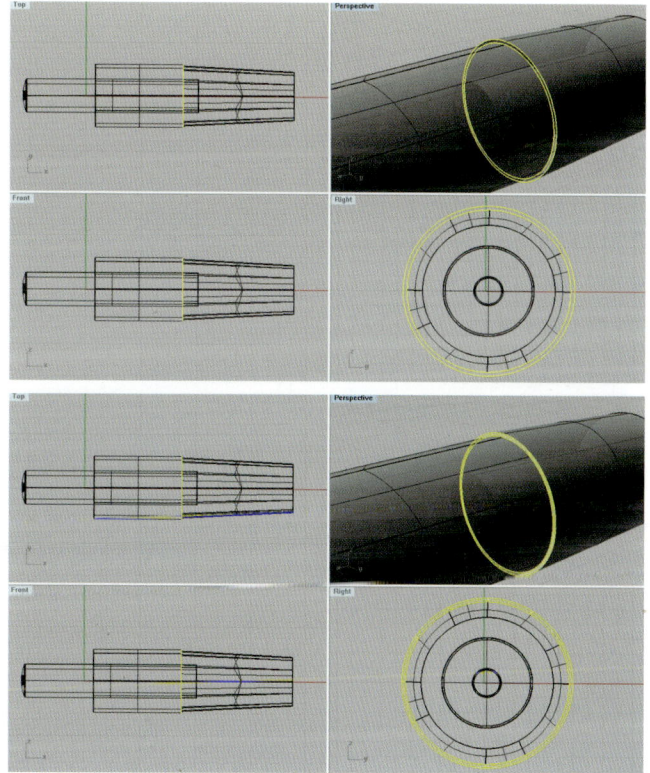

26 다른 끝부분의 모서리를 선택하여 Surface > Loft 를 클릭하고, 두 면의 Curve를 선택해 두 면 사이에 면을 생성한 다음, 전체를 선택해서 Join 시킨다.

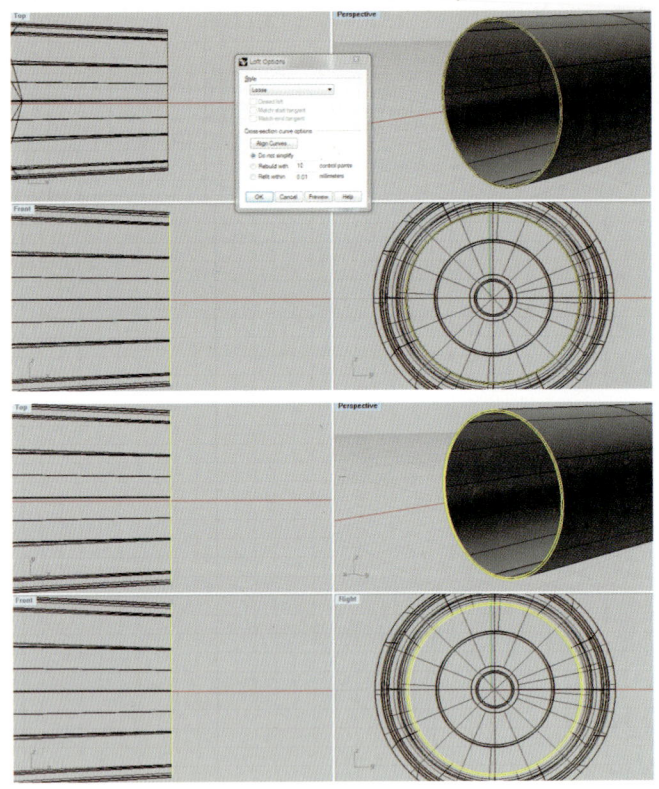

27 Main 2 > Rectangle: Rounded Rectangle 을 클릭하여 Curve를 만든다.

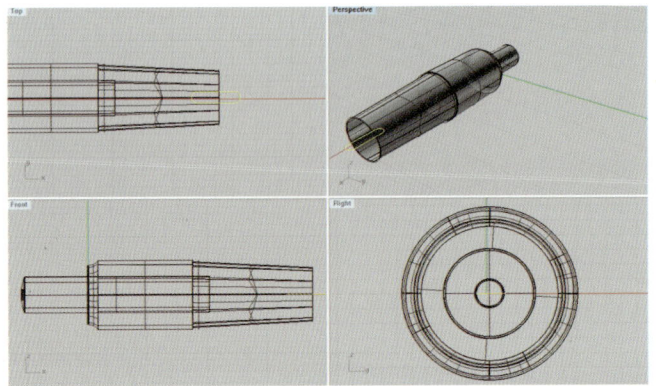

28 Surface > Extrude Curve > Straight 를 클릭하고, Curve의 위치가 중간에 있으므로 옵션의 Both로 면이 양쪽 방향으로 생기게 설정하여 면을 생성한다.

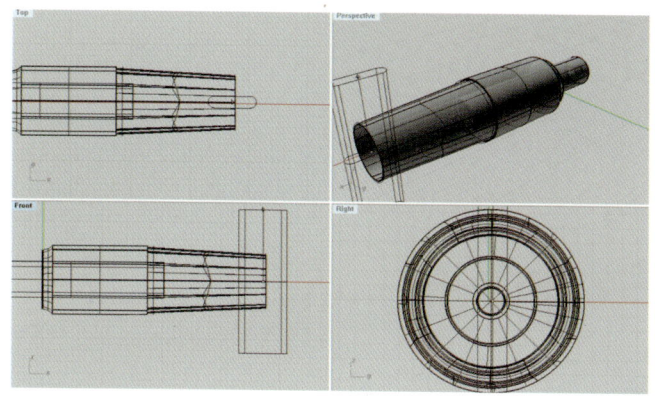

29 Edit > Split 을 클릭해 몸체를 선택하고 MR, 생성한 면을 선택하고 MR을 클릭하여 면을 분리시킨다. 다시 선택 순서를 반대로 하여 면을 분리한다.

> **TIP**
> 면이 Solid일 경우 Solid > Difference 를 클릭해 실행할 수도 있다.

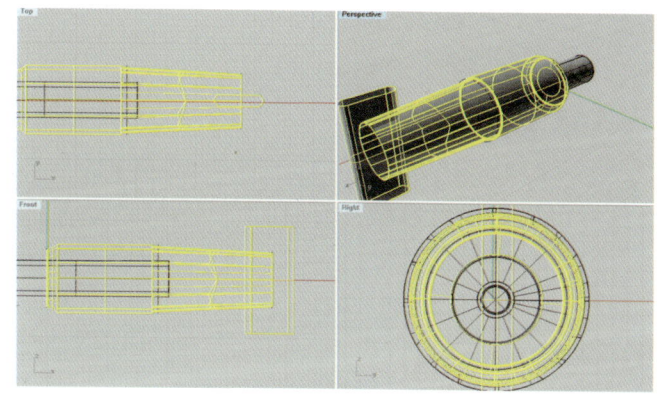

30 Split된 면들을 Delete로 지운 후 전체를 선택하고 Join 시킨다.

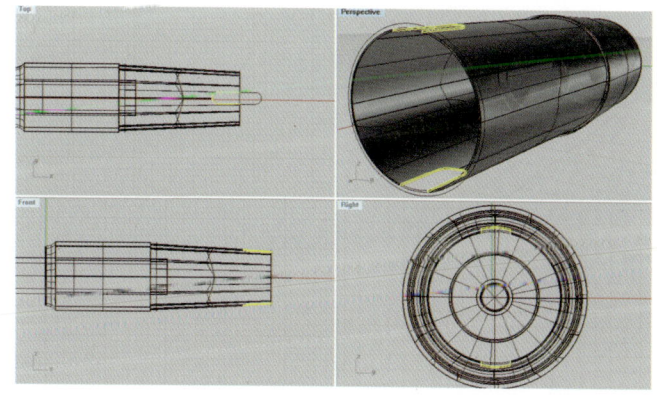

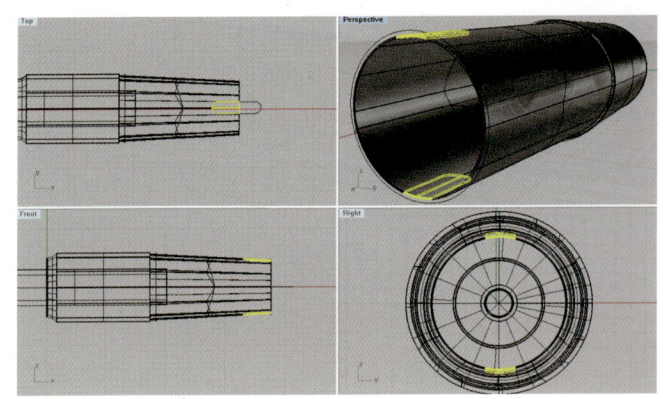

31 Curve > Offset Curve 를 클릭해 안쪽에 Curve를 만든다.

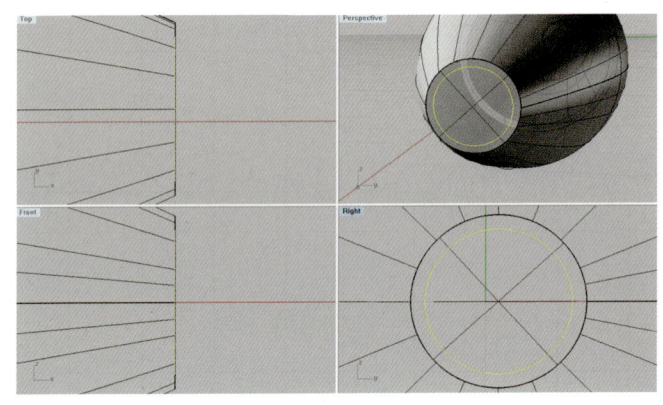

32 Surface > Extrude Curve > Straight 를 클릭해 면을 생성한다.

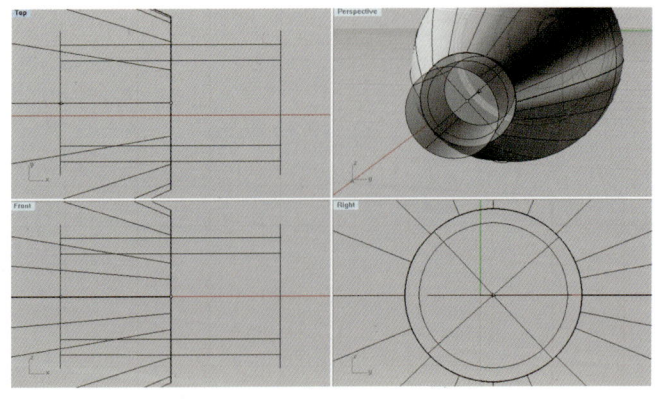

33 Edit > Split 을 클릭하여 바닥면을 선택한 후, 32에서 생성한 면을 선택하고 Split해서 안쪽에 절단된 면을 지운다. 전체를 선택하여 Join 시킨다.

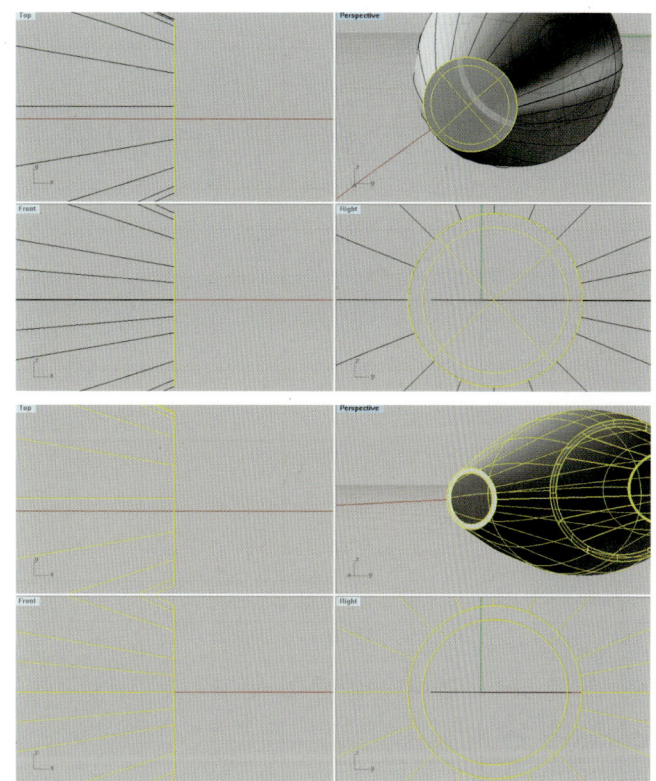

34 처음 작업을 시작할 때 그린 Curve 중 고무 손잡이 부분의 Curve만을 선택하고 Select > Invert 하여 선택된 부분들을 Hide 시킨다.

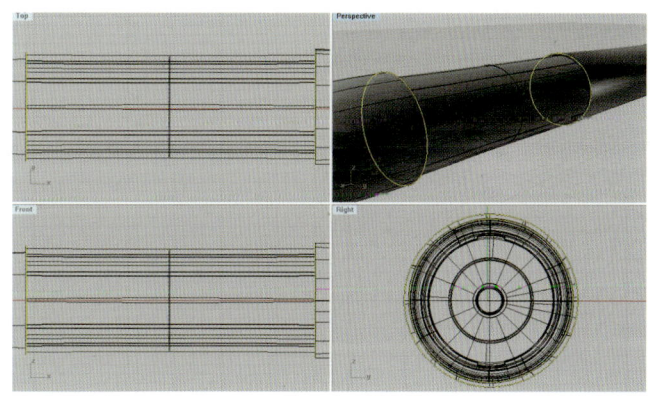

35 Curve > Arc > Start, End, Point on Arc 를 클릭하고 Osnap > Quad를 활성화시켜 그림의 형태와 같이 Curve를 만든다.

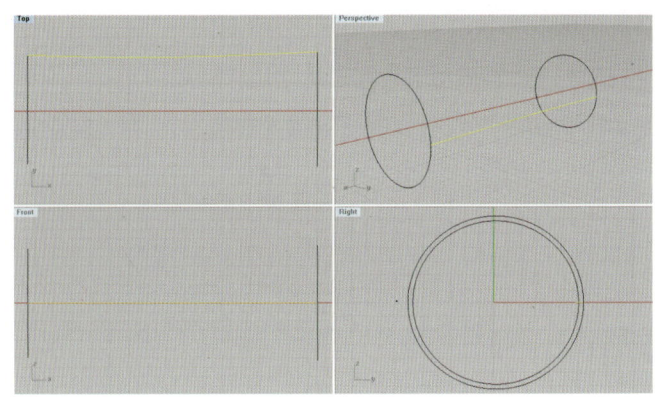

36 Edit > Control Points > Insert Kink 를 클릭해 Curve 양쪽에 Point를 넣는다.

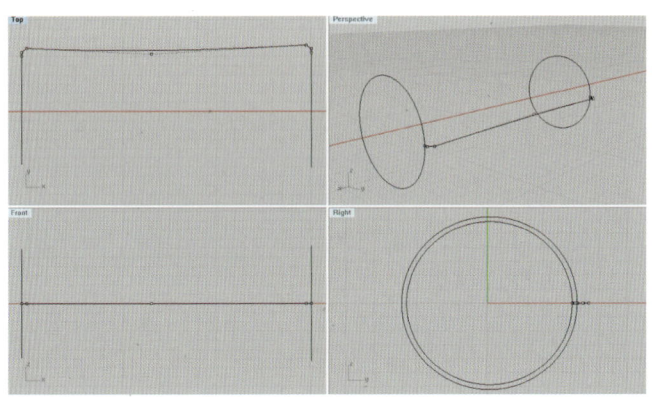

37 Edit > Control Points > Control Points On 또는 약키 F10을 눌러 활성화시키고 Point를 이동시켜 위의 그림과 같은 형태를 만든다.

38 Surface > Sweep 2 Rails 를 클릭하여 양쪽의 원과 수정한 Curve를 선택하고, 옵션의 기본값을 이용하여 면을 생성한다.

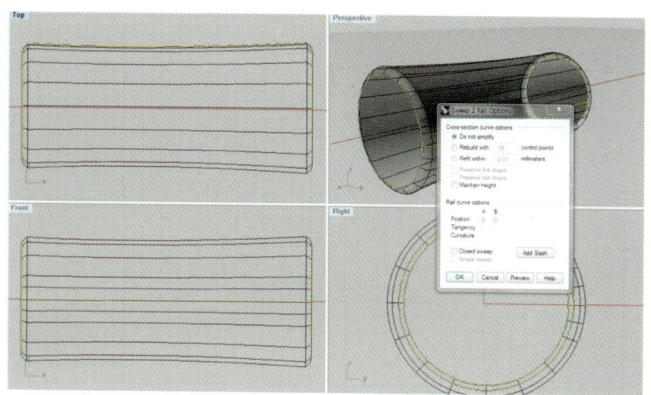

39 Curve > Free-Form > Control Points 를 클릭해 Curve를 만든 후, 약키 F10을 눌러 형태를 수정한다.

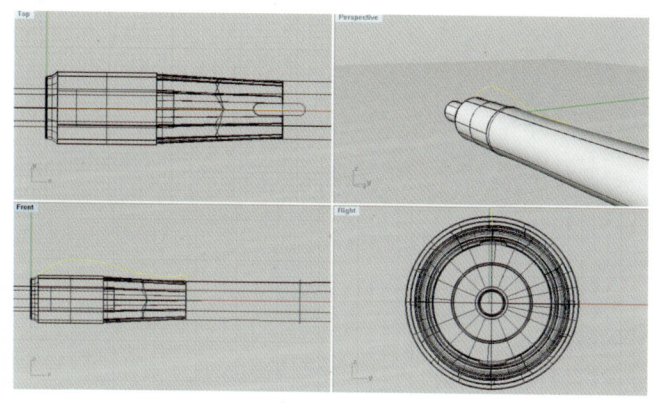

40 Rectangle > Rectangle > Center, Coner 를 클릭하고 Osnap > End를 활성화시켜 사각형을 그린다.

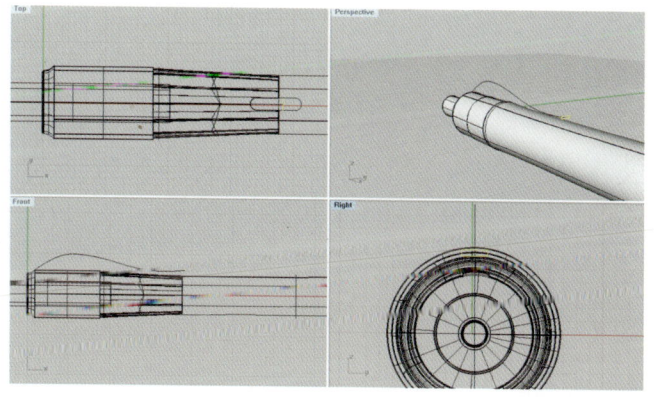

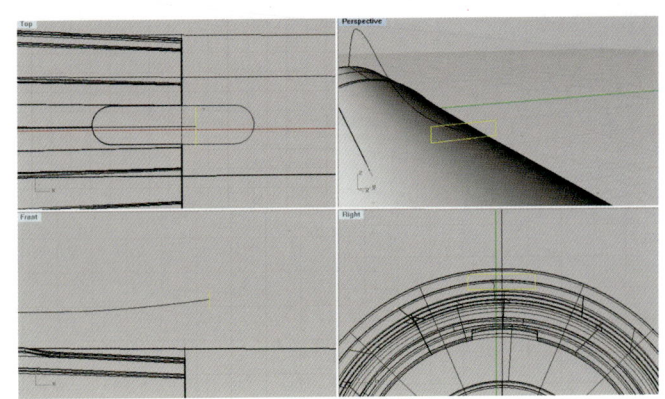

41 Curve > Fillet Curves 를 클릭하고 각각의 모서리에 Radius값 '0.2'를 입력하여 모서리를 부드럽게 한 후, 전체를 선택해 Join 시킨다.

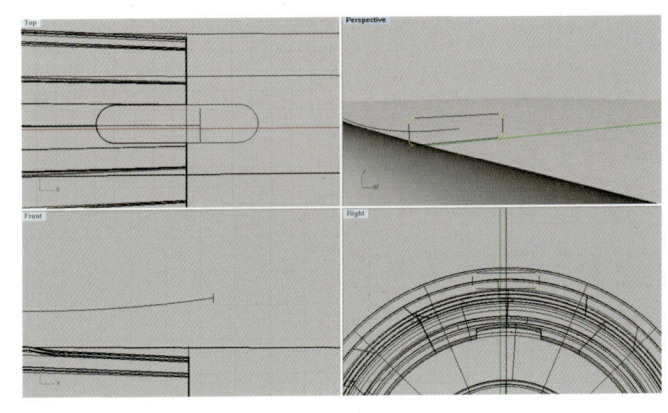

42 Edit > Control Points > Control Points On 을 클릭해 양 끝의 Point를 선택한 후 Transform > Scale > Scale 1-D 를 클릭하여 Scale의 중심축을 중간점(Osnap > Mid)으로 선택하고, 스케일의 방향을 좌 또는 우로 맞추어 X축으로만 크기를 조절한다.

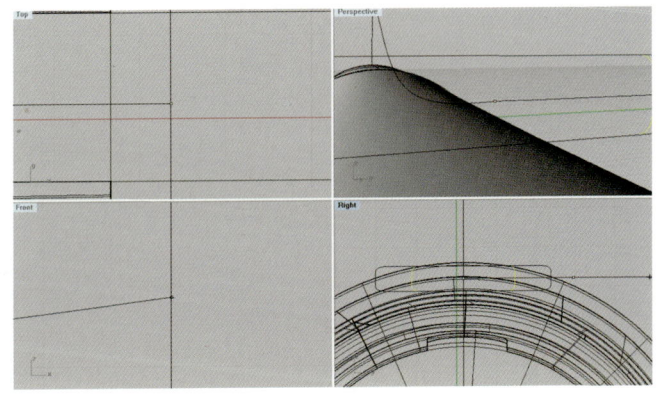

43 Surface > Sweep 1 Rail을 클릭하여 진행되어야 할 Curve를 선택하고 Curve의 양쪽을 Cross-section Curve로 사용하여 면을 생성한다.

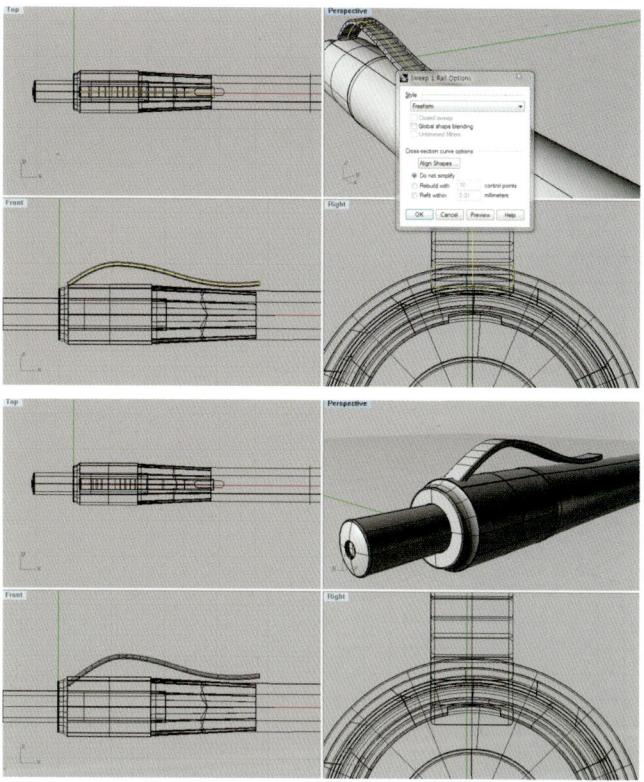

44 Edit > Split을 클릭하여 아랫면을 선택한 다음 Enter(MR)를 누르고, 위쪽 타원의 면을 선택하고 Enter를 누른다. 전체를 선택하고 Join 시킨다.

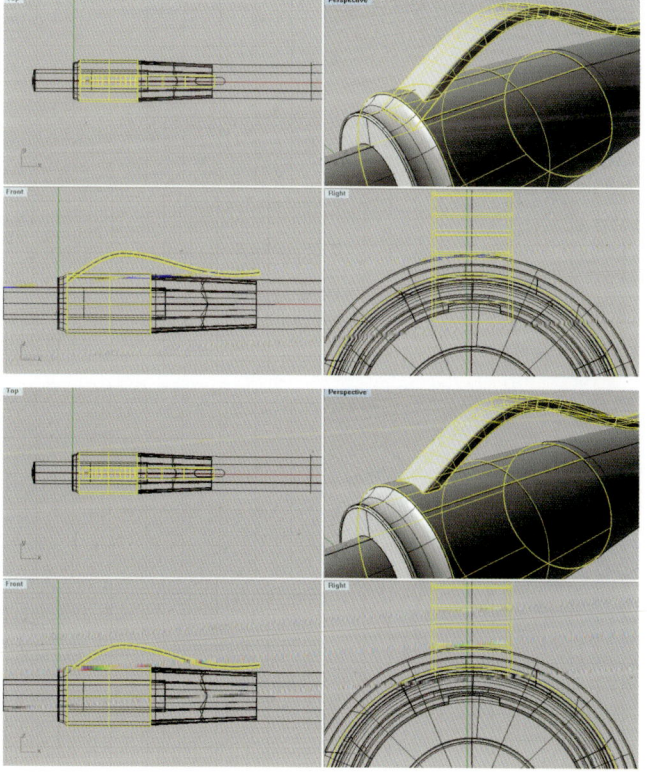

45 Solid > Fillet Edge > Fillet Edge
를 클릭하고 Radius값 '0.5'를 입력한다.

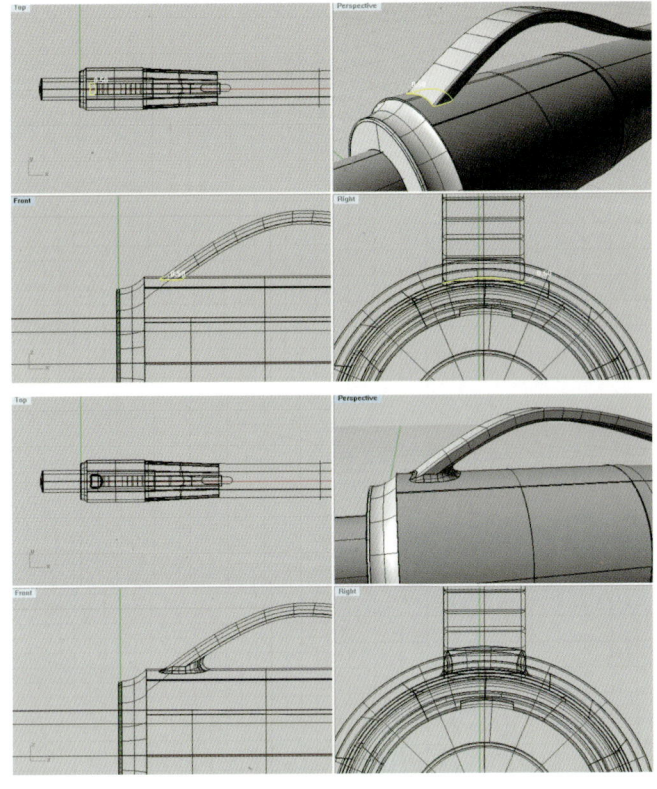

기본적인 볼펜의 형태가 완성됐다. 제품에 로고나 프린트가 인쇄되는 경우에는 렌더링할 때 Mapping으로 해결할 수도 있으나, 필요하다면 직접 모델링에서 면을 만들어 프린트된 느낌을 내야 한다.

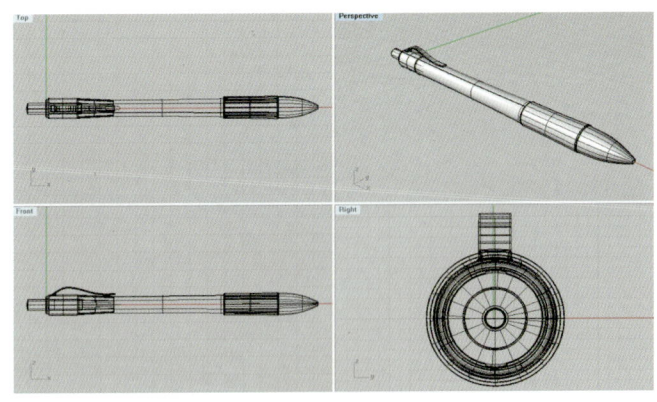

● 볼펜 로고 넣기

01 Solid > Text 를 클릭하면 옵션 창이 뜬다. 원하는 텍스트를 입력하고 면을 잘라내기 위해 Curve를 체크한 다음 아래 Height에 '5'를 입력한다.

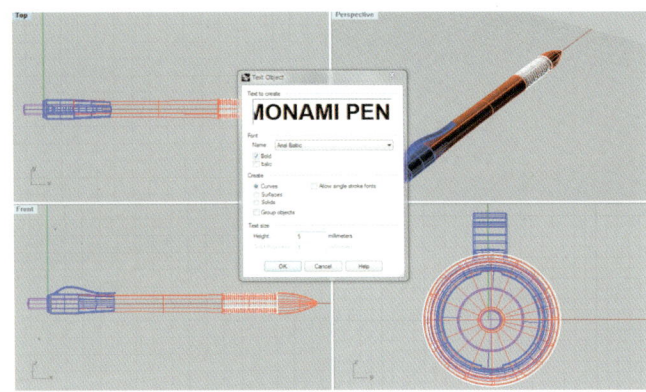

02 만들어진 Curve를 Top View에서 드래그로 원하는 위치에 옮긴다.

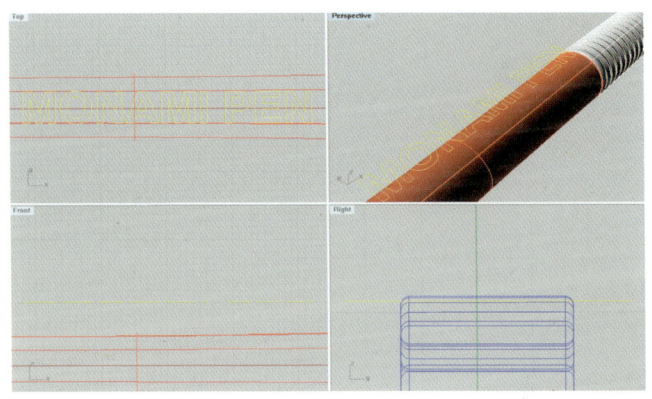

03 Surface > Extrude Curve > Straight 를 클릭하여 Curve의 면이 몸체에 걸쳐지게 내린다. 여기서 절대 면이 아랫면까지 통과해서는 안 된다. 위아랫면에 동시에 면을 만들고자 할 때는 바로 Split만으로도 가능하나, 이 경우에는 한 면만 필요하기에 면을 만들어 Split하는 것이다.

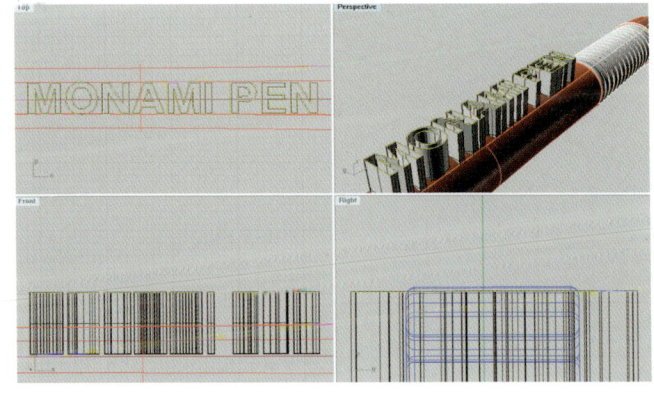

04 Edit > Split 을 클릭해 아랫부분과 원통을 차례로 선택하여 면을 절단한다. 자른 면은 삭제한다.

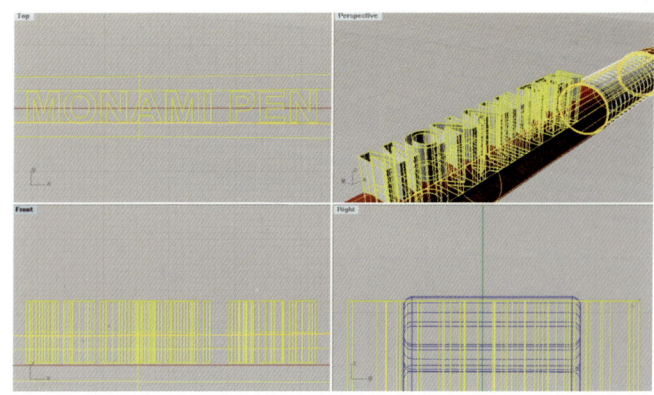

05 Change Layer 를 클릭해 Text 면의 레이어를 바꾼다.

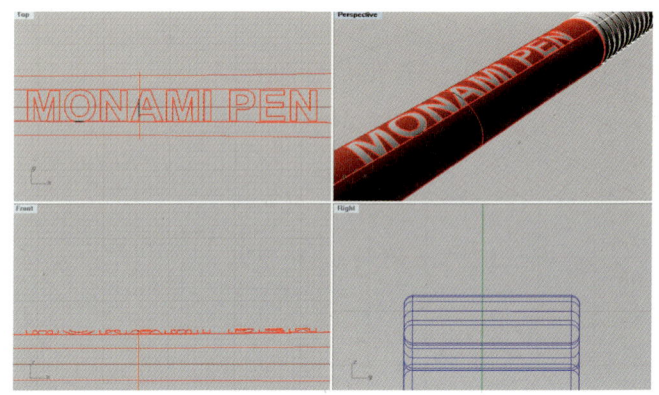

로고가 있는 볼펜이 완성됐다. 그러나 볼펜의 고무 손잡이 부분 형태가 다른 경우도 있다. 손잡이에 주름이 잡힌 경우의 모델링 방법도 알아보자.

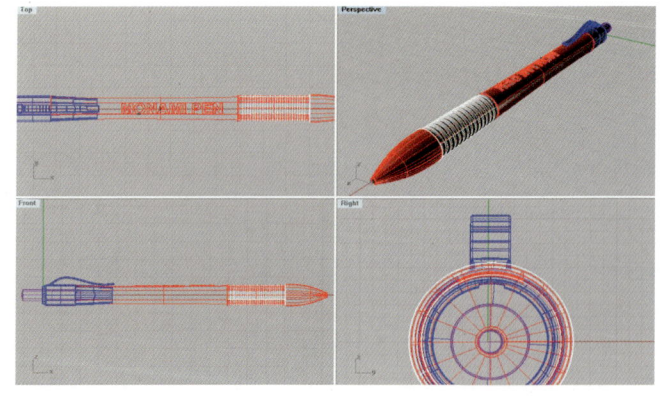

● 손잡이 주름 만들기

01 처음 고무 손잡이를 만들 때와 같은 원에서 시작한다.

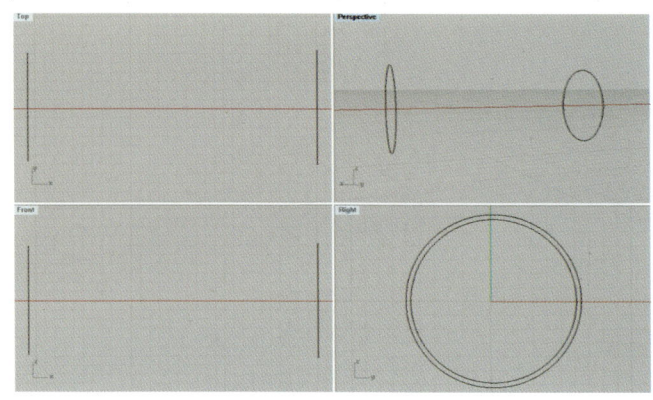

02 Curve > Line > Polyline 을 클릭하고 Osnap > Cen을 활성화하여 각 원의 Curve를 만든다.

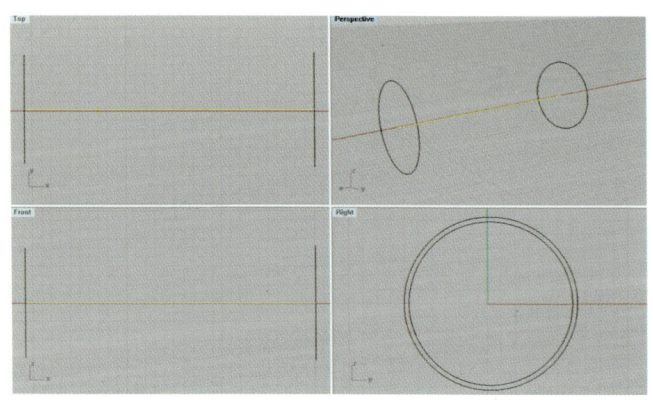

03 Curve > Offset Curve 를 클릭하고 바깥쪽으로 '1'만큼 나가는 Curve를 만든다.

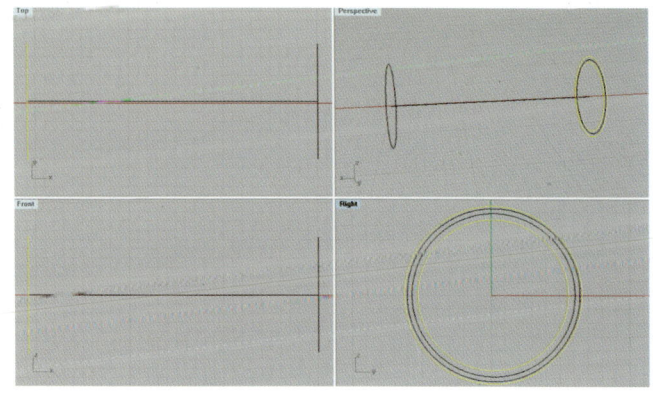

04 Transform > Array > Along Curve
를 클릭해 안쪽과 바깥쪽에 있는 Curve를 선택하고 MR, 따라서 이동할 Curve를 선택한 후 Number of item에 '30'을 입력한다.

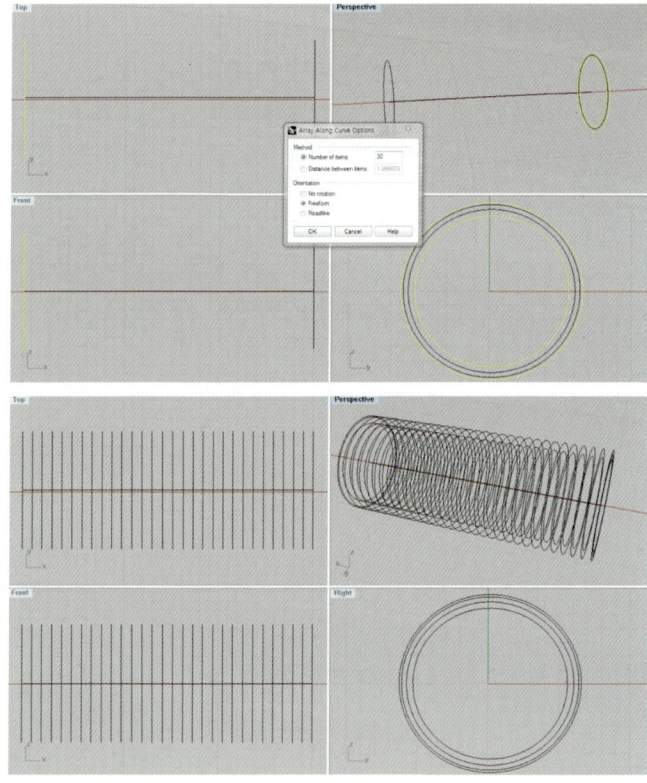

05 Array로 이동된 Curve가 주름의 형태가 되도록 교차로 삭제하여 형태를 만든다.

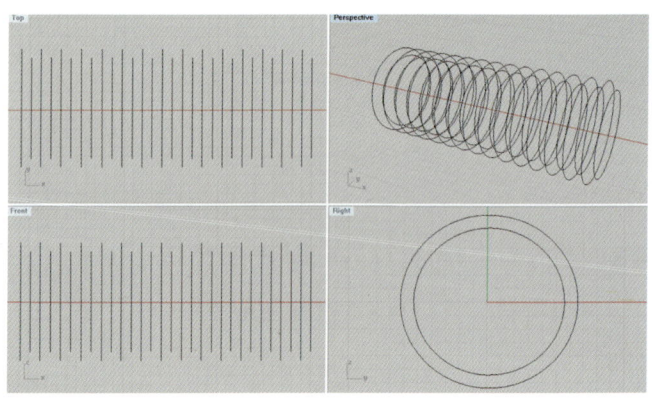

06 Surface > Loft 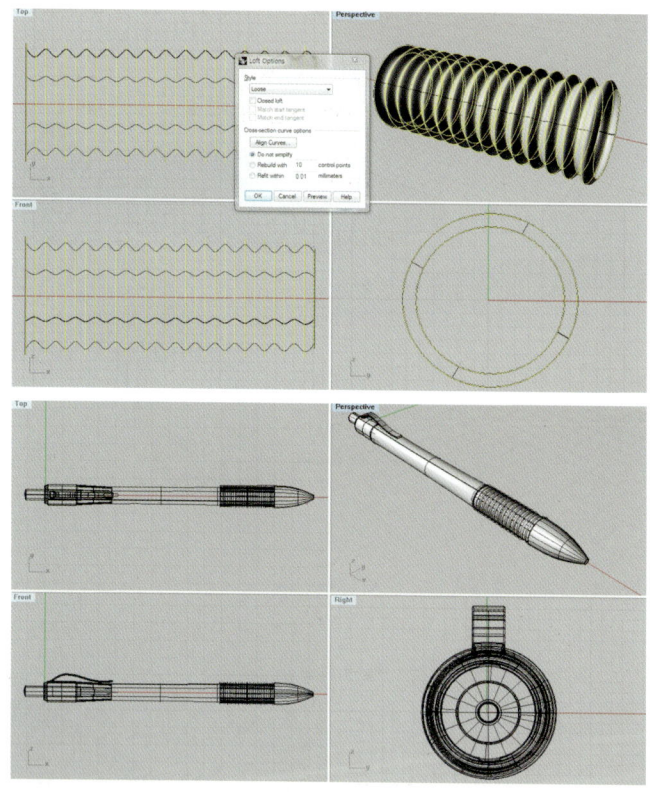를 클릭해 Option > Style > Loose로 변경하여 면이 직선으로 생성되게 바꾼 후, Curve를 순서대로 선택하여 면을 생성한다.

4 라이터

● 라이터 몸체 만들기

01 Top View에서 Rounded Rectangle 을 클릭하여 크기 '40,10'의 사각형을 그린 후 지름 '10'을 입력하여 다음과 같이 그린다.

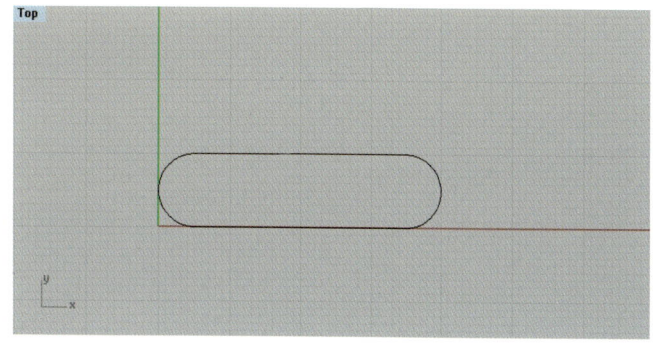

02 아래의 Curve 하나를 복사(Ctrl+C), 붙여넣기(Ctrl+V)를 한 후, Front View에서 Z축 방향으로 100만큼 위로 이동시킨다.

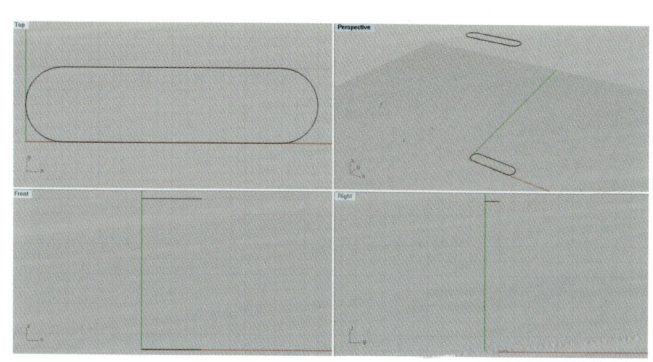

03 Curve > Offset Curve 를 클릭하여 안쪽으로 '1'만큼 Curve를 만든다. Curve를 복사하여 위쪽으로 '2'만큼 떨어진 위치에 붙여넣기한다.

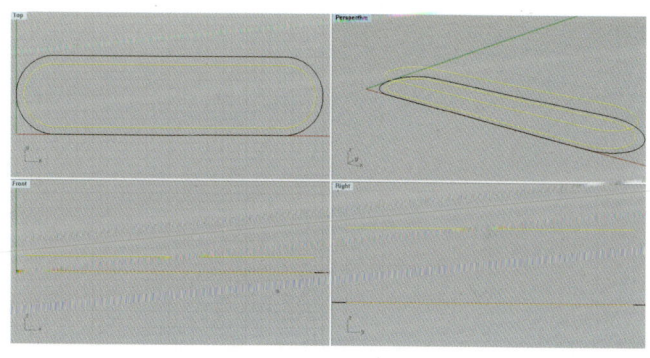

04 Offset된 Curve를 복사하여 위쪽으로 '100'만큼 떨어진 위치에 붙여넣기한다.

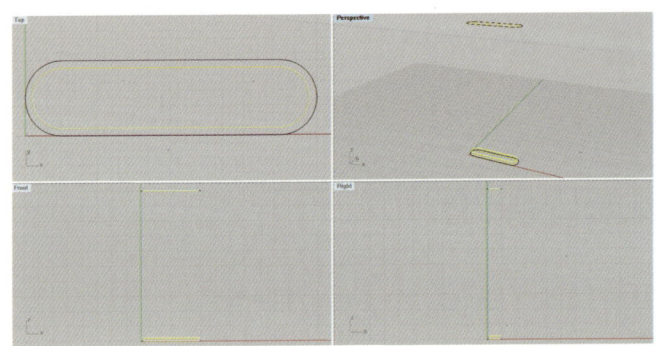

05 Surface > Loft 를 클릭해 안쪽 두 개의 Curve 사이에 면을 생성한다.

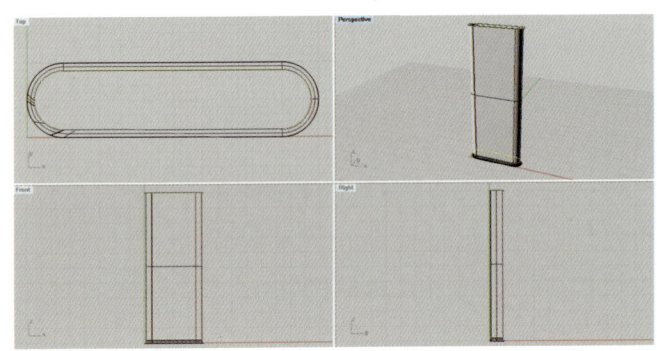

06 바깥쪽 두 개의 Curve 역시 Loft 를 클릭하여 면을 생성한다. 안쪽의 면을 확인하기 위하여 View 옵션을 Shaded가 아닌 Ghosted로 변경한다.

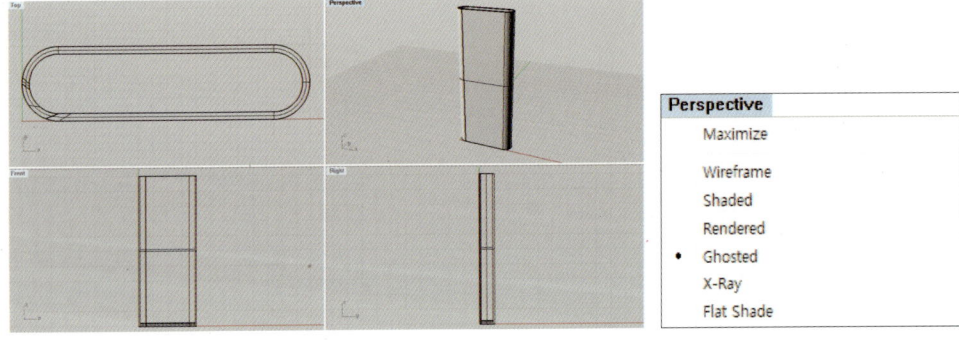

07 Surface > Patch 를 클릭하여 안쪽 Curve의 면을 생성한다.

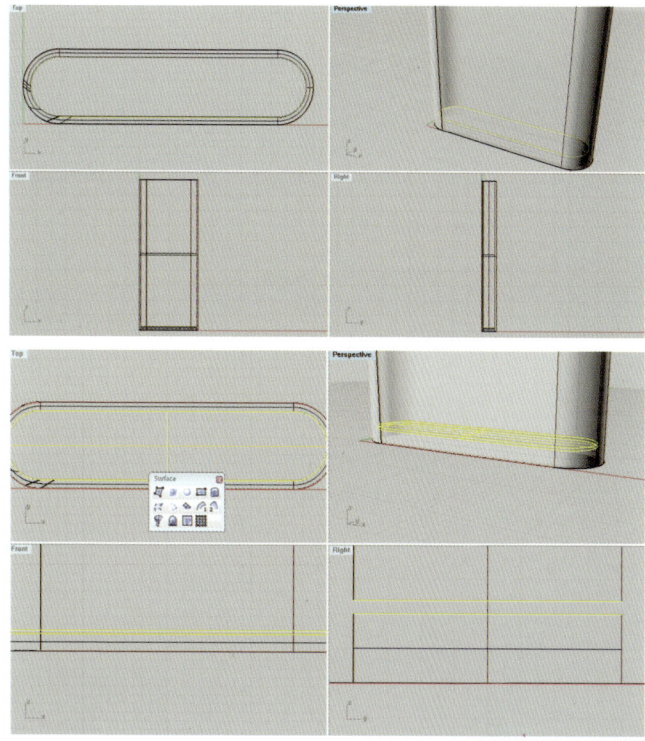

08 그림과 같이 두 Curve를 선택하고 Loft 를 클릭하여 면을 생성한다.

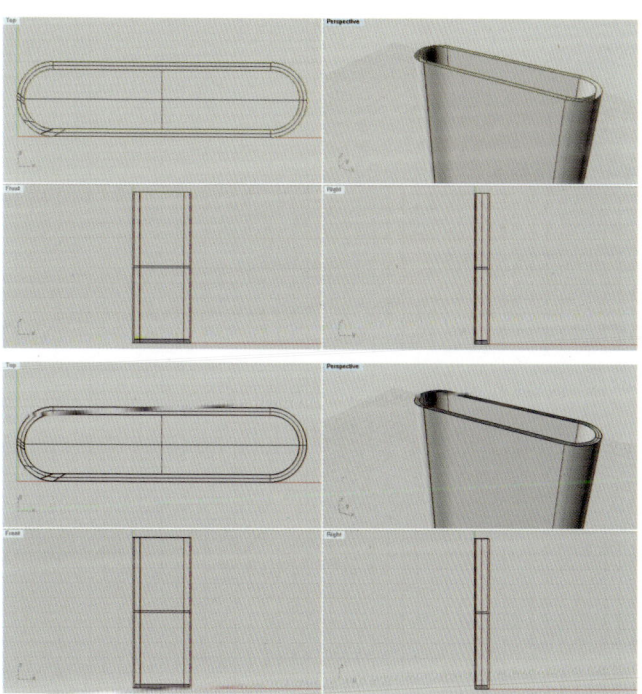

09 생성된 면을 드래그로 전부 선택하고 Join 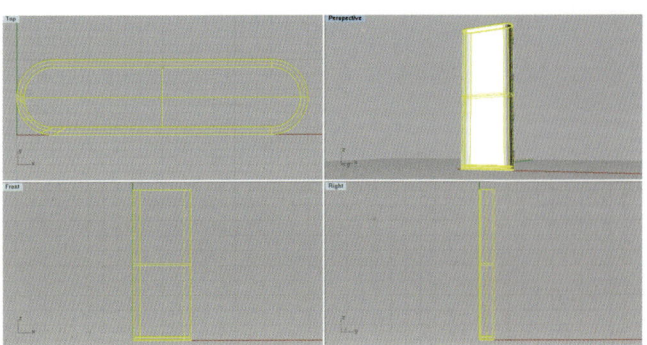을 클릭하여 면을 Solid 상태로 만든다.

10 새로운 레이어를 만든다.

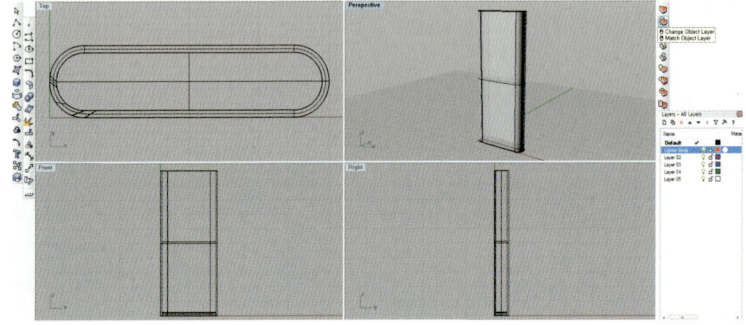

11 레이어를 구분하기 위하여 Change layer 를 클릭해 'Lighter Body'라는 이름으로 변경한다.

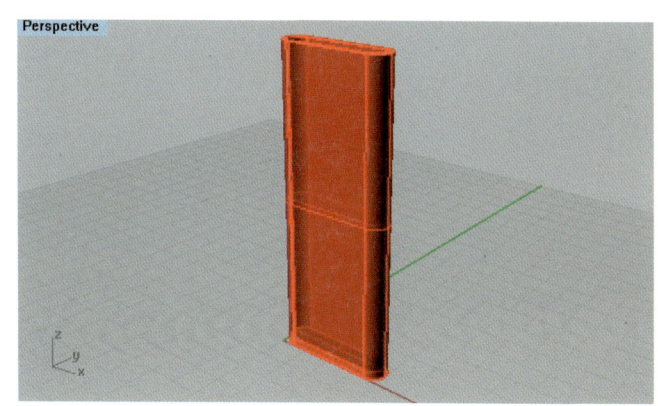

12 라이터 가스통의 중간 부분을 만들기 위하여 Osnap > Mid를 활성화시키고 Rectangle을 클릭 후 몸체의 중간 부분을 클릭하여 '@1,4.5'를 입력한다.

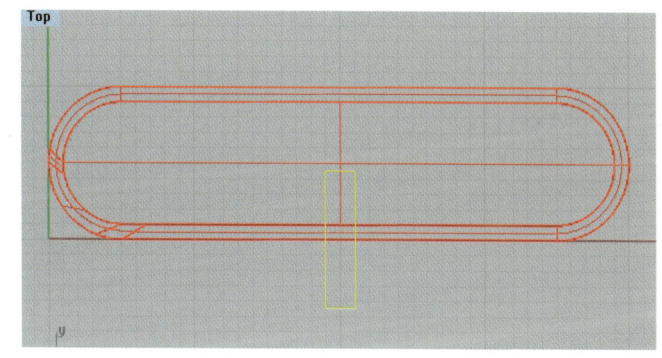

13 Curve의 위치를 중앙으로 맞추고 아래쪽으로 '15'만큼 내린다.

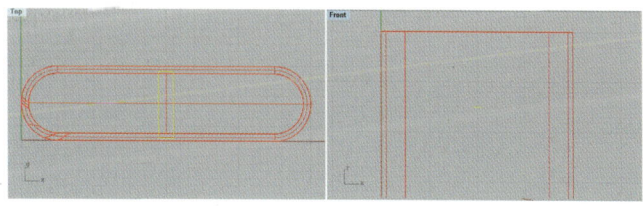

14 Curve를 선택 후 Extrude > Straight 를 클릭하여 면을 생성한다. Osnap > Near를 활성화시켜 면에 정확하게 맞춘다.

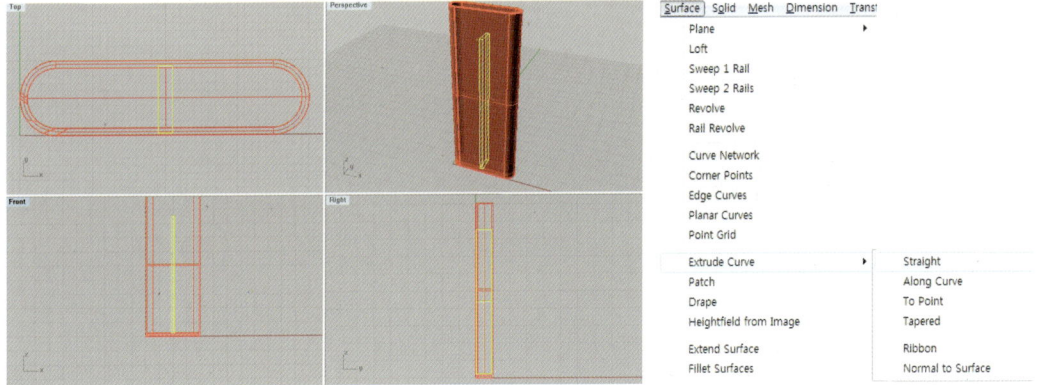

15 생성된 면을 선택하고 Cap 을 클릭하여 면의 아랫면과 윗면을 Solid로 변환한다.

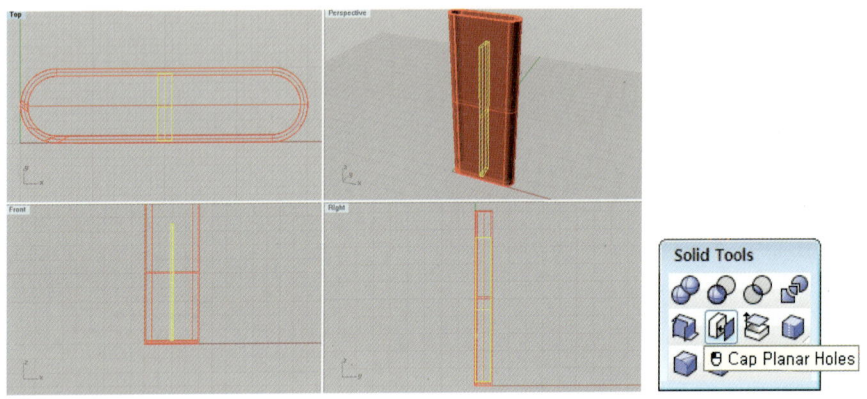

16 ❶, ❷를 선택하고 Solid > Union 을 클릭하여 두 오브젝트를 하나의 Solid로 만든다.

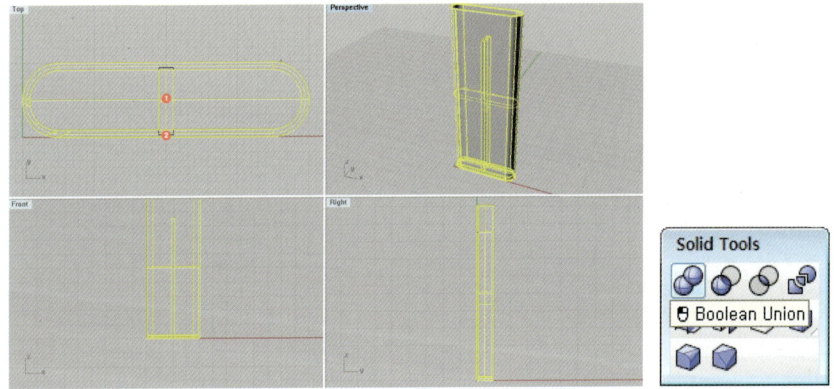

● 라이터 캡 만들기

01 Edit > Selection > Invert 를 클릭해 선택을 반전시킨 후, Hide 를 클릭하여 Curve를 숨긴다.

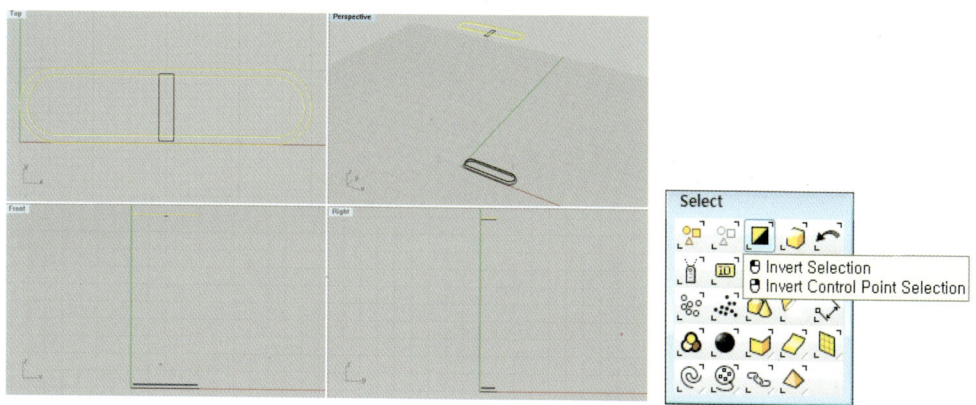

02 안쪽 Curve는 복사하여 아래로 '10' 떨어진 곳에 배치하고, 외곽의 Curve는 복사하여 위쪽으로 '2' 떨어진 곳에 위치해놓는다. 위쪽의 Curve를 선택하고 Curve > Offset Curve 를 클릭하여 안쪽으로 '0.2' 떨어진 곳에 배치한다.

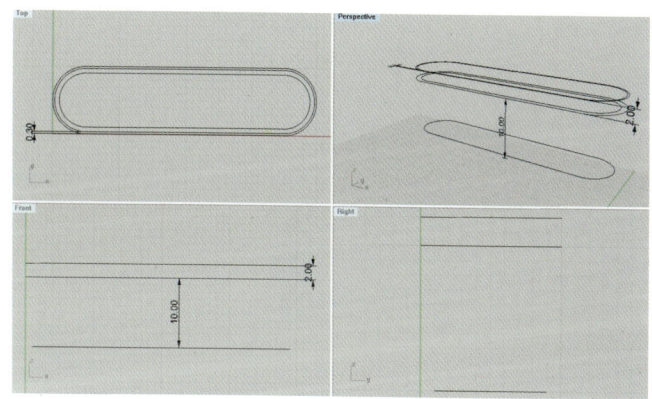

03 Surface > Loft 를 클릭하여 아랫부분과 윗부분 Curve의 면을 생성한다.

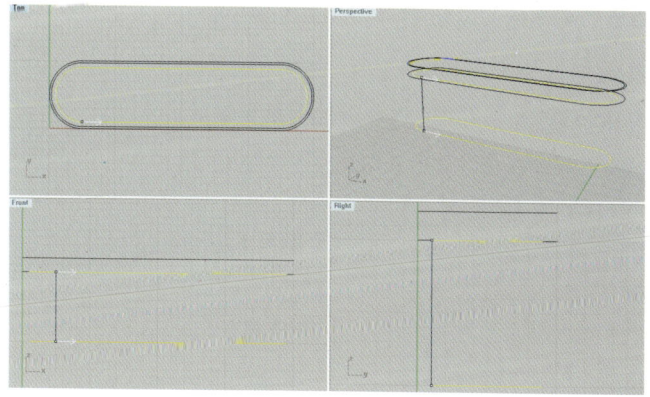

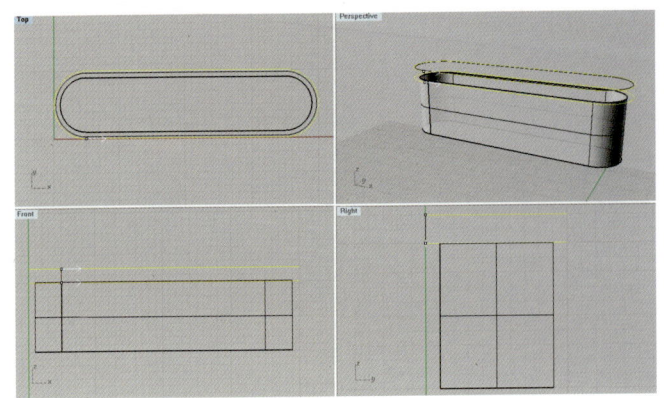

04 ❶, ❷ 각각 Surface > Patch 를 클릭하여 면을 생성한다.

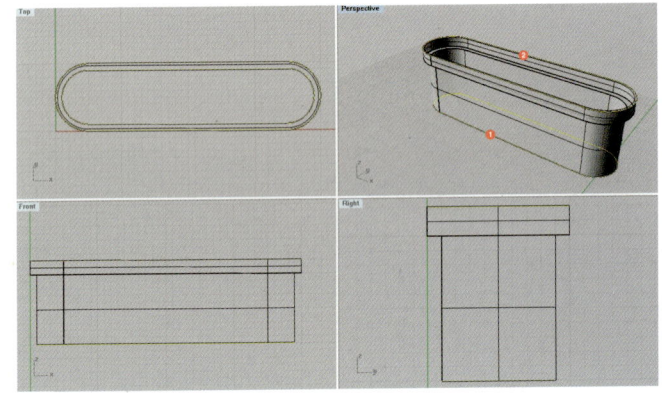

05 아래 두 Curve를 선택하고 Loft 를 클릭해 면을 생성한다. 모든 면을 선택하고 Join 을 클릭하여 면을 Solid로 만든다. New Layer를 클릭하여 '라이터 중간 부분'이라는 새로운 레이어를 만든다.

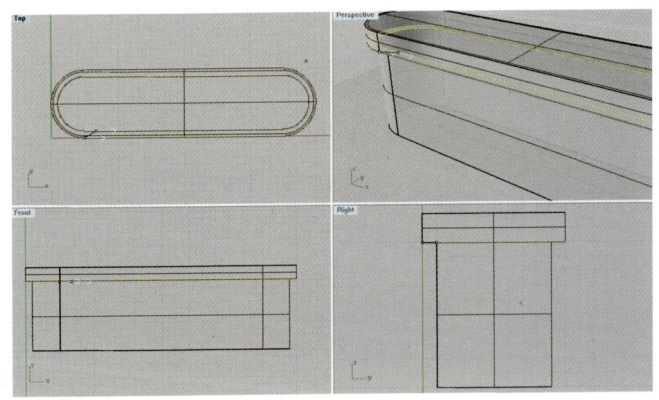

06 새로 만든 오브젝트를 Change Layer 하여 생성된 레이어로 바꾼다.

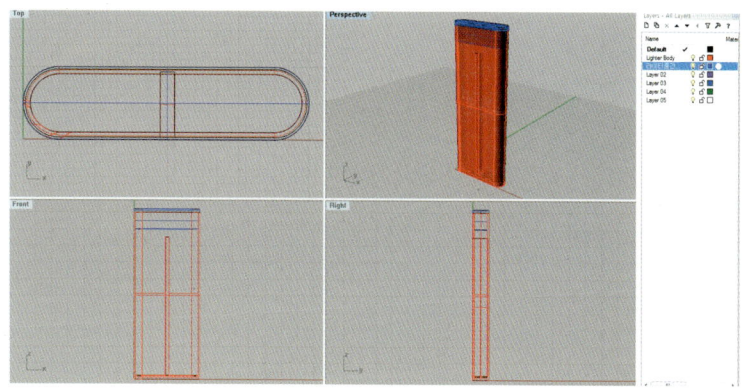

07 'Lighter Body'와 '라이터 중간 부분' 레이어를 Hide한 후 Curve만을 남겨둔다.

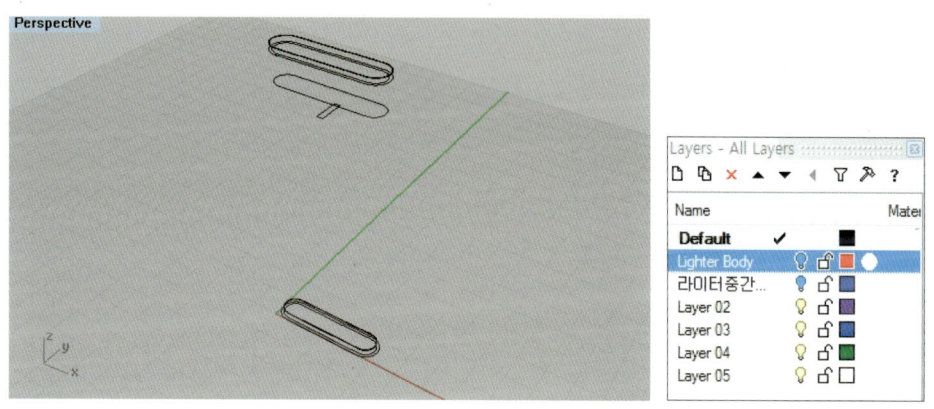

08 Surface > Extrude Curve > Straight 를 클릭하고 '19'를 입력하여 안쪽 Curve에 Surface를 생성한다.

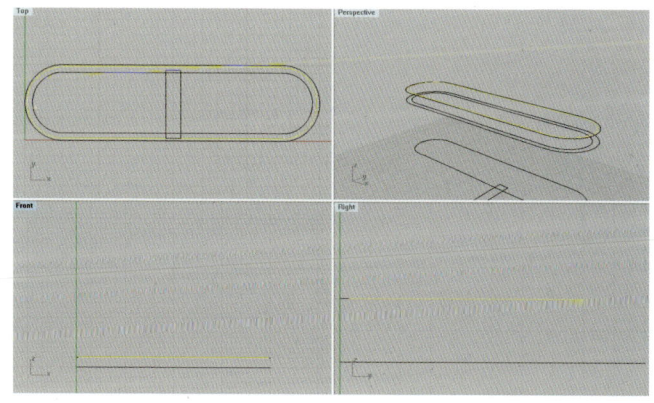

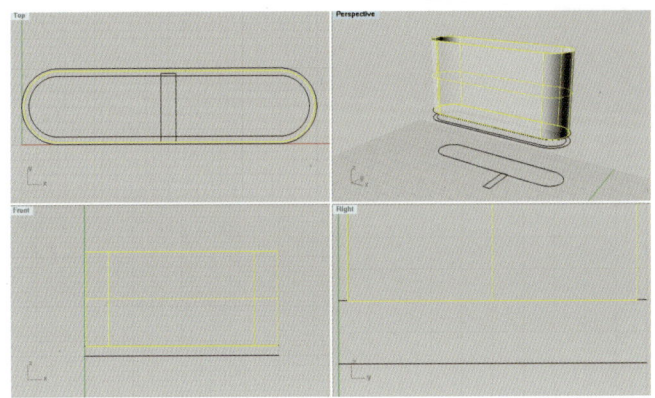

09 Front View에서 Curve > Line > Polyline을 클릭해 그림과 같이 Curve를 만든다.

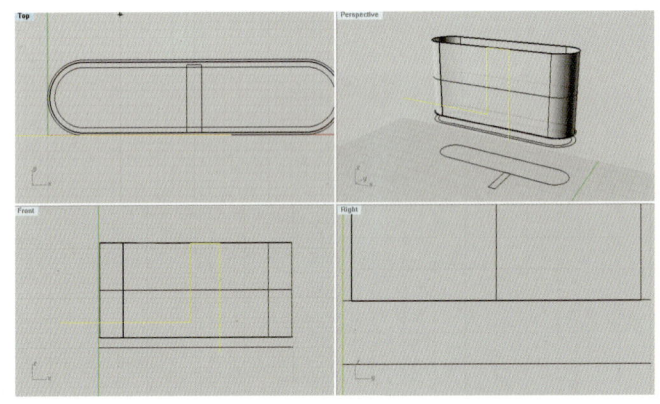

10 Edit > Split을 클릭하고, ❶을 선택하여 Enter(MR), ❷를 선택하고 Enter를 눌러 Curve 모양으로 면을 잘라낸다. 모양대로 잘린 면 이외의 면은 Delete를 눌러 삭제한다.

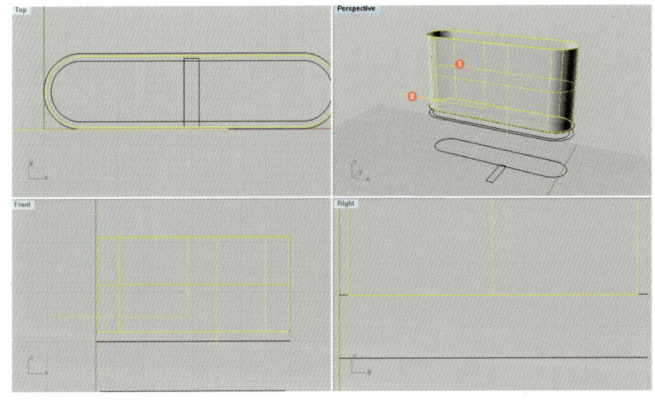

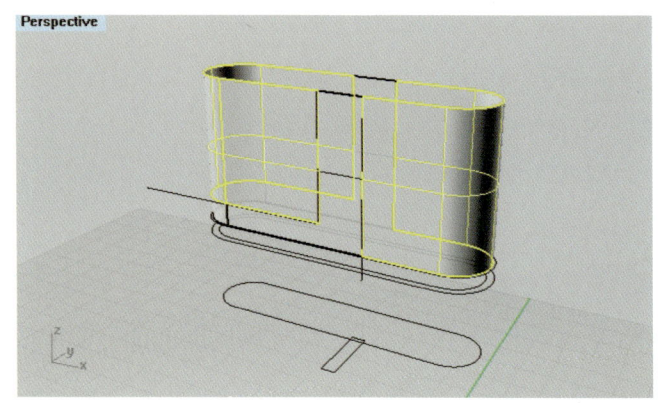

11 Join 을 클릭해 남은 면들을 한 덩어리로 만든다.

TIP
Curve는 작업 후 재수정을 위하여 필요할 수 있다. 그러므로 Curve만을 위한 레이어를 만들어 옮겨놓는 것이 작업 시 편리하다.

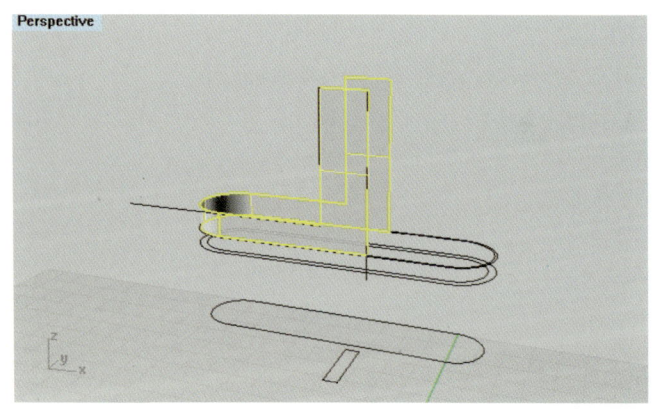

12 남은 Surface를 선택하여 Surface > Offset Surface 를 클릭한다. 면의 방향 화살표가 바깥쪽으로 되어 있으면 Flip All을 클릭하거나 F클 입력한다. Surface의 거리값 '1'을 입력하고 Enter를 누른다.

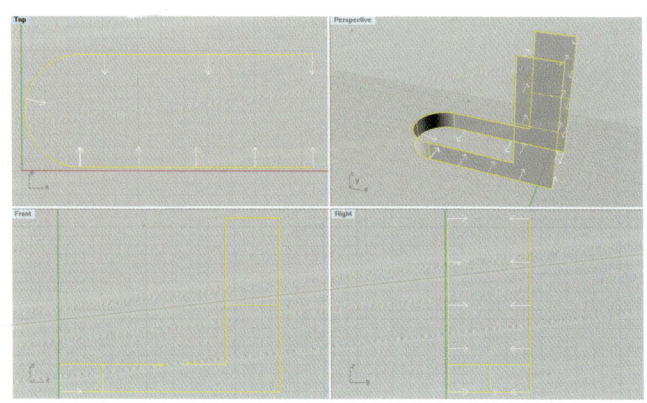

13 새로 생성된 Surface를 선택하고 Join 을 클릭한다. 기준 면을 만든 속성에 따라 면이 두 개로 나뉘어 있으므로 한 면으로 Join 시키면 차후 작업이 수월하다.

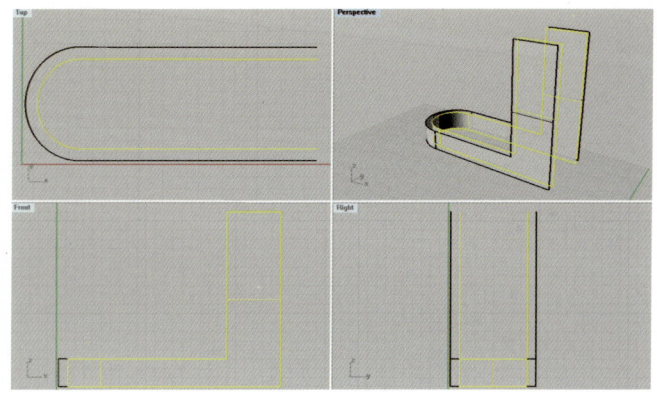

14 Curve > Curve From Objects > Duplicate Edge 를 클릭하고 Surface의 모서리를 선택하여 Curve를 추출한다.

TIP

각각의 Curve를 선택한 다음 Join을 클릭하여 추후 Join할 때 여러 번 클릭하는 것을 줄인다. 복잡한 Surface를 작업하는 경우 많은 시간을 줄일 수 있다.

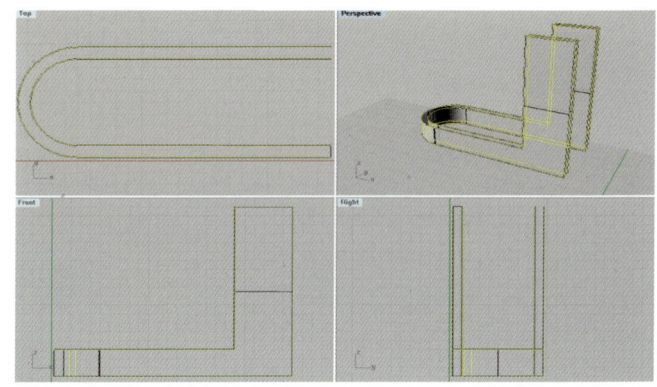

15 Solid > Fillet Edge > Fillet Edge 를 클릭하고 Radius값을 '4'로 입력해 각각의 모서리를 굴려준다.

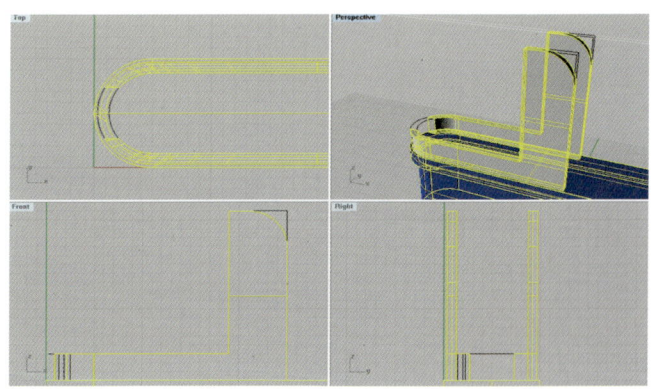

16 Curve > Fillet Curves를 클릭하고 Curve에 Radius값 '4'를 입력한다.

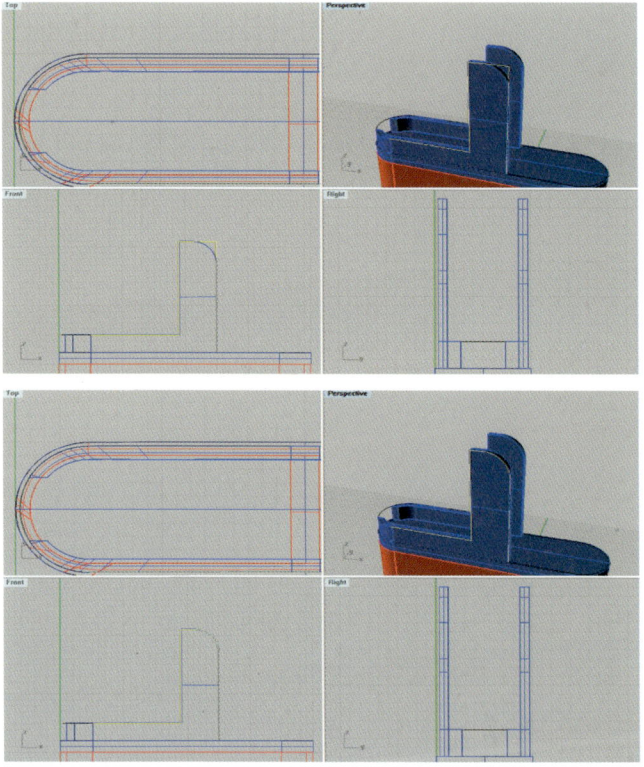

17 Fillet Curves를 실행하면 면이 분리되므로, 앞에서 선택했던 3개의 Curve를 선택하고 Join을 클릭한다.

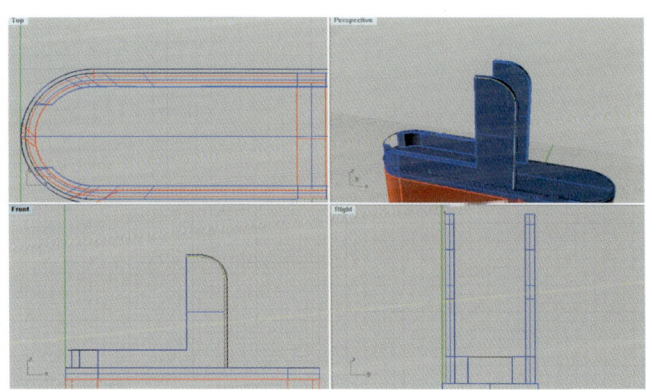

18 Edit > Control Points > Control Points On 또는 약키 F10을 누르고 마지막에 있는 Point를 선택하여 드래그로 넉넉하게 늘인다.

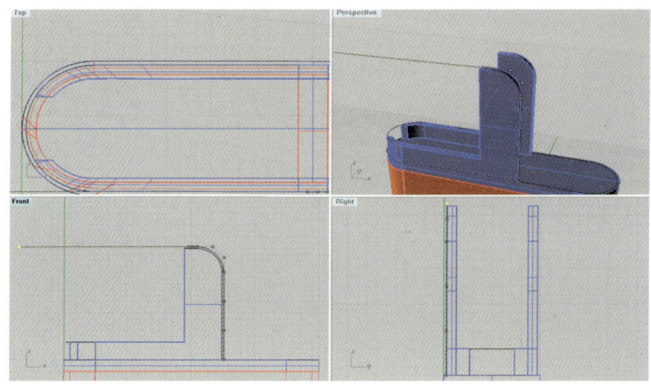

19 라이터 중간 몸체의 면을 만들 때 사용했던 Curve를 선택하여 Surface > Extrude Curve > Straight 를 클릭하고 옵션에서 Cap을 선택한 다음 면을 위쪽으로 넉넉히 올린다.

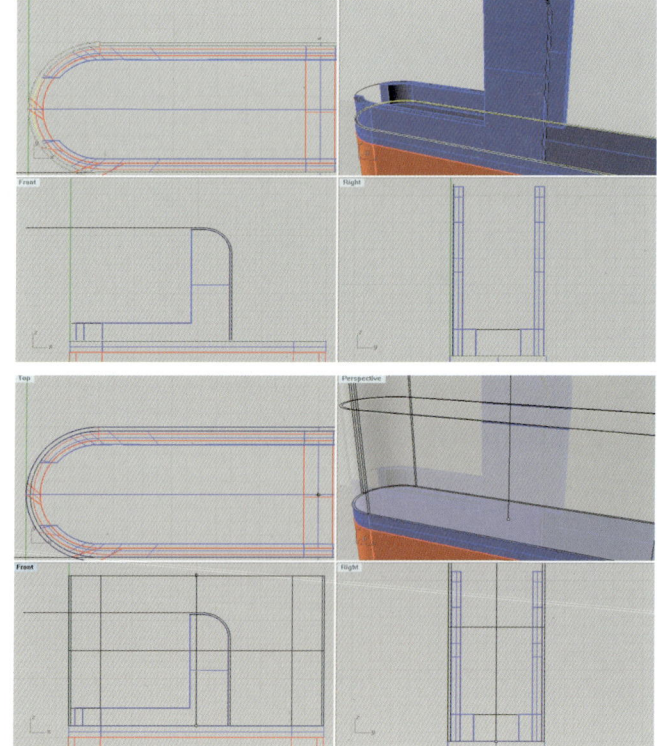

20 Surface > Extrude Curve > Straight 🔲를 클릭해 앞에서 수정한 Curve에 걸치게 면을 생성한다.

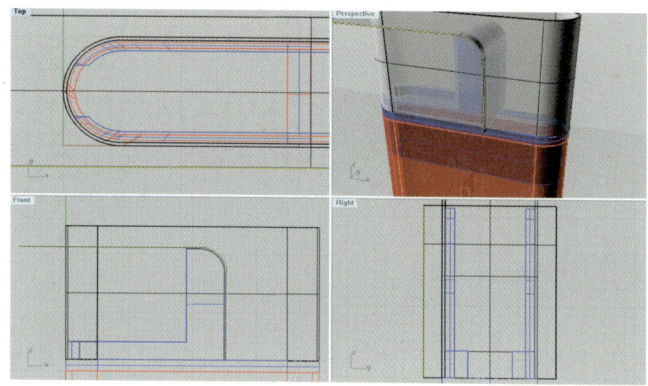

21 Edit > Split 🔲을 클릭해 **19**에서 작업한 잘라야 될 수직면을 선택하고 **20**에서 작업한 자르게 될 면을 선택하여 절단한다.

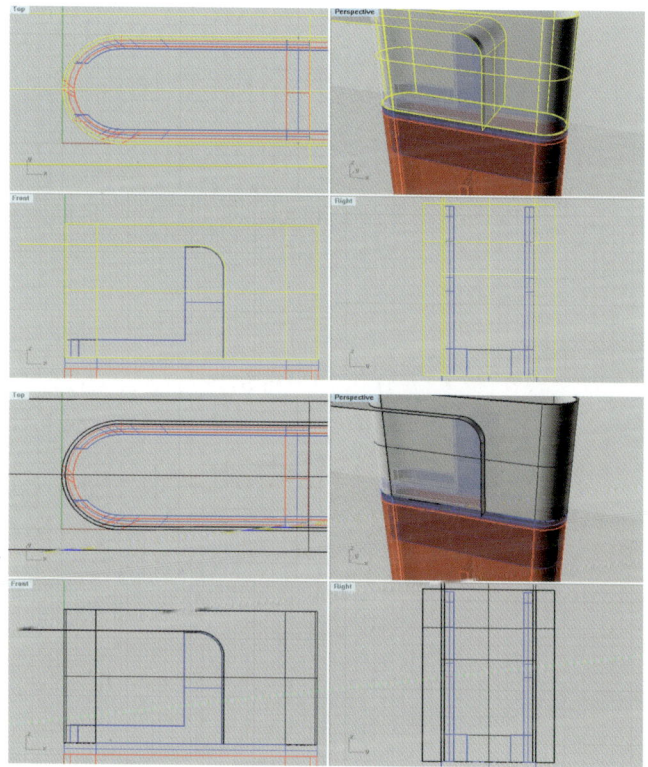

22 위쪽으로 잘린 면을 삭제한 후 순서를 역으로 하여 다시 한 번 Split 한다.

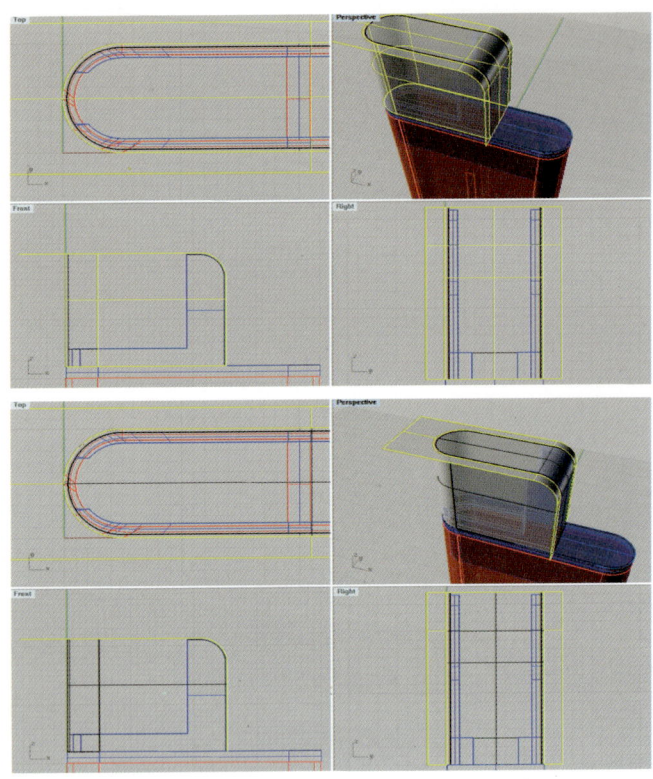

23 나머지 삭제된 면을 지워주면 라이터 위쪽 부분의 모양이 나온다.

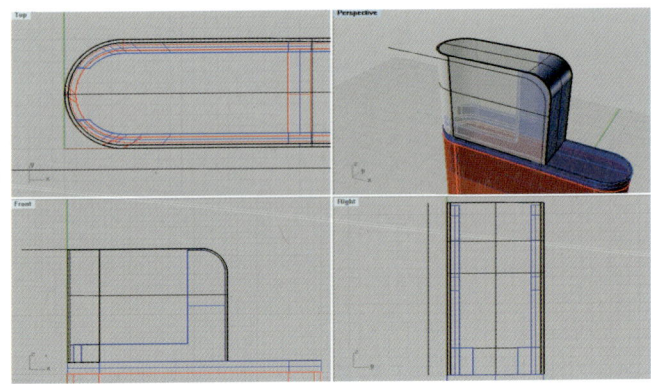

24 방금 만든 두 개의 Surface를 선택하고 Join 을 클릭하여 하나로 만든다.

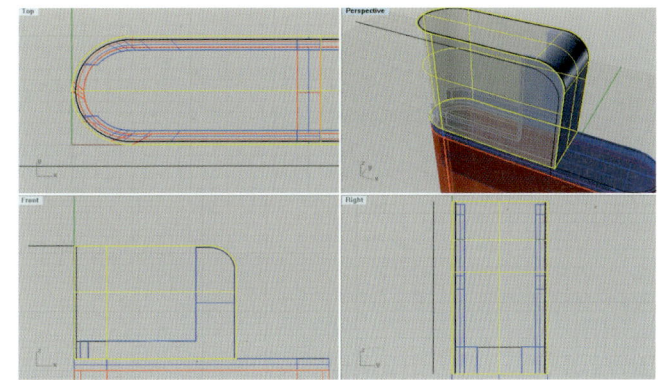

25 Solid > Fillet Edge > Fillet Edge 를 클릭하여 모서리를 Radius값 '1'로 굴린다. Explode 를 클릭해서 바닥의 면을 삭제한 후 다시 Join 시킨다.

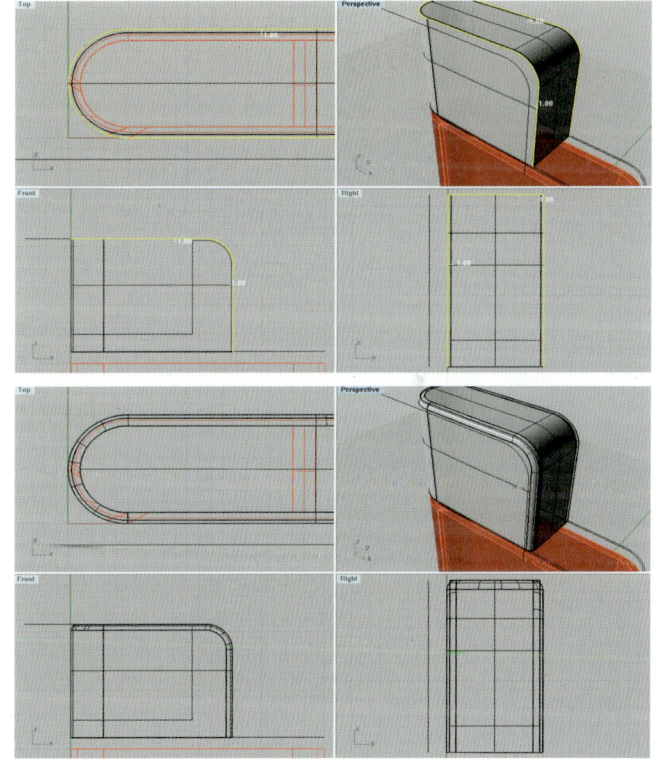

chapter 2 실습 예제 _ Curve와 Solid 혼합 모델링 • 라이터

26 Surface > Offset Surface 를 클릭하여 면의 두께를 만든다. 면의 방향이 바깥으로 되어 있으므로 옵션에서 Filp을 선택하여 면의 방향을 안쪽으로 바꾸어준 다음 거리값 '0.3'을 입력한다.

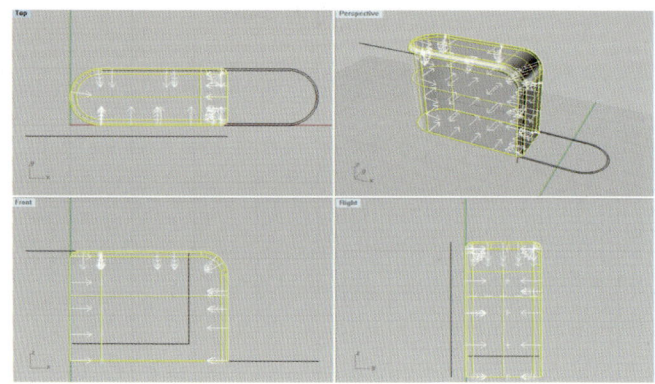

27 Offset으로 면을 생성하면 새로 생성된 면은 Join되어 있지 않으므로 전체를 선택하고 Join 을 클릭한다.

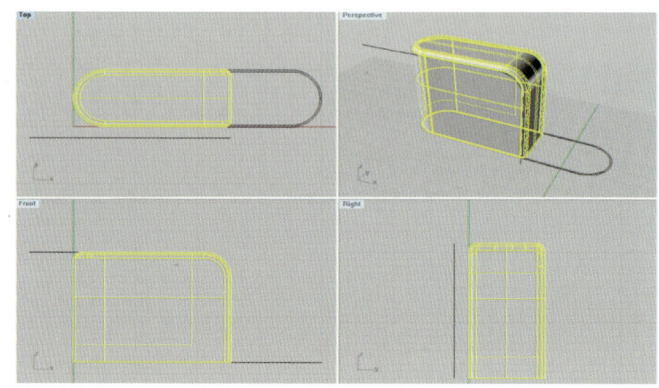

28 Osnap > Cen을 활성화시킨 후 Curve > Circle > Center, Radius 를 클릭해 원을 그린다.

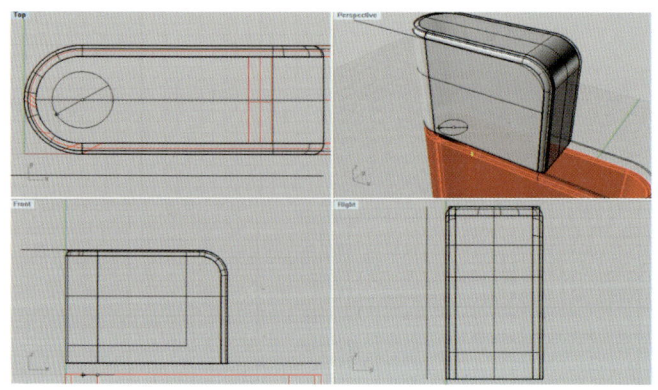

29 Curve > Offset Curve 를 클릭해 안쪽에 Curve를 만든다.

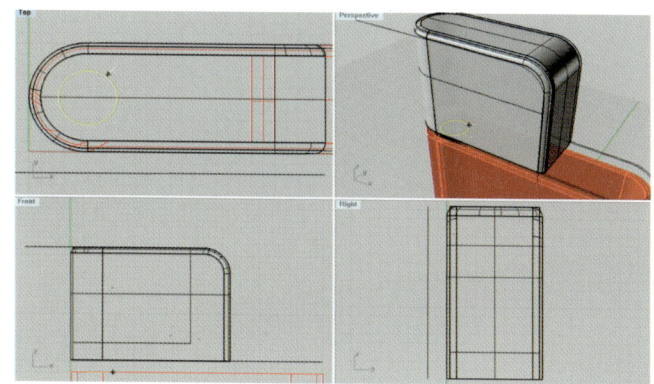

30 Curve > Offset Curve 를 클릭해 바깥쪽으로 또 다시 Curve를 만든다.

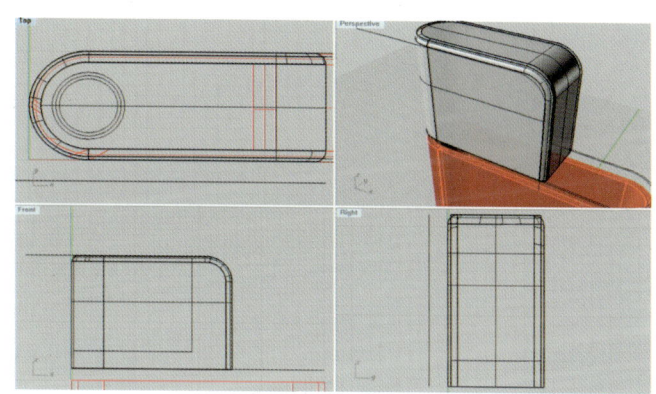

31 Curve > Rectangle > Center, Corner 를 클릭하고 Osnap > Quad를 활성화시켜 사각형을 그린다.

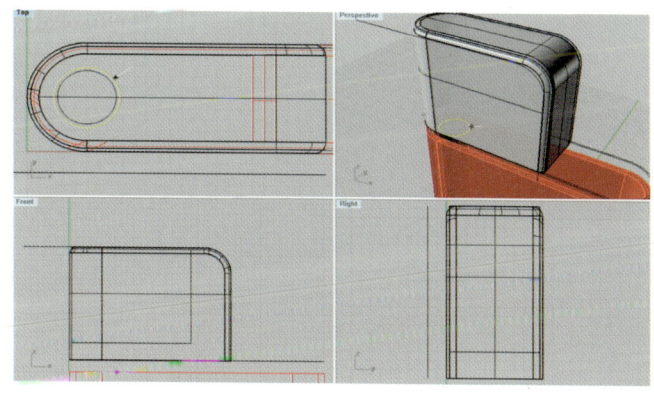

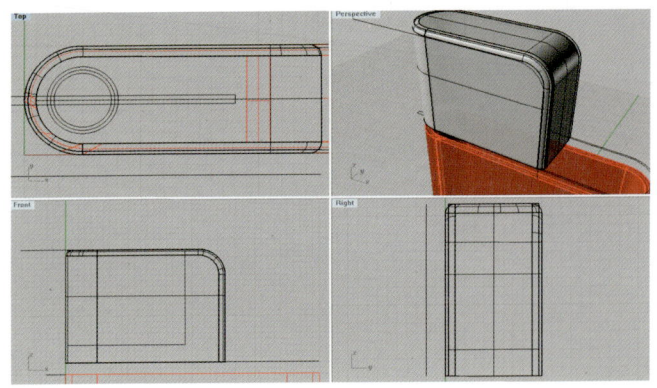

32 Curve > Rectangle > Center, Corner 🔲를 클릭하고 Osnap > Mid를 활성화시켜 사각형을 그린다.

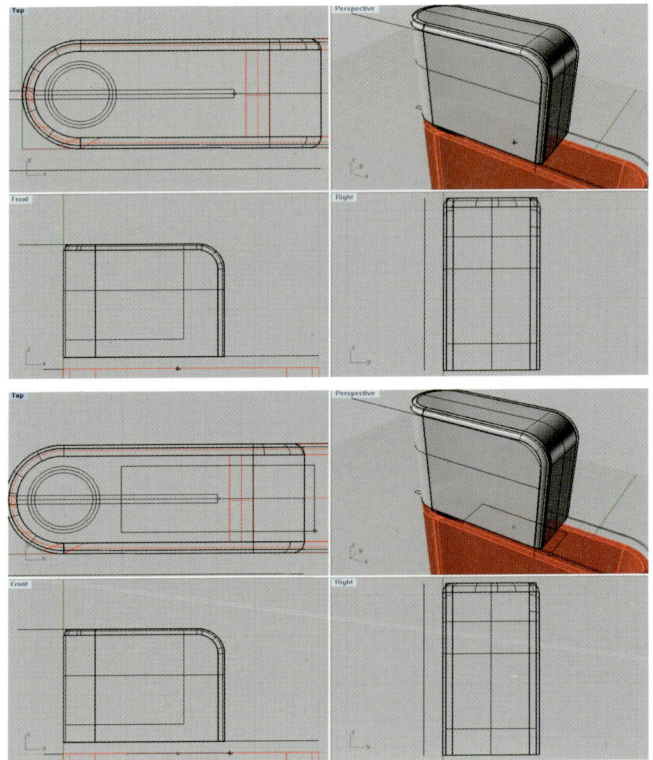

33 그려놓은 Curve들을 선택한 후 Select > Invert 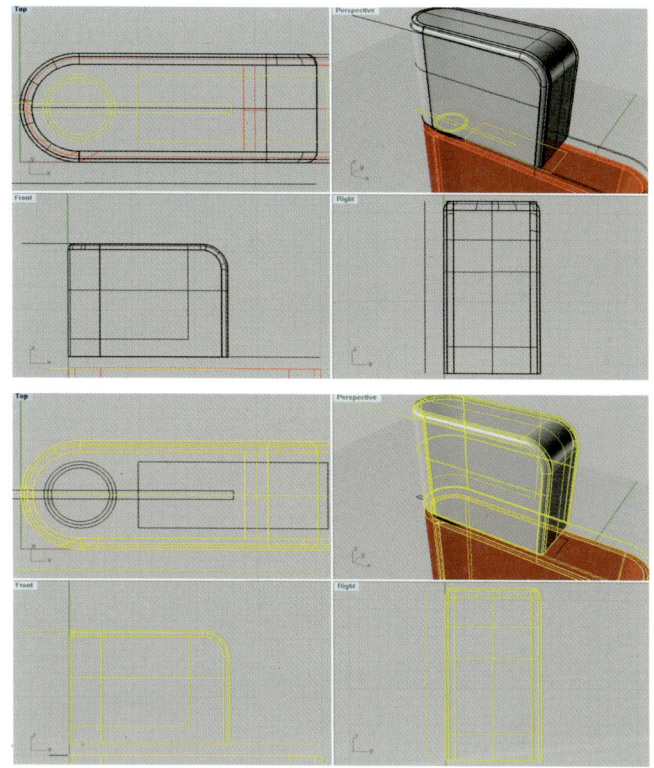를 클릭해 Curve 이외에 다른 오브젝트를 선택한 다음 Hide 를 클릭한다.

34 Curve > Line > Single Line 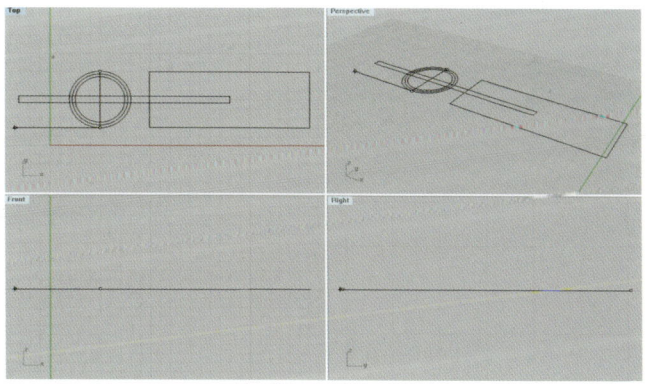을 클릭하고 Osnap > Quad를 활성화시켜 원과 원을 이어주는 Curve를 만든다.

35 Edit > Trim 을 클릭하여 그림과 같이 Curve를 지운다.

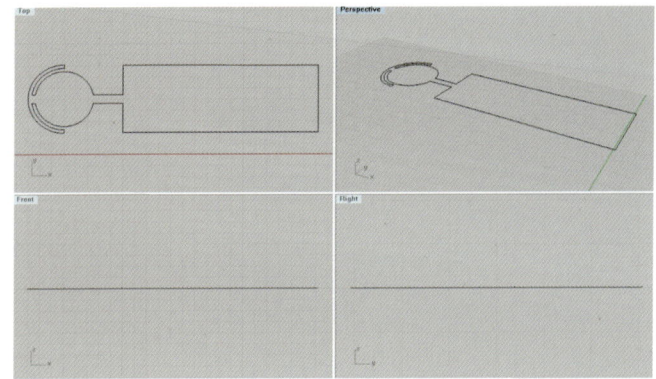

36 Curve > Fillet Curves 를 클릭하고 각각의 모서리에 Radius값 '0.5'를 입력하여 모서리를 굴린다. 전체를 선택하고 Join 시킨다.

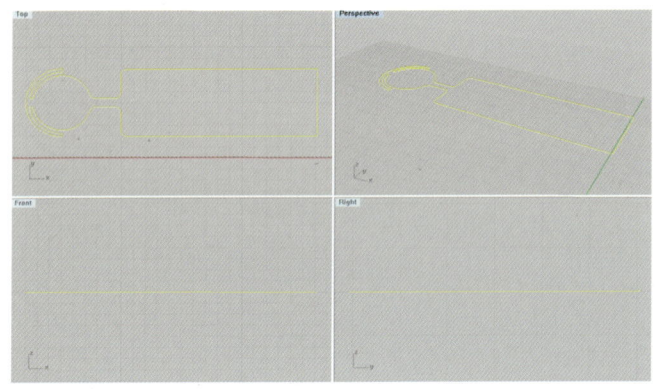

37 그려진 Curve를 선택하고 Surface > Extrude Curve > Straight 를 클릭해 면이 몸체에 걸쳐지도록 여유롭게 내린다.

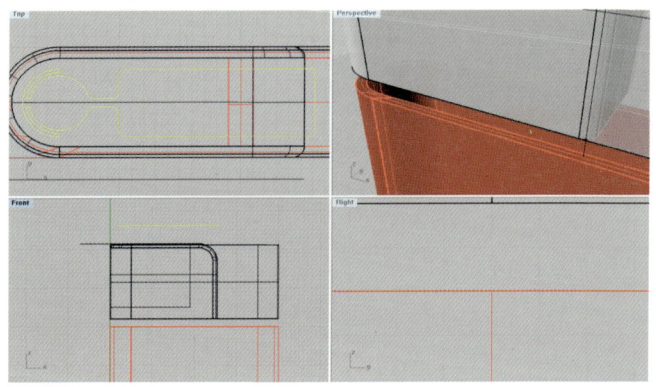

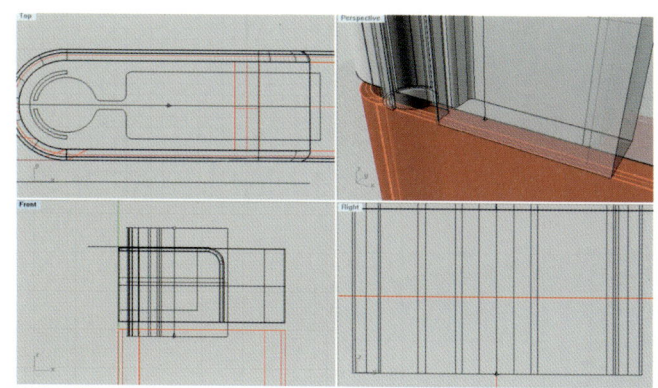

38 Edit > Split 을 클릭하고 라이터 머리 부분 오브젝트와 새로 만들어낸 Surface 를 차례로 선택하여 면을 분리시킨다.

TIP
이 안에는 면이 두 개가 있으므로, Split할 때 두 면을 동시에 한다. 혹시 안 될 경우에는 하나씩 해주면 된다.

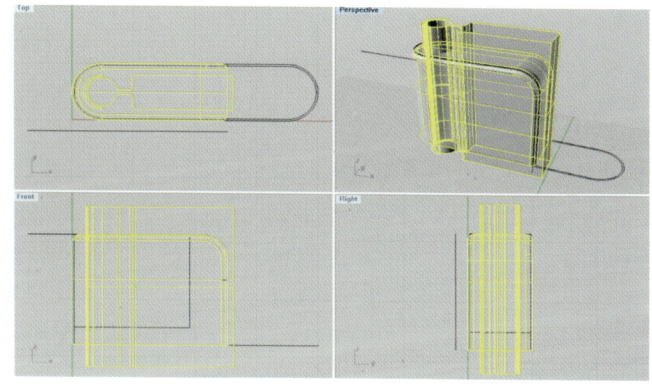

39 그림과 같이 Curve를 선택하여 Hide 시킨다.

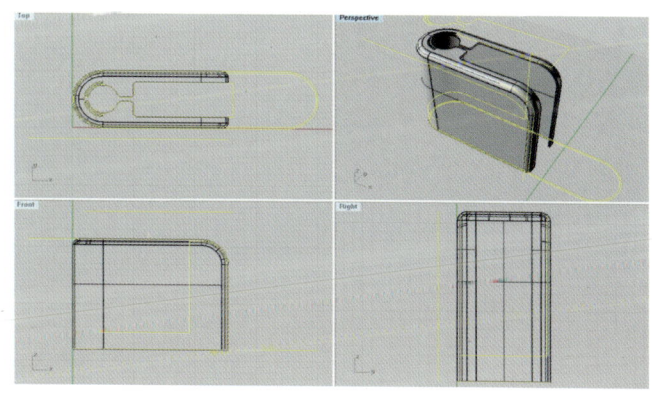

40 Curve > Line > Single Line 을 클릭하고 Osnap > End를 활성화시킨 다음 면의 모서리에 Curve를 만든다.

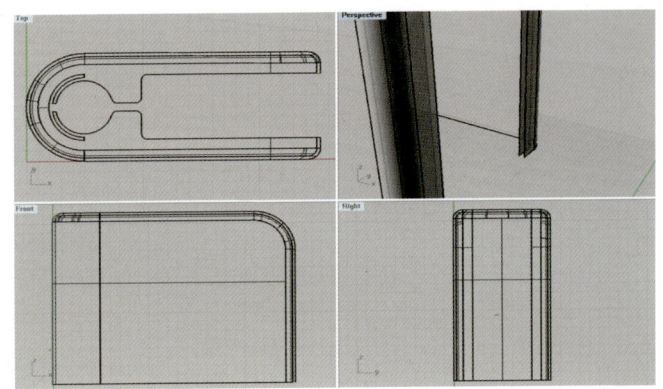

41 Curve > Curve From Objects > Silhouette 을 클릭하고 오브젝트 전체를 선택하여 외곽 형태의 Curve를 추출한다. 그 다음 Curve들이 선택되어 있는 상태에서 Join 을 클릭한다.

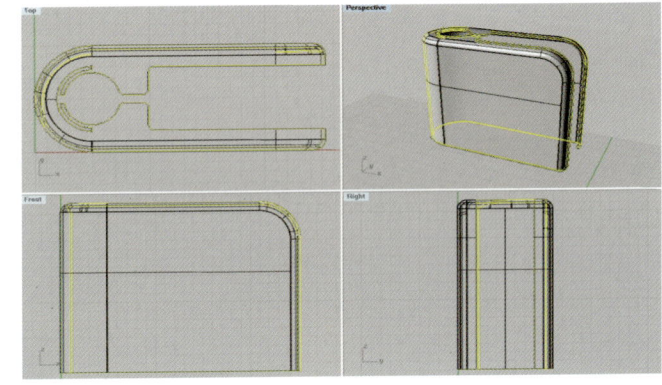

> **TIP**
> 이런 경우 Curve가 외곽으로만 생기는 것이 아니라 면과 면이 이어지는 모서리 부분들의 Curve가 추출되기도 한다. 그때는 Ctrl을 누른 상태에서 취소할 Curve를 선택하여 필요한 부분의 Curve만을 선택한다.

42 앞에서 만든 Curve들이 선택되어 있는 상태에서 Join 을 클릭한다. Curve가 두 개로 생성되어야 하므로, **40**에서 그린 Curve 역시 선택을 취소한다.

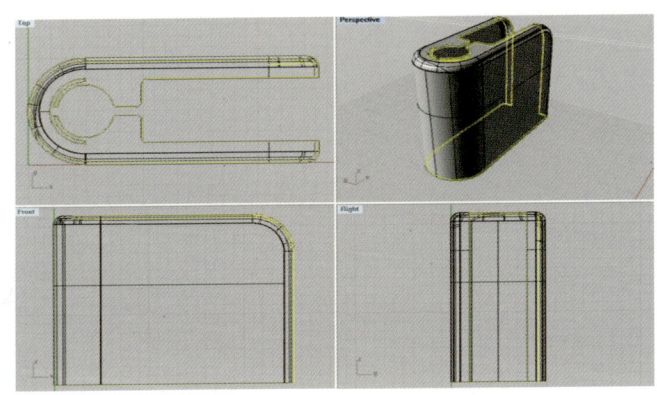

43 Surface > Sweep 2 Rails 를 클릭하고 Silhouette으로 만든 Curve 두 개를 선택 후, 직선을 그린 Curve를 Cross-section Curve로 사용하여 면을 생성한다.

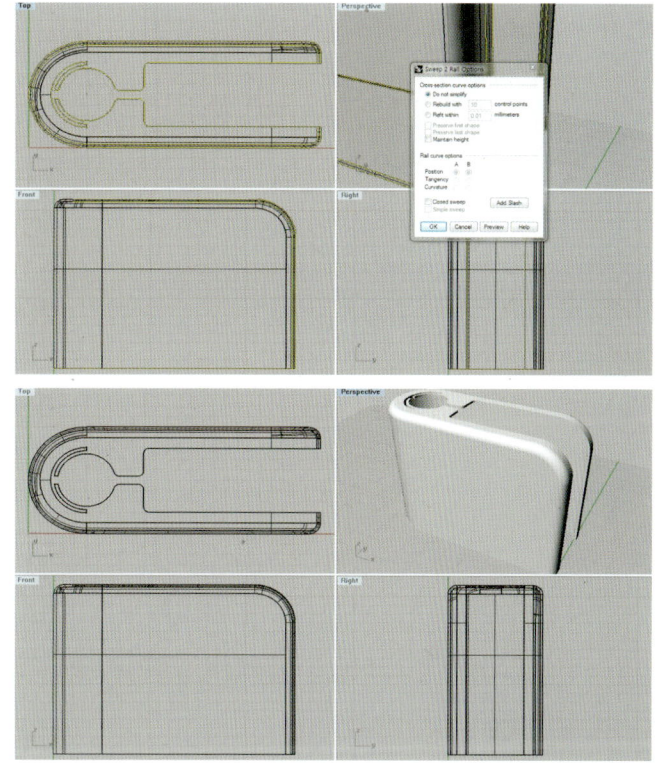

44 Solid > Fillet Edge > Fillet Edge 를 클릭하고 Radius값 '0.7'을 입력한다. 각각의 Edge를 선택해 굴린다.

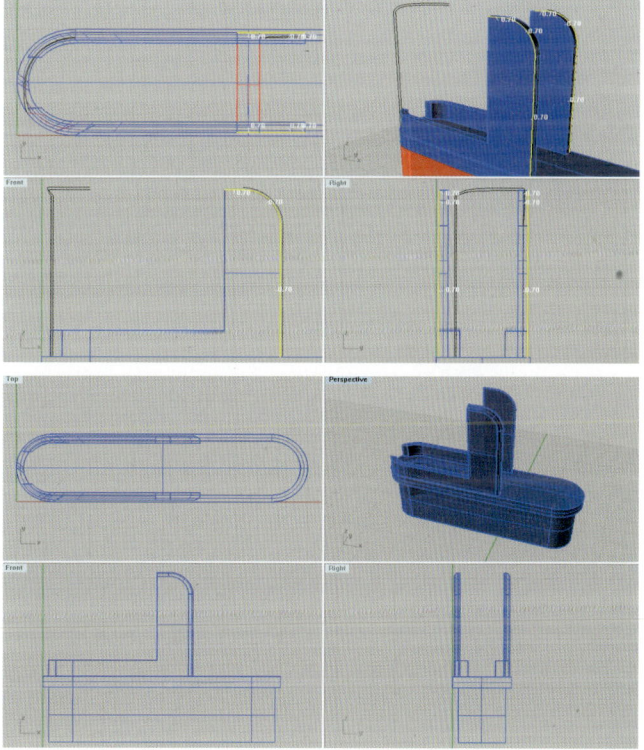

● 라이터 버튼 만들기

01 Curve를 선택해 복사(Ctrl+C)하고 위쪽으로 붙여넣기(Ctrl+V)한다.

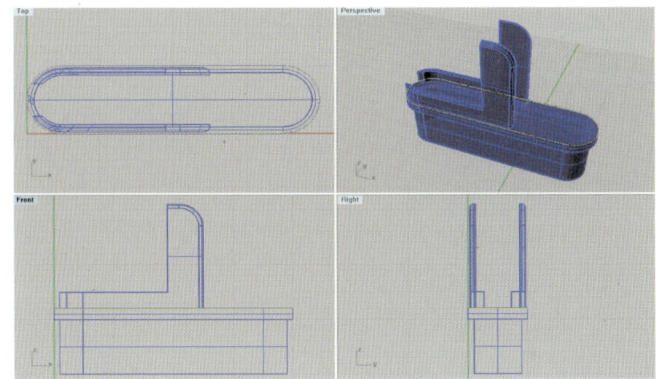

02 작업을 수월하게 하기 위하여 라이터의 중간 몸체를 Lock 시킨다.

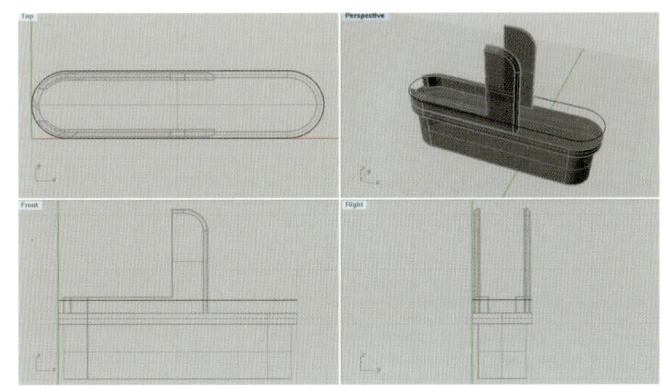

03 Polyline 을 클릭하고 Osnap > Near, Perp를 활성화시켜 Curve를 그린다. Edit > Trim 을 클릭하여 Curve의 반대편을 지운다.

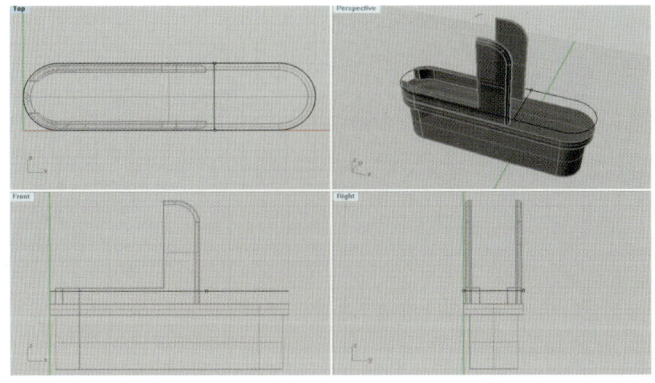

04 Curve > Rectangle > Center, Corner 를 클릭하고 Osnap > Mid를 활성화시켜 사각형을 그림과 같이 그린다.

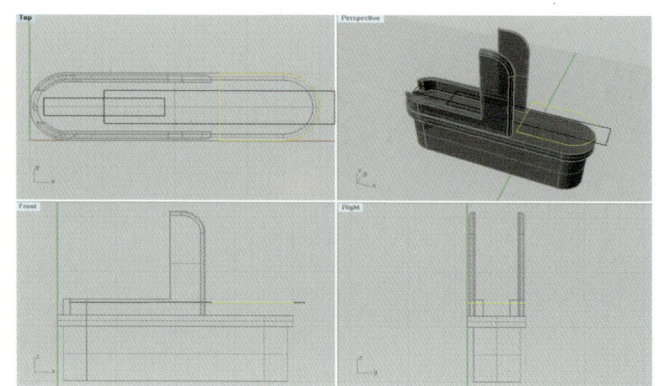

05 Curve의 형태가 어느 정도 그려진 상태에서, 각각 세 개의 닫힌 Curve를 Join 시킨다. Surface > Extrude Curve > Straight 를 클릭해 옵션에서 Cap을 선택하고 비례에 맞추어 적당한 길이로 면을 생성한다.

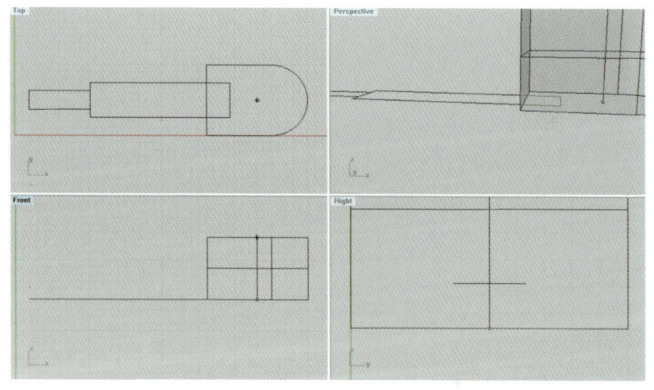

06 Surface > Extrude Curve > Straight 를 클릭해 옵션에서 Cap을 선택하고 중간의 사각형도 비례에 맞추어 적당한 길이로 면을 생성한다. Front View에서 Align bottom 을 클릭해 아래로 정렬시킨다. 불을 켤 때 엄지손가락이 닿는 부분의 오브젝트를 드래그해 위쪽으로 이동시킨다.

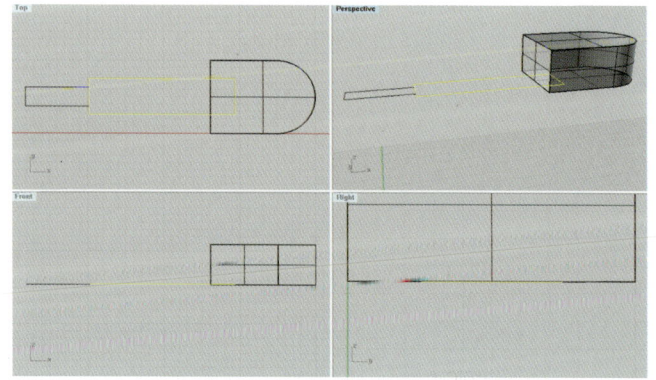

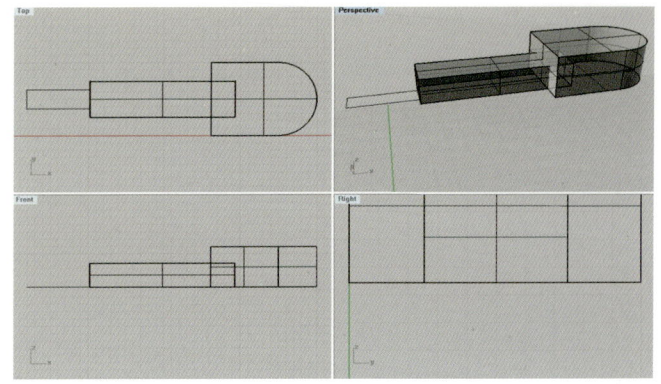

07 Curve > Line > Polyline 을 클릭하고 임의의 각도로 Curve를 만든다.

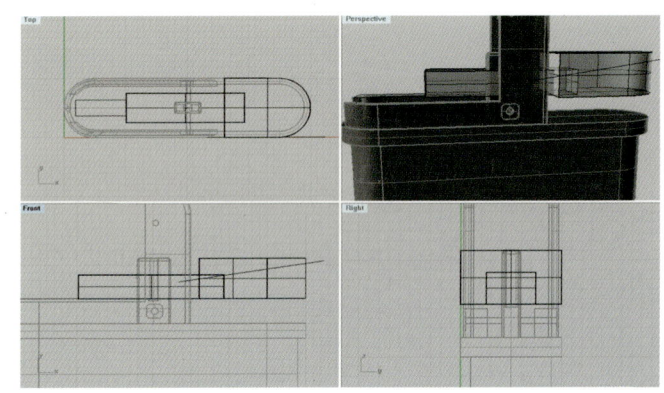

08 각도를 주고 그린 Curve에 Surface > Extrude Curve > Straight 를 클릭해 면을 생성한 다음 교차로 Split하여 면을 만든다. Edit > Split 을 클릭하여 몸체를 선택하고 Enter(MR), 생성된 Curve를 선택하여 Surface를 분리한다. 다시 한 번 반대로 교차해서 면을 잘라준다.

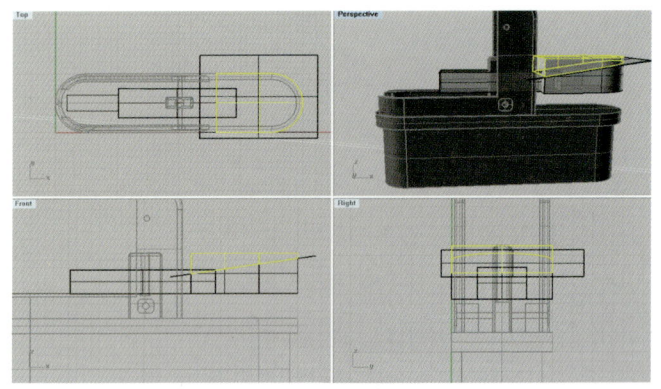

> **TIP**
>
> 절단된 면을 채우는 방법은 여러 가지가 있다.
> 절단된 면의 Edge를 선택하고 Curve > Curve From Objects > Duplicate Edge 를 클릭하여 Curve를 추출한다. Curve를 선택하고 Patch 를 클릭해 채워줄 수도 있다.

09 잘린 후 생성된 면과 아랫부분의 면을 Join 시킨다.

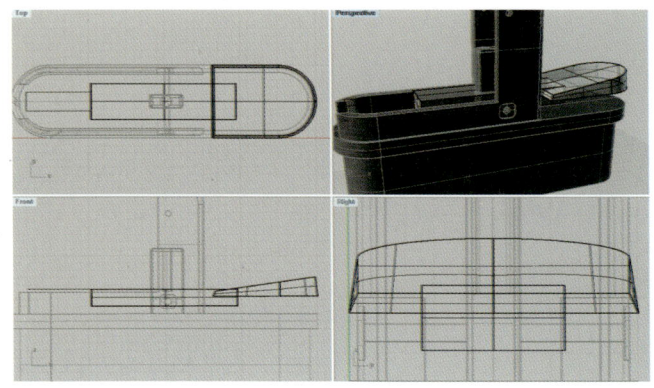

10 앞부분의 Curve를 선택하고 Edit > Control Points > Insert Kink 를 클릭한 다음 Osnap > Mid를 활성화시켜 Curve 양쪽에 Point를 넣는다.

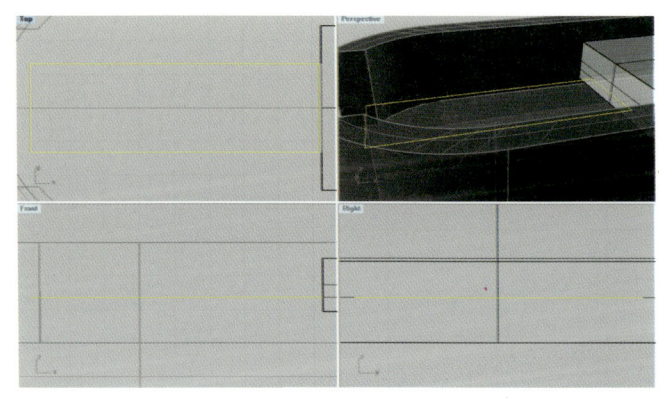

11 Edit > Control Points > Control Points On 또는 약키 F10을 눌러 Control Points를 활성화시킨다.

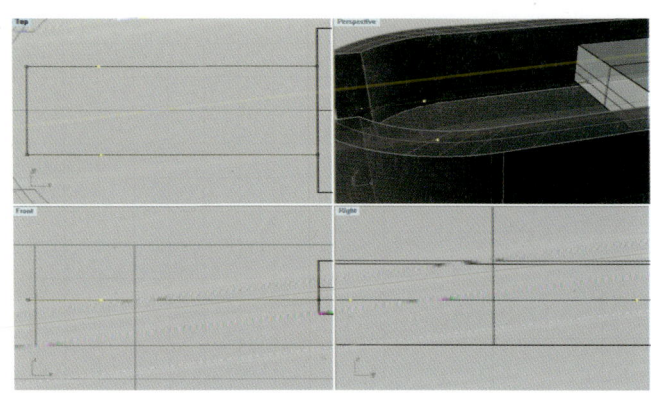

12 양쪽 Curve에서 2개의 Point를 선택 후 Transform > Scale > Scale 1-D 를 클릭하여 Scale의 중심축을 중간점(Osnap > Mid)으로 선택하고 스케일의 방향을 좌 또는 우로 맞추어 Y축으로만 크기를 줄인다.

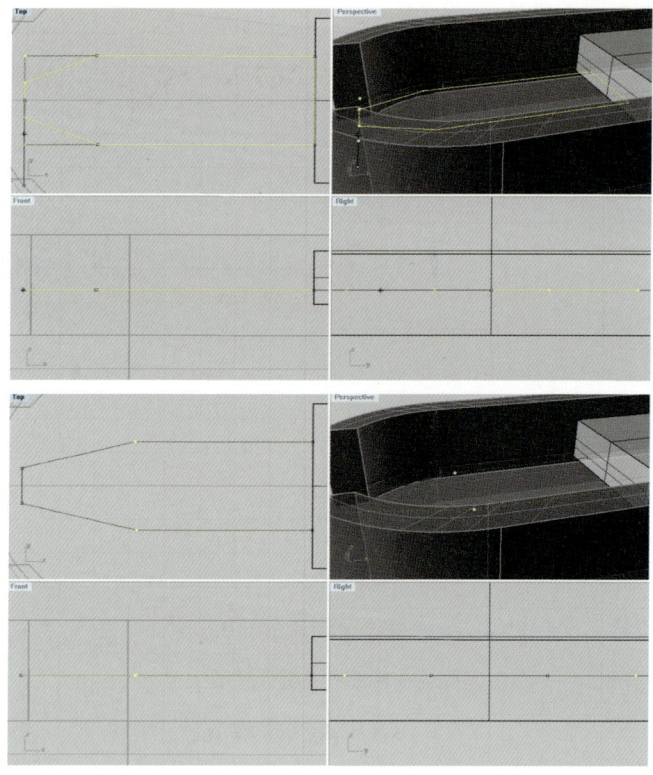

13 Osnap > Cen을 활성화시키고 Curve > Circle > Center, Radius 를 클릭해 원을 그린다.

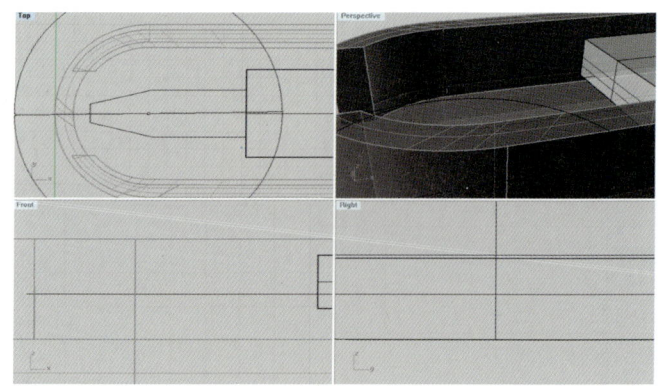

14 Osnap > Cen, Mid를 활성화시키고 Curve > Rectangle > Center, Corner를 클릭해 그림과 같이 사각형을 그린다.

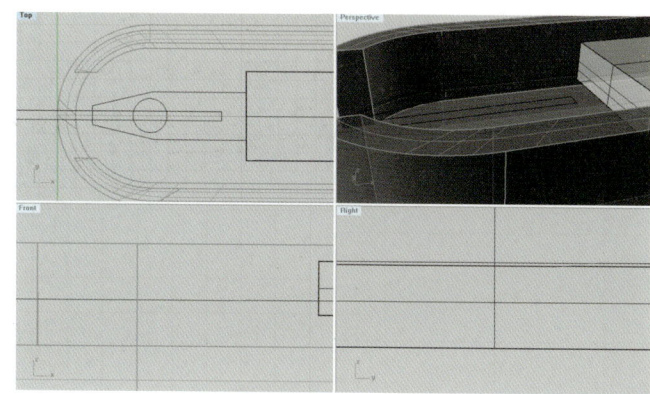

15 앞서 그린 Curve들을 선택한 후 Front View에서 Curve를 Trim하기 전에 같은 좌표상으로 맞춰주기 위하여 Align top을 클릭하여 위로 정렬시킨다.

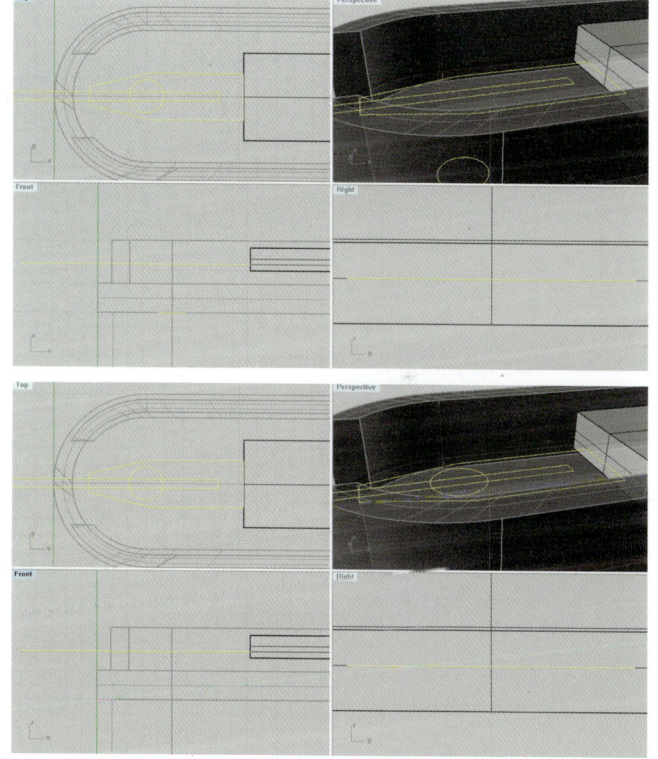

16 Edit > Trim ✂을 클릭하여 Curve 의 형태를 그림과 같이 지워준 후 Join 🧩시 킨다.

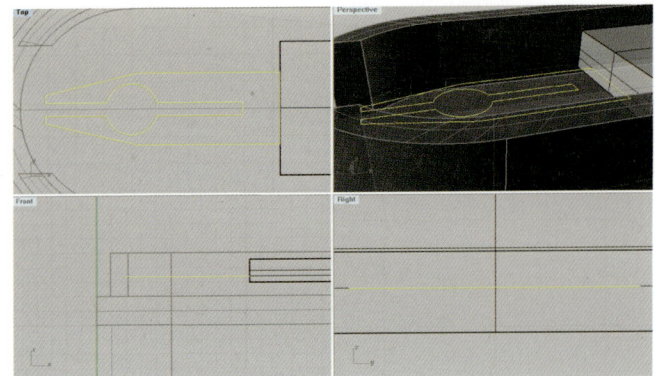

17 Curve를 위쪽으로 약간 이동시킨 다음 Surface > Extrude Curve > Straight 🔲를 클릭하여 적당한 길이의 면을 Z축으로 생성한다.

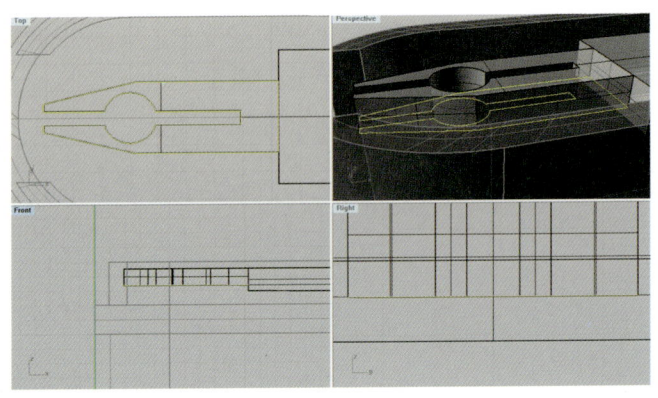

18 Curve > Line > Polyline 🔺을 클릭하고 Front View에서 임의의 각도를 주어 그림과 같이 Curve를 만든다.

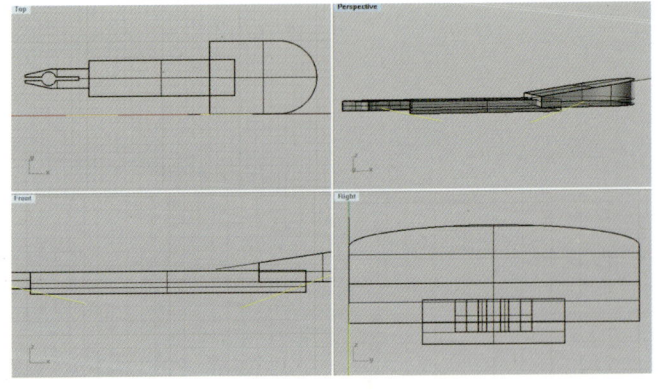

19 Surface > Extrude Curve > Straight 🔲를 클릭하여 면을 생성한다.

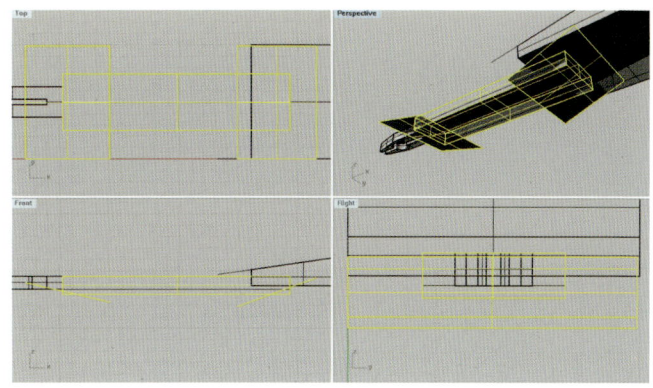

20 Edit > Split 🔲을 클릭하고 몸체를 선택하여 Enter(MR)를 누르고, 만들어진 Curve를 선택하여 Surface를 분리한다. 다시 한 번 반대 순서로 교차해서 면을 자른다. 면 전체를 선택하여 Join 🔲시킨다.

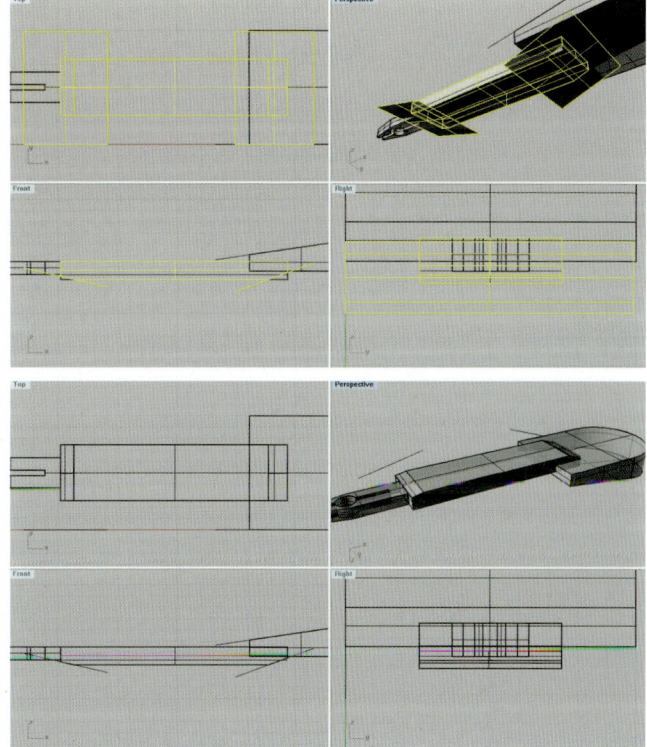

21 Solid > Union 을 클릭하여 두 오브젝트를 하나로 합친다.

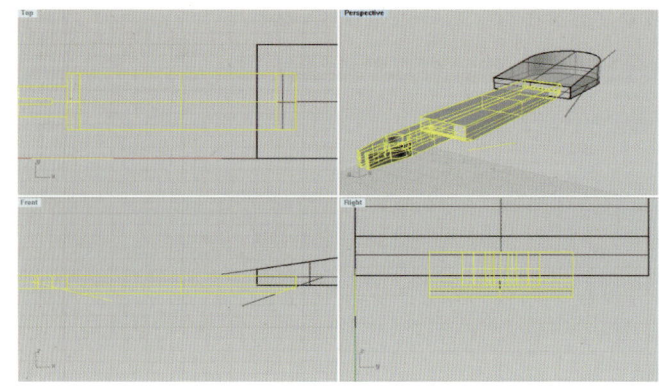

22 Curve > Curve From Objects > Duplicate Edge 를 클릭하여 단면의 Curve를 추출한다. 나머지는 Join 시킨다.

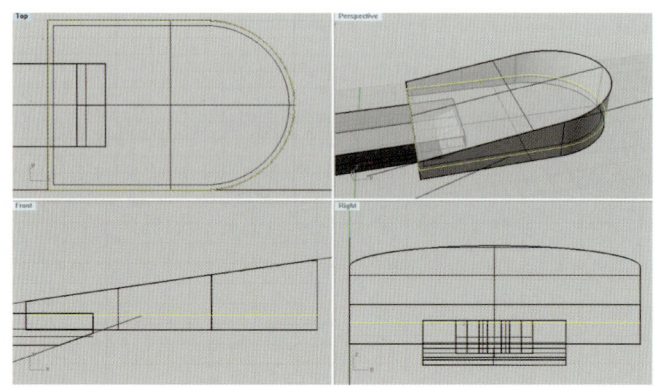

23 Curve > Offset Curve 를 클릭하여 안쪽으로 '0.4' 들어오는 Curve를 만든다.

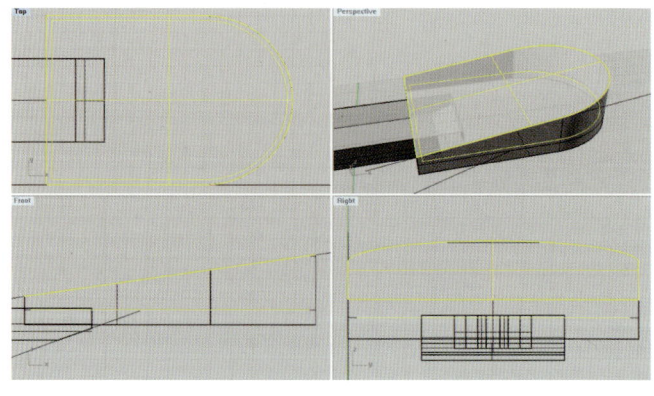

24 Curve > Curve From Objects > Project 를 클릭하고 Top View에서 Curve를 먼저 택한 다음 면을 택하여 면의 각도에 맞는 Curve를 하나 만든다.

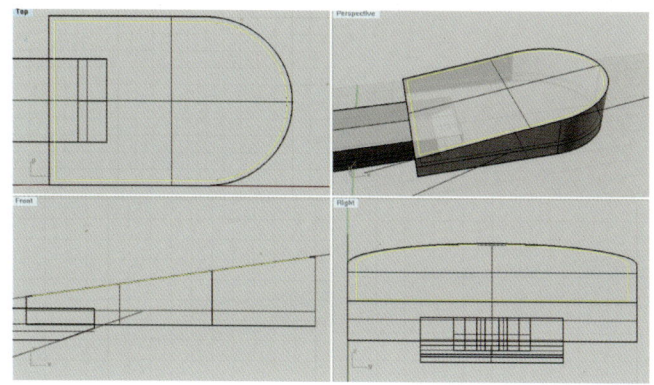

25 잘린 면을 드래그하여 위로 이동시켜준 후 Curve > Curve From Objects > Duplicate Edge 를 클릭해 모서리의 Curve를 추출한다. 추출한 Curve와 아랫부분의 Curve를 함께 선택하고 Surface > Loft 를 클릭해 면을 생성한다. 면 전체를 선택하여 Join 시킨다.

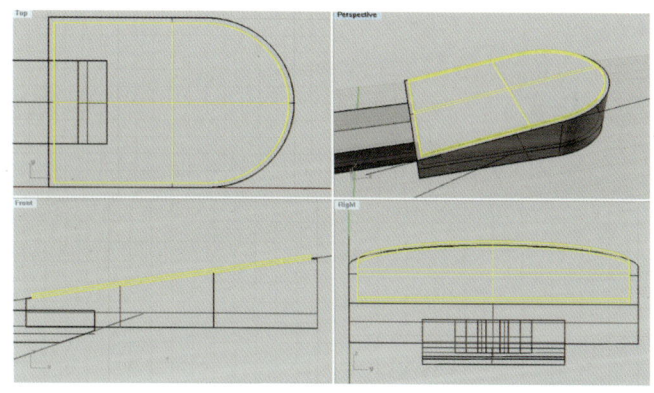

26 Solid > Box > Corner to Corner, Height 를 클릭해 Box를 만들고 위쪽 다른 Solid Box와 교차하게 한다. Box를 하나 복사하여 붙여넣고 숨긴다. Solid > Difference 를 클릭해 몸체를 선택하고 방금 만든 Solid Box를 선택하여 몸체를 뚫는다.

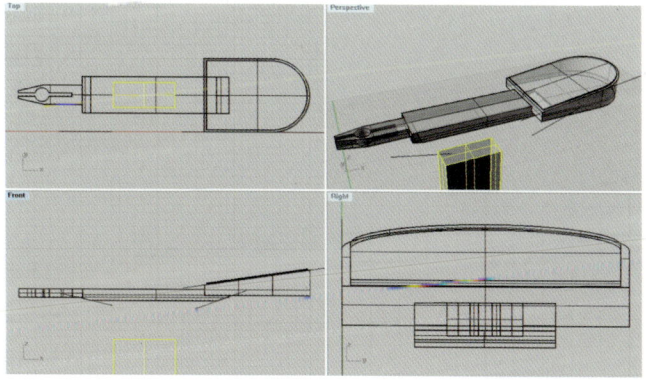

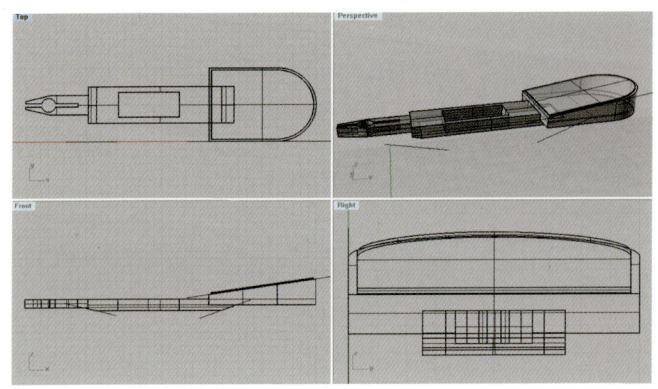

27 Solid > Pipe 를 클릭하고 Osnap > End를 활성화시켜 원통을 만든다.

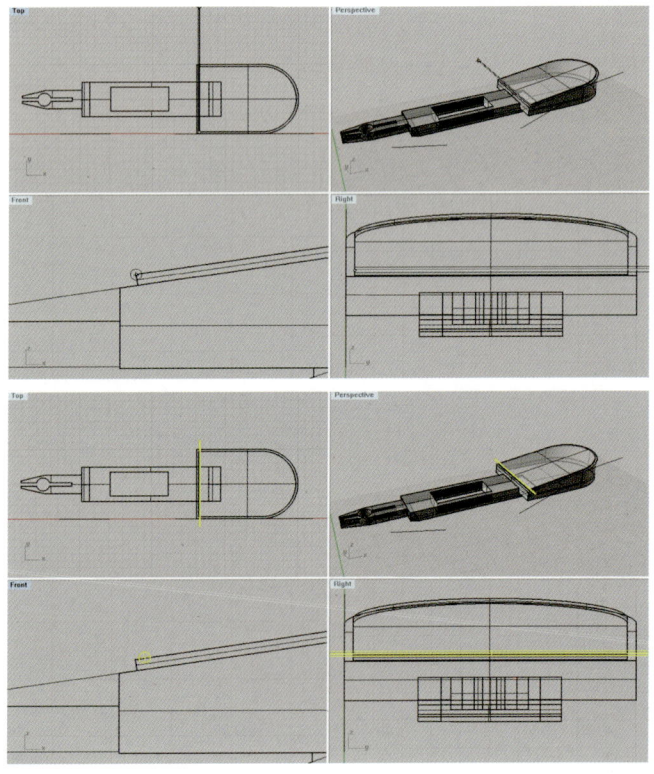

28 Transform > Array > Along Curve 를 클릭하고 원통을 선택한 후, 면을 자르기 위해 그렸던 사선을 클릭한다.

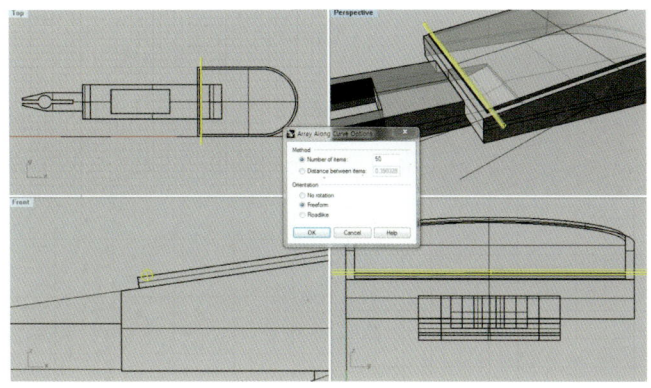

29 Solid > Difference 를 클릭해 몸체를 선택한 후 방금 만든 원기둥을 모두 선택하여 몸체를 뚫는다.

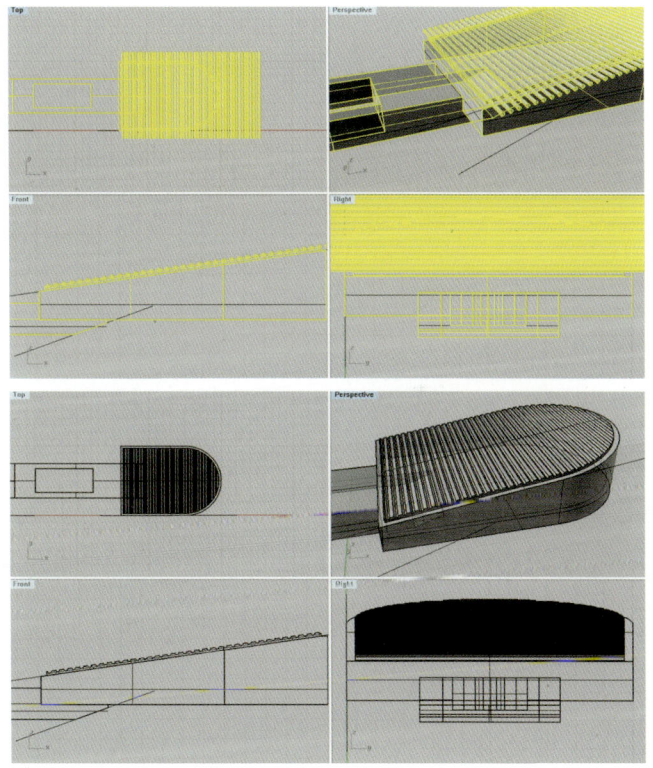

● 라이터 부속 만들기

01 Osnap > Cen을 활성화시키고, Curve > Circle > Center, Radius ⊙를 클릭해 원을 그린다.

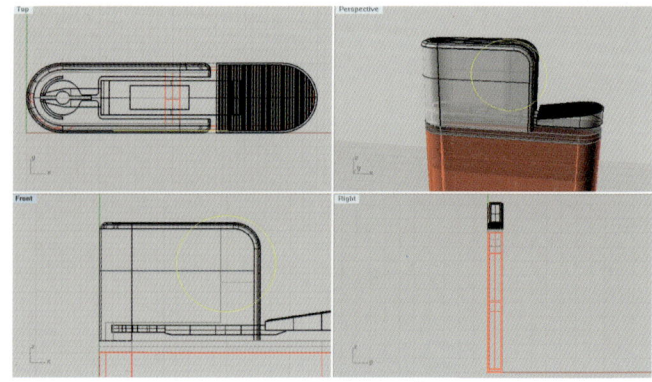

02 Curve > Offset Curve ⏵를 클릭해 그림에서 보이는 비율에 맞추어 안쪽으로 Curve를 만든다.

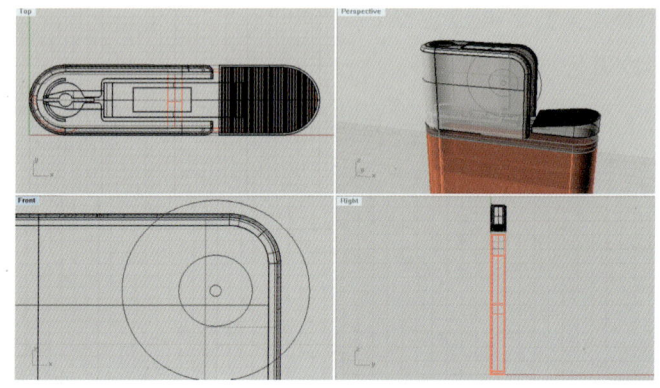

03 Main2 > Rectangle: Rounded Rectangle ▣을 클릭하고 Osnap > Quad를 활성화시켜 원의 한 점에 사각형을 그린다.

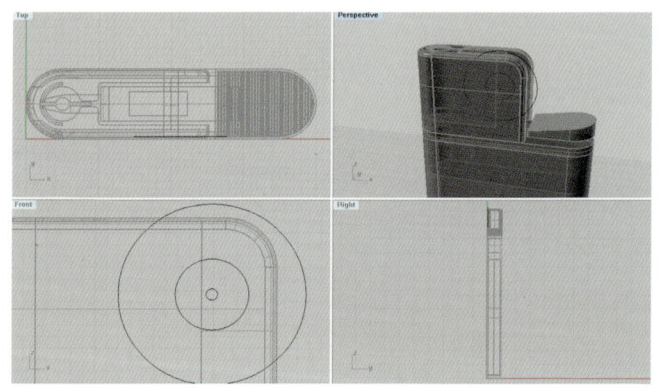

04 Osnap > Cen을 활성화시키고 Transform > Array > Polar 를 클릭하여 원을 중심으로 '80'을 입력해 Array한다.

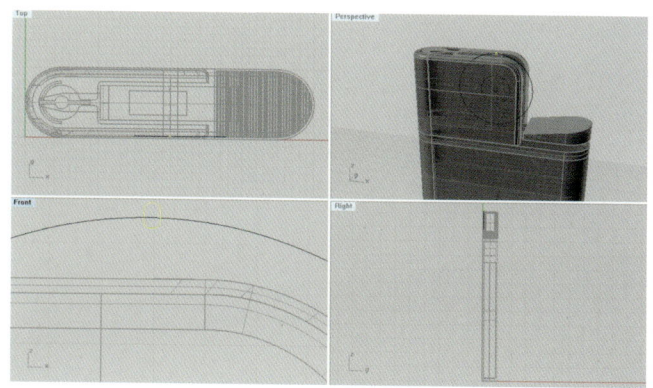

05 Array된 사각형들과 원을 선택하고 Edit > Trim 을 클릭해 형태를 그린다. 안쪽의 두 번째 원 역시 Transform > Array > Polar 를 클릭해 같은 방법으로 만든다.

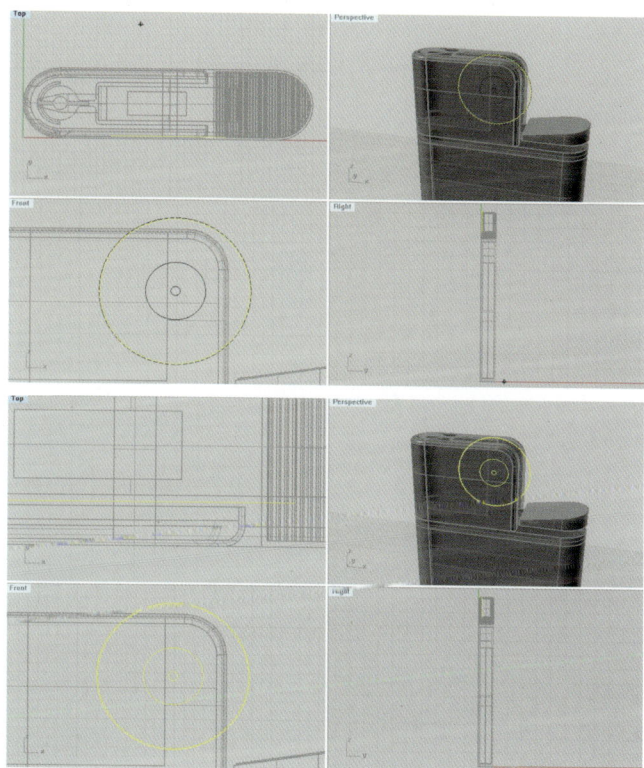

06 Surface > Extrude Curve > Straight 🔲를 클릭하고 옵션에서 Cap을 선택하여 '1.5'로 면을 생성한다.

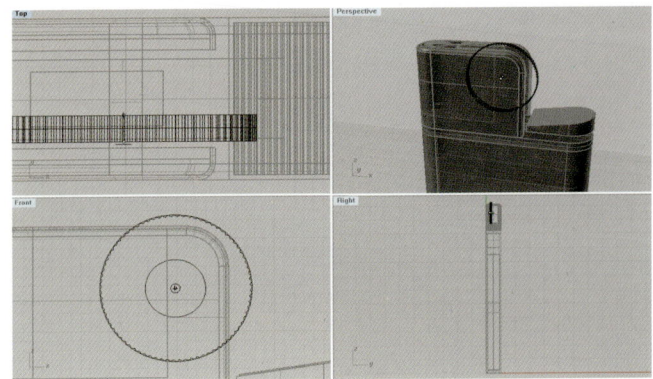

07 Transform > Mirror 🔲를 클릭하고 Osnap > Mid를 활성화시켜 반대편에도 똑같이 만든다.

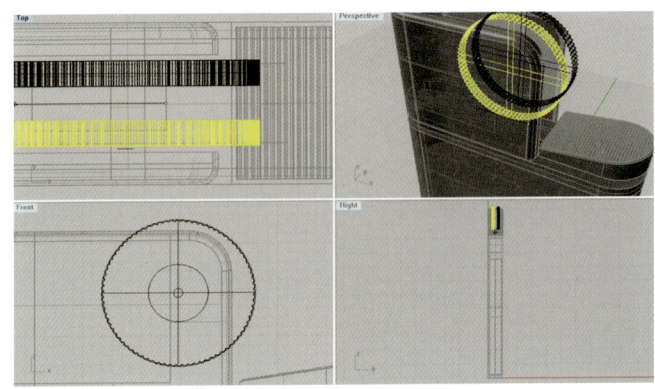

08 Surface > Extrude Curve > Straight 🔲를 클릭하고 옵션에서 Cap을 선택하여 '1.5'로 면을 생성한다.

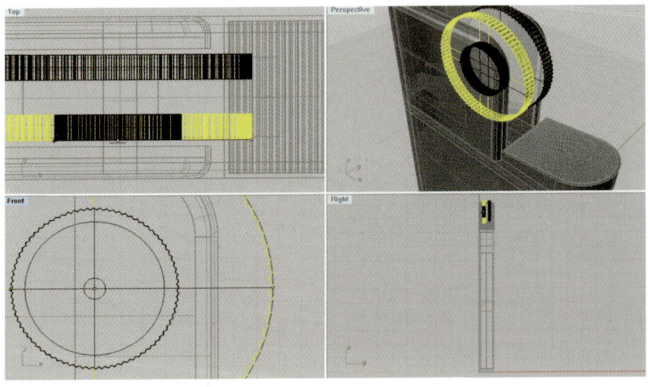

09 면을 큰 원 부분과 살짝 겹치게 드래그한다.

> **TIP**
> Shift를 누르며 움직이거나 Ortho를 활성화시키면 좌표가 흔들리지 않고 원하는 위치로 움직일 수 있다.

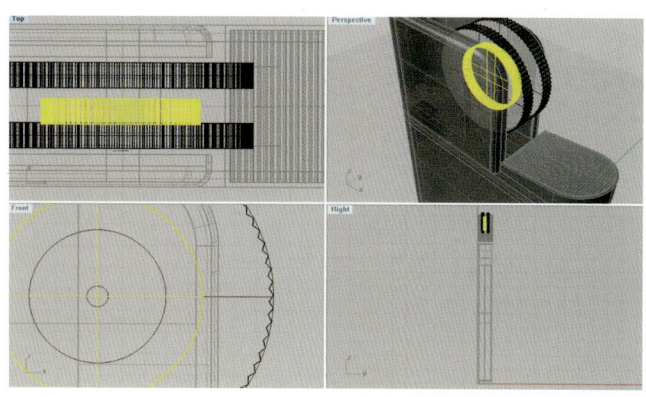

10 Transform > Scale > Scale 1-D 를 클릭하고 반대쪽에도 면이 겹쳐지게 한쪽 방향으로만 크기를 늘인다. 이때 스케일의 기준 축은 Osnap > End를 활성화시켜 아랫부분을 잡는다.

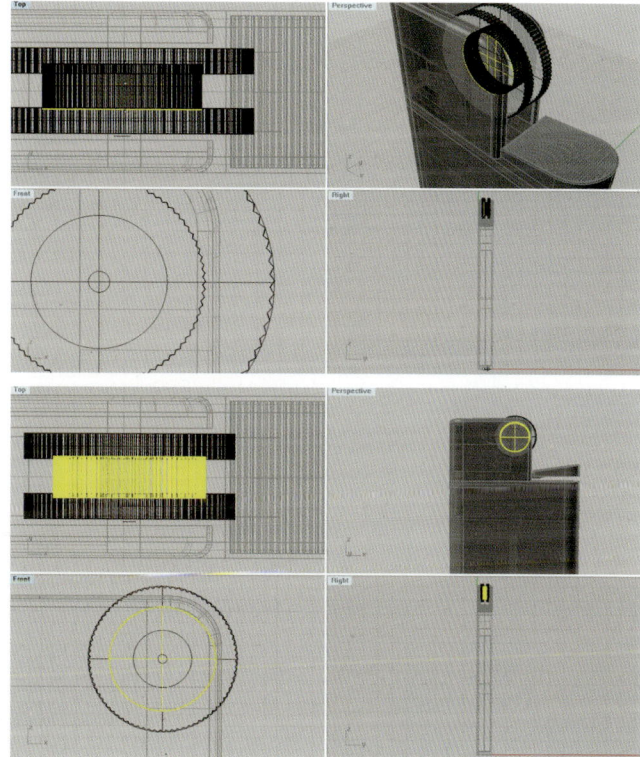

11 Solid > Union 을 클릭하여 두 오브젝트를 하나의 오브젝트로 만든다.

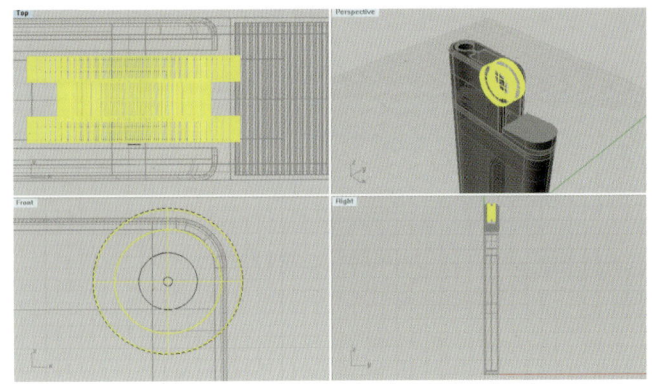

12 Osnap > Cen을 활성화시키고 Solid > Cylinder 를 클릭한 다음 Radius값 '1'을 입력해 긴 원기둥을 만든다. 원기둥을 복사해서 붙여넣기하고, 하나를 Hide 시킨다.

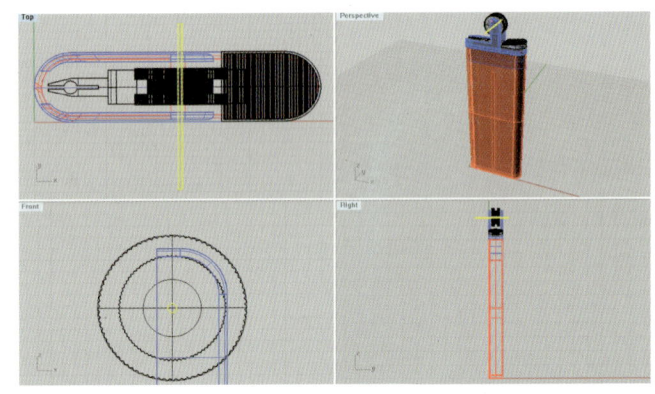

13 Solid > Difference 를 클릭해 회전하는 오브젝트를 선택하고 MR, 새로 생성된 실린더를 선택하고 MR을 클릭한다.

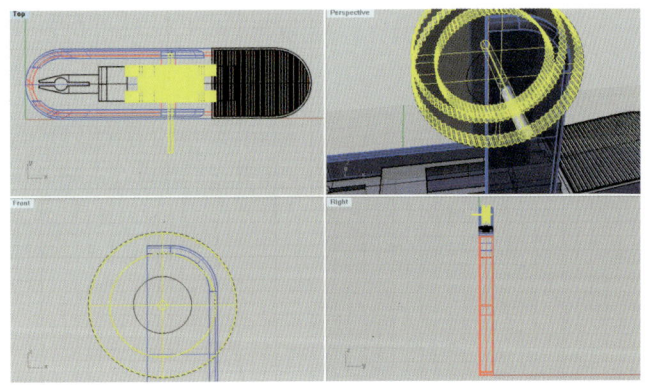

14 숨겨놓은 오브젝트를 Unhide하여 나타나게 한 후 Transform > Scale > Scale 1-D 를 클릭해 크기를 줄인다. 이때 스케일의 기준 축은 Osnap > Mid를 활성화시켜 잡는다. 이제 새로 만든 오브젝트들을 선택한 후 Solid > Union 을 클릭하여 두 오브젝트를 하나의 Solid로 만든다.

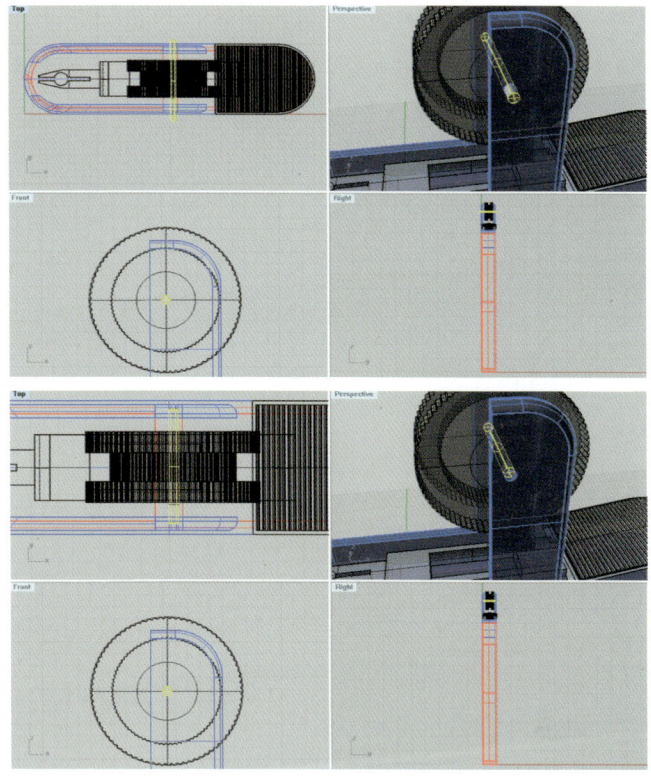

15 '라이터 버튼 만들기'에서 만들어놓은 Box를 다시 나타나게 한다.

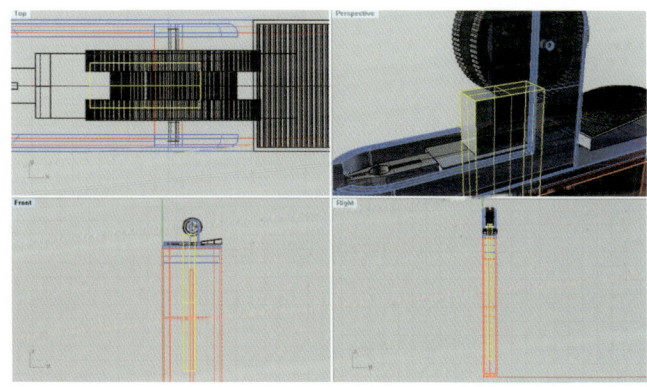

16 Transform > Scale > Scale 2-D
를 클릭해 그림과 같은 비율로 수정한다.

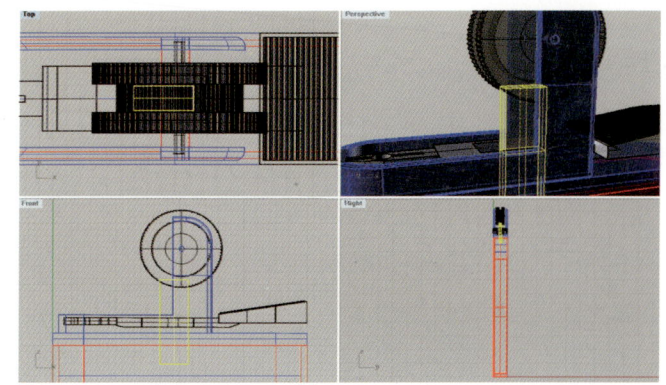

17 Solid > Fillet Edge > Fillet Edge
를 클릭해 Radius값 '0.2'를 입력하고 옆면의 Edge를 선택한다. 그런 다음 Radius값을 '0.4'로 입력한 후 위쪽의 Edge를 선택하여 면을 굴린다.

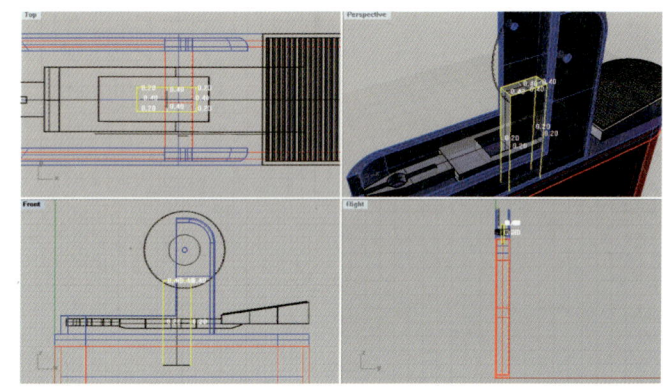

18 Main2 > Rectangle: Rounded Rectangle 을 클릭하고 Osnap > Quad를 활성화시켜 사각형을 그린다.

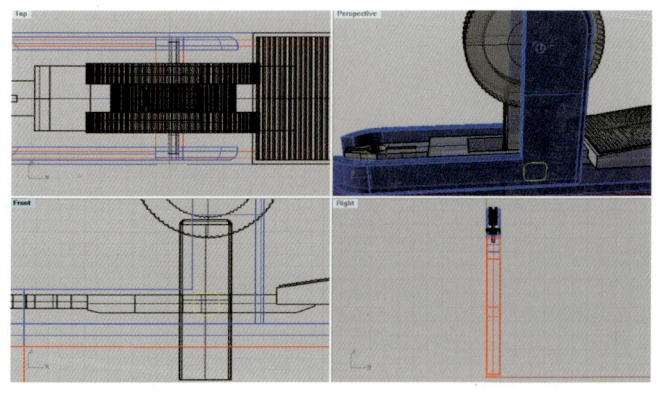

19 Surface > Extrude Curve > Straight 를 클릭하고 옵션에서 Cap을 선택해 적당한 길이로 면을 생성한다.

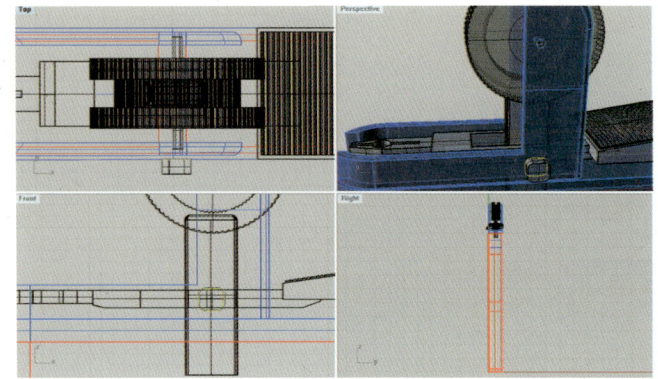

20 Transform > Mirror 를 클릭하고 Osnap > Mid를 활성화시켜 반대편에도 똑같이 만든다.

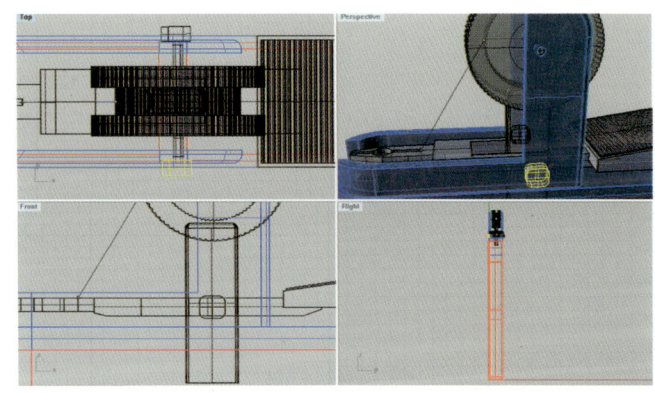

21 Solid > Difference 를 클릭하고 몸체를 선택 후 양면의 Solid Box를 선택하여 몸체의 면을 제거한다.

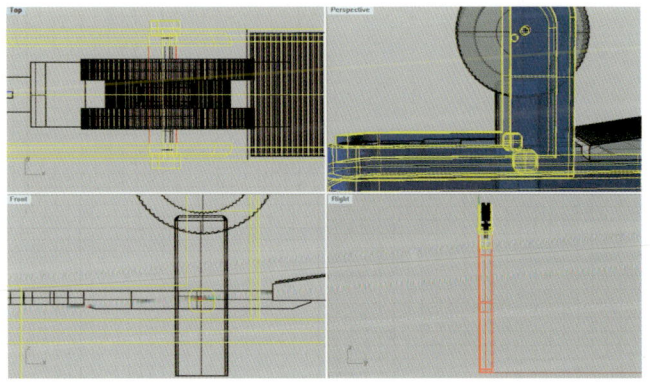

22 Solid > Cylinder 를 클릭하고 Osnap > Cen을 활성화시켜 Radius값 '0.5'의 긴 원기둥을 만든다.

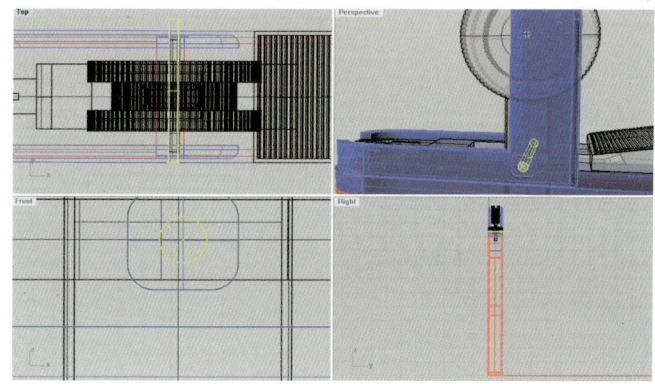

23 원기둥을 복사하여 붙여넣고 Hide 시킨 후, Solid > Union 을 클릭하여 두 오브젝트를 하나의 Solid로 만든다.

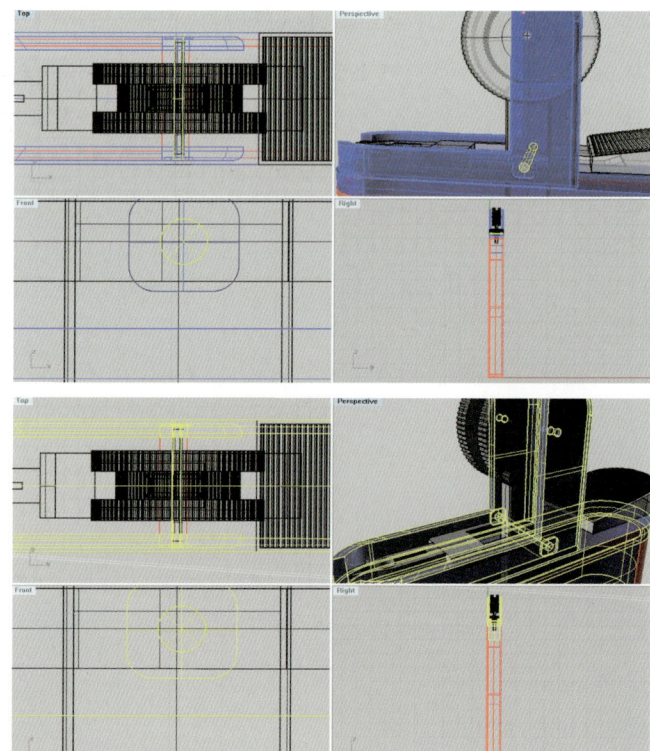

24 Hide시킨 오브젝트를 Unhide한 후 다시 하나 복사하여 붙여넣고 Hide시킨다. Solid > Difference 를 클릭하고 몸체와 원기둥을 차례로 선택하여 몸체의 면을 제거한다.

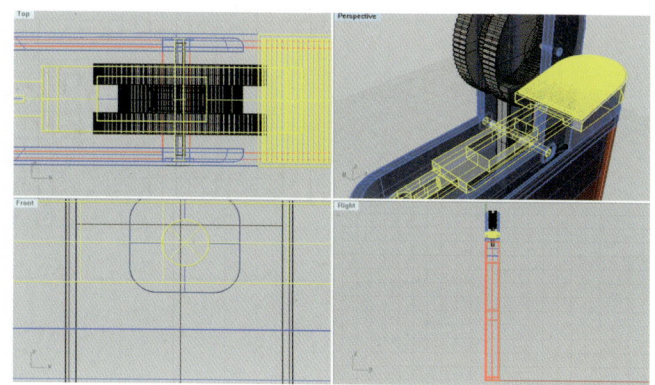

25 Hide시킨 오브젝트를 다시 Unhide하고, Solid > Union 을 클릭하여 이번에는 가운데 기둥 부분과 원기둥을 하나의 Solid로 만든다.

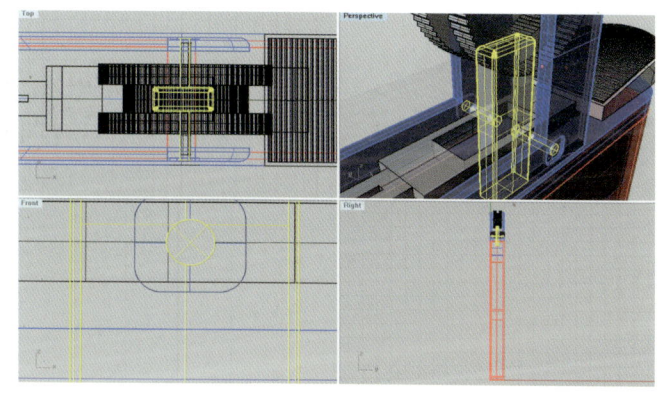

26 Solid > Cylinder 를 클릭하고 Osnap > Cen을 활성화시켜 Radius값 '0.5'의 긴 원기둥을 만든다. 원기둥을 복사해서 붙여넣기하고 하나를 Hide 시킨다.

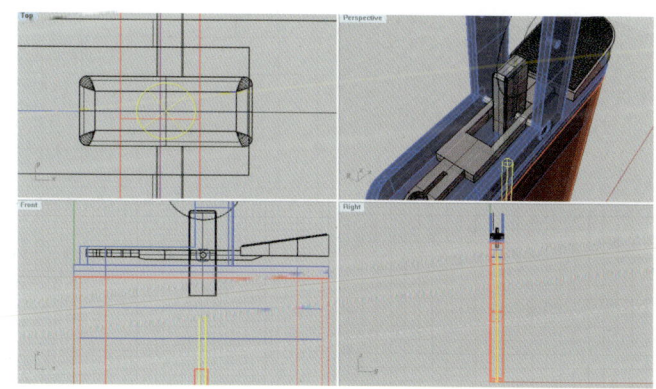

27 실린더를 몸체에서 빼낼 만큼 적당히 이동시킨다.

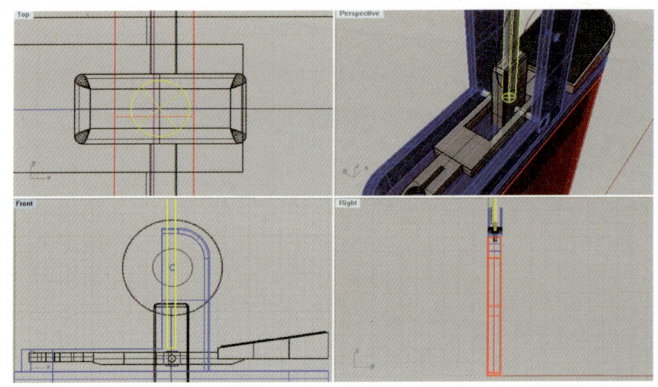

28 Solid > Difference 를 클릭하고 몸체를 선택한 후 원기둥을 선택하여 몸체의 면을 제거한다.

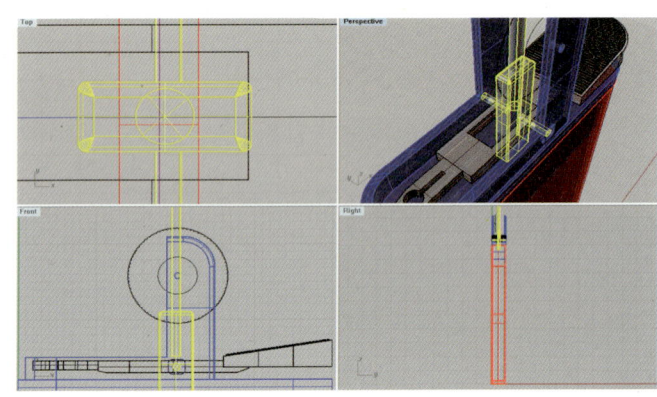

29 Curve > Helix 를 클릭하여 스프링 모양의 Curve를 만든다.

TIP
Osnap > Cen을 활성화시켜 파인 부분 밑의 중심부에서부터 적당한 길이만큼 수직으로 올려 스프링의 길이를 설정한다. Top View에서 보이는 원의 크기에 맞추어 적당한 사이즈로 정한다.

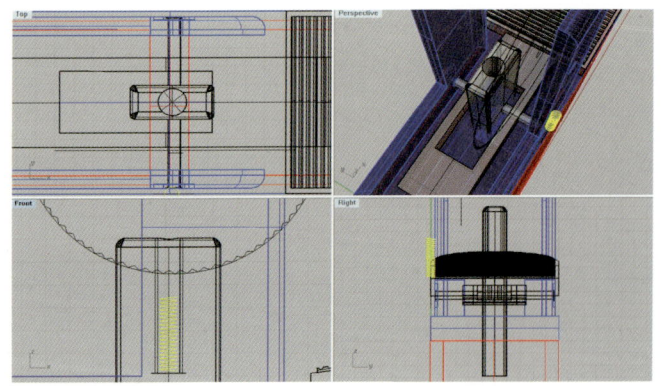

30 Solid > Pipe 를 클릭하여 Curve를 선택하고 Curve의 끝부분에 Radius값 '0.1'을 입력한 다음, 선의 다른 끝부분이 나오면 Enter를 눌러서 스프링 모양의 면을 완성한다.

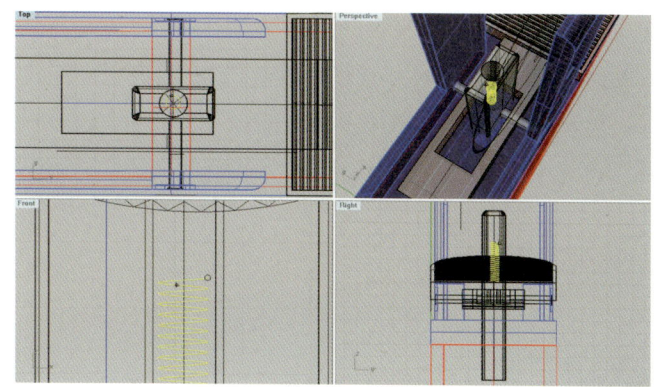

31 26에서 숨겨놓았던 원기둥을 Unhide하여 나타나게 한다. Osnap > End를 활성화시켜 스케일의 기준 축을 잡고 Transform > Scale > Scale 1-D 를 클릭해 크기를 줄인다.

TIP
Hide 아이콘에서 마우스 오른쪽을 클릭하면 Unhide이다.

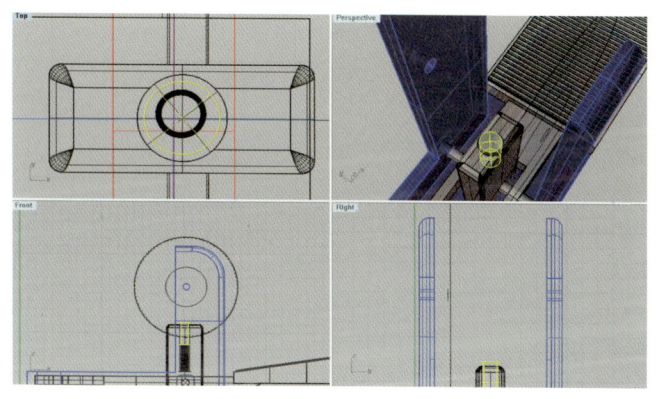

32 Osnap > Cen을 활성화시킨 후 Curve > Circle > Center, Radius 를 클릭해 원을 그린다.

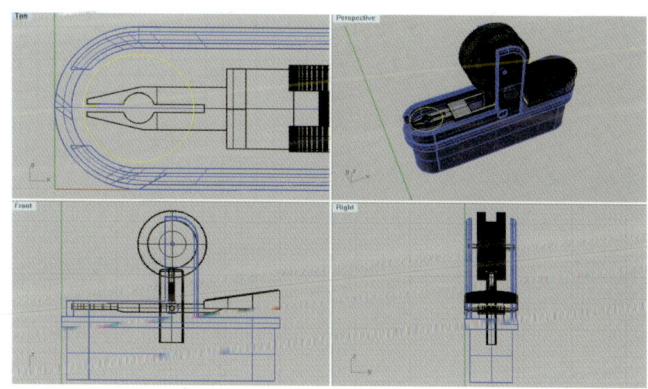

33 Surface > Extrude Curve > Straight 🔲를 클릭해서, 그려진 Curve의 면이 몸체에 걸쳐지도록 여유롭게 올려 그림에서 보이는 위치에 맞춘다.

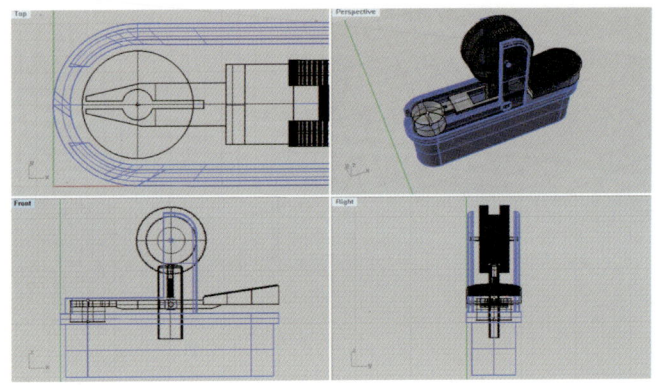

34 Solid > Difference 🔲를 클릭하고 몸체를 선택한 후 원기둥을 선택하여 몸체의 면을 제거한다.

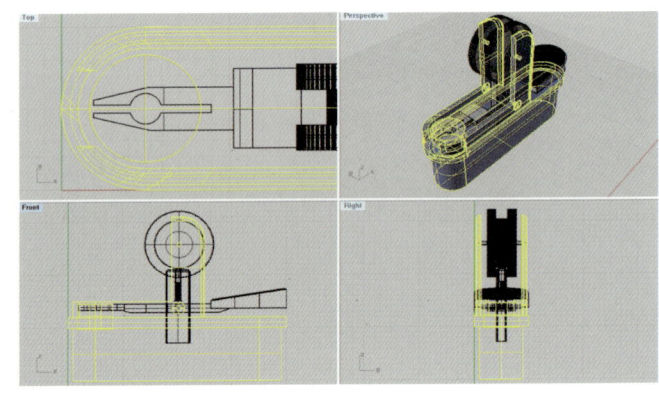

35 Osnap > Cen을 활성화시키고 Solid > Cylinder 🔲를 클릭해 Radius값 '2.5'의 긴 원기둥을 만든다. 다시 한 번 Solid > Difference 🔲를 클릭하고 몸체를 선택한 후 원기둥을 선택하여 몸체의 면을 제거한다.

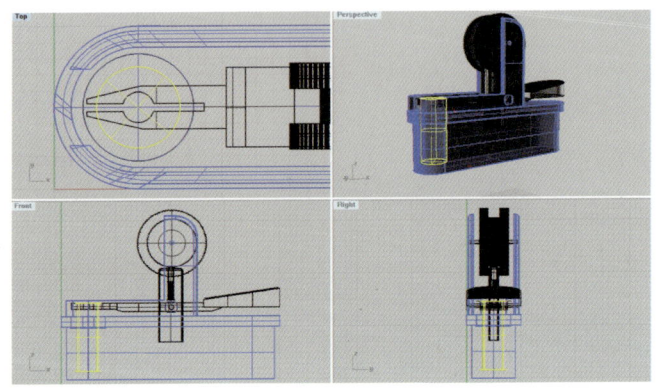

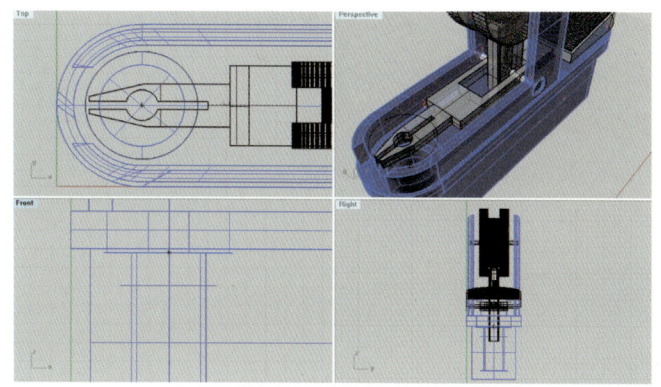

36 Solid > Truncated Cone 을 클릭하고 Osnap > Cen을 활성화시킨 다음 위쪽의 원은 Radius값 '2.5' 아래쪽 원은 '1.2'의 원기둥을 만든다.

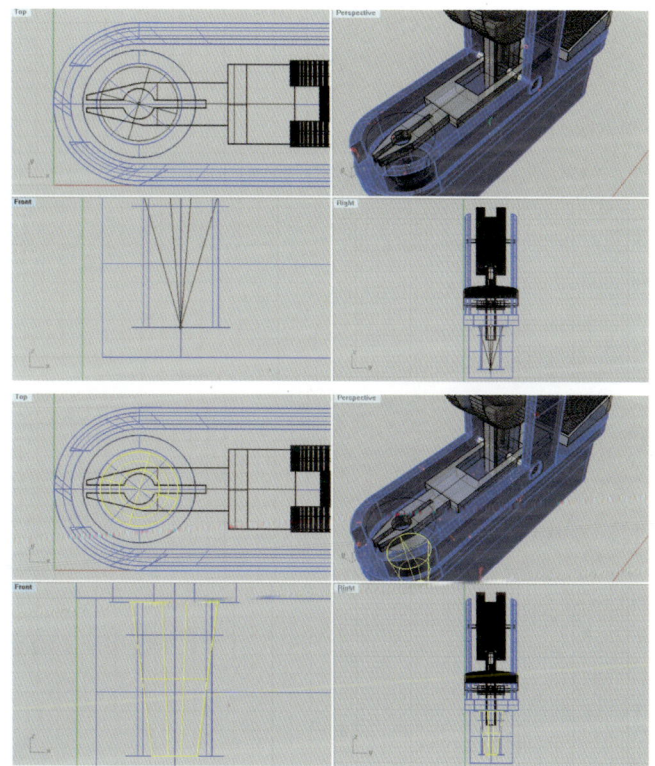

chapter 2 **실습 예제** _ Curve와 Solid 혼합 모델링 · 라이터

37 Osnap > Cen, Quad를 활성화시키고 Curve > Spiral을 클릭하여 윗면의 센터에서 아랫면의 센터까지 잡아준 다음, 원의 크기를 윗면의 Quad와 아랫부분의 Quad로 잡는다.

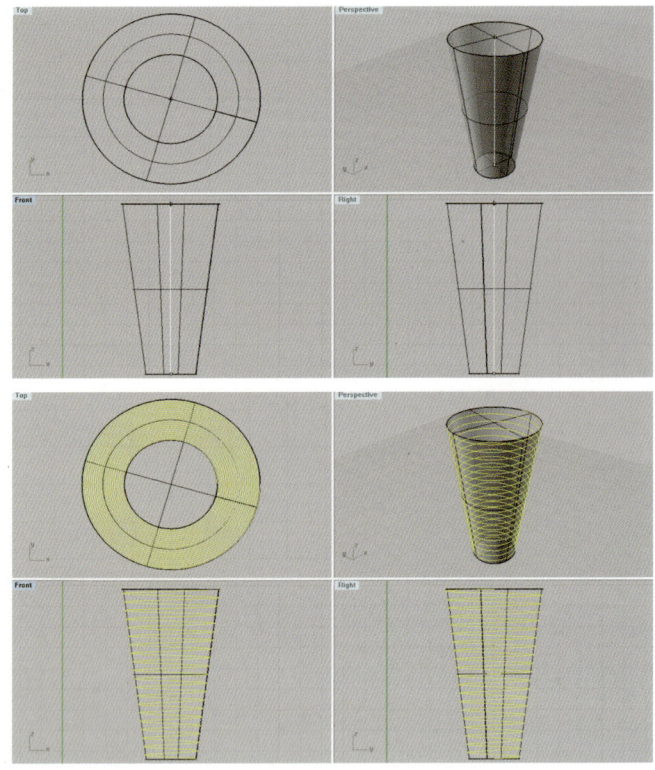

38 Solid > Pipe를 클릭하고 Curve를 선택한 후 시작 부분의 Radius값 '0.3', 반대 부분은 '0.3'을 입력하고 Enter를 누른다.

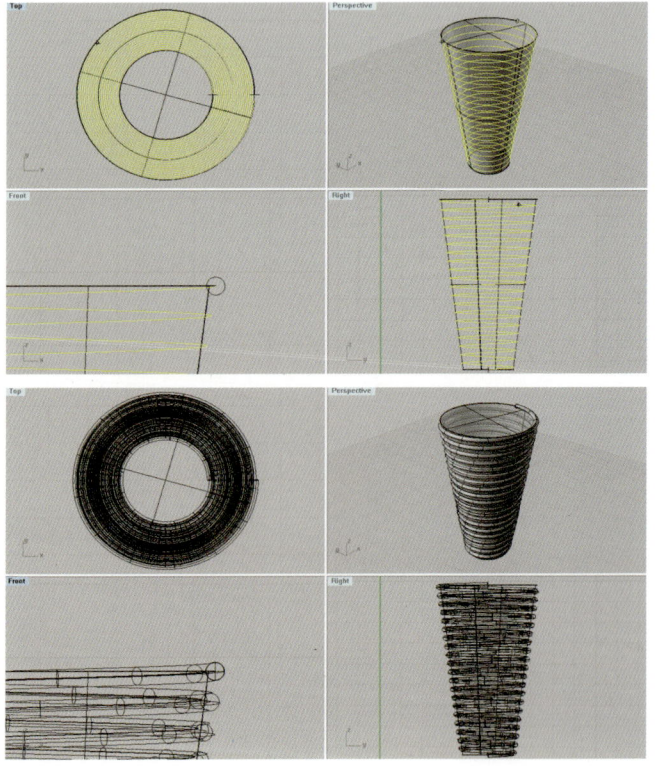

39 Solid > Difference 를 클릭하고 몸체를 선택한 다음 Pipe로 만든 면을 선택하여 몸체의 면을 제거한다.

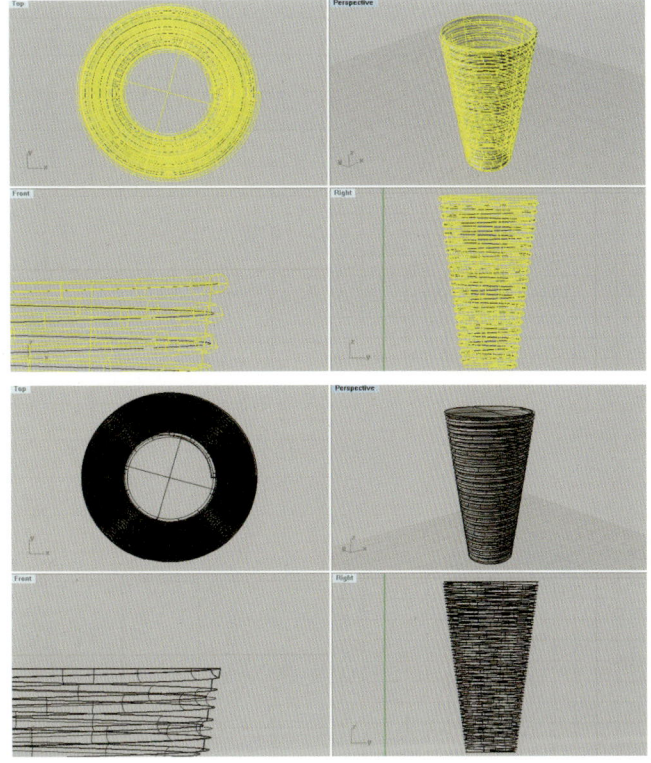

40 Solid > Cylinder 를 클릭하고 Osnap > Cen을 활성화시켜 Radius값 '3'의 긴 원기둥을 만든다.

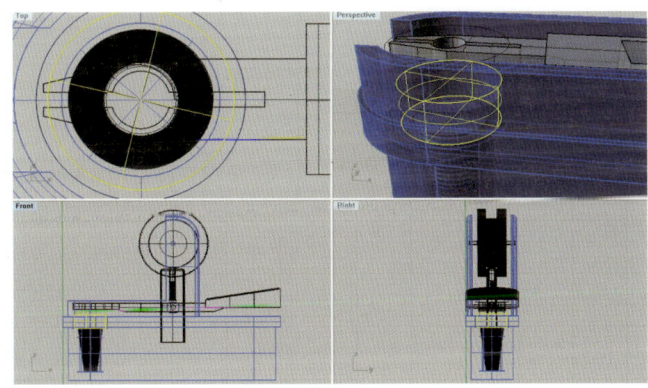

41 Solid > Union 을 클릭하여 두 오브젝트를 하나의 오브젝트로 만든다.

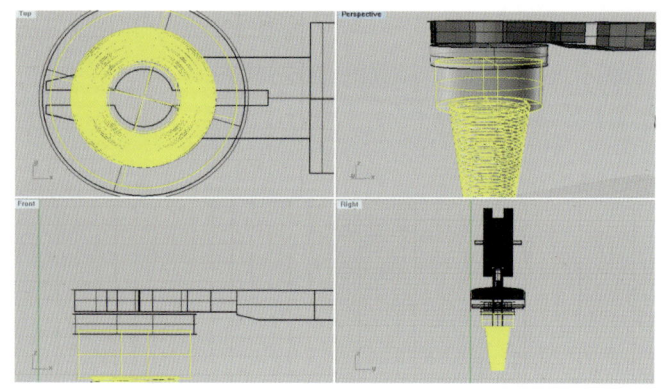

42 Curve > Circle > Center, Radius 를 클릭하고 Osnap > Cen을 활성화시켜 원을 그린다.

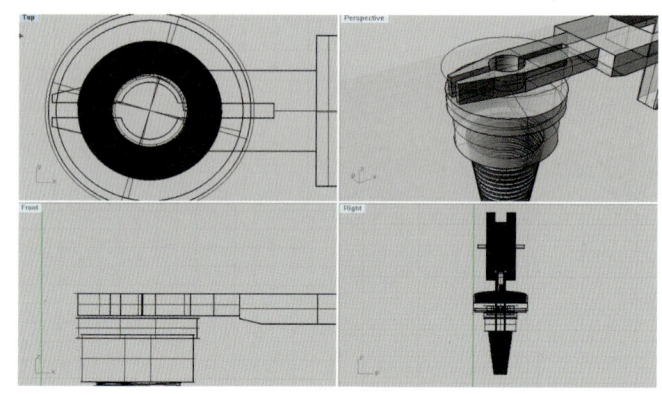

43 Main1 > Polygon: Star 를 클릭하고 Osnap > Cen, Quad를 활성화시켜 중심축을 맞추고 원의 크기를 정한 후, Numberside에 '100'을 입력하고 안쪽으로 한 번 다시 Star의 패인 안쪽으로 움직여 형태를 만든다.

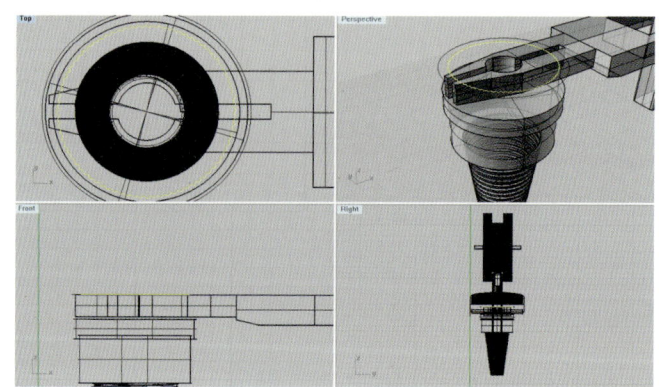

44 Curve > Offset Curve 를 클릭하고 안쪽으로 '0.1' 들어오는 Curve를 만든다.

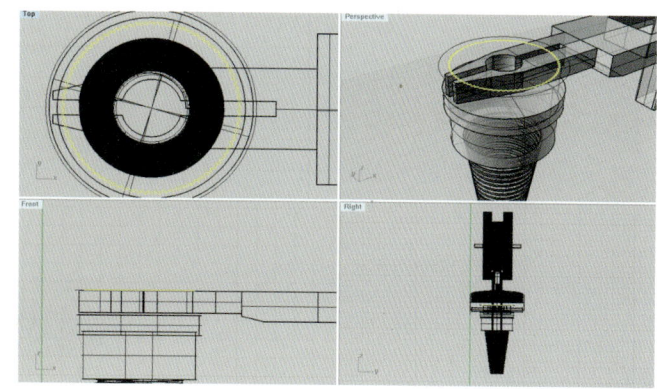

45 밖에 그린 원을 선택하고 Surface > Extrude Curve > Straight 를 클릭한 다음 옵션에서 Cap을 선택해 비례에 맞추어 적당한 길이로 면을 만든다.

안쪽 두 개의 Star Circle 역시 선택 후 Surface > Extrude Curve > Straight 를 클릭하는데, 옵션에서 Cap을 선택하지 않고 몸체의 면을 길게 만든다.

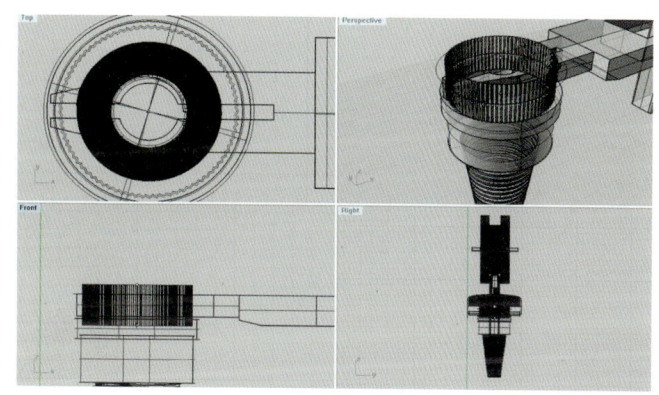

46 Edit > Split 을 클릭하고 원통의 몸체를 선택 후 두 개의 Star Curve 면을 선택하여 원통 오브젝트를 분리한다.

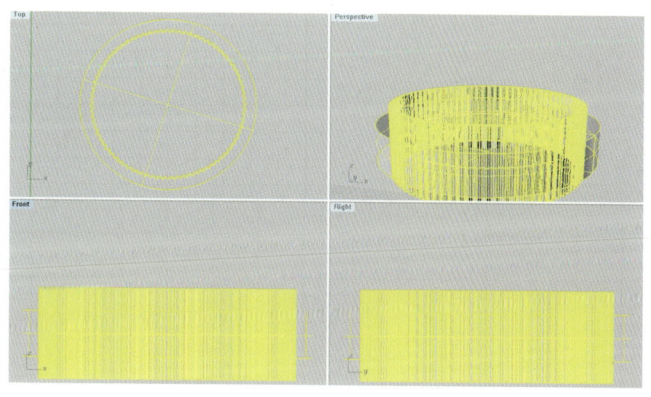

47 다시 한 번 Edit > Split 을 클릭하여 Star Curve로 생성한 두 개의 Curve를 선택하고 두 번째 원통의 안쪽과 바깥쪽을 선택하여 오브젝트를 분리한다. 잘려진 면은 삭제한다.

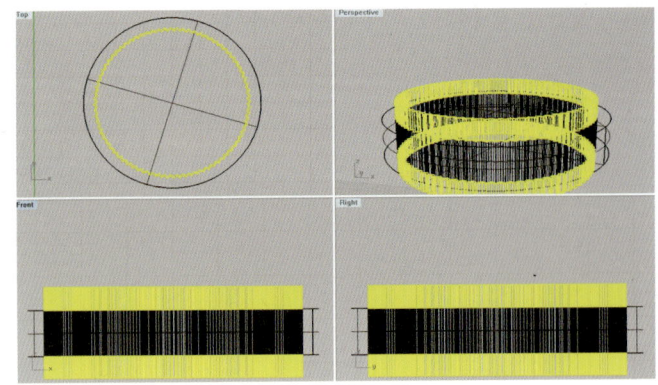

48 위아래 중간 사이 부분의 면을 삭제한다.

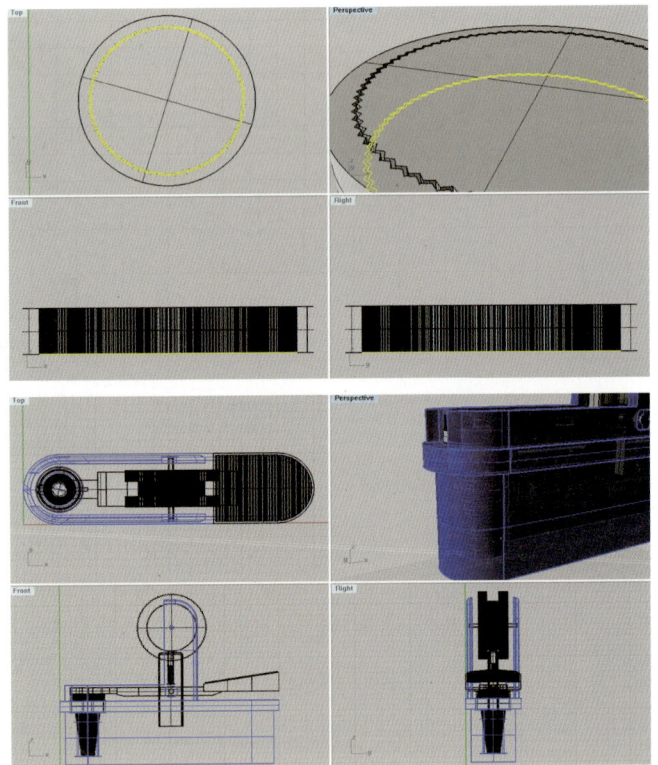

● 가스 분출구 만들기

01 Curve > Circle > Center, Radius
를 클릭하고 Osnap > Cen을 활성화시
켜 원을 그린다. 원을 드래그해 위쪽으로 이동
시킨다.

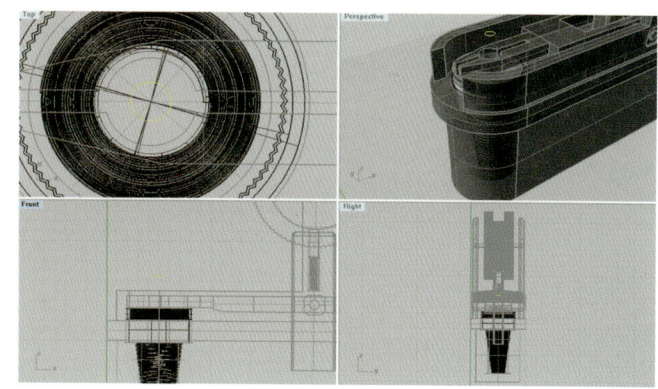

02 Curve > Offset Curve 를 클릭하
여 바깥쪽으로 '0.1'만큼 나가는 Curve를 만
든다.

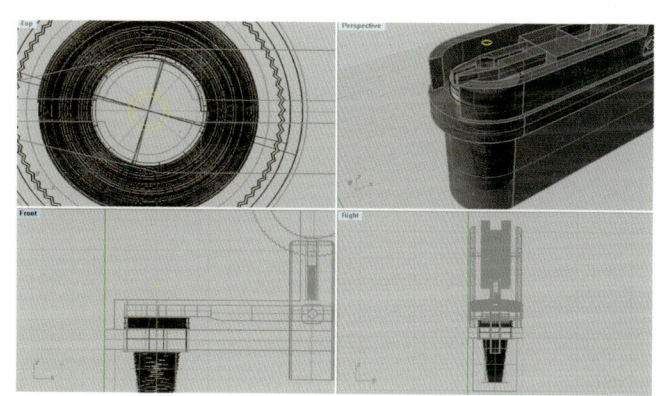

03 Curve > Line > Polyline 을 클
릭하고 Osnap > End, Quad를 활성화시켜
그림과 같이 만든다.

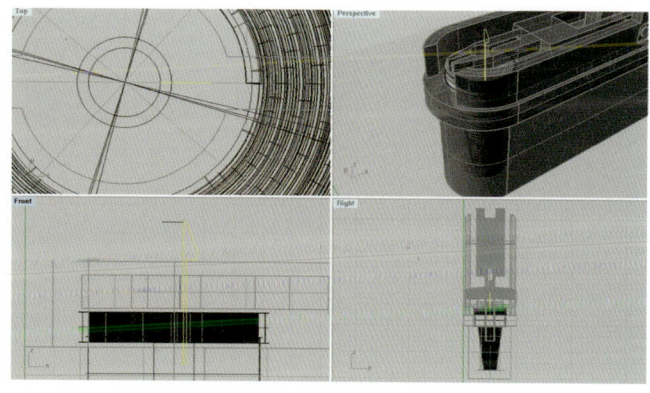

04 Osnap > Cen을 활성화시키고 Surface > Revolve 를 클릭하여 원의 Center를 그렸던 Curve를 선택한 후, 시작점에서 Shift를 누르고 아래로 내려 회전축을 잡는다.

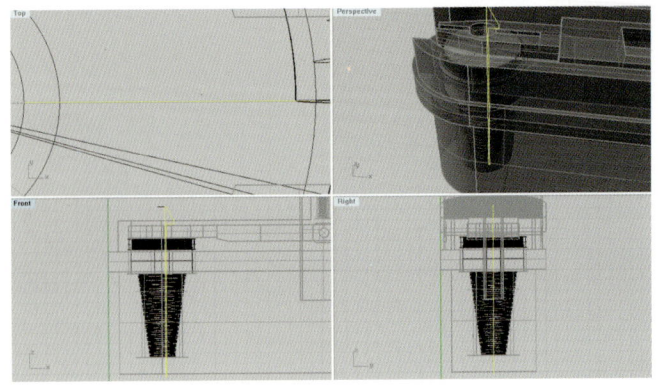

05 처음에는 0°를 입력하고 그 다음 360°를 입력하여 면을 생성한다.

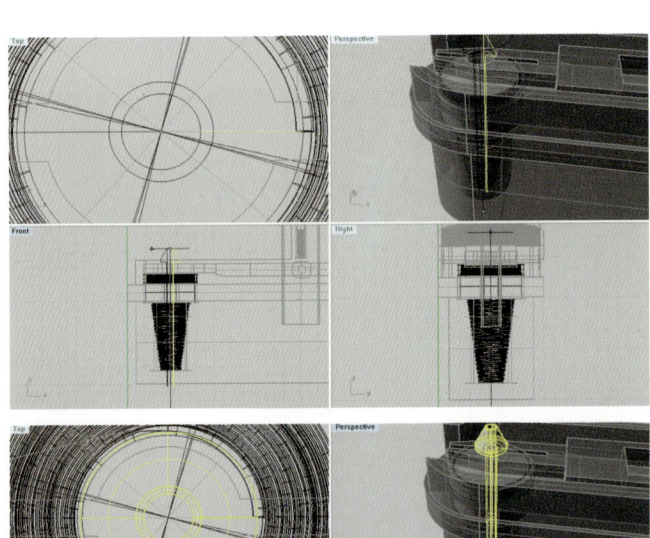

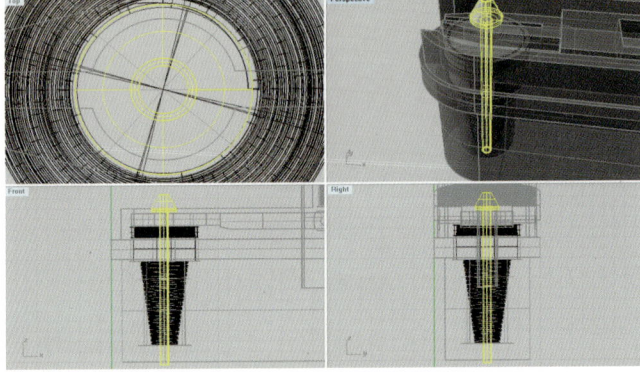

06 만든 오브젝트를 선택하여 복사, 붙여 넣기하고 Solid > Difference 를 클릭한 다음 몸체와 가스 분출구를 차례로 선택하여 몸체에서 면을 제거한다.

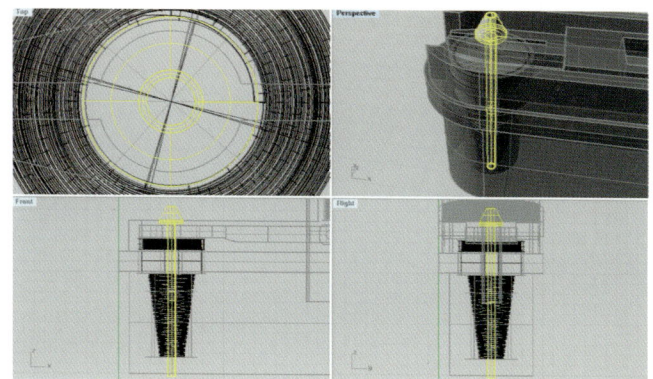

07 Hide시킨 부분을 다시 Unhide한다. 방금 생성한 면과 기준이 되는 부분을 선택하여 Select > Invert 를 클릭하고 나머지 부분을 Hide 시킨다.

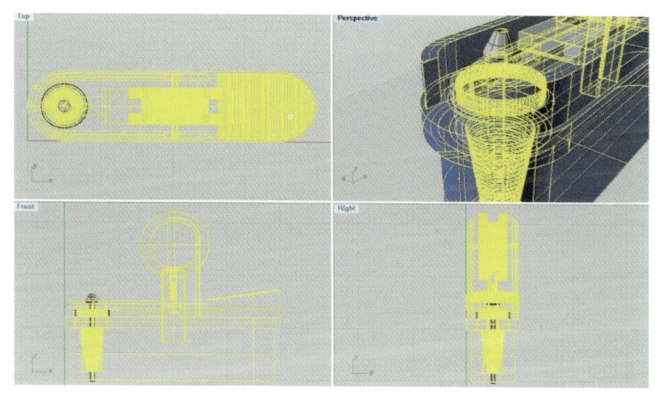

08 Main2 > Rectangle: Center, Corner 를 클릭하고 Osnap > Quad를 활성화시켜 사각형을 그린다.

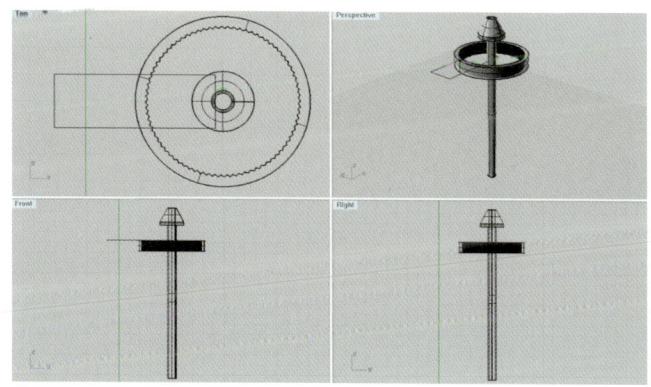

09 Main1 > Circle: Diameter 를 클릭하고 Osnap > End, Mid를 활성화시켜 두 개의 원을 그린다.

> **TIP**
> 다른 방법으로 Arc를 이용해도 된다.

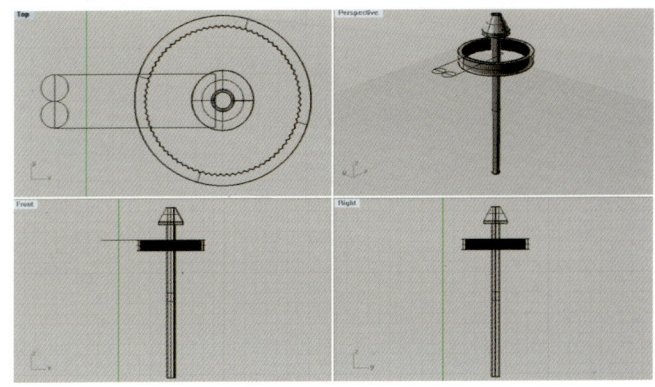

10 Edit > Trim 을 클릭하고 Curve를 지워 그림과 같은 형태로 만든다.

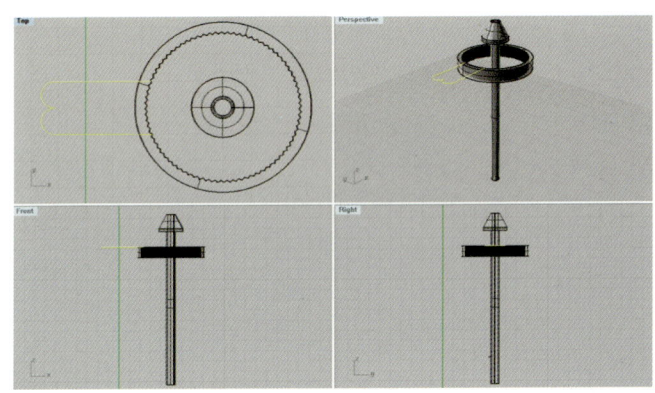

11 Curve > Line > Polyline 을 클릭하고 Osnap > End를 활성화시켜 양 끝을 잇는 Curve를 만든다. 모두 선택하고 Join 시킨다.

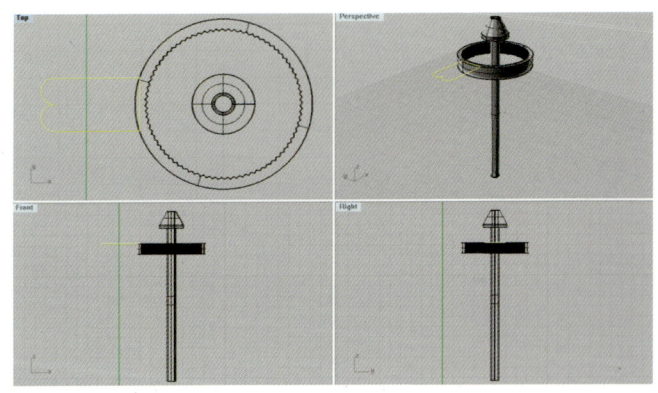

12 Surface > Extrude Curve > Straight 을 클릭하고 만들어진 두 개 Curve를 모두 선택 후 Command Line 옵션에서 Cap을 선택한다.

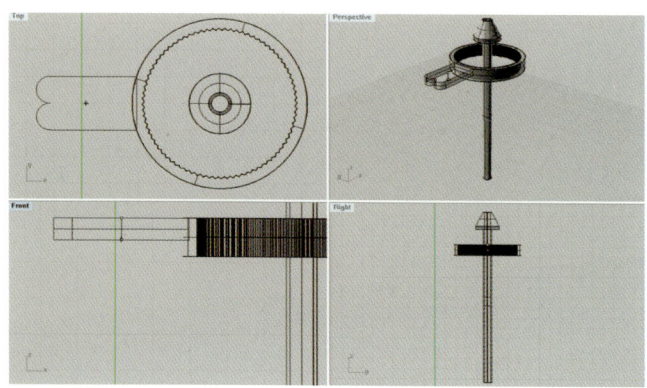

13 Solid > Union 을 클릭하고 두 오브젝트를 선택하여 하나의 Solid로 만든다.

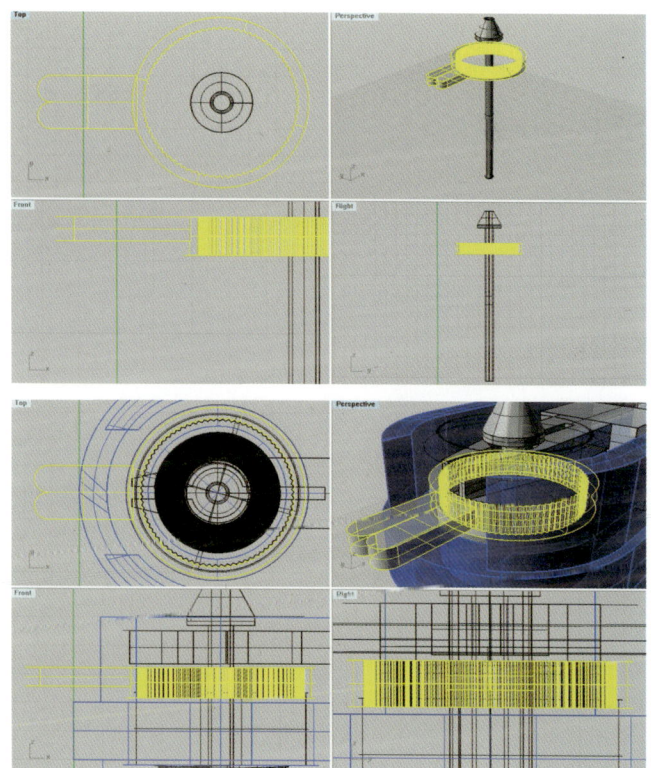

14 Curve > Free-Form > Interpolate Points 를 클릭하여 그림의 형태대로 Curve를 그린다. 시작점은 Osnap > Cen을 활성화시켜 원의 중심 부분에 맞추는 것이 좋다. Edit > Control Points > Control Points On 또는 약키 F10을 누르고 Control points로 형태를 자연스럽게 수정한다.

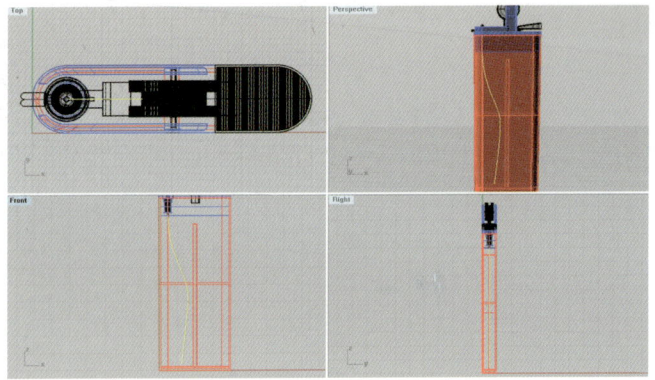

15 Solid > Pipe 를 클릭한 후 시작 부분 Radius값 '1', 반대 부분 Radius값 '1'을 입력하고 Enter를 누른다.

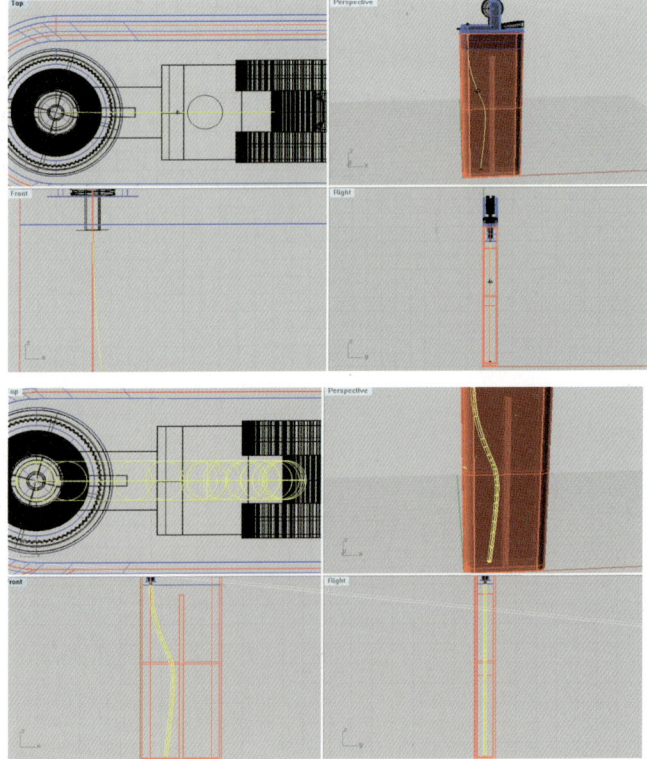

16 아랫부분만을 남겨두고 모두 Hide시킨다.

> **TIP**
> 몸체를 선택하고 Select > Invert하는 것이 간단하다.

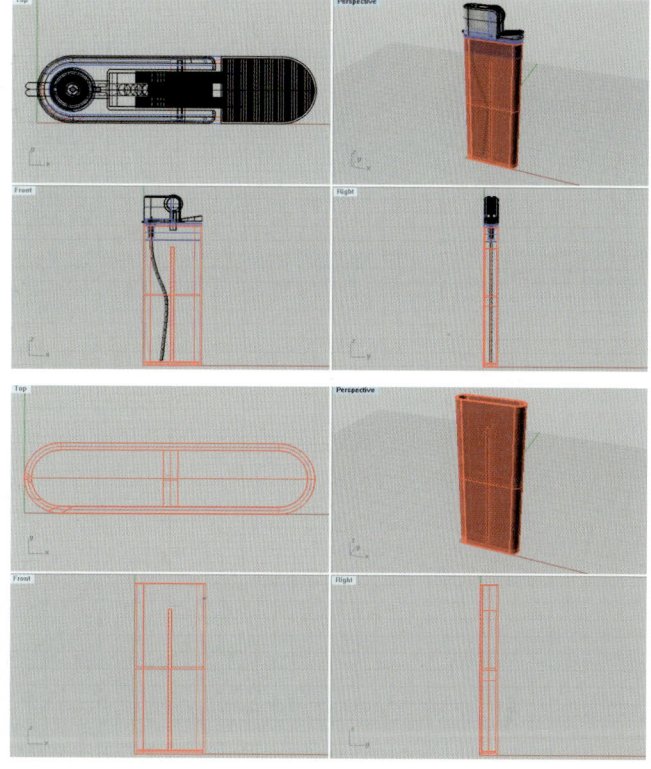

17 몸체 부분을 넘어서게 Solid > Box > Corner to Corner, Height ▢를 클릭해 Box를 만든다.

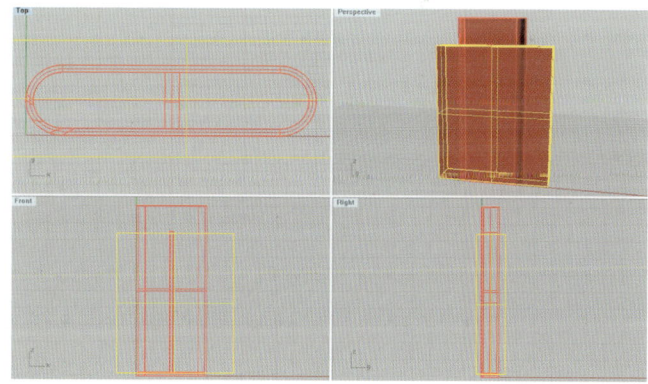

chapter 2 실습 예제 _ Curve와 Solid 혼합 모델링 • 라이터

18 Solid > Boolean Split 을 클릭해 오브젝트를 분리하고 안의 가스 부분만을 남긴 후 나머지는 삭제한다.

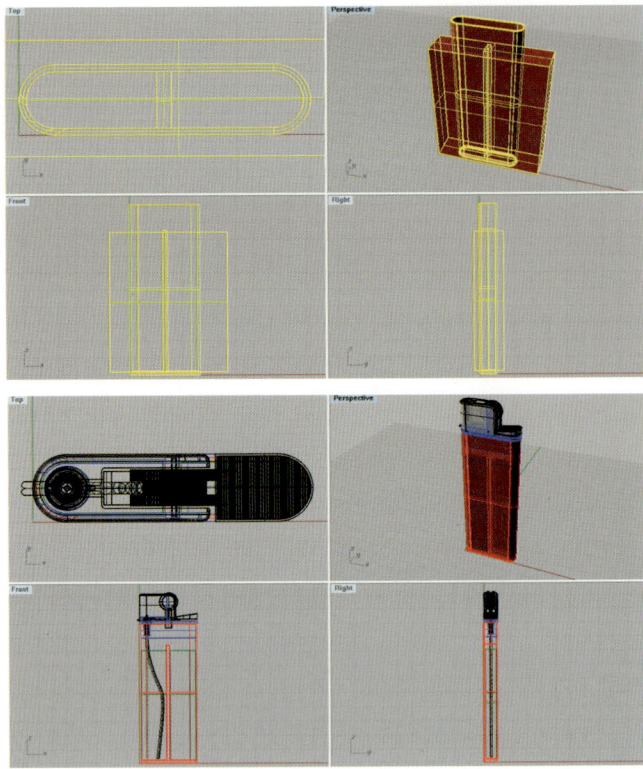

5 면도기

● 면도기 몸체 만들기

01 Curve > Rectangle > Corner to Corner 를 클릭하고 '0,0'에서 '9,10'을 입력하여 사각형을 그린다.

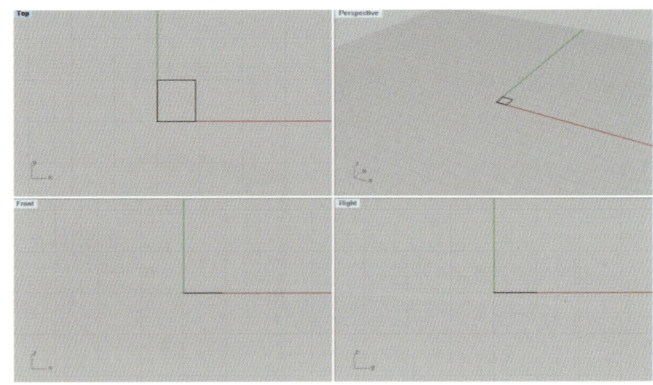

02 Curve > Arc > Start, End, Point on Arc 를 클릭하고 Osnap > End를 활성화시킨 후 아랫부분과 윗부분에 Curve를 만든다.
Edit > Trim 을 클릭하여 사각형 아랫부분의 Curve를 지운다.

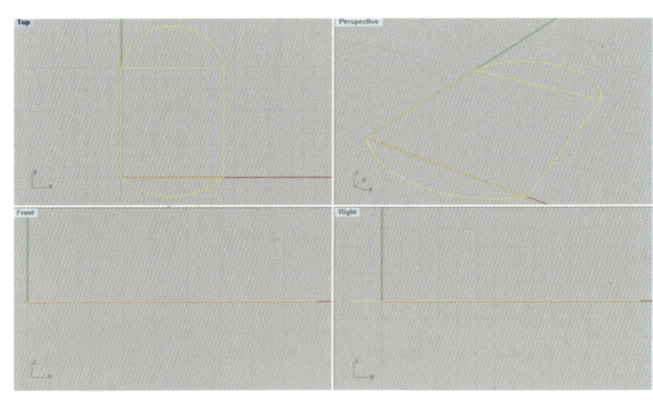

03 Curve > Fillet Curves 를 클릭하고 아랫부분의 Curve가 접한 곳에 Radius값 '1'을 입력한다.

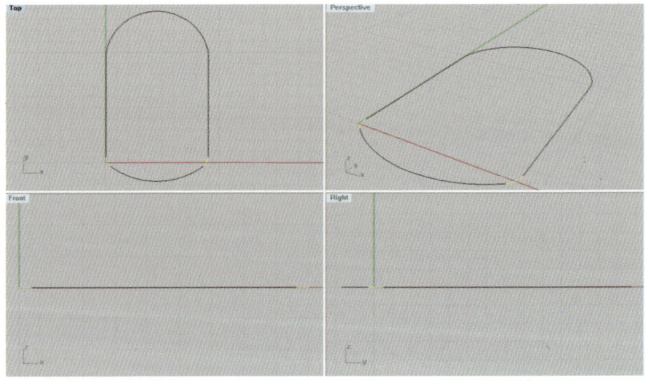

04 Curve의 위치를 처음에 잘못 잡았을 경우 Rotate 를 클릭하고 오브젝트를 회전시켜 수정한다.

> **TIP**
> 완성된 오브젝트를 회전시킬 수도 있으나, 처음 시작할 때 View를 정확히 맞추어 그려야 후반 작업 시 편리하다.

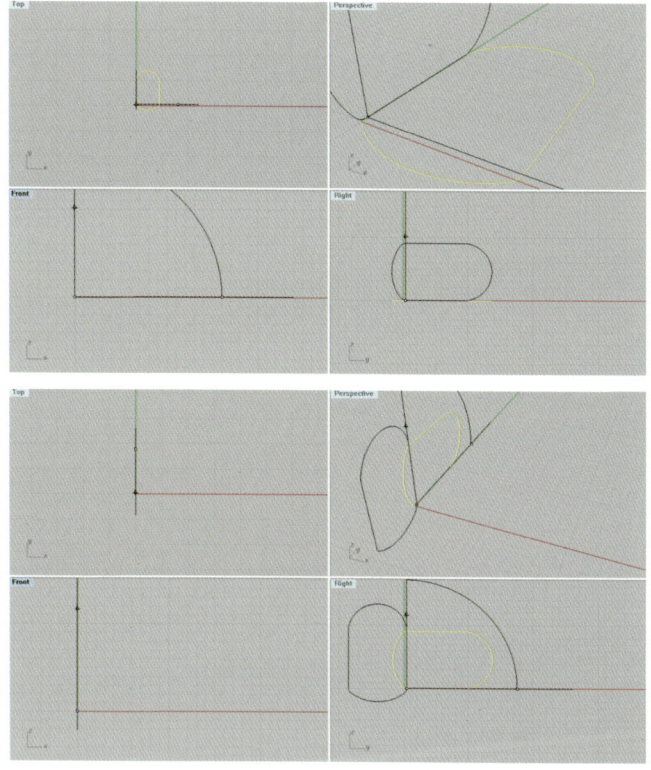

05 Curve > Free-Form > Control Points 를 클릭해 그림에 제시된 형태와 같이 두 개의 Curve를 만든다.

> **TIP**
> 처음부터 정확히 그리려고 하지 말고, 어느 정도의 형태를 그려준 후 약키 F10을 눌러서 형태를 편집하는 것이 편리하다.

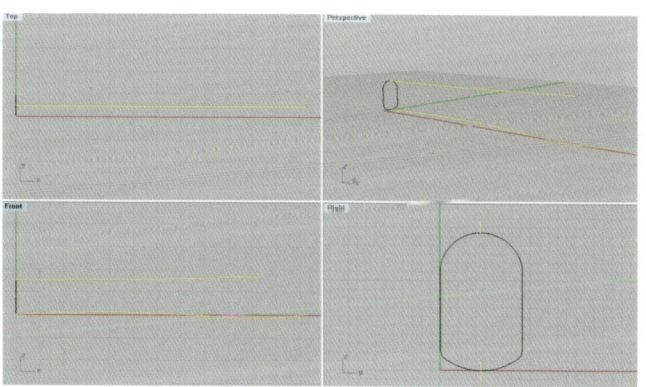

06 Transform > Array > Along Curve 를 클릭해 움직여야 할 Curve를 선택하고 움직임을 따라갈 Curve를 선택한다.

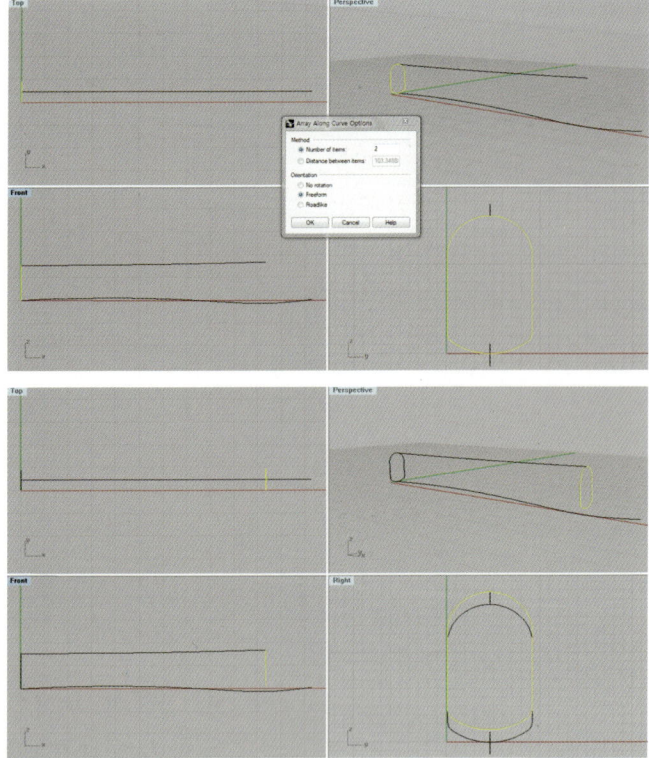

07 Osnap > Point, Perp를 활성화시킨 상태에서 Edit > Control Points > Control Points On 또는 약키 F10을 눌러 정확한 모양으로 수정한다.
Move 를 클릭하고 Curve의 끝점을 Point로 선택한 다음 아랫부분의 Perp로 이동시켜 위아래 Rail Curve에 맞춘다.

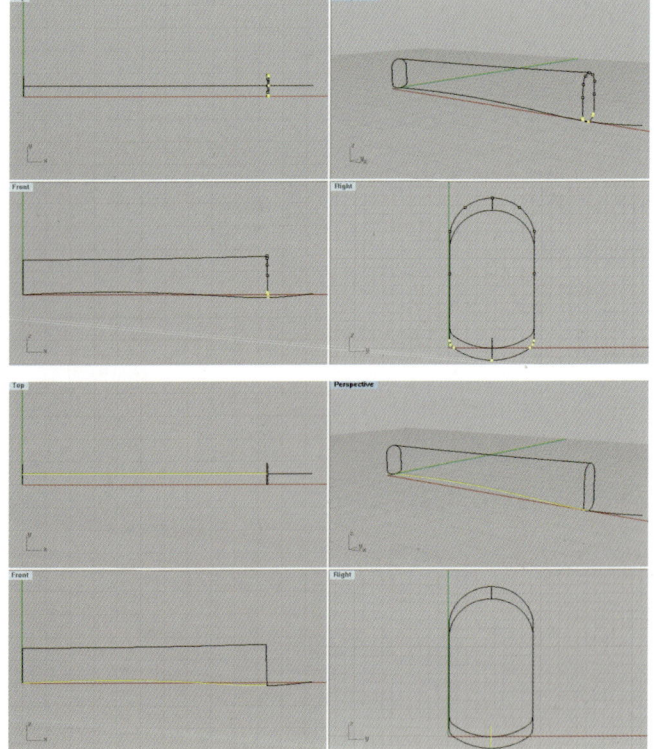

08 Array로 복사된 Curve를 선택하고 Edit > Control Points > Control Points On 또는 약키 F10을 눌러 양쪽의 Point를 선택한다. Transform > Scale > Scale 1-D 를 클릭하고 중간점 (Osnap > Mid)으로 Scale의 중심축을 잡아 좌우로 크기를 늘린다.

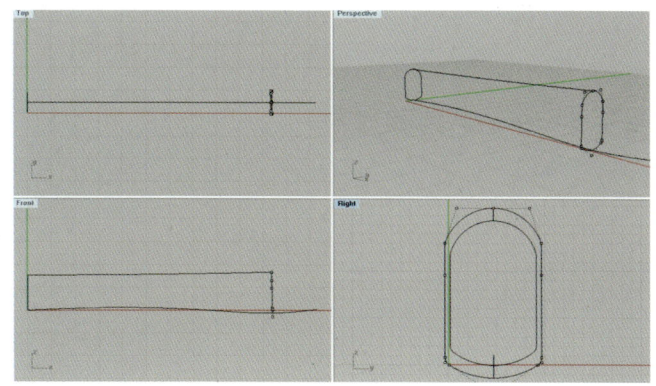

09 Surface > Sweep 2 Rails 를 클릭하고 위아래의 Curve를 Rail Curve로 선택 후, 양쪽의 닫힌 Curve를 Cross-section Curve로 사용하여 면을 생성한다.

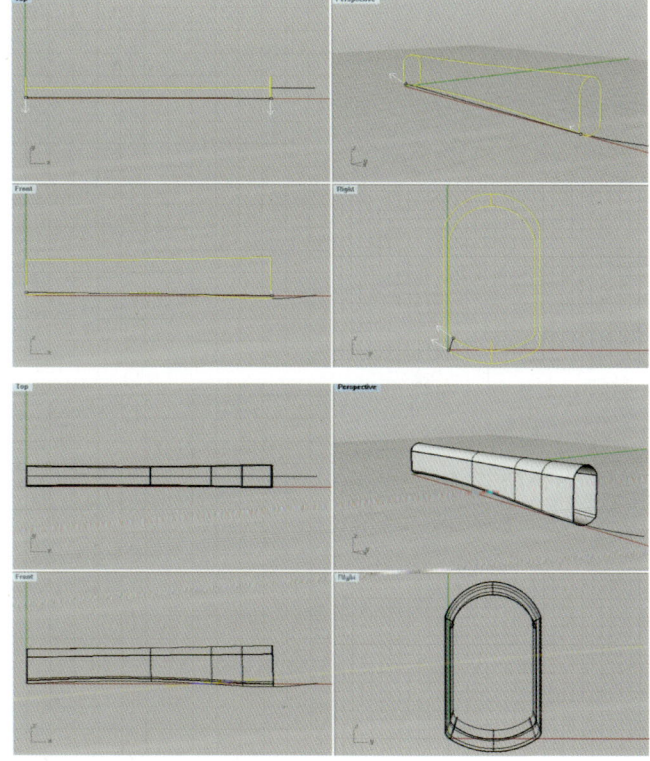

10 Curve > Free-Form > Control Points 를 클릭해 위아래의 Curve를 만든 후, 약키 F10을 눌러 형태를 수정한다.

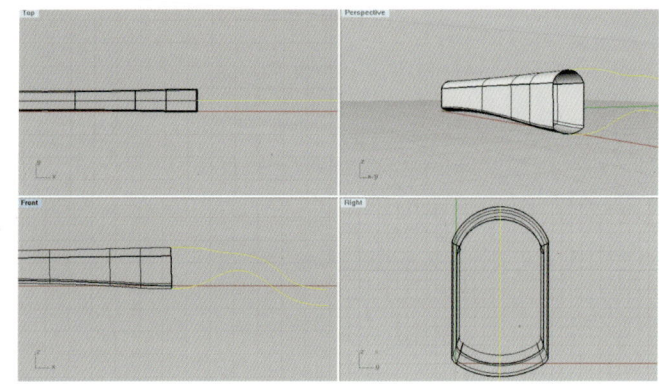

11 Curve > Ellipse > From Center 를 클릭하여 가로의 Radius값 '12.5'인 Curve를 만든다. Curve > Rectangle > Center, Corner 를 클릭해 길이 '18'인 사각형을 그린다. Edit > Control Points > Control Points On 또는 약키 F10을 눌러 Control Points를 활성화시킨다.

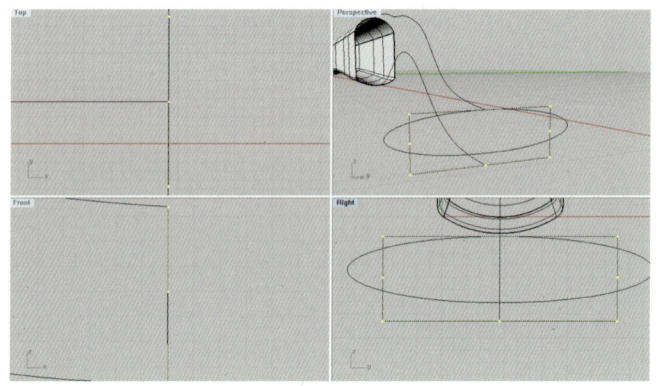

12 양쪽의 2개 Point를 선택 후 Transform > Scale > Scale 1-D 를 클릭해 크기를 늘려 형태를 맞춘다.

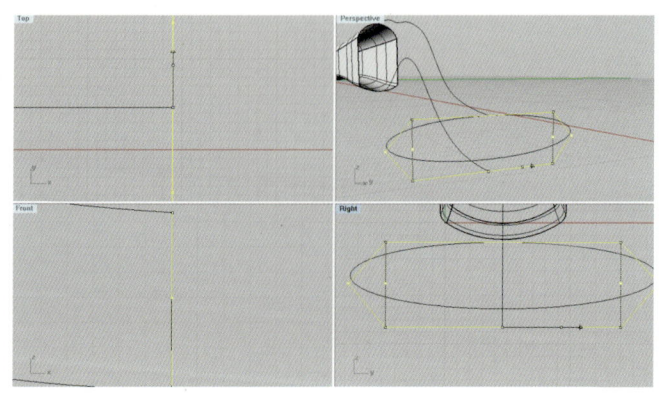

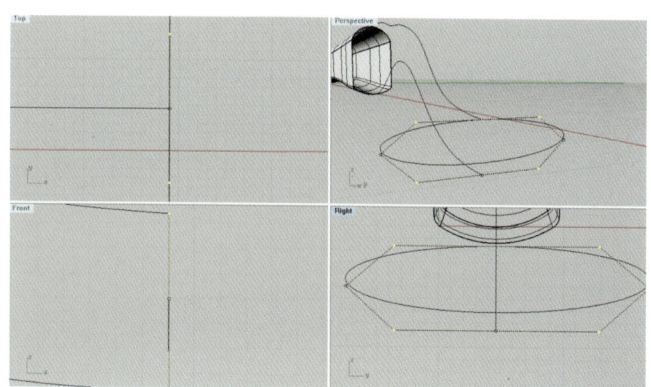

13 Osnap > Point를 활성화시킨 다음 Curve > Free-Form > Interpolate Points를 클릭하고 Point에 맞추어 Curve를 양쪽으로 만든다.

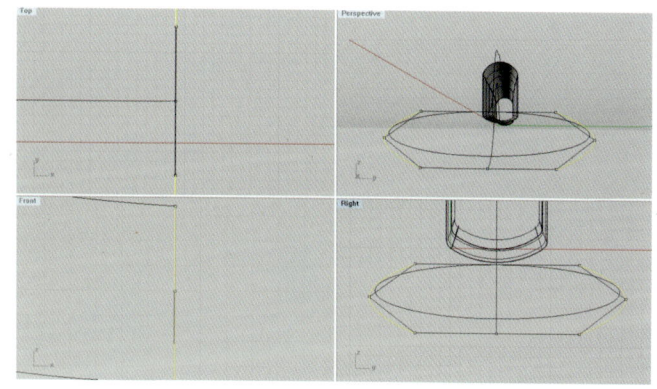

14 Curve > Fillet Curves를 클릭하고 각각의 모서리에 Radius값 '5'를 입력하여 모서리를 굴린다.

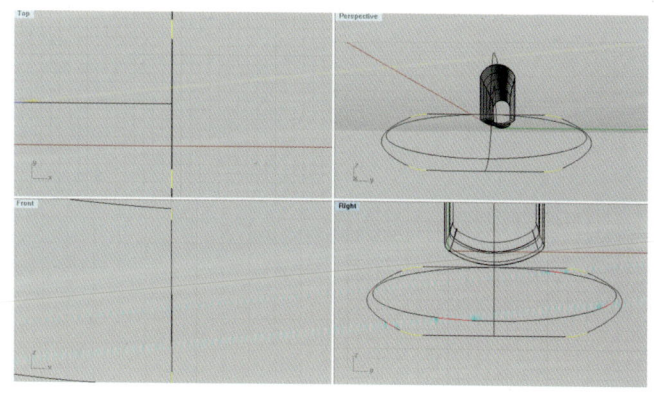

15 Surface > Sweep 2 Rails 를 클릭하고 위아래의 Curve를 Rail Curve로 선택 후, 방금 수정한 Curve와 반대쪽 Curve를 선택하여 면을 생성한다.

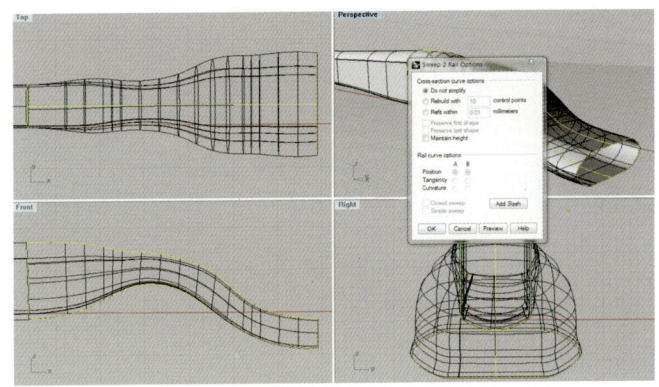

16 Surface > Patch 를 클릭해 면을 만든다.

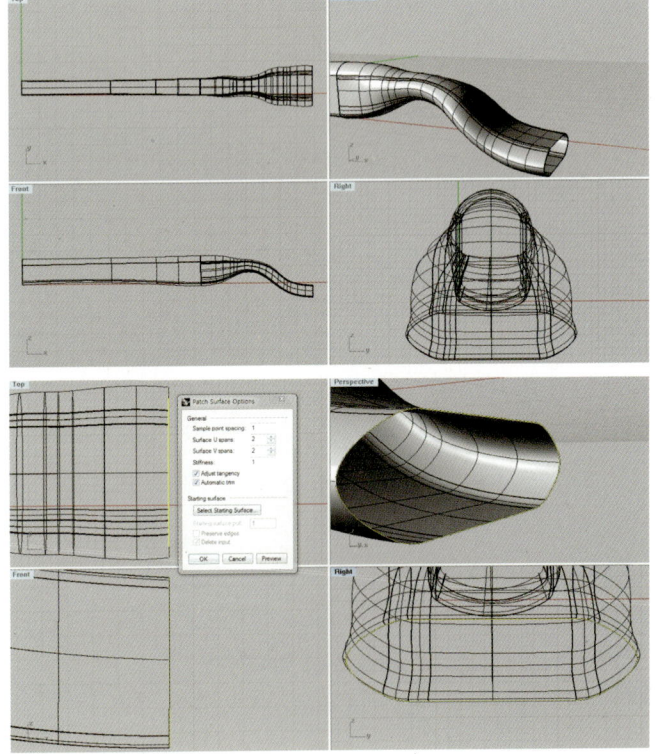

17 Curve > Rectangle > Center, Corner ⬚ 를 클릭해 사각형을 그린다.

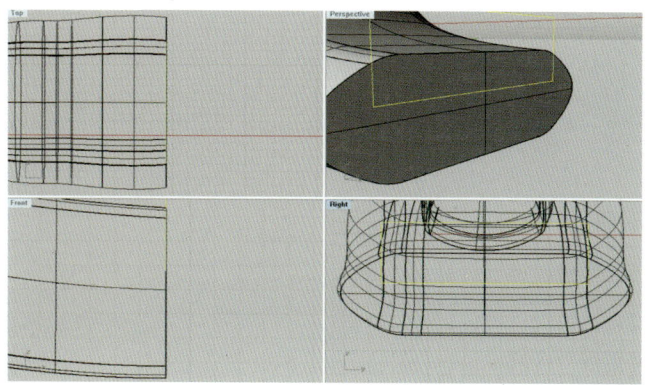

18 드래그로 사각형의 위치를 면의 중앙에 맞춘다.

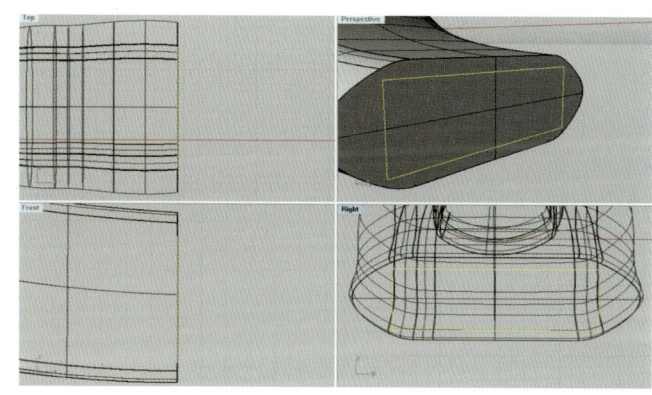

19 Edit > Control Points > Control Points On 🔧 또는 약키 F10을 눌러 Control Points를 활성화시키고 양쪽의 Point를 선택하여 형태를 만든다.

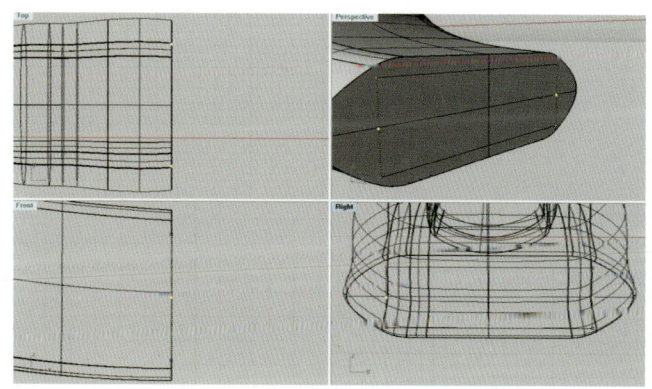

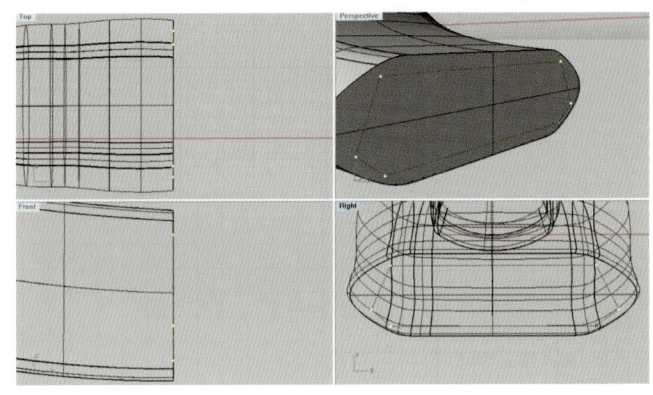

20 Curve > Fillet Curves 를 클릭하고 각각의 모서리에 Radius값 '1'을 입력하여 모서리를 굴린다. 전체 Curve를 선택하여 Join 시킨다.

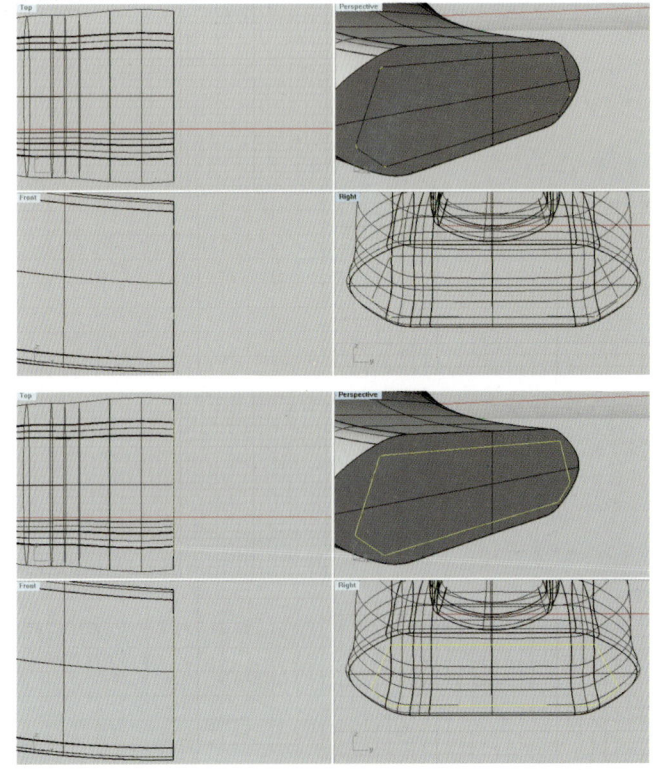

21 Surface > Extrude Curve > Straight 🔘 를 클릭하고 옵션에서 Cap을 선택해 비례에 맞추어 적당한 길이로 면을 생성한다.

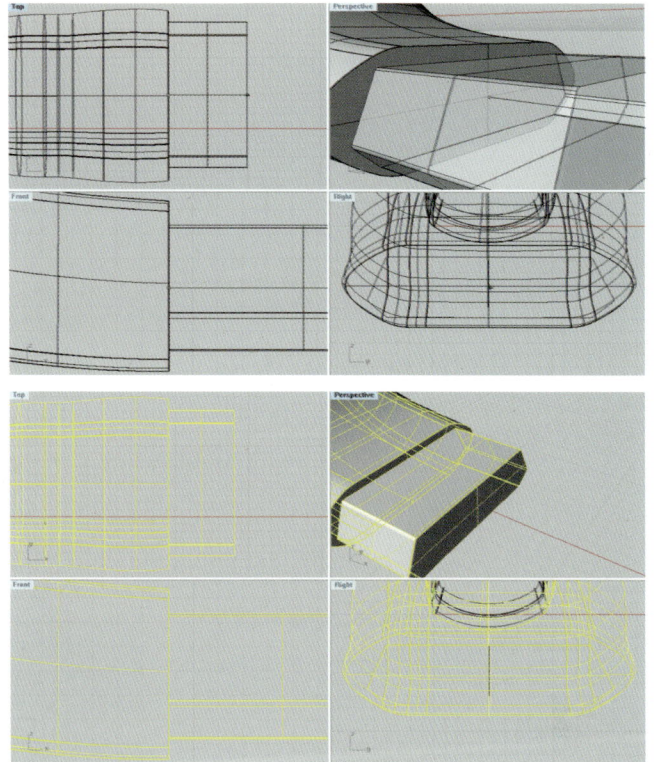

22 Solid > Union 🔘 을 클릭하고 두 오브젝트를 선택하여 하나의 Solid로 만든다.

> **TIP**
> 만약 실패할 경우, 새로 생성된 오브젝드를 살짝 본체와 겹치게 한 후 다시 시도한다.

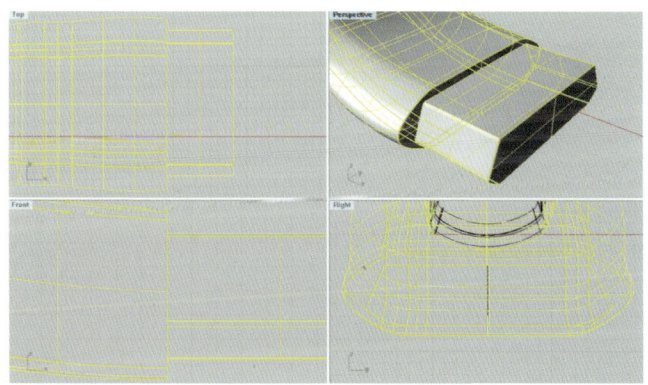

23 Curve > Rectangle > Center, Corner 를 클릭해 사각형을 그린다.

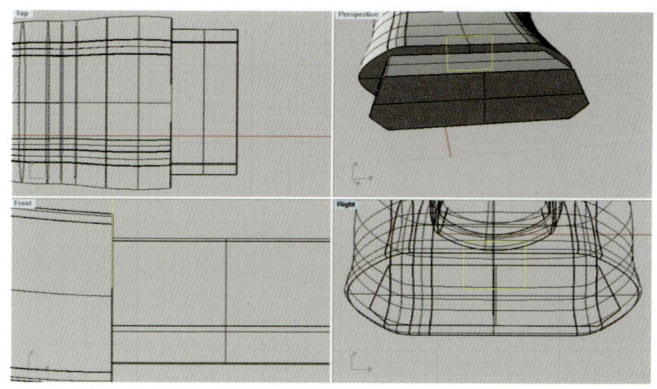

24 중심부의 사각형을 복사해서 양쪽으로 하나씩 붙여넣어 배치한다.

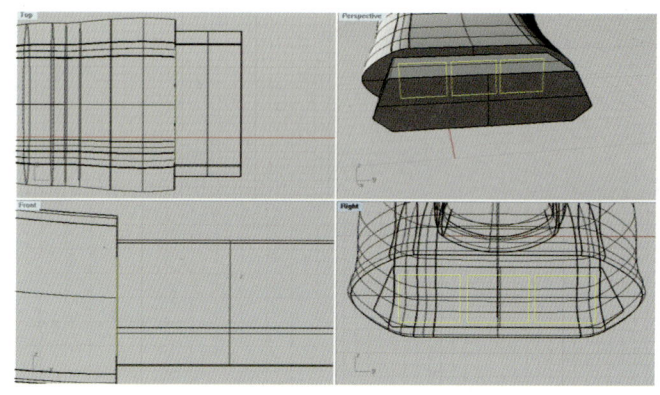

25 사각형 Curve를 선택하고 Surface > Extrude Curve > Straight 를 클릭해 옵션의 Cap을 선택한 후 면을 생성한다.

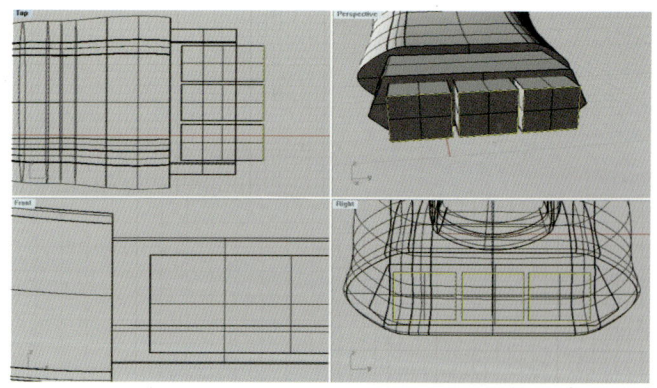

26 Solid > Difference 를 클릭하고 몸체를 선택한 후 세 개의 Solid Box를 선택하여 몸체의 면을 제거한다.

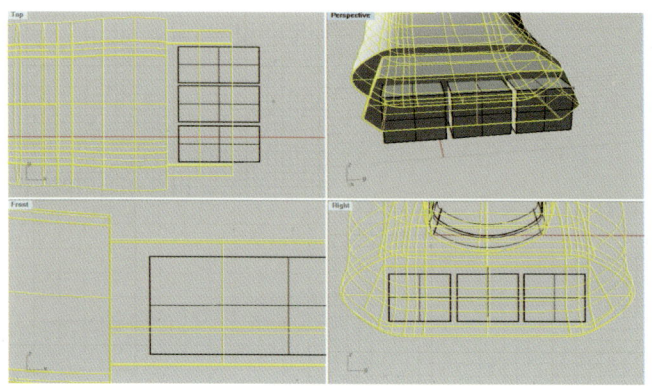

27 Curve가 위치를 잡도록 드래그로 움직여준 후, 가운데 위치한 Curve를 선택하고 Curve > Offset Curve 를 클릭해 안쪽으로 '0.2'만큼 들어오는 Curve를 만든다.

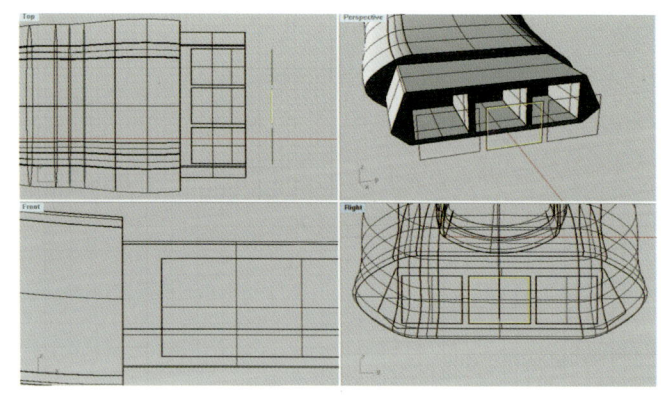

28 Surface > Extrude Curve > Straight 를 클릭하고 옵션의 Cap을 선택해 면을 생성한다.

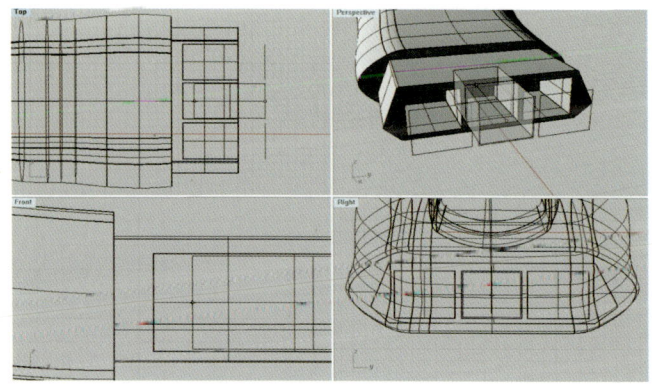

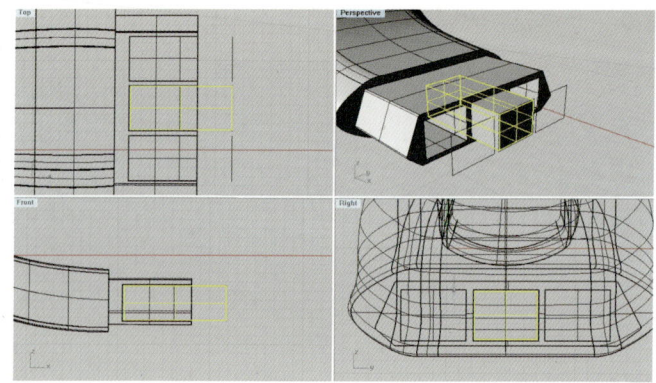

29 Curve > Curve From Objects > Duplicate Edge 를 클릭하여 손잡이 뒤 원형 부분의 Curve를 추출한다. Top View 에서 Curve > Arc > Start, End, Point on Arc 를 클릭해 Arc를 그린다.

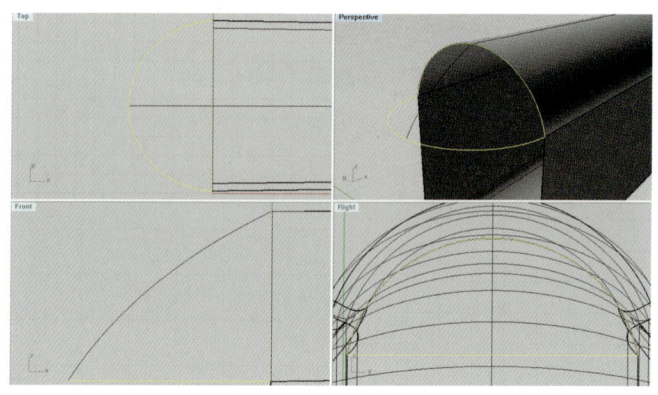

30 Front View에서 Curve > Arc > Start, End, Point on Arc 를 클릭하고 Osnap > Mid, Quad를 활성화시켜 Arc를 그린다.

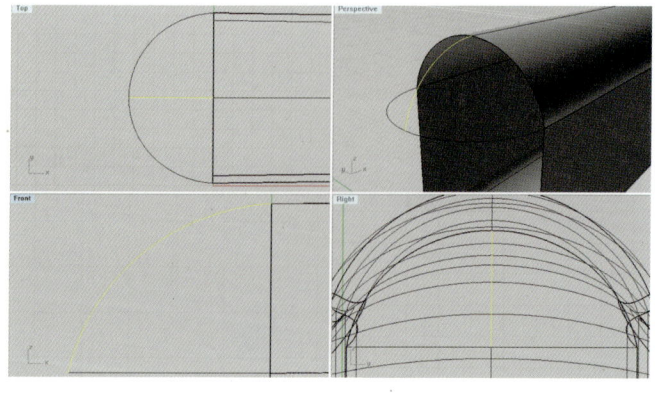

31 Surface > Curve Network 를 클릭해 면을 생성한다.

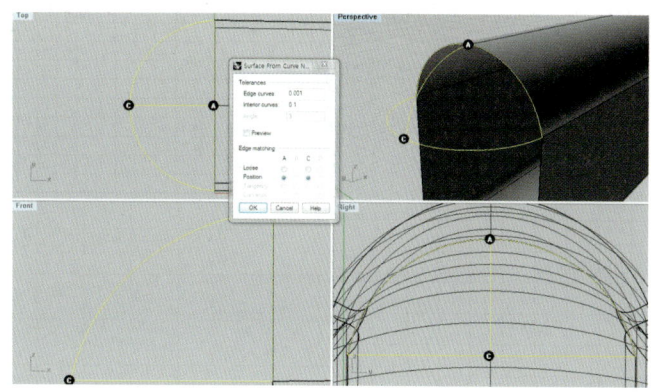

32 아랫부분의 곡면 역시 위와 같은 방법으로 만든다.

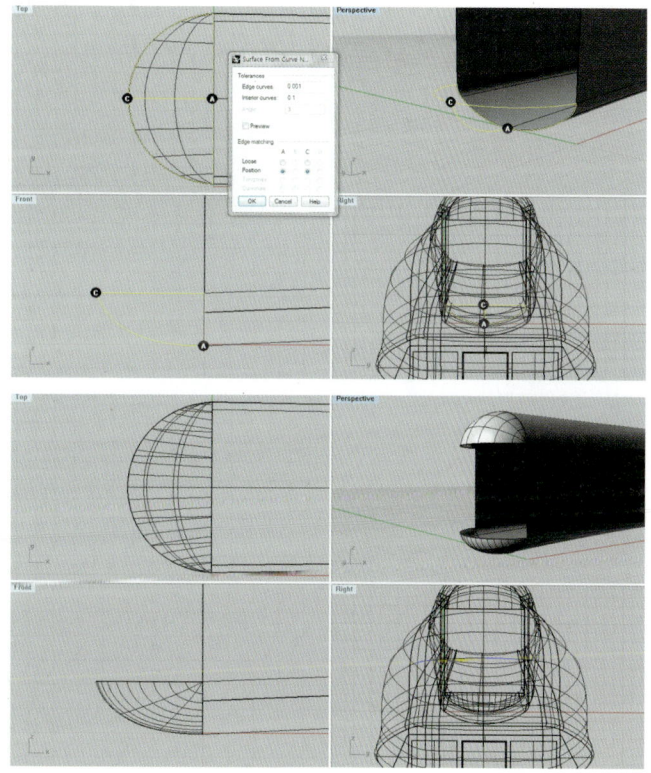

33 Surface > Sweep 2 Rails 를 클릭하여 양쪽의 Curve를 선택하고, 옵션의 기본값을 이용하여 면을 생성한다.

> **TIP**
> Loft를 사용해도 면을 만들 수 있다. 위와 같이 형태가 직선인 면에서는 Loft를 사용해도 무방하나, 직선이 아닐 경우에는 2 Rails를 사용하는 것이 좋다.

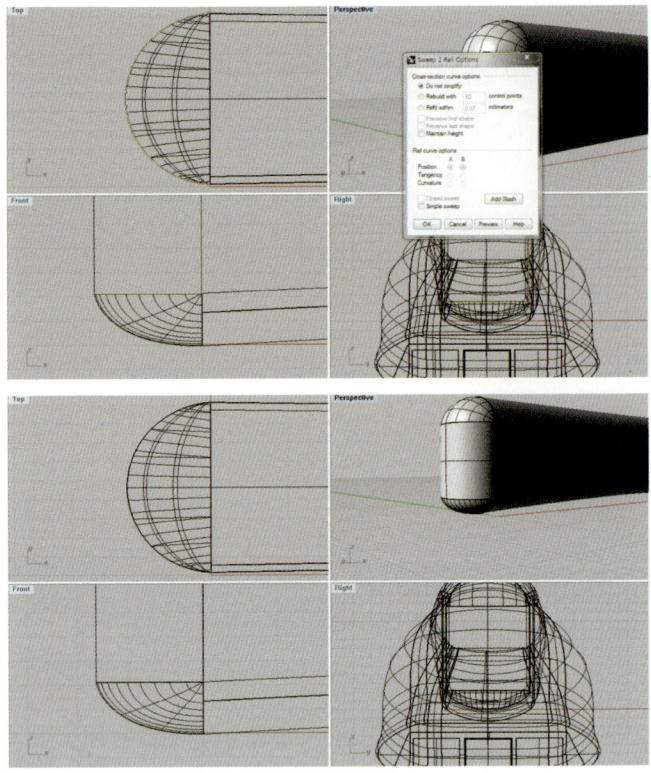

34 Curve > Free-Form > Control Points 를 클릭해 몸체의 면을 가로지르는 Curve를 만든다.

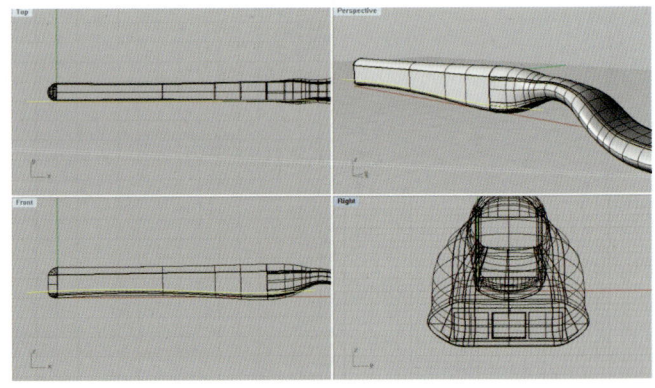

35 Surface > Extrude Curve > Straight ▣를 클릭해 몸체를 관통하게 면을 생성한다.

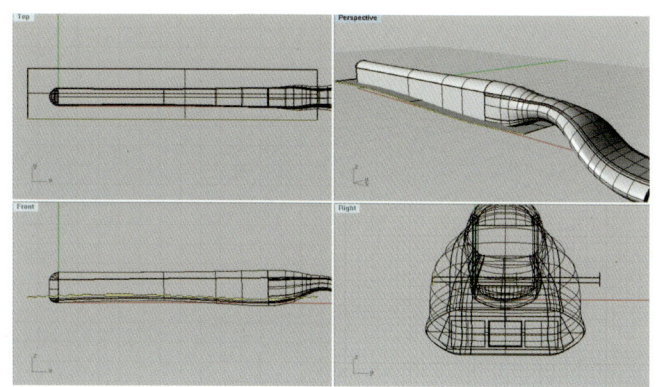

36 Edit > Split ▣을 클릭하고 몸체를 선택해 Enter(MR)를 누른 다음, 생성된 면을 선택하여 Enter를 누른다.

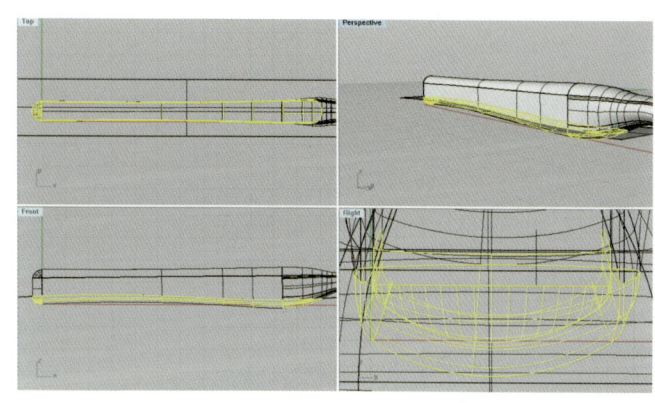

37 다시 한 번 순서를 바꾸어 Edit > Split ▣을 클릭한 다음 생성된 면을 선택하고 Enter, 몸체의 면을 선택하여 Enter를 누른다. 이 경우 몸체의 면은 모두 닳아 있어 하나의 면만 생각해도 되나, 드래그로 아랫면을 동시에 선택하는 것이 편리하다.

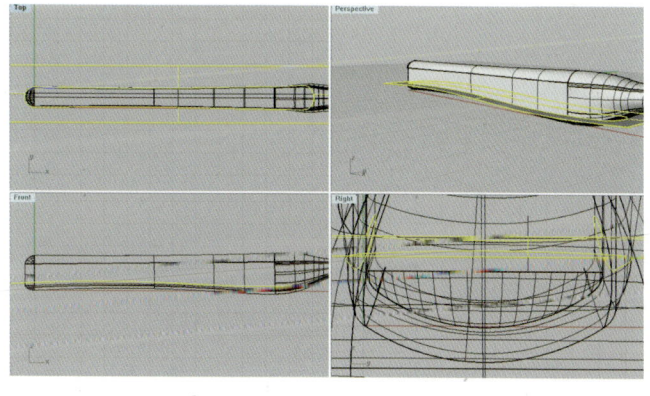

38 아래쪽의 분리된 면을 선택하고 Select > Invert 를 클릭한 후 Hide 하여 아랫부분만을 남긴다.

Surface > Offset Surface 를 클릭하고 면의 바깥쪽 방향으로 '0.2'를 입력해 면을 생성한다. 그런 후 안쪽의 면은 삭제한다. 실제 모델에서 보면 아랫부분이 조금 큰 것을 알 수 있다.

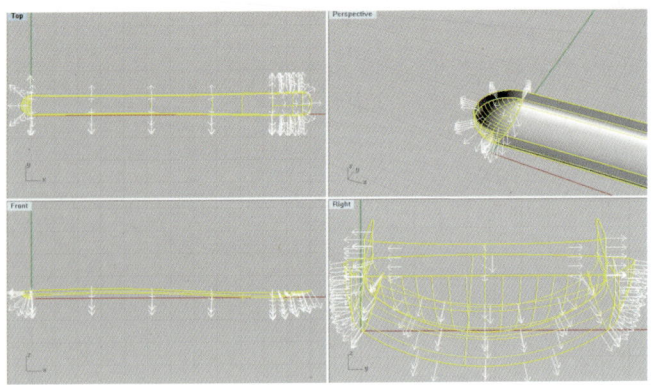

39 Offset Surface된 면은 각각의 면이 분리된다. 면이 연결된 곳이 각으로 이어져 있을 경우 각각의 면이 Offset되어 연결되지 않은 경우가 많다. Join을 해보면 반구 형태가 Join되지 않는다. 면의 반구 형태를 Delete로 지운다.

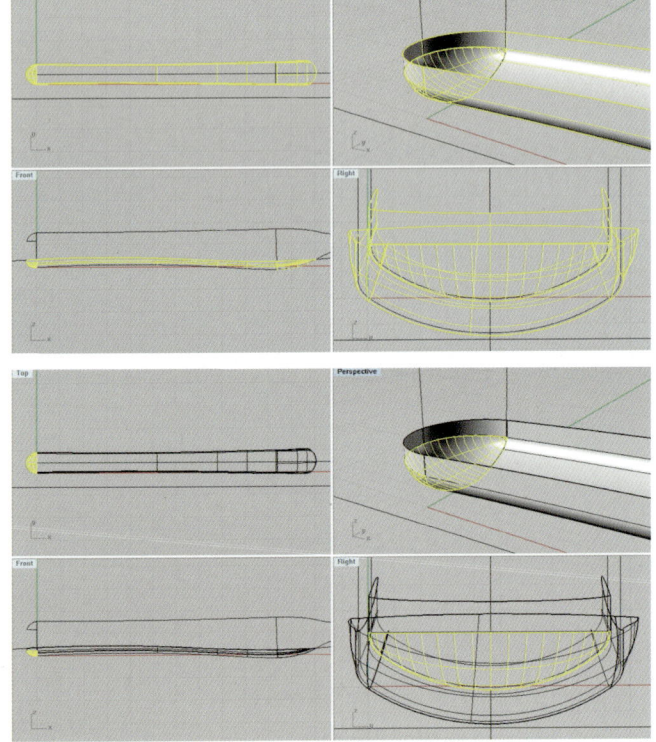

40 Curve > Curve From Objects > Duplicate Edge 를 클릭하여 그림과 같이 면의 Edge 부분 Curve를 추출한다.

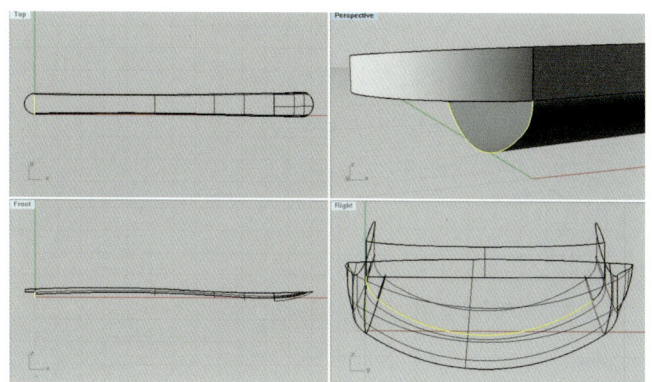

41 Curve > Curve From Objects > Duplicate Edge 를 클릭하여 그림과 같이 면의 Edge 부분 Curve를 추출한다.

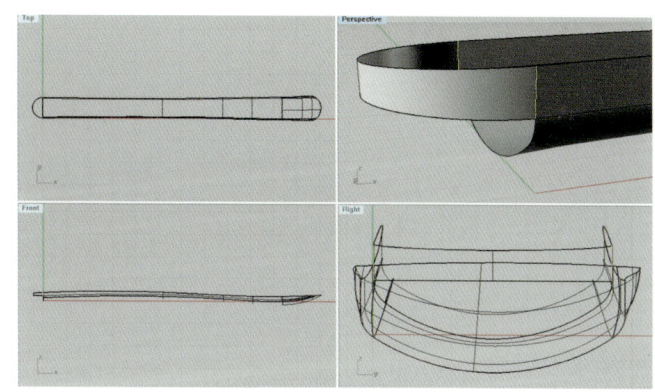

42 위쪽 타원 부분의 위아래 Edge 역시 Curve > Curve From Objects > Duplicate Edge 를 클릭하여 그림과 같이 면의 Edge 부분 Curve를 추출한다.

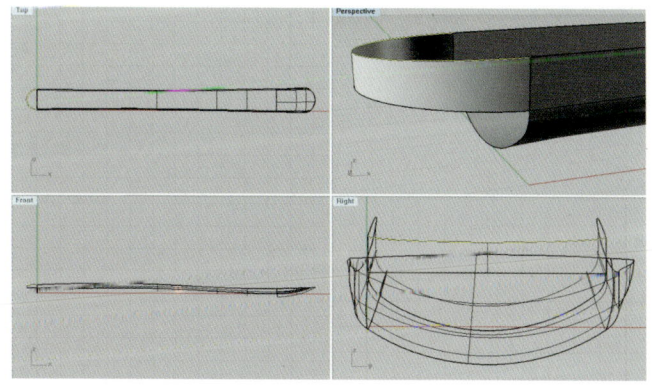

43 Surface > Sweep 2 Rails 를 클릭해 위아래의 Curve를 Rail Curve로 선택 후 양쪽의 Curve를 Cross-section Curve로 사용하여 면을 생성한다.

TIP
기존에 있던 면을 두고 다시 면을 생성하는 이유는, 기존에 만든 면의 Iso curve가 적어 편집 시 면이 깨질 가능성이 있기 때문에 새로 면을 만들어 면이 어긋남을 방지해주는 것이다.

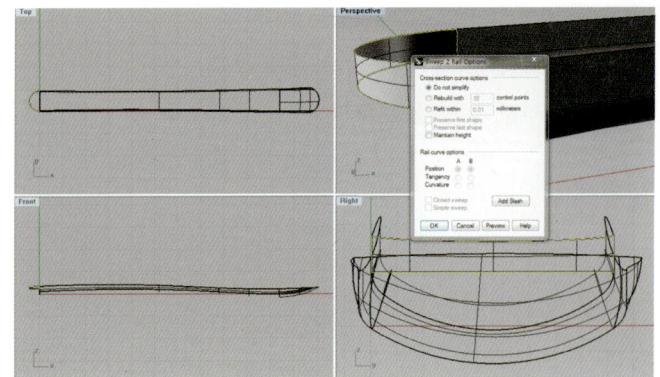

44 새로 생성한 면과 기존의 면을 Join 하여 면이 찌그러짐이 없고 정확히 맞는지 확인한다.

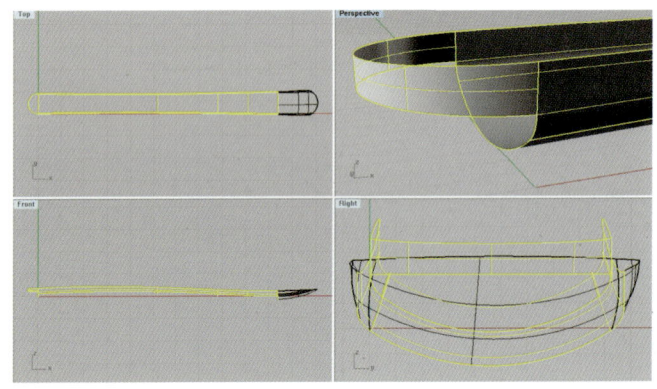

45 Osnap > Quad, Mid를 활성화시킨 후 Curve > Arc > Start, End, Point 를 클릭해 앞부분과 뒷부분에 Curve를 만든다.

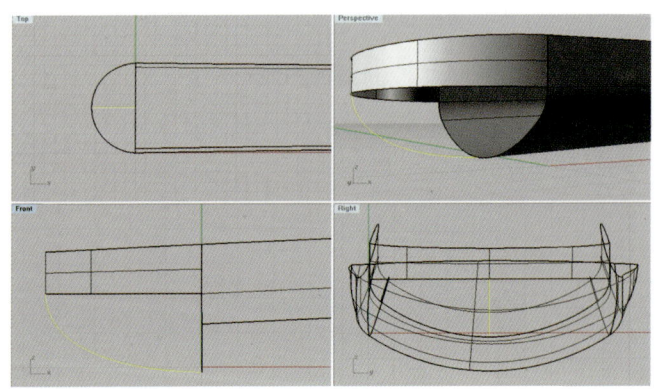

46 Surface > Curve Network 를 클릭해 양쪽의 모서리를 선택하고 가운데 Curve를 선택하여 면을 생성한다.

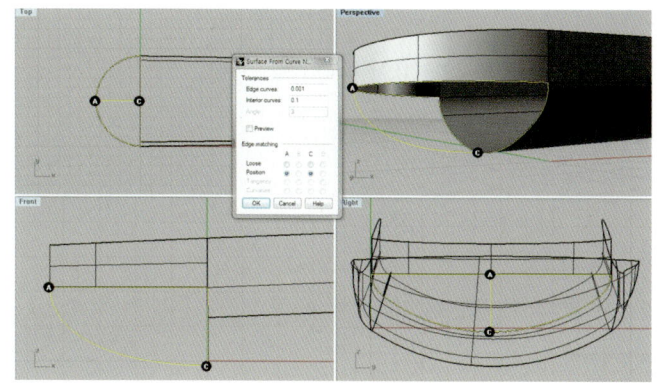

47 면을 생성한 후 전체를 선택하여 Join 한다.

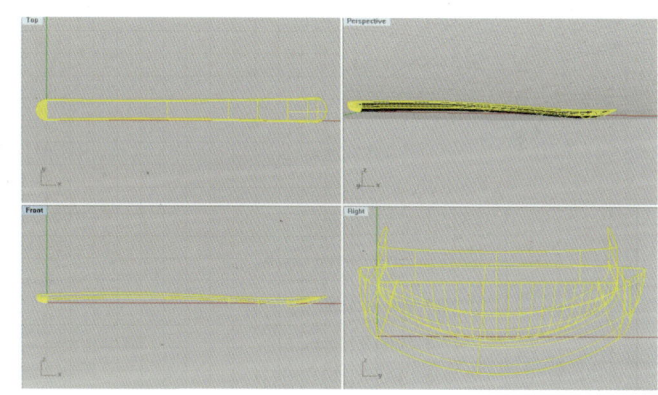

48 Curve > Curve From Objects > Duplicate Edge 를 클릭해 면 윗부분 Edge의 Curve를 추출한다.

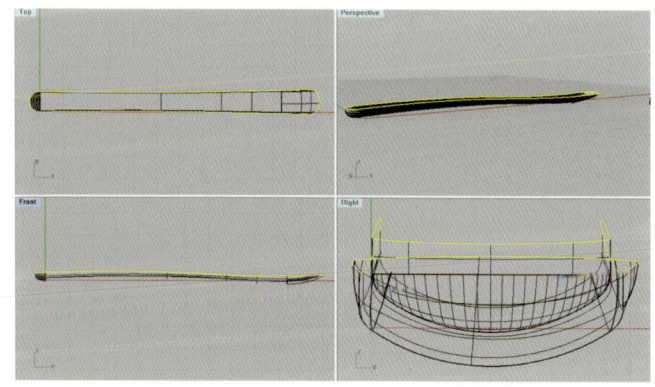

49 Curve를 선택하고 Surface > Patch ▣를 클릭하여 면을 생성한 후 Join ▣한다.

TIP
생성되야 하는 Curve가 곡률을 가지고 있으므로 U, V 값이 적으면 면이 Join되지 않는다. 따라서 수치를 올려 면을 맞춘다.

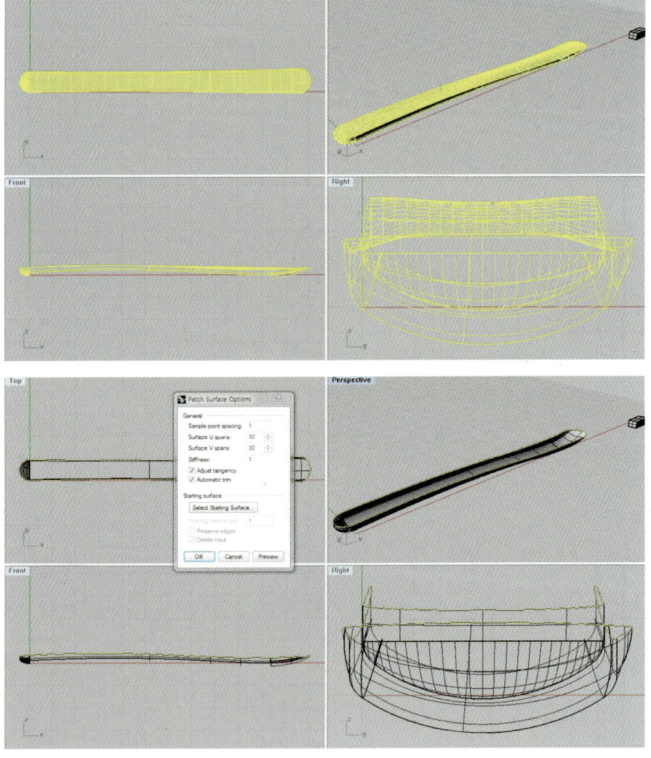

50 각각의 Edge를 선택한다. Solid > Fillet Edge > Fillet Edge ▣를 클릭하고 Radius값을 '0.1'로 입력한다.

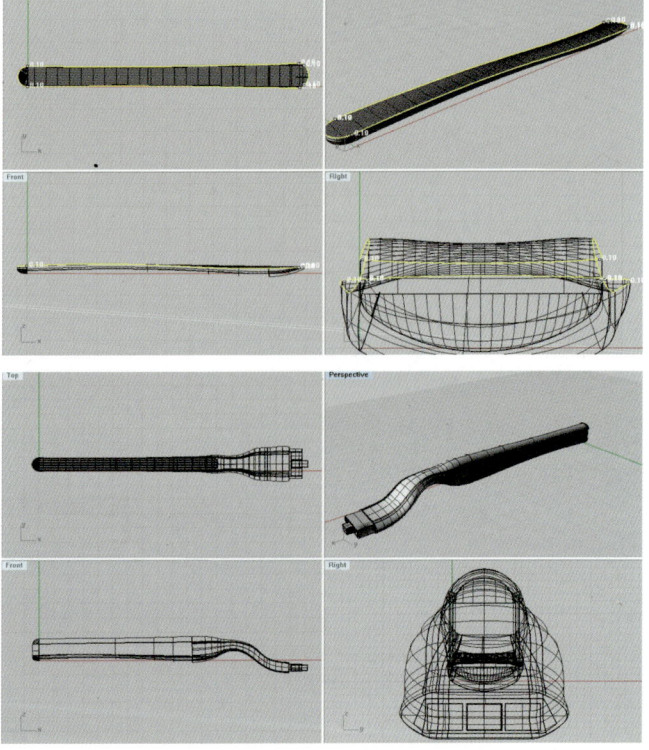

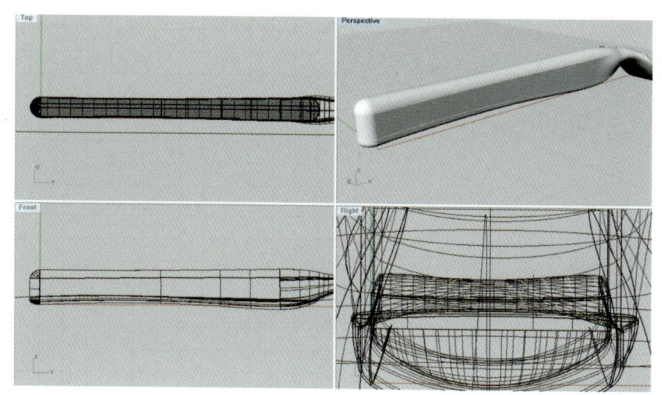

● 면도기 로고 넣기

01 Main2 > Rectangle: Rounded Rectangle 을 클릭해 사각형을 그린다.

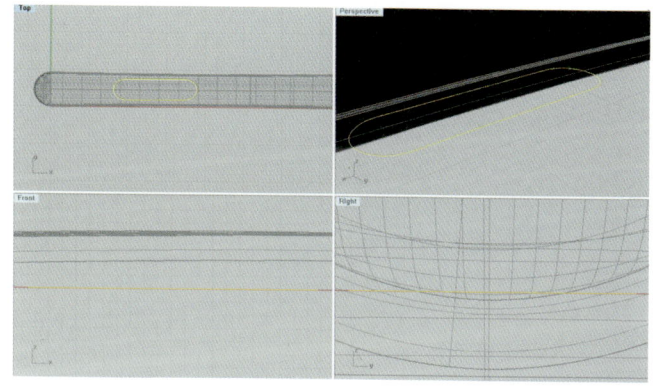

02 Edit > Control Points > Control Points On 또는 약키 F10을 눌러 Control Point를 활성화시키고 Point를 조금씩 옮겨 형태를 만든다.

| TIP |

Scale 1D 를 이용하면 대칭으로 변형할 수 있다.

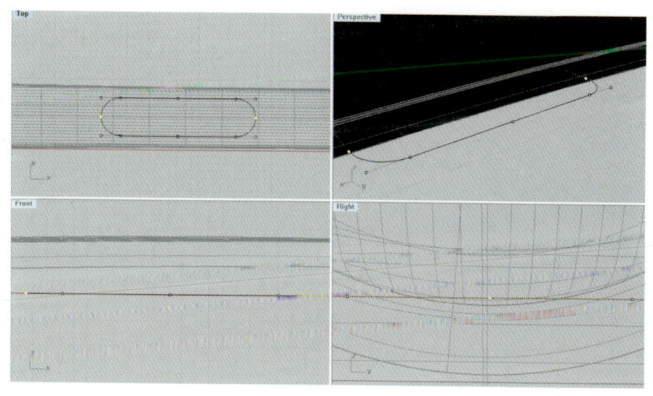

03 Curve를 선택하고 Curve > Offset Curve 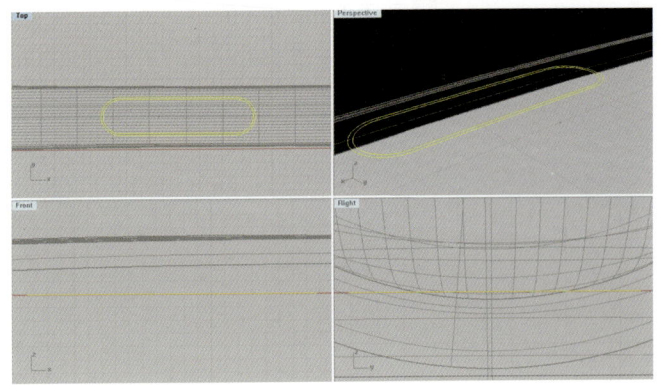를 클릭해 밖으로 '0.1'만큼 나가는 Curve를 만든다.

04 Edit > Control Points > Control Points On 또는 약키 F10을 누르고 Point를 조금씩 옮겨 형태를 수정한다.

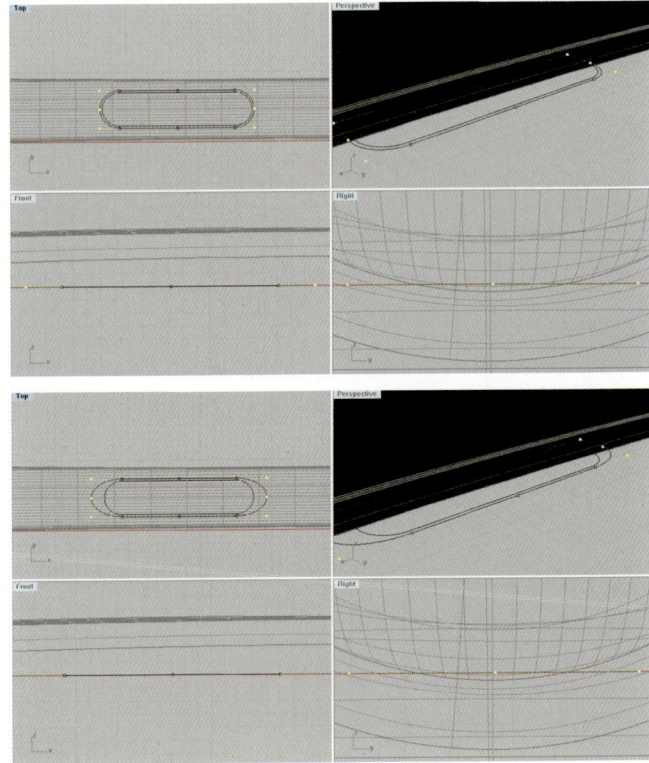

05 Solid > Text 를 클릭하고 글자를 입력한다. 옵션 창이 뜨면 Curve로 선택하고 크기를 '3'으로 지정한다.

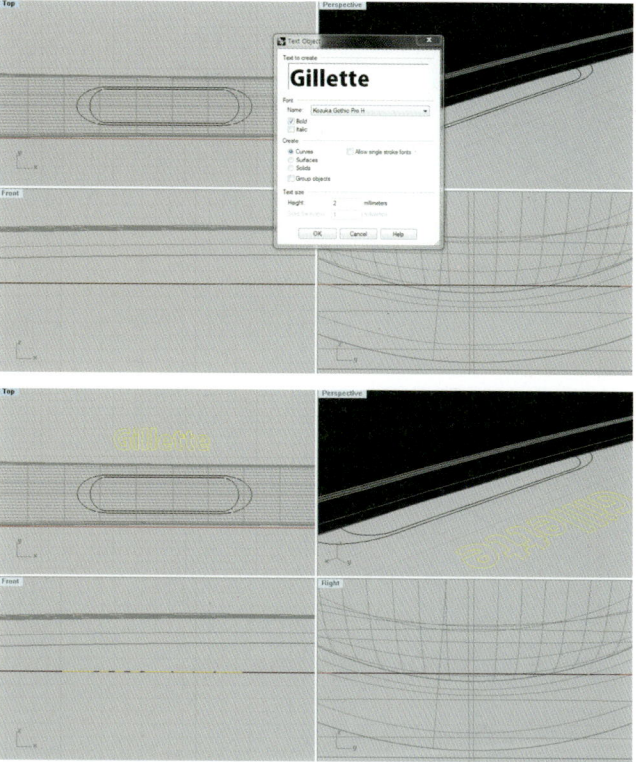

06 Transform > Taper 를 클릭하여 Curve에 기울기를 준다. 그림의 순서대로 처음 영향이 미칠 영역을 정해주고 두 번째로 기울기를 주게 된다.

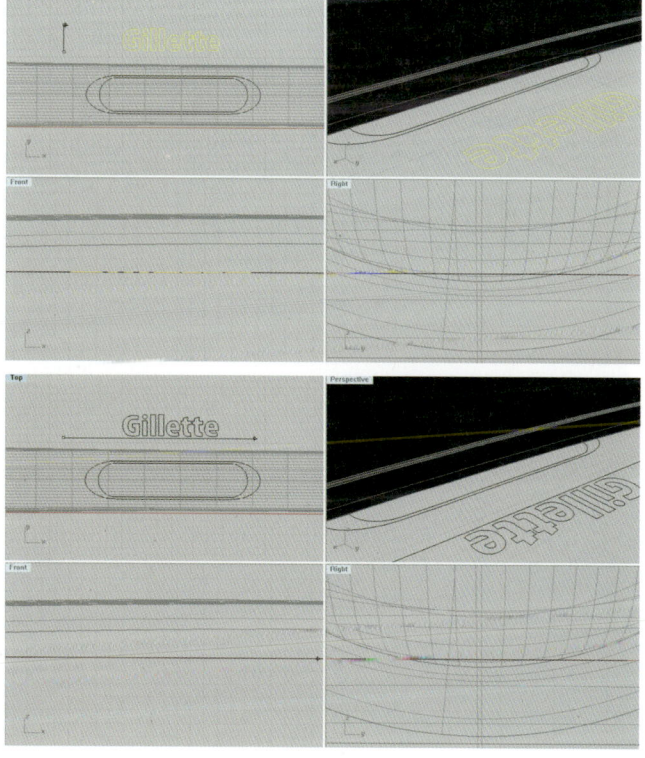

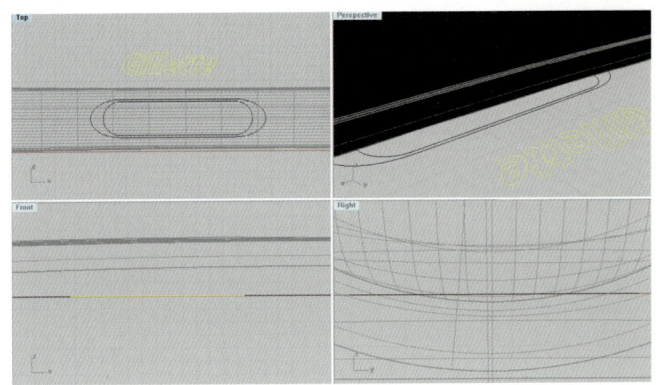

07 Curve를 선택하고 드래그하여 이동한 후 타원 Curve와 Align으로 위치를 정확히 맞춘다.

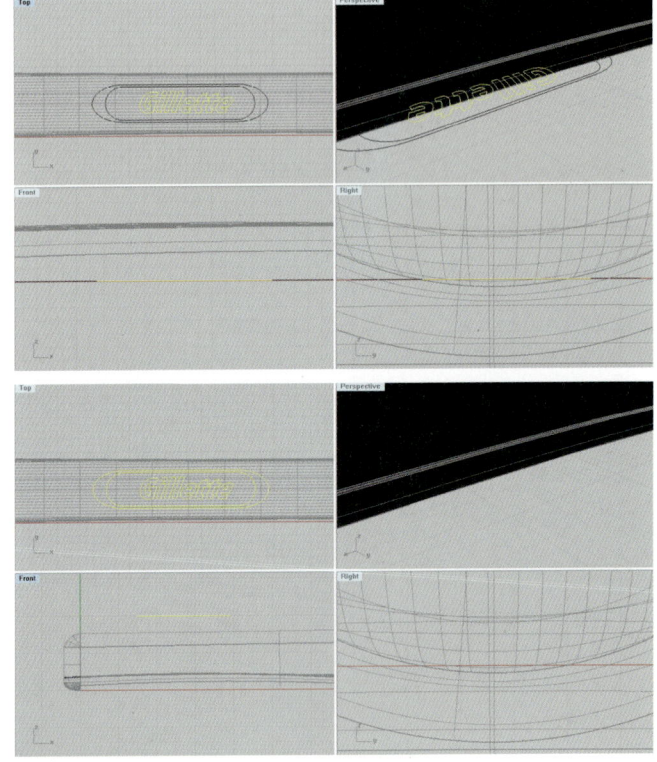

08 Surface > Extrude Curve > Straight 를 클릭하여 옵션에서 Cap을 선택하고, 비례에 맞추어 적당한 길이로 면을 생성한다. 윗면만 걸쳐질 정도의 길이로 만든다.

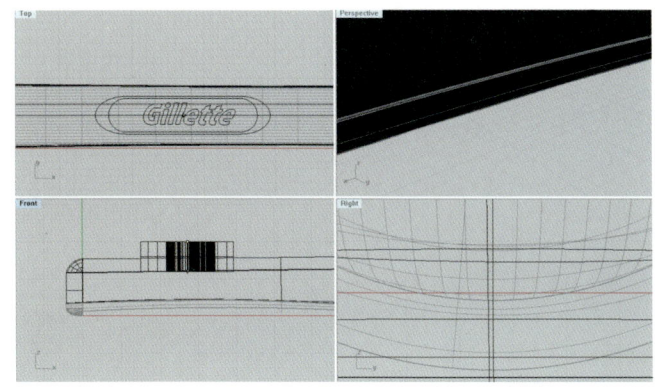

09 Edit > Split 을 클릭하여 몸체를 선택하고 Enter(MR), 생성된 면을 선택하여 Enter를 누른다. 다시 한 번 순서를 바꾸어 Split한다.

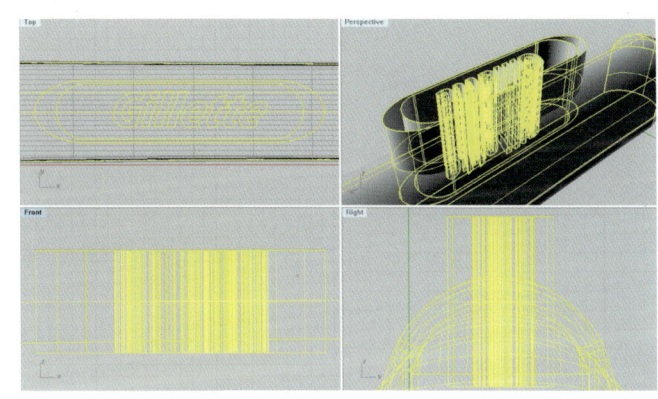

10 잘린 면들을 두고 나머지는 Hide 시킨다. 다음 두 개의 면을 Join 시킨다.

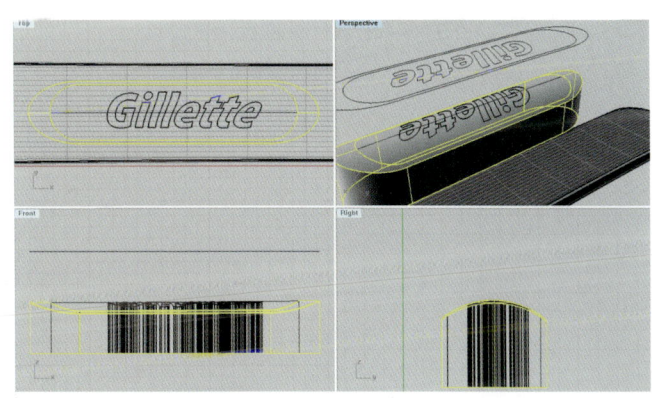

chapter 2 **실습 예제** _ Curve와 Solid 혼합 모델링 • 면도기   253

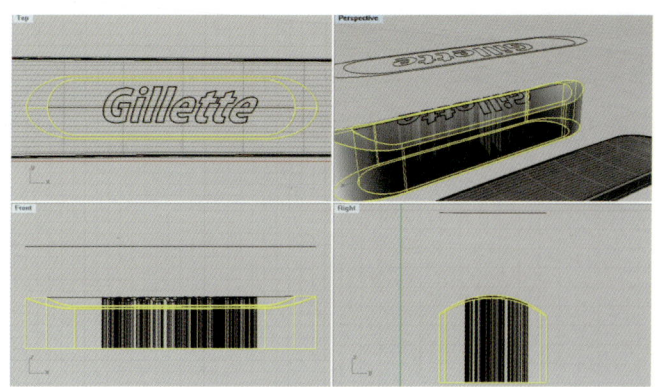

11 Solid > Fillet Edge > Fillet Edge 를 클릭하고 Radius값을 '0.2'로 입력한다.

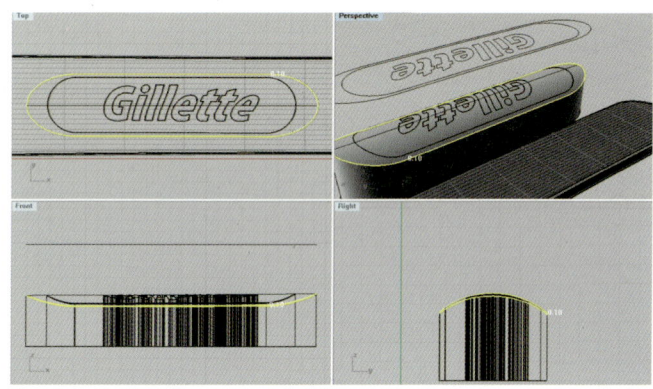

12 가운데의 면을 복사, 붙여넣기하여 Hide 시킨 다음 두 면을 Join 시킨다.

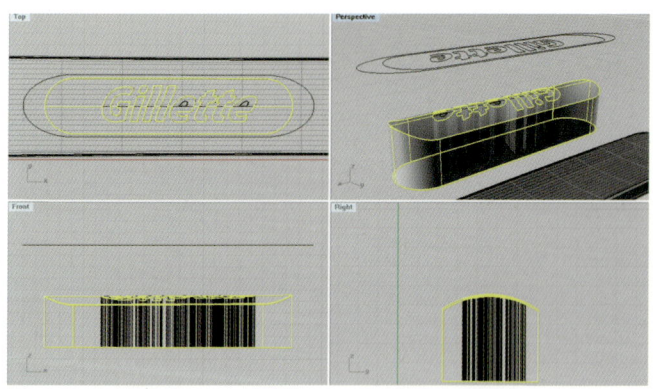

13 안쪽 오브젝트의 Edge를 선택하고 Solid > Fillet Edge > Fillet Edge ▣를 클릭한 다음 Radius값을 '0.2'로 입력한다.

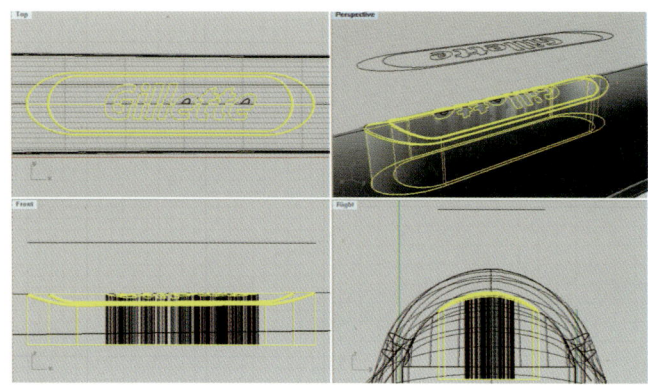

14 위에서 Hide시켰던 오브젝트를 Unhide하여 바깥쪽 면과 Join 🧩시킨다.

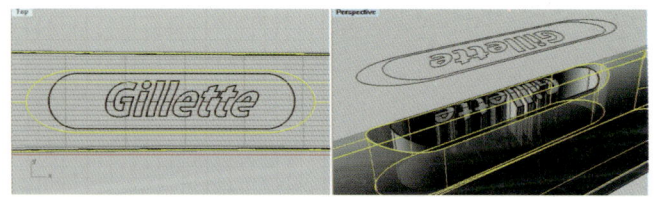

15 바깥쪽 오브젝트부터 아래로 살짝 내린다.

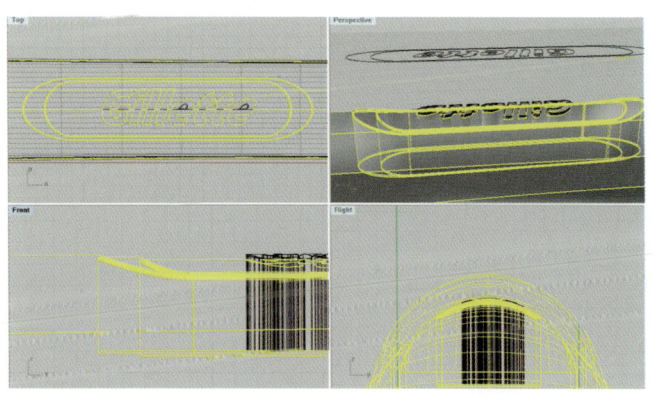

16 글씨 부분은 Join 시키고 양각이 되게 살짝 올린다.

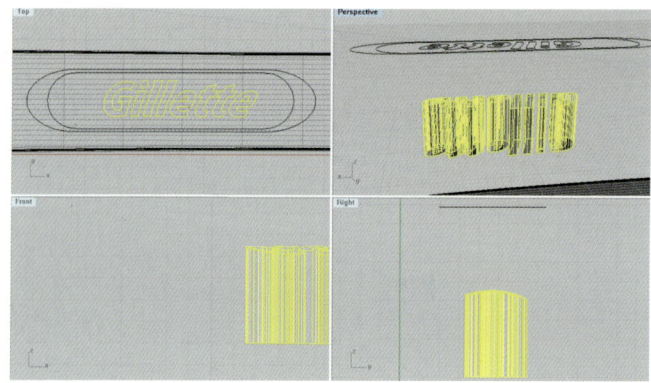

17 로고는 윗부분뿐만 아니라 아랫부분에도 있다. 위와 같은 방법으로 만들면 된다.

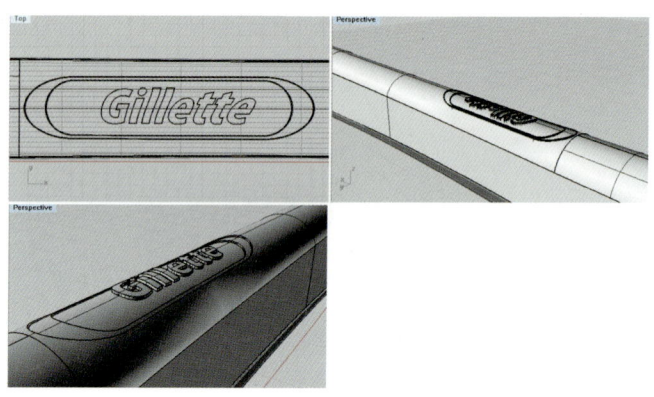

● 손잡이 부분 만들기

01   Curve > Free-Form > Control Points 를 클릭하고 그림에 제시된 형태대로 Curve를 만든다.

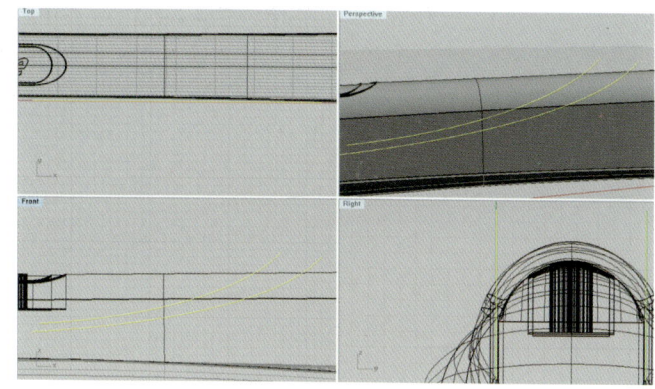

02   Main1 > Circle: Diameter 를 클릭해 두 개의 Curve에 교차되는 원을 그린다.

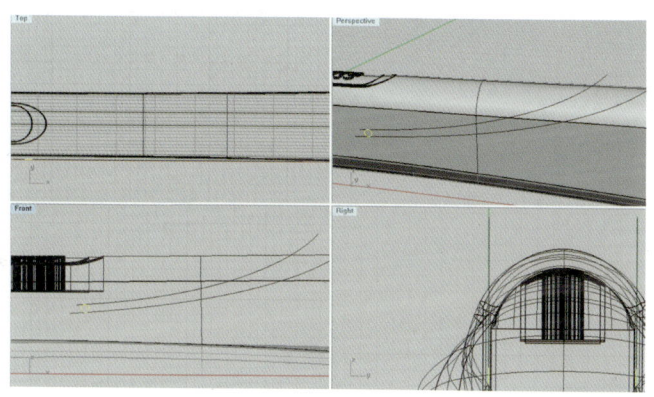

03   Edit > Trim 을 클릭하여 그림에 보이는 형태가 되게 Curve를 지운다.

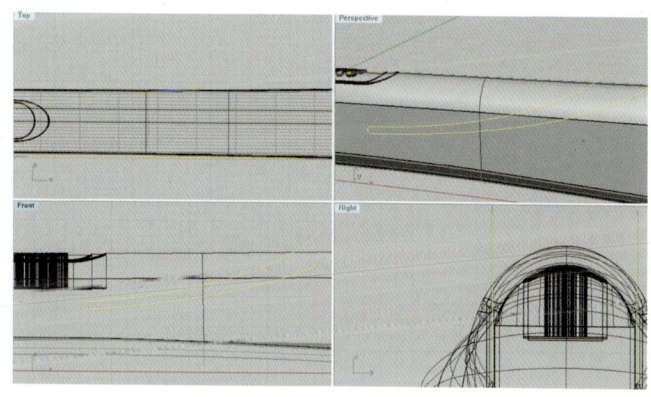

04 Surface > Extrude Curve > Straight 을 클릭하여 면을 관통하는 길이의 면을 생성한다.

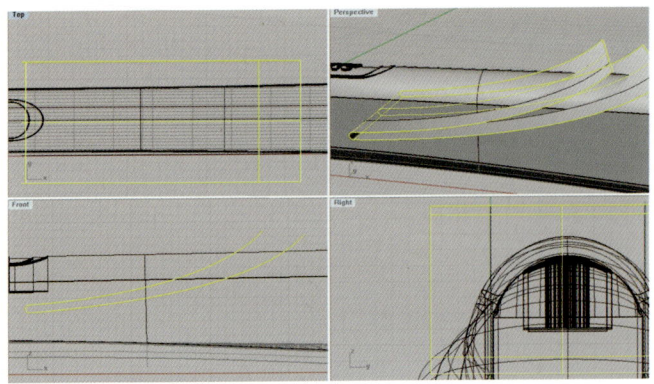

05 Edit > Split 을 클릭하여 몸체를 선택하고 Enter(MR), 생성된 면을 선택하여 Enter를 누른다. 다음 반대로 다시 Split하여 면을 생성한다.

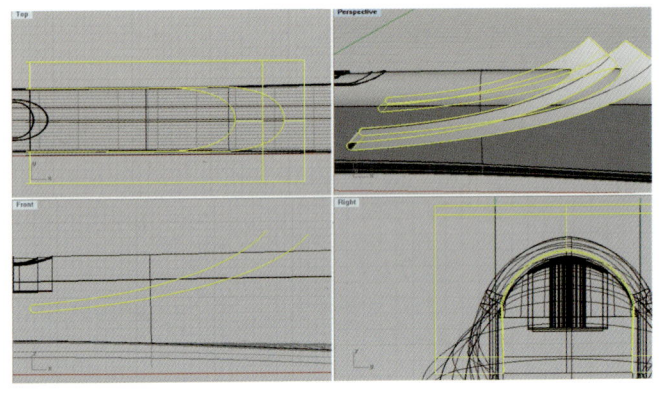

06 Curve > Curve From Objects > Silhouette 을 클릭하고 오브젝트 전체를 선택하여 외곽 형태의 Curve를 추출한다. Curve들이 선택되어 있는 상태에서 Join 을 클릭한다.

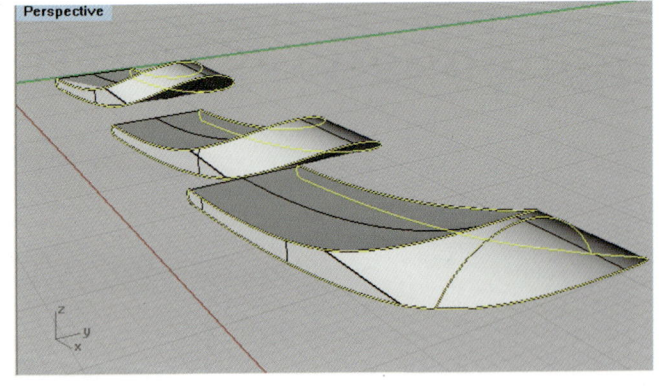

07 Osnap > End, Quad를 활성화시키고 Curve > Line > Polyline ⋀을 클릭해 Curve들의 양쪽 모서리 부분에 직선을 긋는다. Osnap > Near를 활성화시키고 Edit > Control Points > Insert Kink ⋀를 클릭해 Curve에 두 개의 Point를 넣는다. Edit > Control Points > Control Points On ⋀ 또는 약키 F10을 누르고 중심부의 Curve를 이동시켜 모양을 만든다.

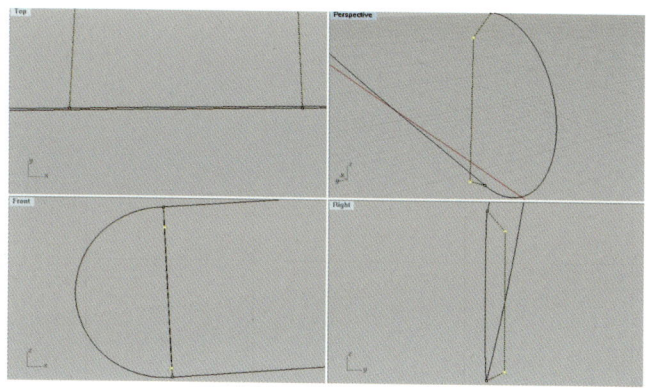

08 Osnap > Mid를 활성화시키고 Curve > Line > Polyline ⋀을 클릭하여 Curve들의 양쪽 모서리 부분에 직선을 긋는다.

> [TIP]
> Osnap > Mid, Perp를 활성화시키고 Curve > Free-Form > Control Points ⋀로 Curve를 그려줄 수도 있다.

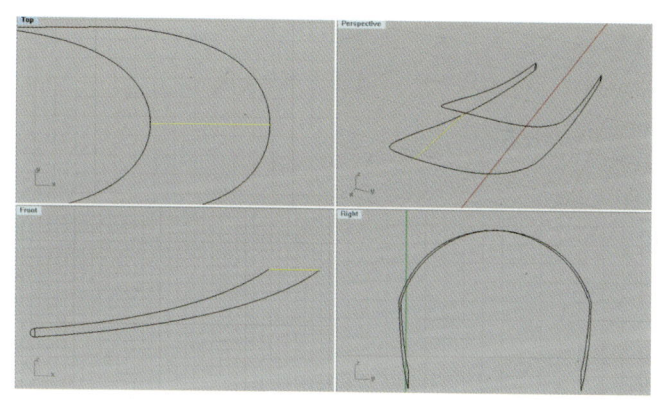

09 Osnap > Near를 활성화시키고 Edit > Control Points > Insert Kink ⋀를 클릭해 Curve에 두 개의 Point를 넣는다. Edit > Control Points > Control Points On ⋀ 또는 약키 F10을 누르고 중심부의 Point를 이동시켜 형태를 수정한다.

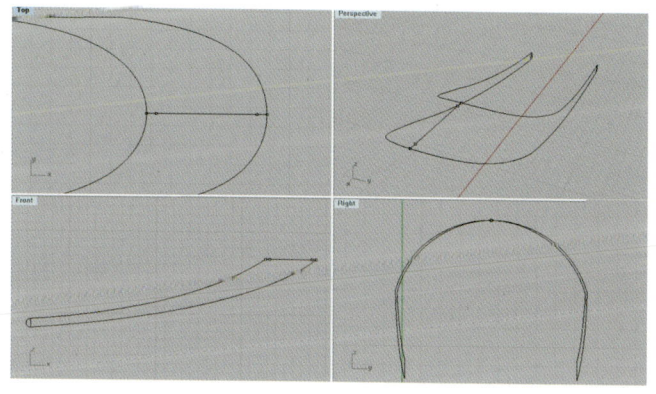

10 Surface > Sweep 2 Rails 를 클릭하고 옵션의 기본값을 사용하여 면을 생성한다.

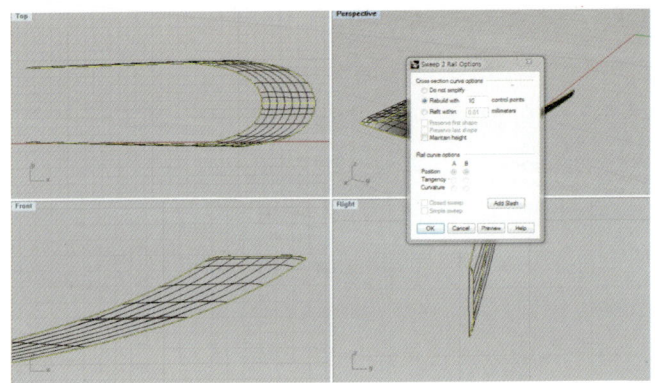

11 Curve > Arc > Start, End, Point on Arc 를 클릭하고 Osnap > Near를 활성화시켜 Curve를 만든다.

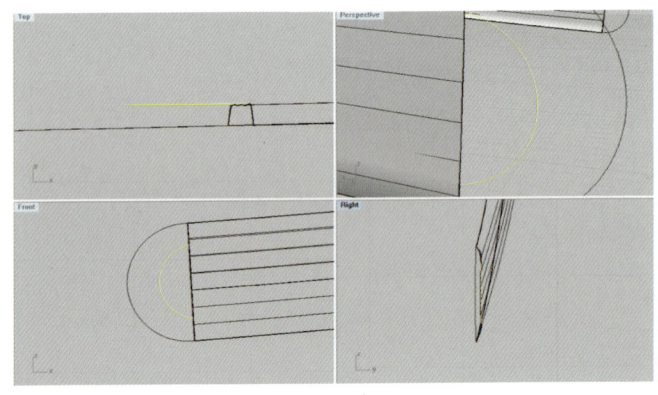

12 Surface > Patch 를 클릭하고 두 개의 Curve를 선택한 다음 U, V 값을 '10'으로 바꿔 Surface를 만든다. 그 다음 모든 면들을 선택하여 Join 시킨다.

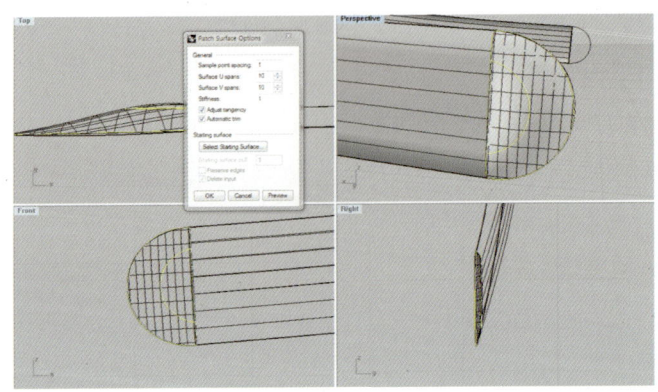

13 앞에서와 같은 방법으로 나머지 면들도 생성한다.

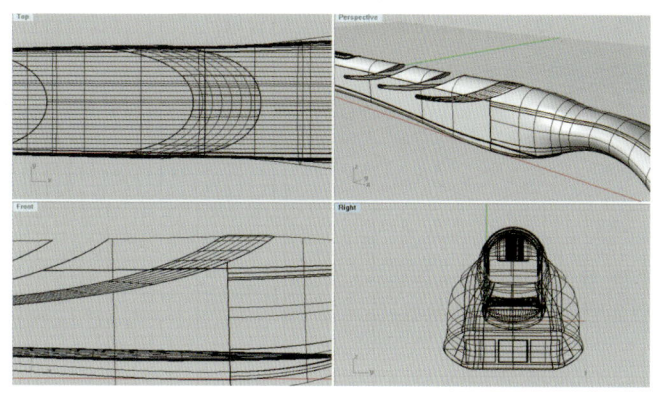

14 Solid > Fillet Edge > Fillet Edge 를 클릭하고 Radius값을 '0.3'으로 입력한다. 그 후 각각의 Edge를 선택한다.

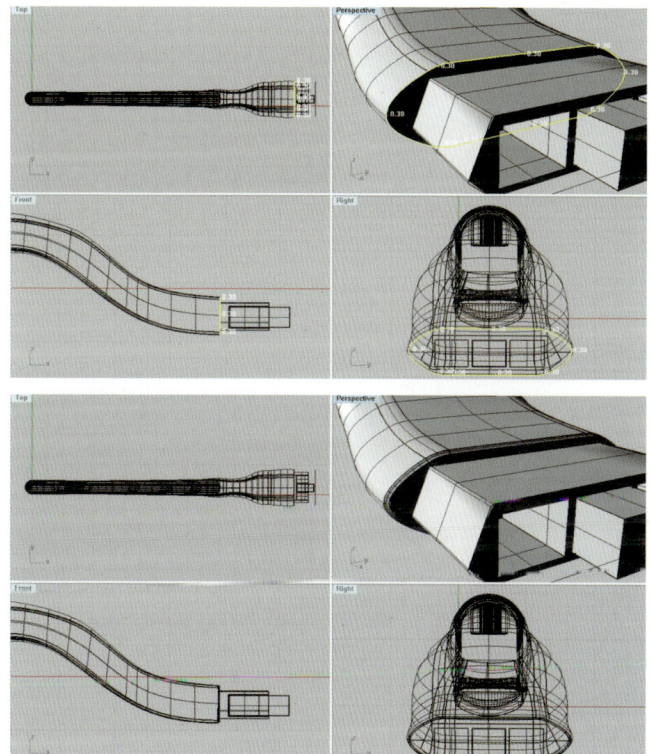

15 Solid > Fillet Edge > Fillet Edge
🔲를 클릭하고 Radius값을 '0.1'로 입력한 다음 Edge를 선택한다.

TIP
보통 동시에 선택해 작업하나, 알아보기 쉽게 따로따로 작업하여 나타냈다.

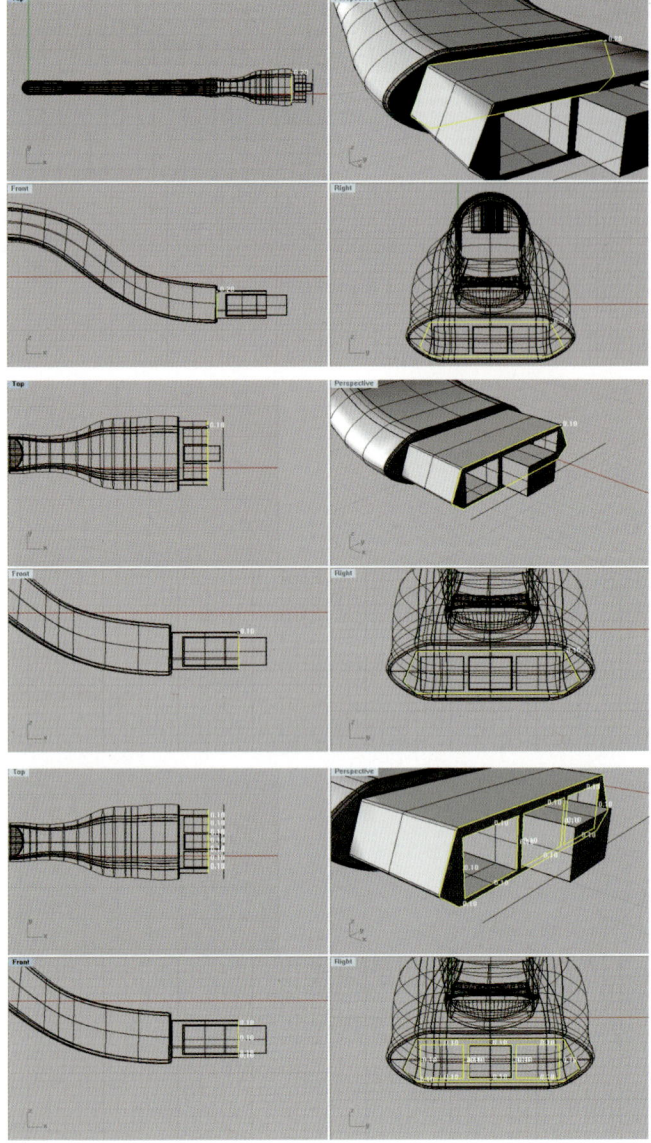

16 정확한 크기를 만들기 위해 Osnap > Quad를 활성화시켜 Main2 > Ellipse: Diameter 로 그려준 후, Polyline 으로 Curve를 만든다. Curve의 위치를 앞쪽으로 드래그하여 옮긴다.

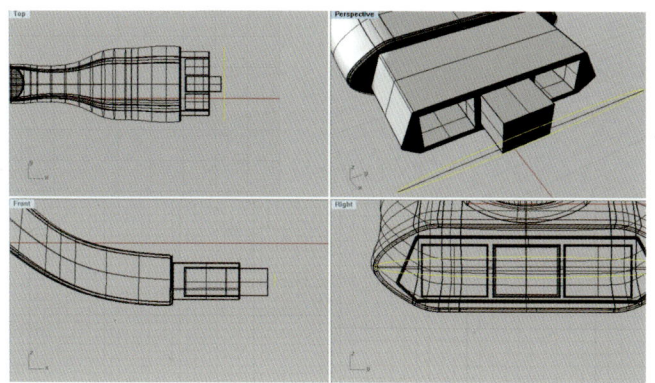

17 Curve > Curve From Objects > Duplicate Edge 를 클릭하여 왼쪽 부분의 Curve를 추출한다. 추출한 Curve를 복사하여 중간 부분에 붙여넣는다.

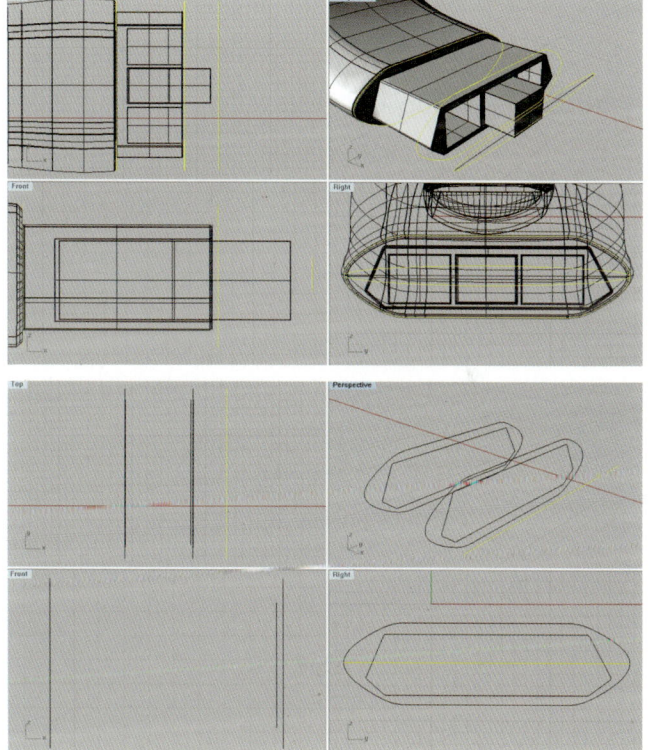

18 Curve > Line > Polyline 을 클릭하고 Osnap > End, Quad를 활성화시켜 Curve를 만든다.

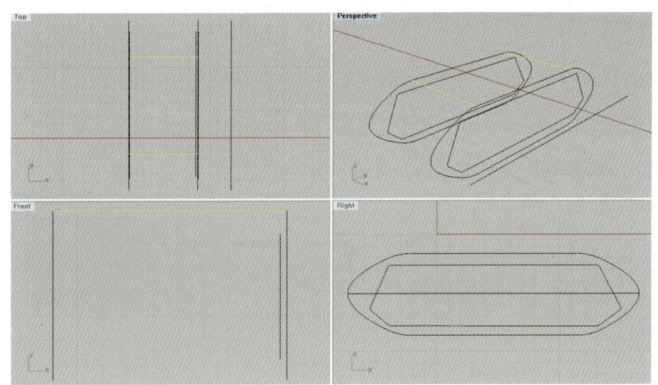

19 Curve > Arc > Start, End, Point on Arc 를 클릭하고 Osnap > End를 활성화시킨 후 아랫부분과 윗부분에 Curve를 만든다. Osnap > Mid를 활성화시키고 Transform > Mirror 를 클릭해 반대편에도 똑같이 하나를 더 만든다.

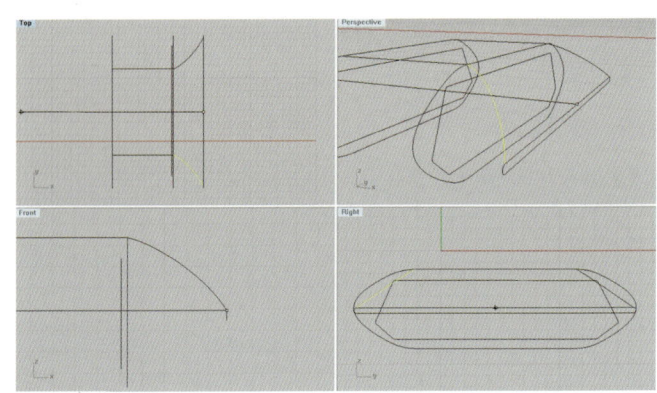

20 아랫부분 역시 같은 방법으로 만든다.

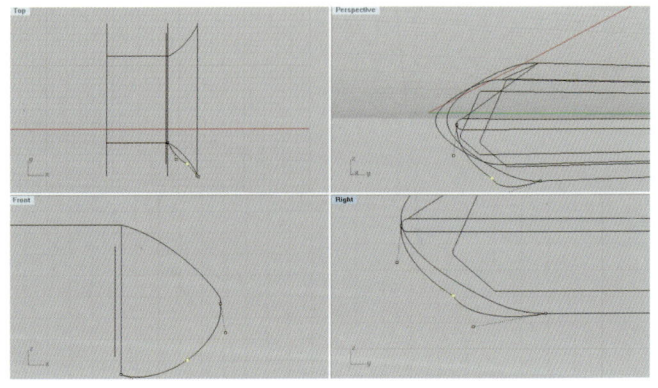

21 Edit > Control Points > Control Points On 또는 약키 F10을 누르고 Control points로 형태를 자연스럽게 수정한다.

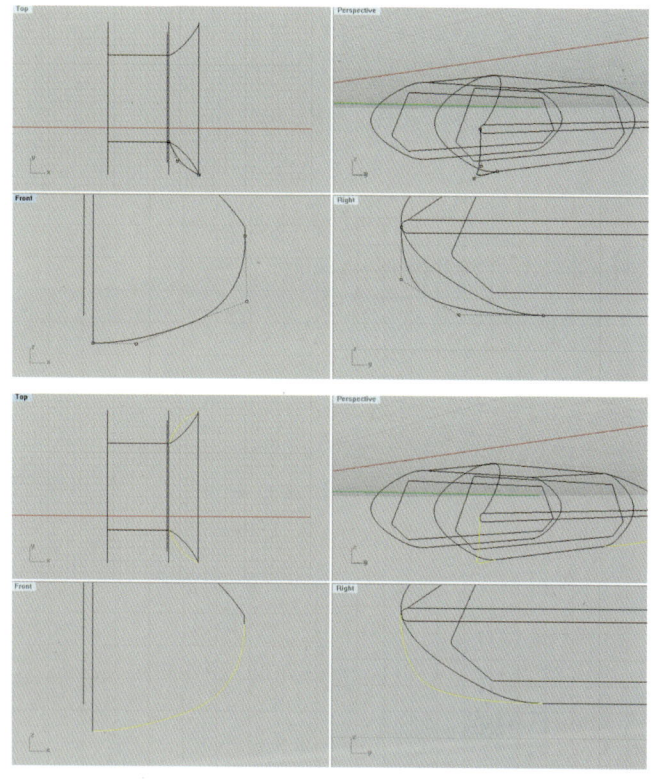

> **TIP**
>
> 위에서 제시한 것과 다른 방법으로 만들어보자.
>
> **01** Curve > Line > Polyline 을 클릭하고 Osnap > Fnd를 활성화시켜 Curve를 만든다.

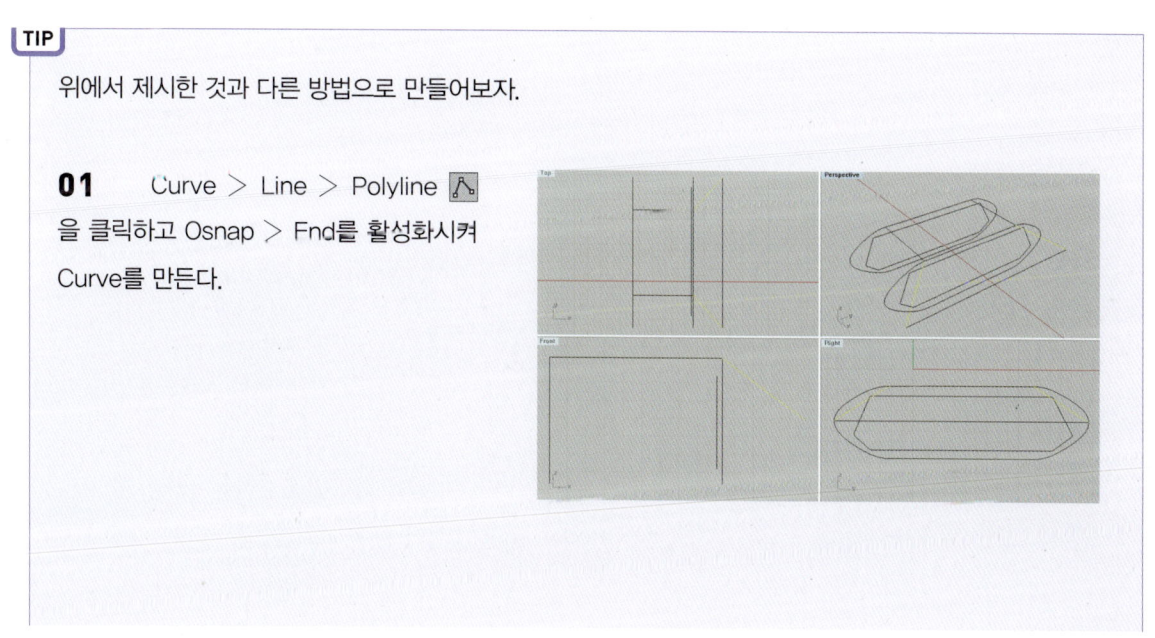

02　Edit > Control Points > Control Points On 또는 약키 F10을 눌러 Curve를 수정한다. Edit > Control Points > Insert Kink 를 클릭하고 Osnap > Mid를 활성화시켜 Curve에 Point를 넣는다.

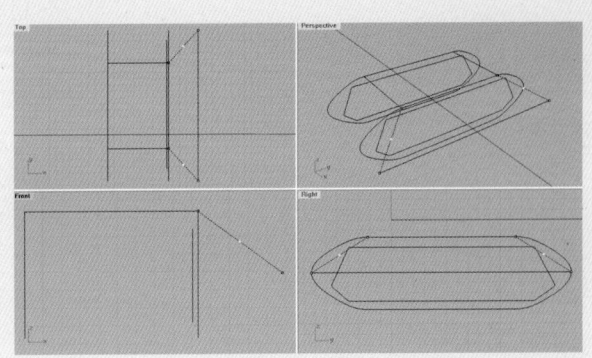

03　약키 F10을 눌러 Control Points를 활성화시킨 후 Point를 선택한다. Transform > Scale > Scale 1-D 를 클릭해 스케일의 중심축을 중간점(Osnap > Mid)으로 잡고 스케일의 방향을 좌 또는 우로 맞추어 양쪽 Point의 위치를 동일하게 바꾼다.

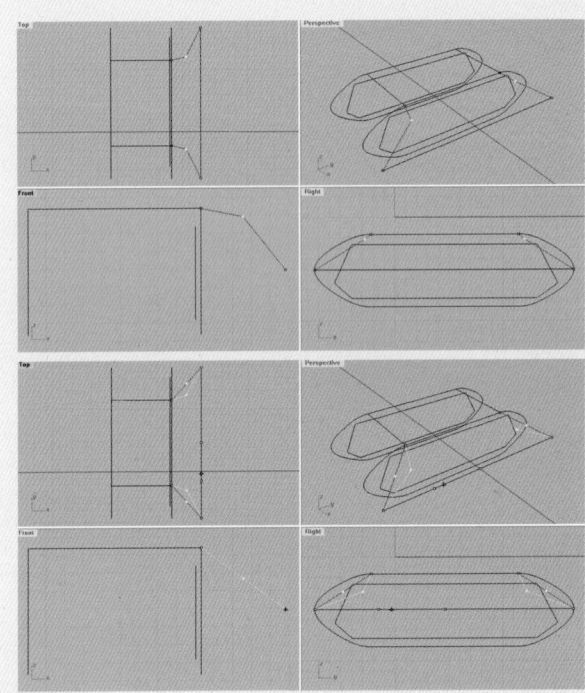

04　아랫부분 역시 위와 동일한 방법으로 그린다.

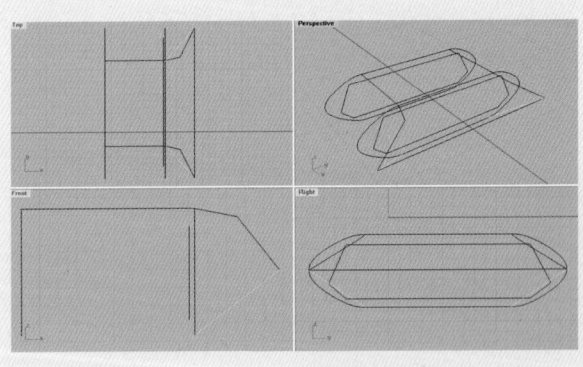

05 Curve > Curve: Control Points from Polyline 을 클릭하여 Polyline을 Curve로 바꾼다.

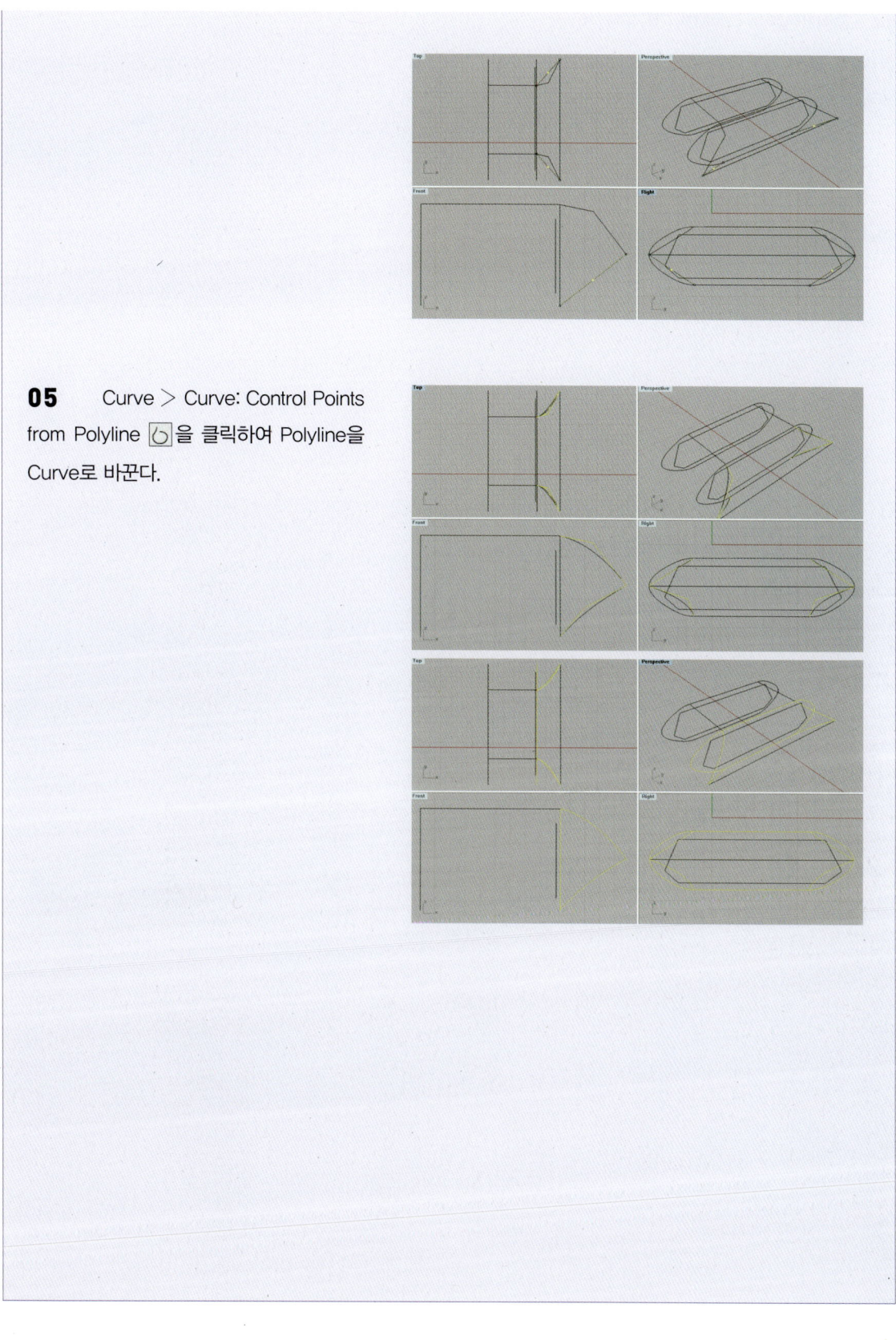

22 Surface > Extrude Curve > Straight 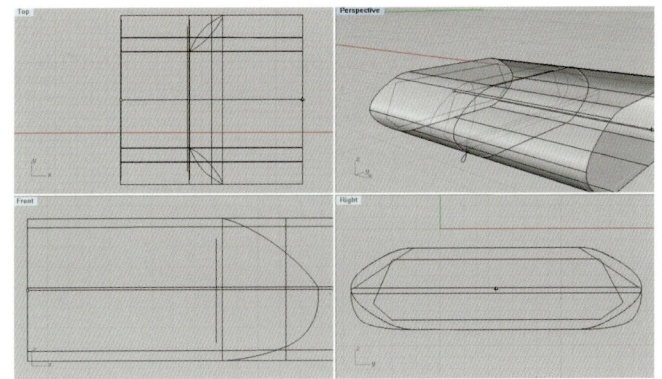를 클릭하여 여유 있게 면을 생성한다.

23 Edit > Split 을 클릭하고 Extrude로 만든 면을 먼저 선택한 후, 방금 만들었던 Curve를 선택하여 면을 분리한다.

> **TIP**
> 반드시 면을 만들어야 할 이유는 없다. Curve의 형태가 비추어지는 모양대로 면이 잘려지게 된다. 만약 Split이 안 된다면 작업하는 View의 선택을 바꾸면 된다.

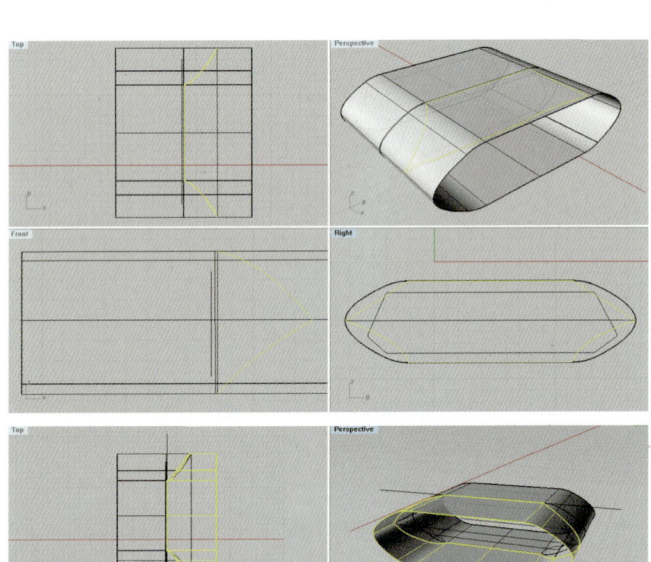
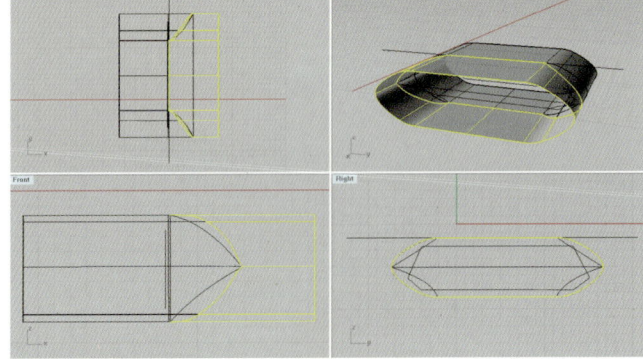

24 Curve > Curve From Objects > Silhouette ▣ 을 클릭하고 오브젝트 전체를 선택하여 외곽 형태의 Curve를 추출한다. 그 다음 Curve들이 선택되어 있는 상태에서 Join ▣ 을 클릭한다.

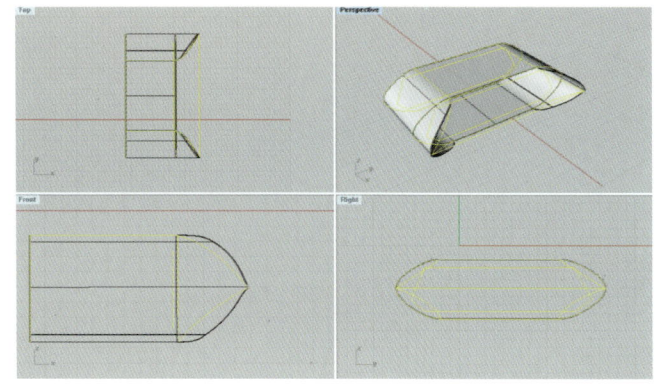

25 Front View에서 Polyline ▣ 을 클릭해 Curve를 그리는데, 넉넉하게 내린다.

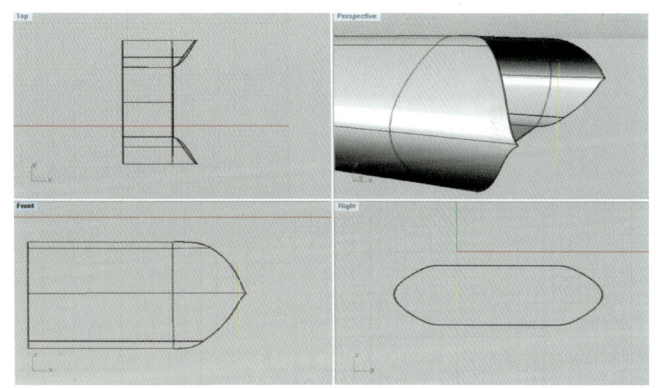

26 Edit > Split ▣ 을 클릭해 잘리야힐 면을 선택한 다음 Curve를 선택하면 그림과 같이 분리된다. 잘린 부분을 삭제한 후 Curve > Curve From Objects > Duplicate Edge ▣ 를 클릭해 잘린 부분의 Curve를 추출한다. 기존에 추출한 Curve와 새로 만든 Curve를 선택하고 Trim ▣ 을 클릭해 지워신 면 부분이 Curve를 지운다.

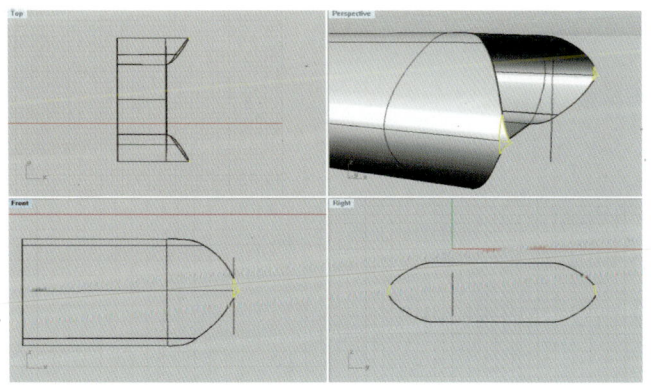

27 각각의 Curve를 윗면, 양쪽 옆면, 아랫면으로 나누어 Join 한다.

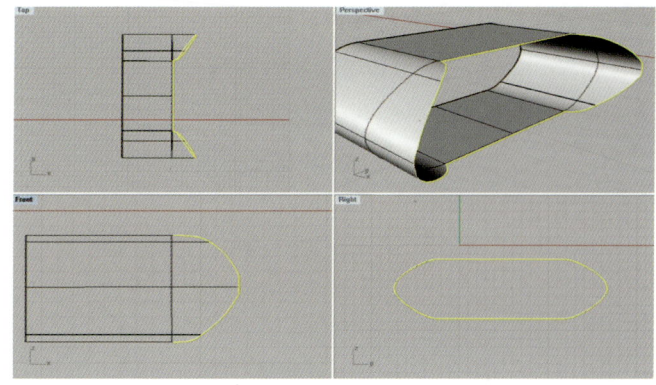

28 Surface > Curve Network 를 클릭하고 Curve를 선택해 면을 생성한다.

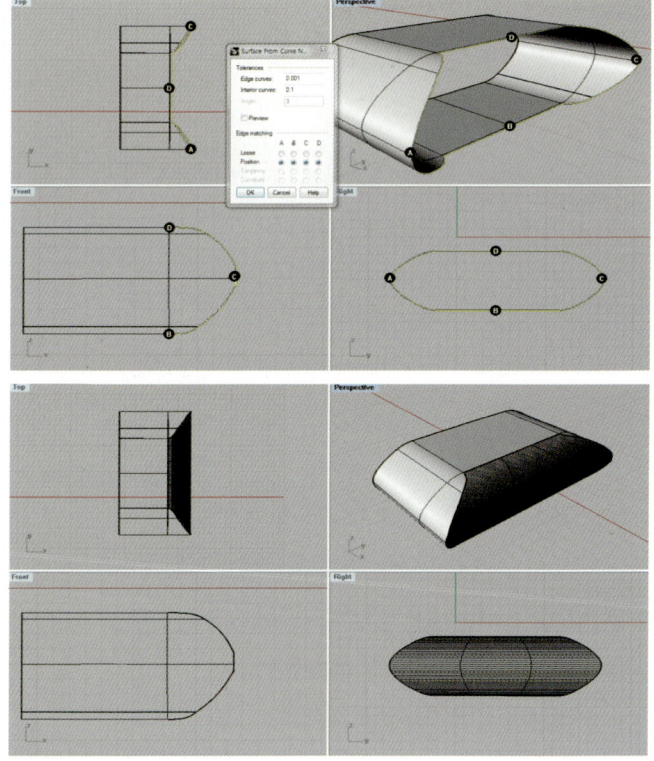

29 Main2 > Rectangle: Center, Corner 🔲 를 클릭하고 Osnap > Cen을 활성화시켜 사각형을 그린다.

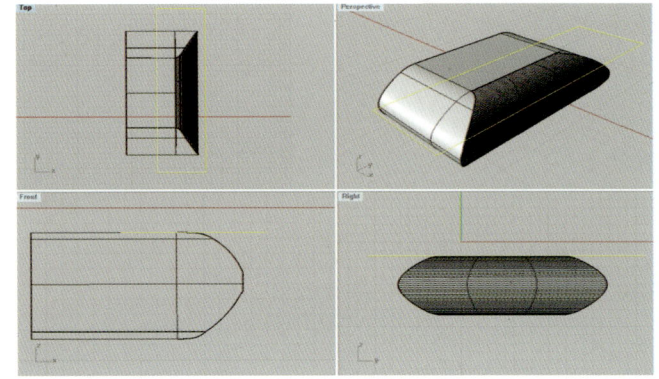

30 Curve > Ellipse > From Center 🔘 를 클릭하여 타원을 그린 후 Edit > Control Points > Control Points On 🔲 또는 약키 F10을 눌러 Control points로 형태를 자연스럽게 수정한다.

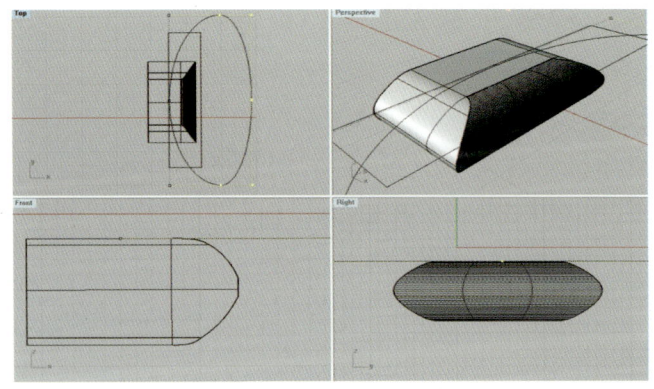

31 Curve들을 선택하고 Edit > Trim 🔲 을 클릭하여 그림과 같이 Curve를 지운다.

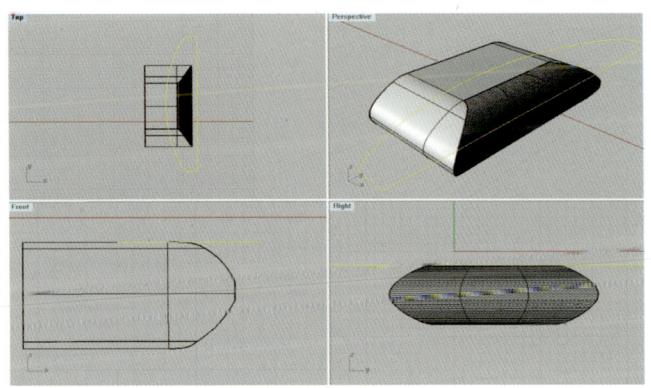

32 Edit > Control Points > Control Points On 또는 약키 F10을 누르고 Control Point를 선택하여 정확한 형태로 수정한다.

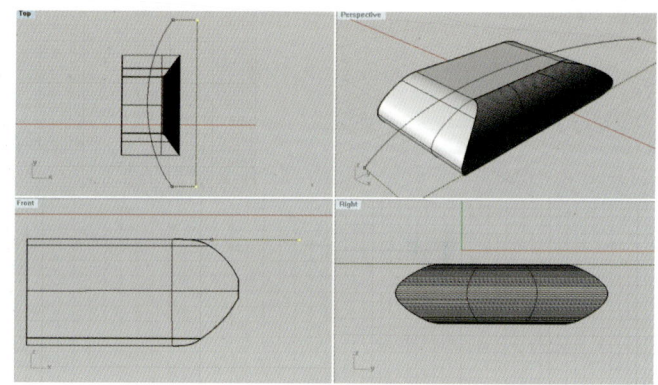

33 Polyline 을 클릭해 Curve를 만든다. 처음 명령어를 실행하면 옵션에 Mode=Line으로 되어 있다. 직선을 한 번 그린 후 Mode를 클릭하여 Arc로 바꾼다. 직선을 그리려면 다시 Mode를 클릭해 그림에 보이는 대로 그린다.

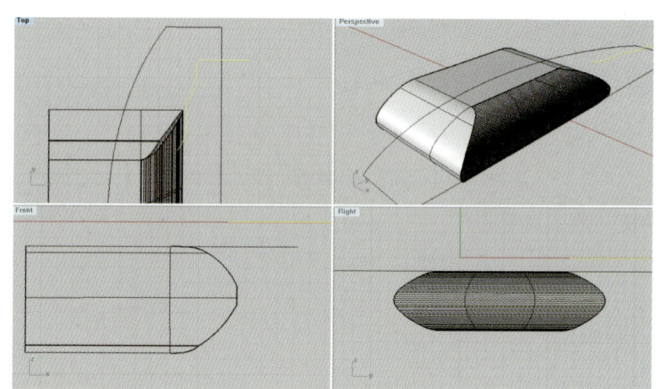

34 Front View에서 Align bottom 을 클릭해 아래로 정렬시킨다.

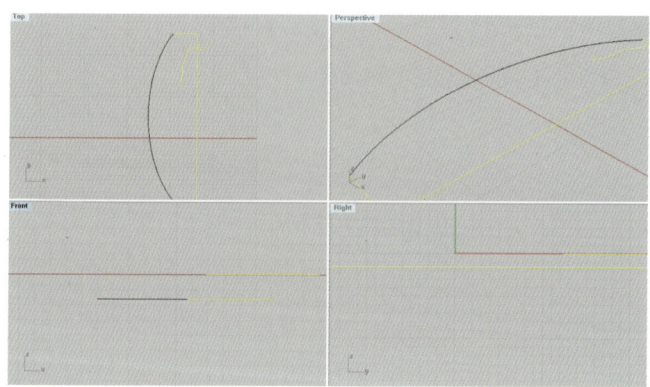

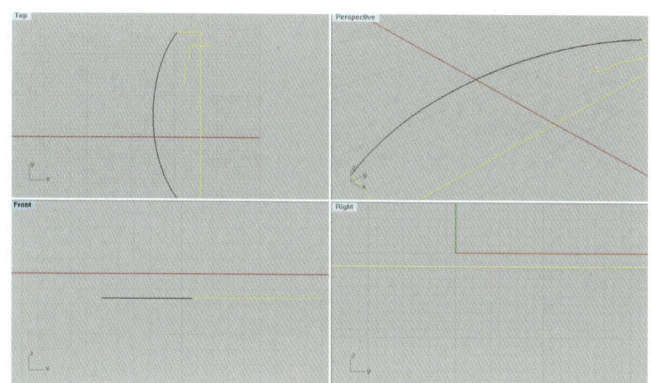

35 Transform > Mirror 를 클릭하고 Osnap > Mid를 활성화시켜 반대편에도 똑같이 만든다.

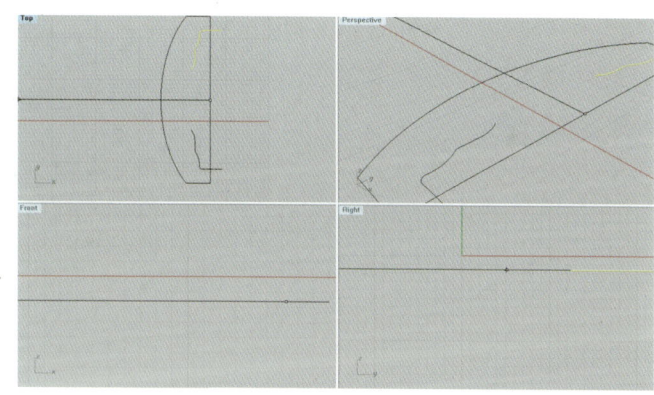

36 Curve들을 선택하고 Edit > Trim 을 클릭하여 그림에서 보이는 형태로 편집한다.

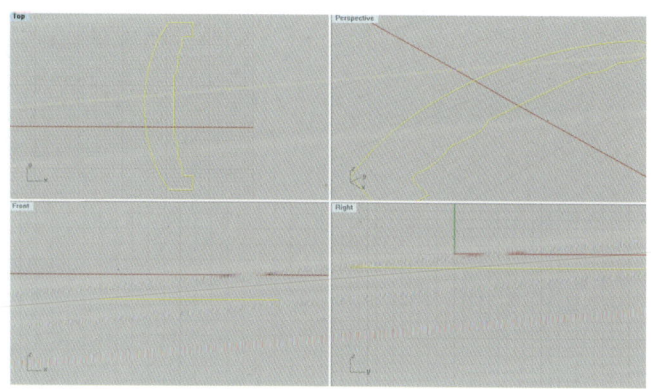

37 Front View에서 Polyline 을 클릭해 Curve를 사선으로 길게 만든다.

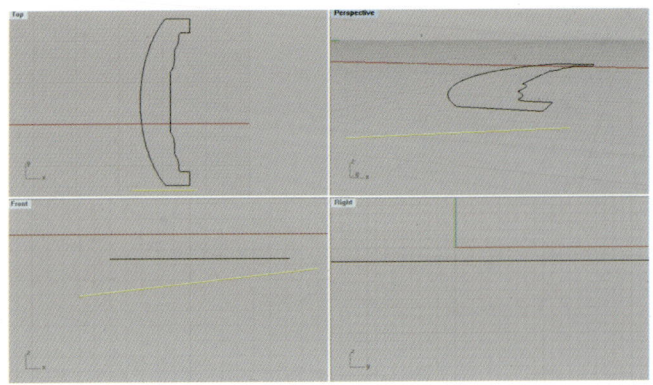

38 Surface > Extrude Curve > Straight 를 클릭해 면이 그려진 Curve 전체를 넘어가게 만든다.

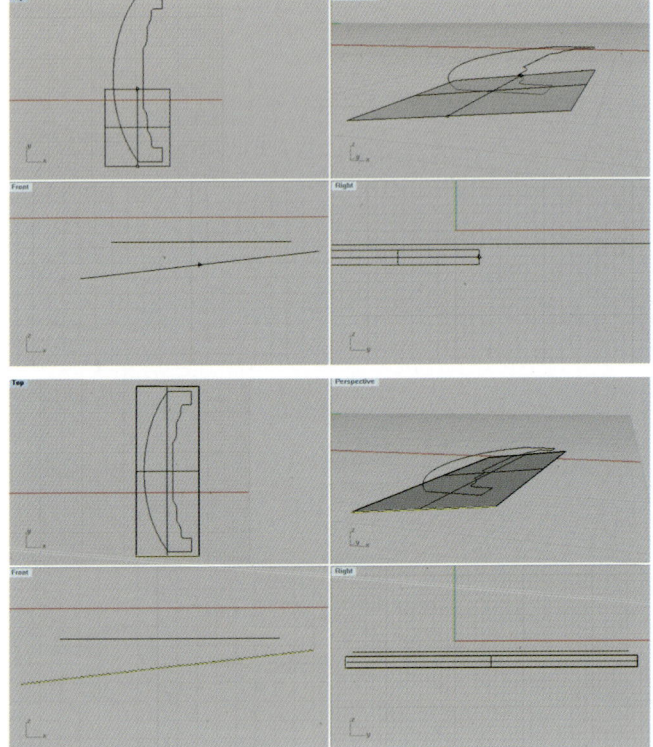

39 Curve > Curve From Objects > Project 를 클릭하여 Top View에서 Curve를 먼저 선택하고 다음 면을 선택하여 면의 각도에 맞는 Curve를 만든다.

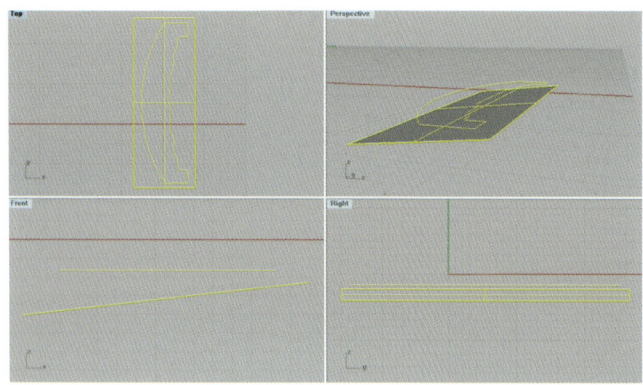

40 Edit > Split 을 클릭한 뒤 면을 선택하고 MR, 새로 만들어낸 Curve를 선택하고 MR을 클릭해 면을 분리시킨다.

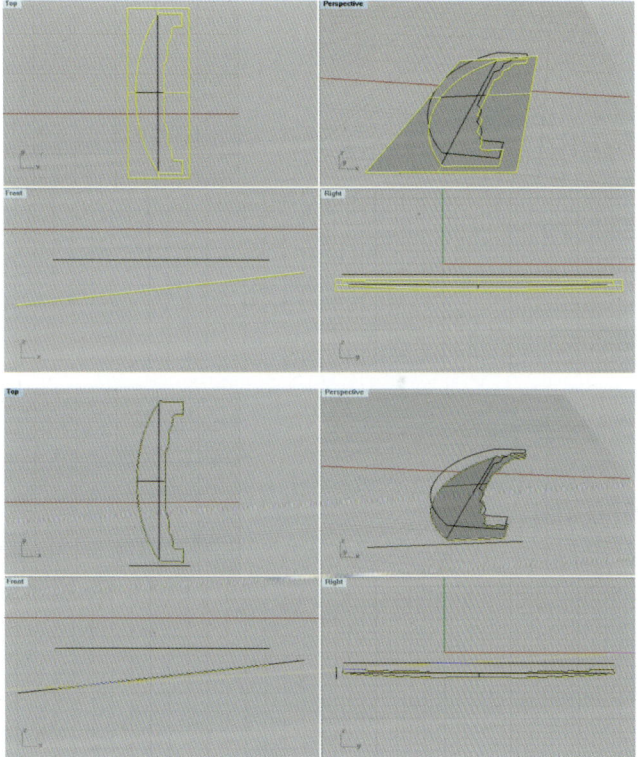

41 Surface > Loft 을 클릭해 아래와 위의 Curve로 면을 생성한다.

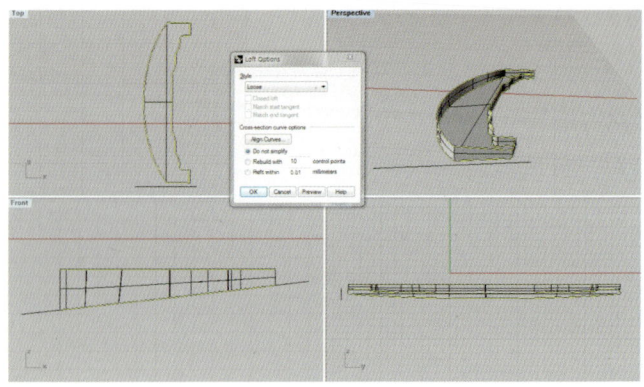

42 Surface > Patch 를 클릭해 면을 만들어준 후 전체를 선택하여 Join 시킨다.

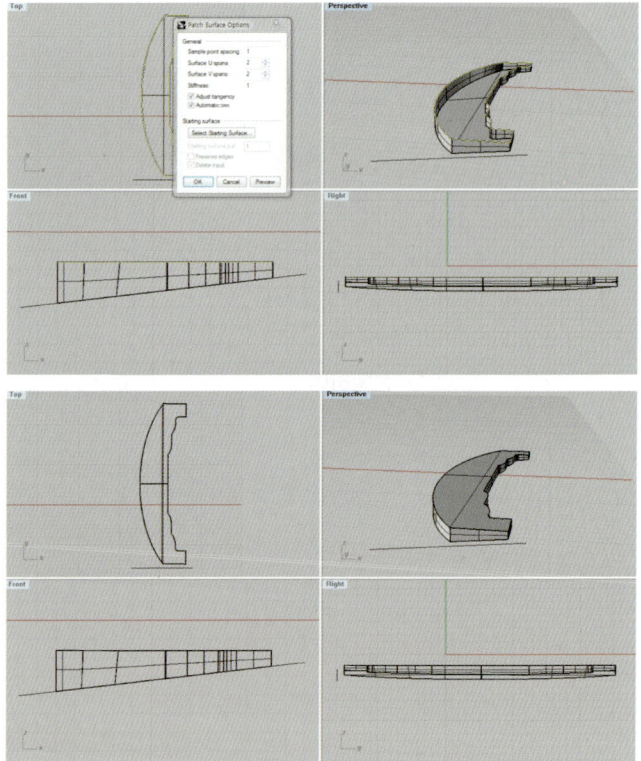

43 Solid > Fillet Edge > Fillet Edge 를 클릭하고 Radius값을 '0.2'로 입력한다.

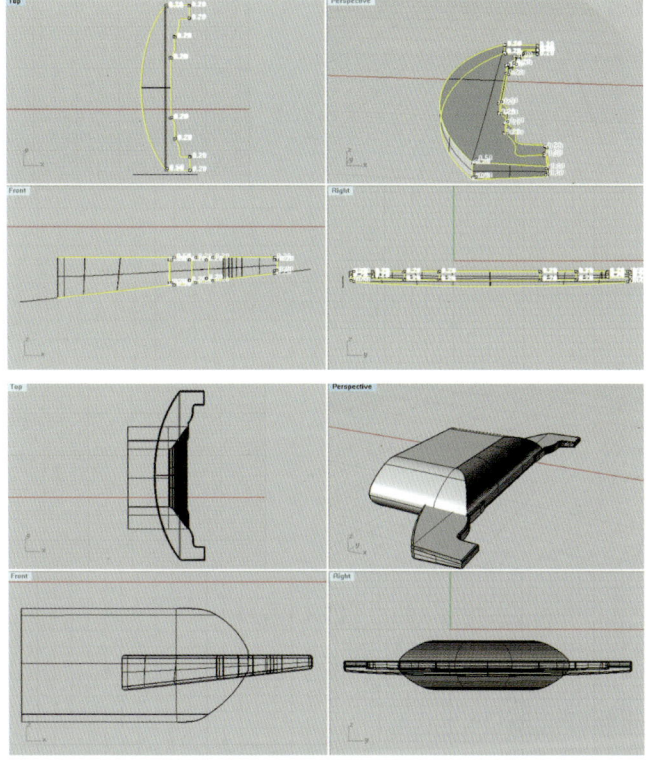

44 Curve를 선택한 후 Surface > Patch 를 클릭해 면을 만들고, 전체를 선택하여 Join 시킨다. Solid > Union 을 클릭하고 두 오브젝트를 선택하여 하나로 만든다.

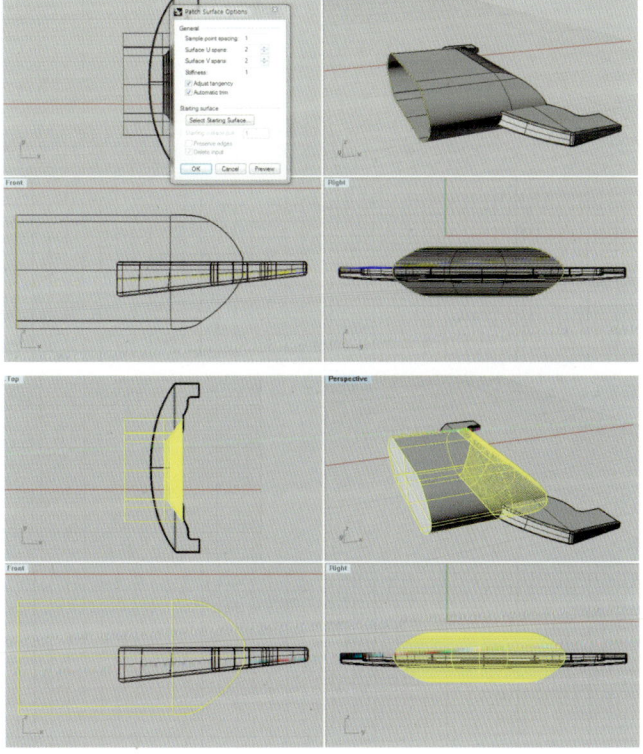

45 Solid > Box > Corner to Corner, Height 를 클릭해 Box를 만든다.

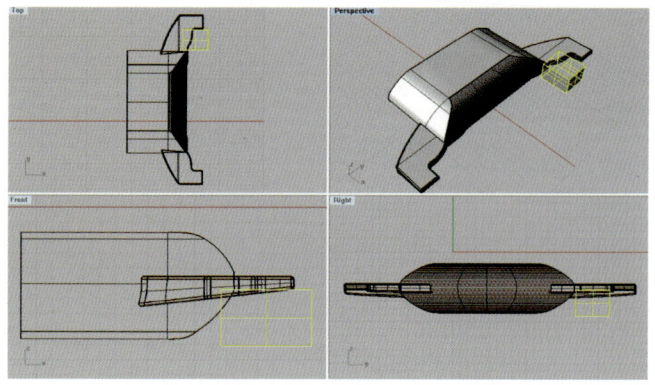

46 Transform > Mirror 를 클릭하고 Osnap > Mid를 설정하여 반대편에 또 하나의 Box를 만든다.

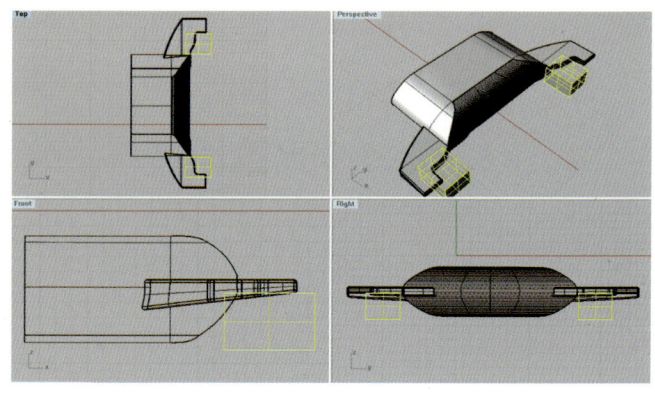

47 Solid > Difference 를 클릭하고 몸체를 선택한 다음, 양쪽의 Box를 선택하여 몸체에서 면을 제거한다.

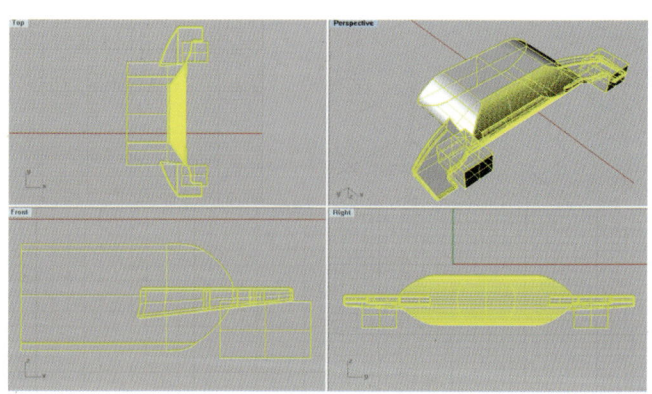

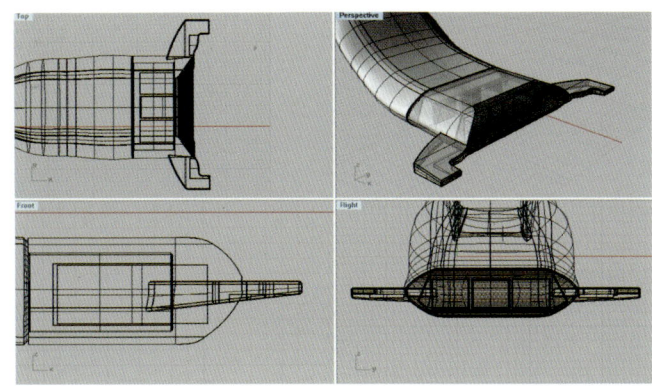

48 몸체를 선택하고 복사, 붙여넣기하여 Hide 시킨다.

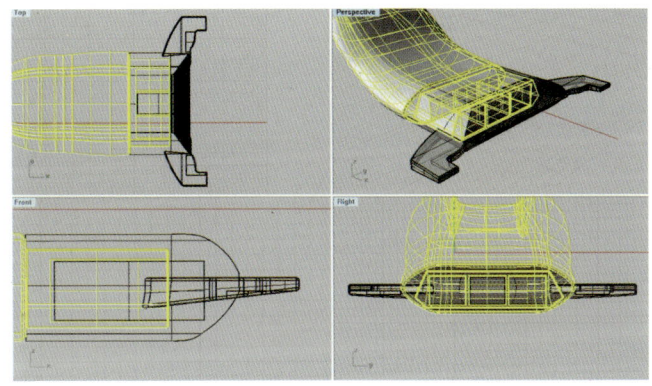

49 Solid > Difference 를 클릭하고 만든 앞부분을 선택한 다음, 몸체를 선택하여 제거한다.

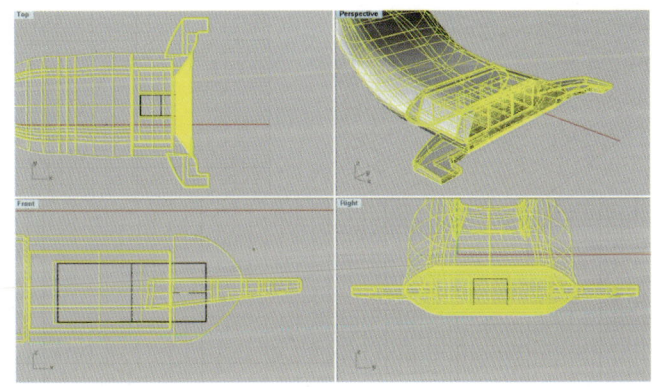

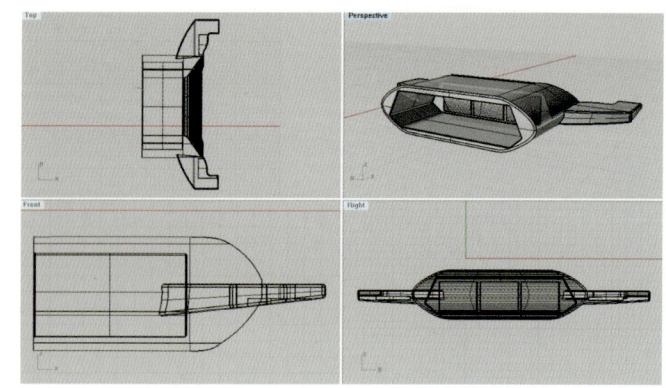

● 디테일 만들기

01 Main2 > Rectangle: Center, Corner 를 클릭하고 Osnap > Cen을 활성화시켜 사각형을 그린다.

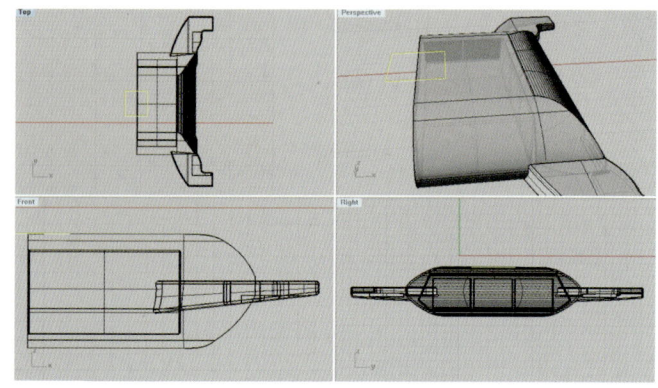

02 Edit > Control Points > Control Points On 또는 약키 F10을 눌러 Control points로 형태를 자연스럽게 수정한다. 앞쪽의 양쪽 모서리는 Curve > Fillet Curves 를 클릭하고 Radius값 '1'을 입력한다.

TIP
먼저 Fillet을 하는 것이 아니라 형태 수정 후에 Fillet을 해주어야 한다.

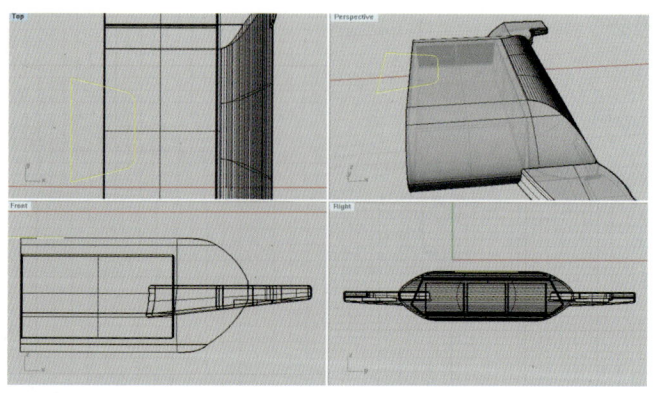

03 Surface > Extrude Curve > Straight 🔲를 클릭하여 몸체의 위쪽 면에만 걸쳐지게 면을 생성한다.

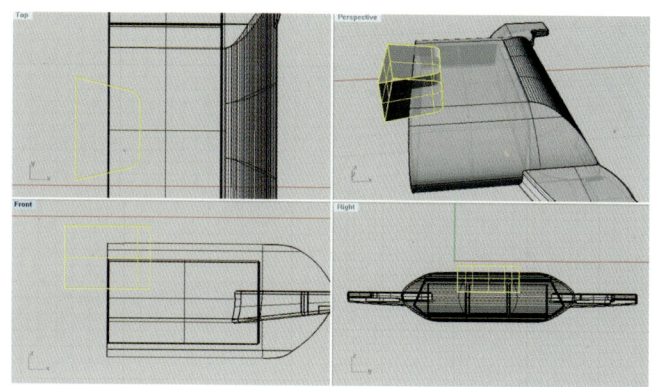

04 Solid > Difference 🔵를 클릭하고 만든 몸체를 선택한 다음, 새로 만든 면을 선택하여 면을 제거한다.

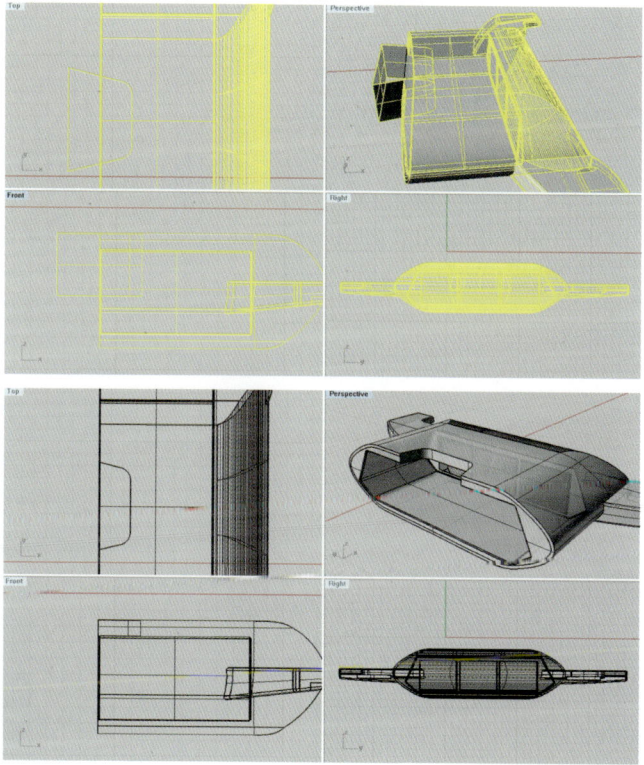

05 Main2 > Rectangle: Rounded Rectangle 를 클릭해 사각형을 그린다.

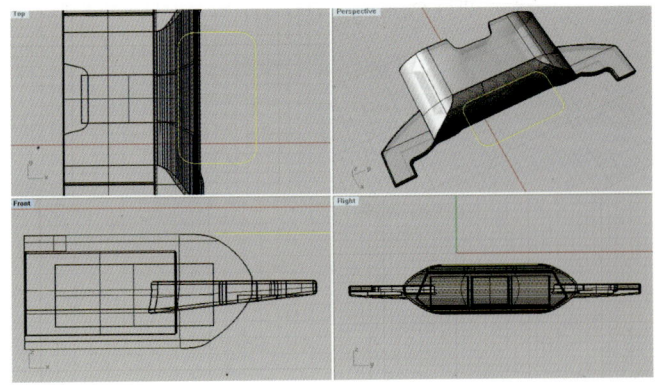

06 Curve > Curve From Objects > Project 를 클릭한 다음 Top View에서 Curve와 면을 차례로 선택하여 면의 형태에 맞는 Curve를 만든다.

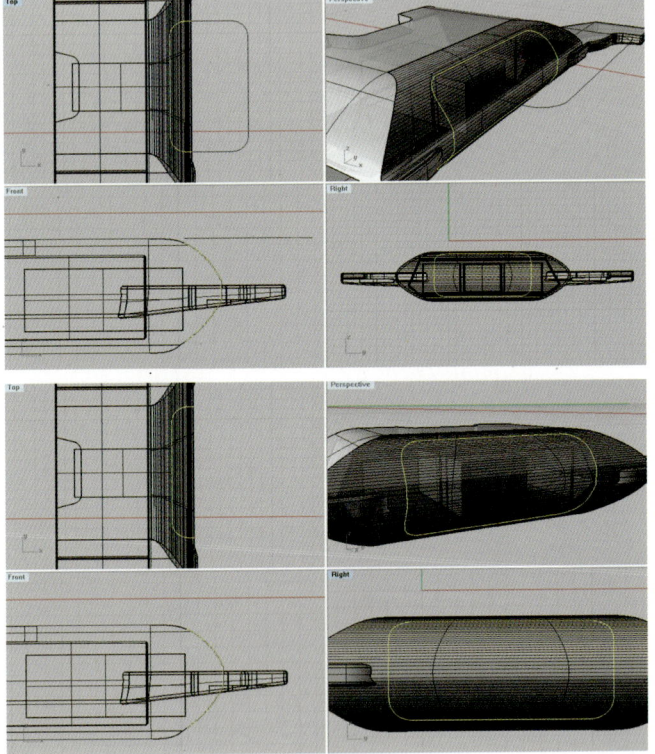

07 Top View에서 Curve > Rectangle > Center, Corner 를 클릭하고 Osnap > Quad를 활성화시켜 사각형을 그린다. Polyline 을 클릭하여 그림과 같이 Curve를 만들고 Arc 로 Curve를 만든 후 Trim 한다.

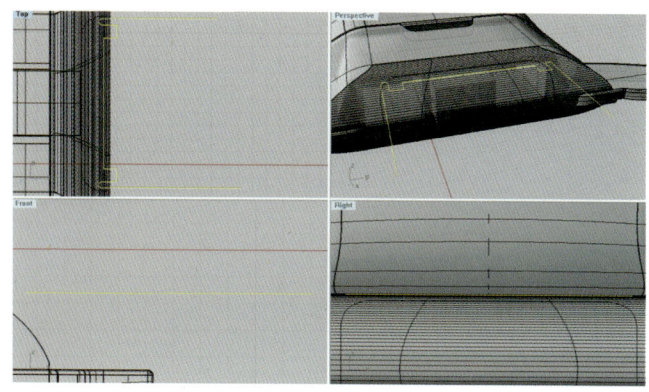

08 Curve > Curve From Objects > Project 를 클릭하고 Top View에서 Curve와 면을 차례로 선택하여 면의 형태에 맞는 Curve를 만든다.

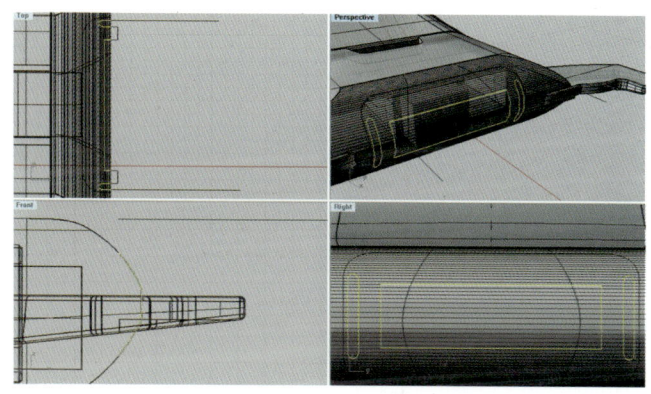

09 Curve > Curve From Objects > Extract Isocurve 을 클릭하고 'Direction =U'를 입력하여 면의 형태에 맞는 Curve를 만든다.

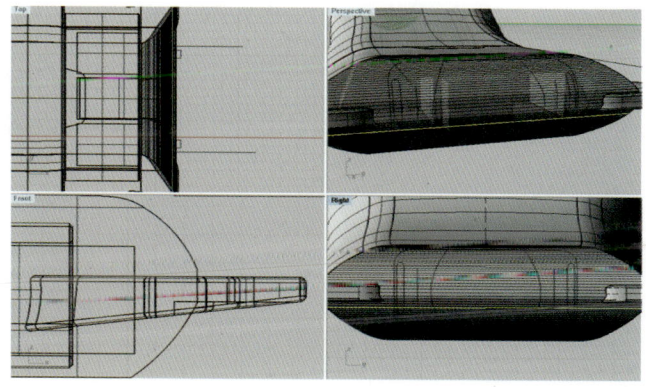

10 지금 그린 Curve를 제외한 모든 Curve들을 Hide 💡시킨다.

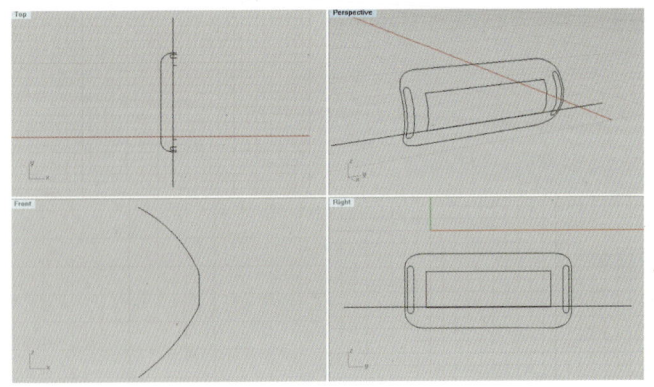

11 Edit > Trim 🔧을 클릭하여 그림에 보이는 것과 같이 Curve들을 삭제한다. 그런 다음 모두 선택하여 Join 🧩시킨다.

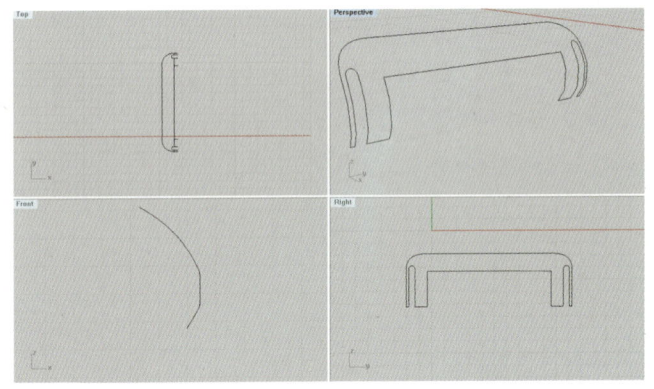

12 Edit > Split 🔧을 클릭하고 먼저 면을 선택 후 Enter(MR)를 누른다. Curve를 선택하고 Enter를 눌러 Curve 모양으로 면을 잘라낸다.

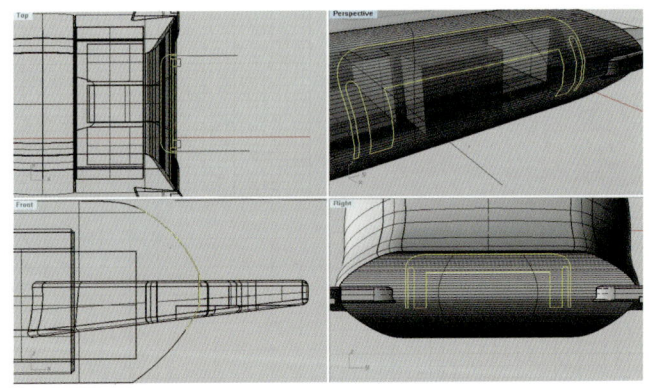

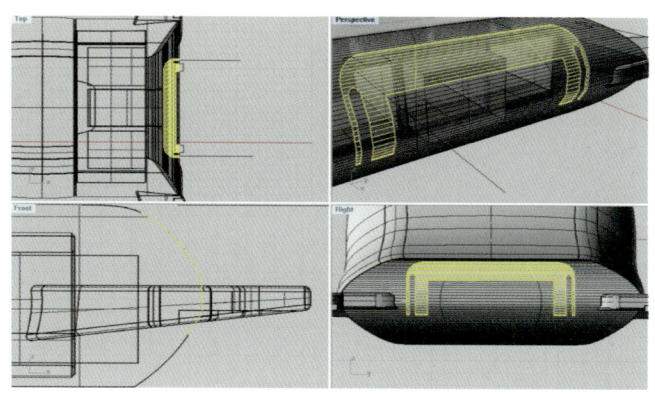

13 Front View에서 Main2 > Rectangle: Rounded Rectangle 을 클릭해 사각형을 그린다.

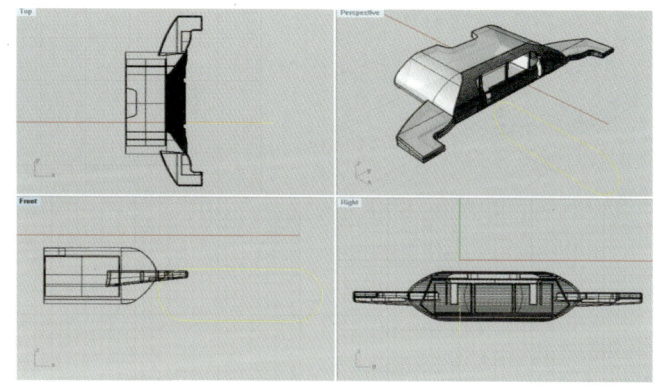

14 Surface > Extrude Curve > Straight 를 클릭해 면을 생성한다.

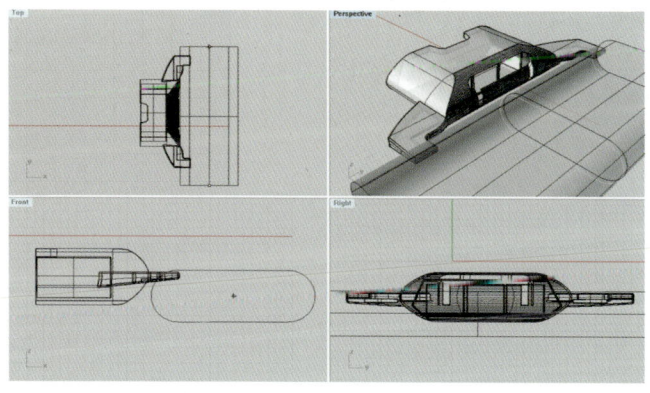

chapter 2 실습 예제 _ Curve와 Solid 혼합 모델링 • 면도기 285

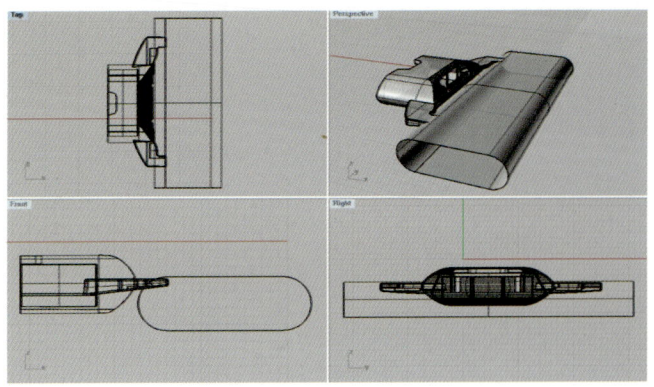

15 Curve > Offset Curve 를 클릭해 안쪽에 Curve를 만든다.

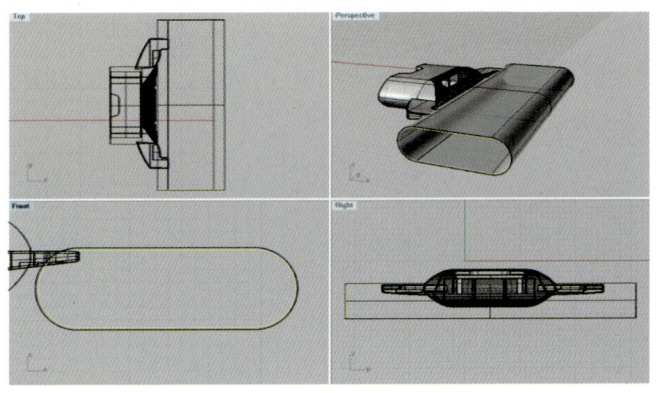

16 Curve > Offset Curve 를 클릭해 안쪽으로 '0.1'만큼 들어오는 Curve를 만든다.

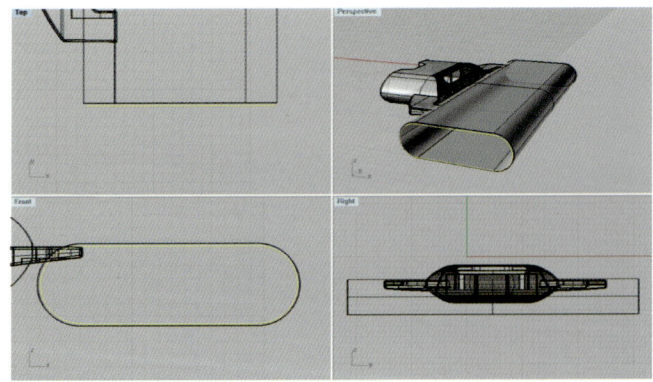

17   안쪽의 Curve를 아주 조금 밖으로 드래그해서 이동시킨다.

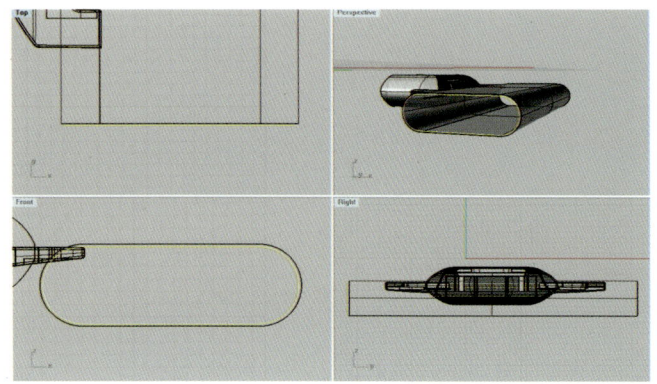

18   Patch 를 클릭하고 두 개의 Curve를 선택해 면을 생성한다.

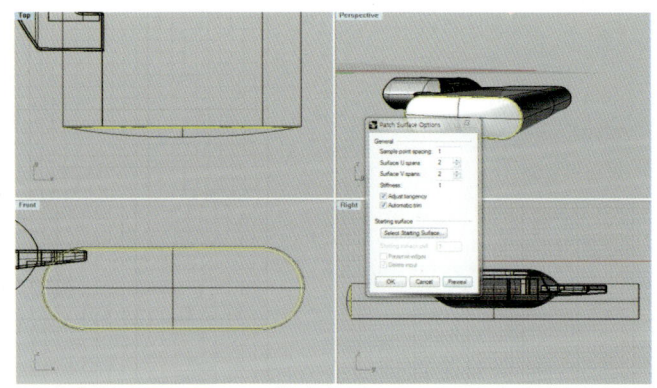

19   Osnap > Mid를 활성화시키고 Transform > Mirror 를 클릭하여 반대편에도 똑같이 만든다.

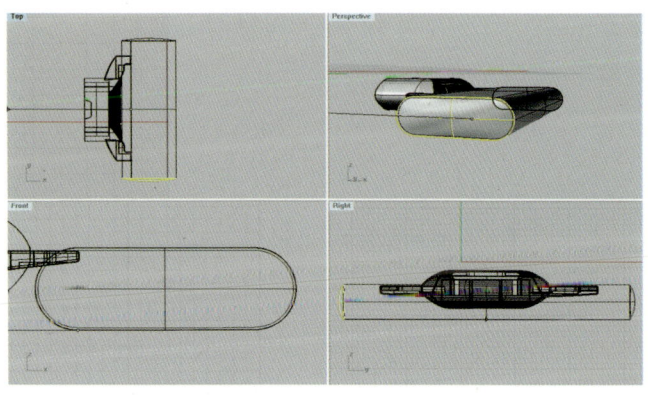

20 Solid > Fillet Edge > Fillet Edge 를 클릭하고 Radius값을 '1'로 입력한다.

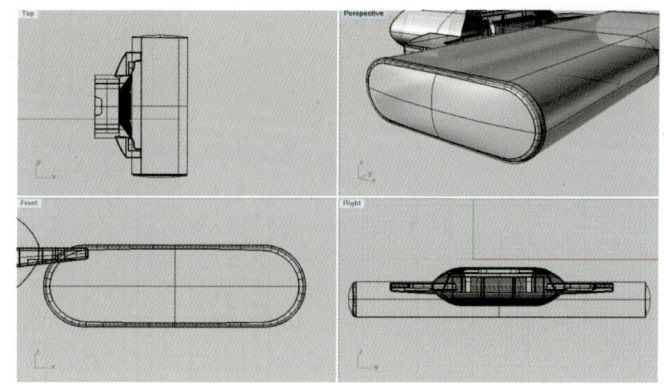

21 전체를 선택하여 Join 시킨다.

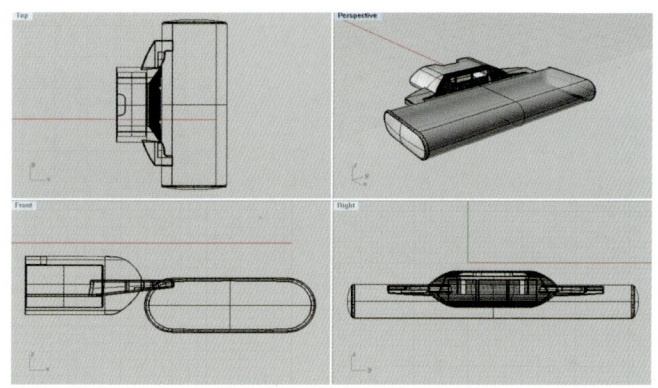

22 Curve > Line > Single Line 을 클릭하여 수직으로 Curve를 두 개 만든다.

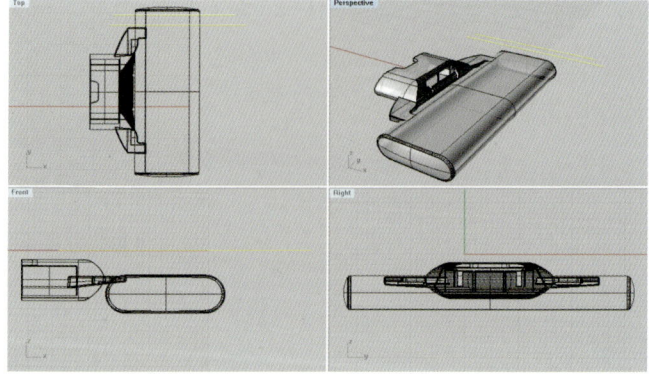

23 Transform > Mirror 를 클릭하고 Osnap > Mid를 활성화시켜 반대편에도 똑같이 만든다.
Curve > Curve From Objects > Project 를 클릭한 다음 Top View에서 Curve 와 면을 차례로 선택하여 면의 형태에 맞는 Curve를 만든다.

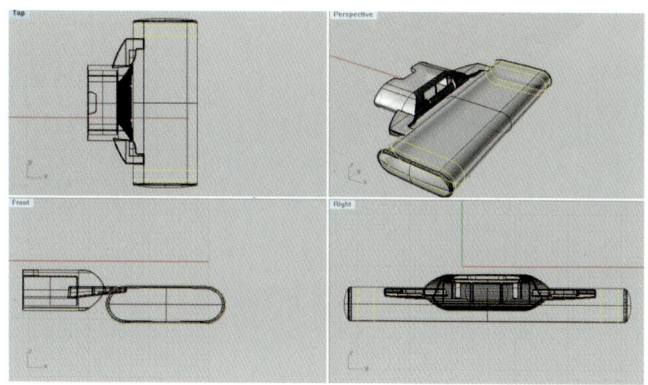

24 Main2 > Rectangle: Rounded Rectangle 을 클릭하고 Osnap > Quad 를 활성화시켜 사각형을 세 개 그린다.

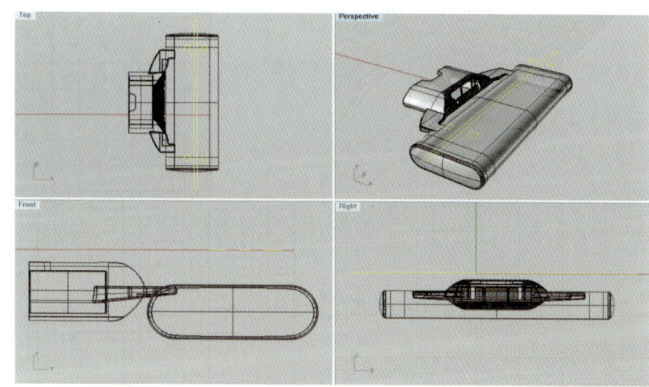

25 Curve > Curve From Objects > Project 를 클릭하고 Top View에서 Curve와 면을 차례로 선택하여 면의 형태에 맞는 Curve를 만든다.

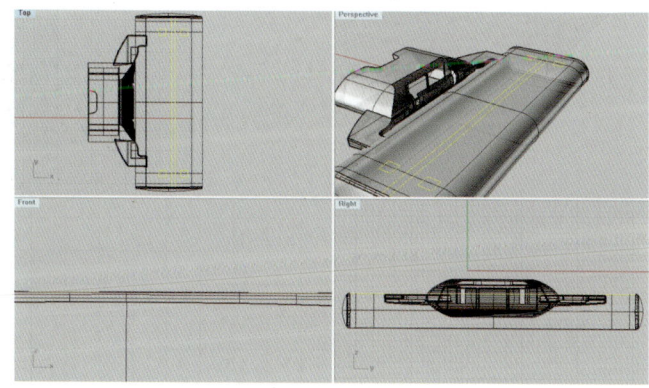

26 Edit > Trim 을 클릭하여 그림에 보이는 형태대로 그린다.

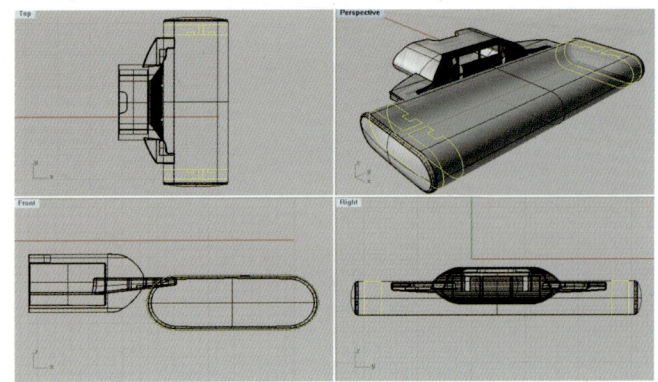

27 Edit > Split 을 클릭하여 몸체를 선택하고 Enter(MR), 생성된 Curve를 선택하여 Enter를 누른다.

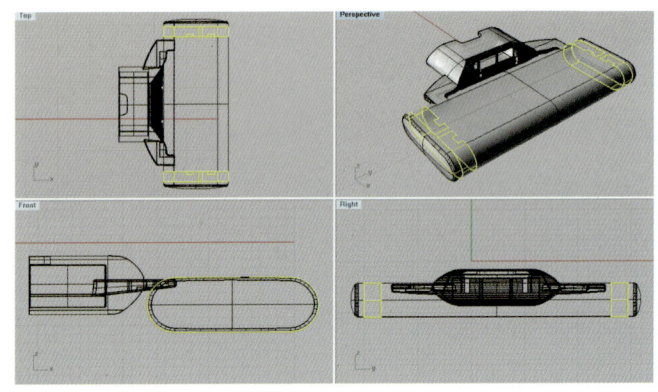

28 Solid > Box > Corner to Corner, Height 를 클릭해 Box를 만든다.

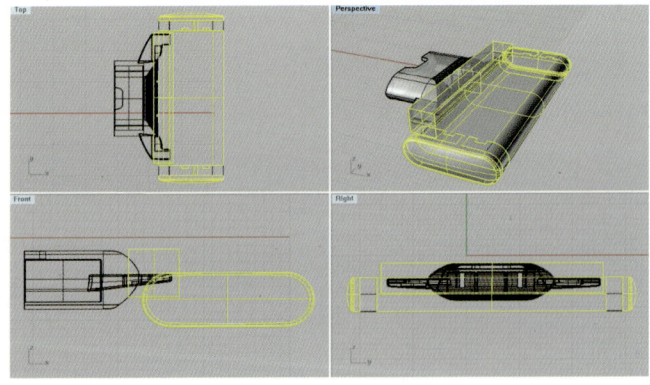

29 Solid > Difference 를 클릭하고 몸체를 선택한 다음, Box를 선택하여 몸체에서 면을 제거한다.

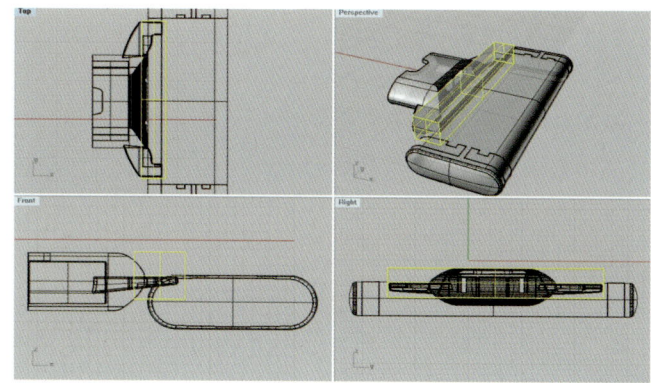

30 Solid > Box > Corner to Corner, Height 를 클릭해 Box를 만든다.

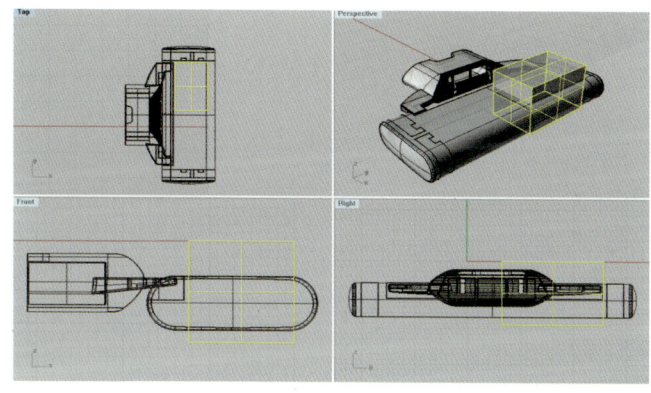

31 Transform > Mirror 를 클릭하고 Osnap > Mid를 활성화시켜 반대편에도 똑같이 만든다.

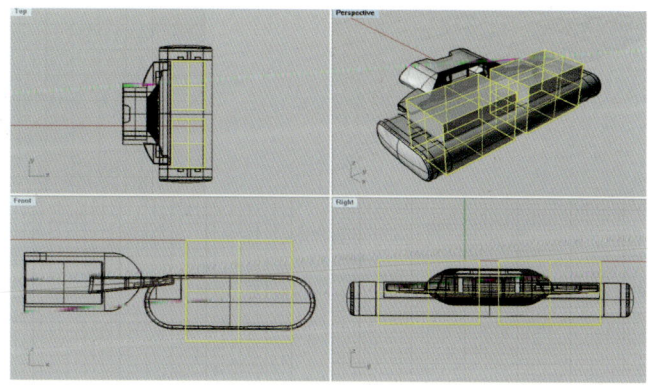

32 앞에서 만든 두 개를 선택하여 Box가 관통하게 위치를 잡아준다. Solid > Difference 를 클릭하고 몸체를 선택한 다음, Box를 클릭해 몸체에서 면을 제거한다.

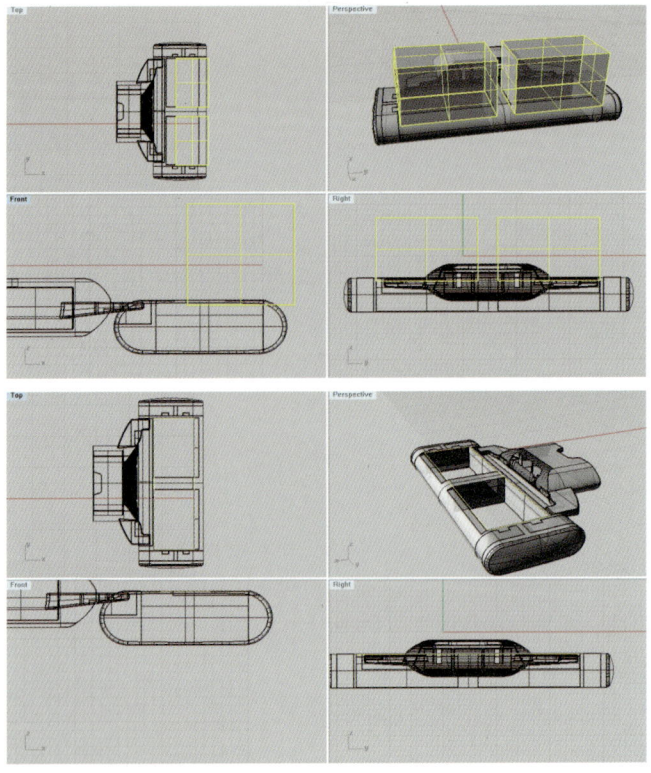

33 Solid > Box > Corner to Corner, Height 를 클릭하고 Box를 만들어, 관통하는 것이 아니라 위쪽을 조금 남겨두는 형태로 움직인다. 두 개를 선택해 Box가 관통하게 위치를 잡아준 후 Solid > Difference 를 클릭하고 몸체를 선택한 다음, Box를 선택하여 몸체에서 면을 제거한다.

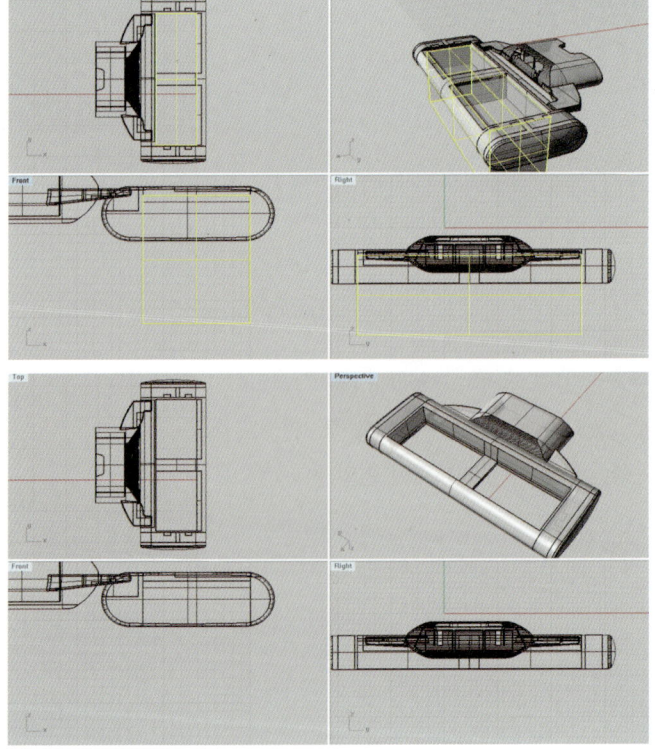

34 Main2 > Rectangle: 3 Points 를 클릭하고 Osnap > End를 활성화시켜 사각형을 그린다.

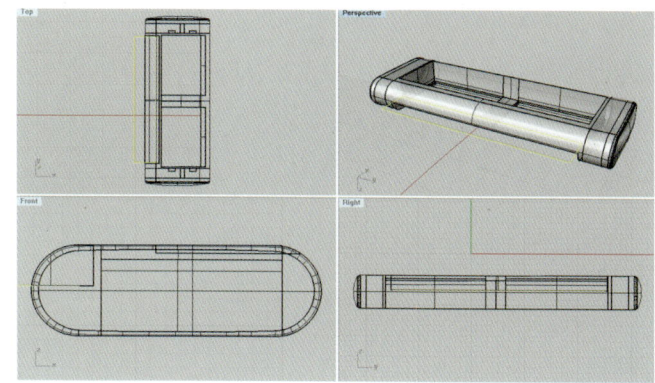

35 Curve > Curve From Objects > Project 를 클릭하고 Top View에서 Curve와 면을 차례로 택하여 면의 형태에 맞는 Curve를 만든다.

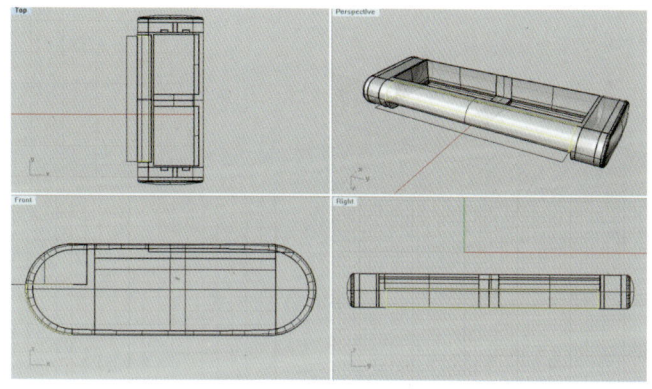

36 Curve > Curve From Objects > Extract Isocurve 를 클릭하고 'Direction=U'를 입력하여 면의 형태에 맞는 Curve를 만든다.

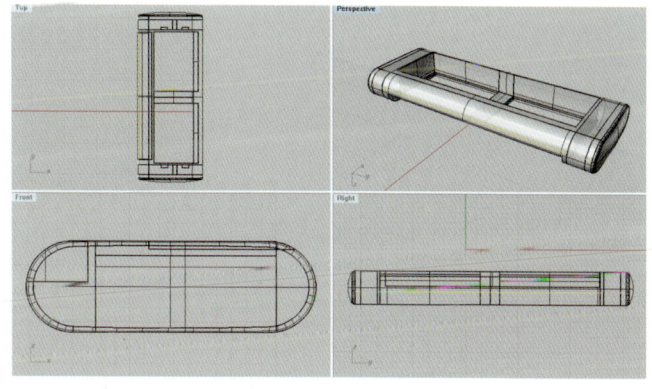

37 Edit > Trim 을 클릭하여 그림에 보이는 형태와 같이 Curve들을 지운다. 그 다음 모두 선택하여 Join 시킨다.

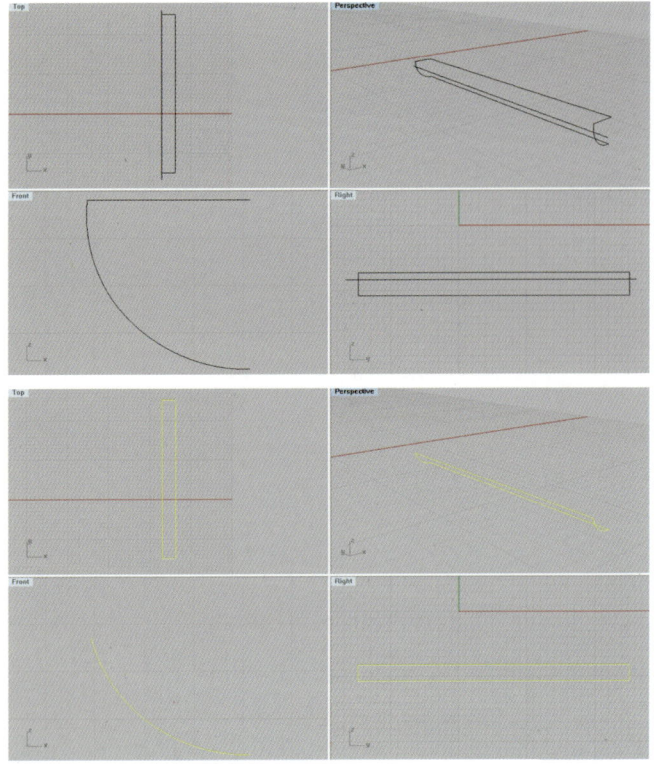

38 Edit > Split 을 클릭하고 먼저 면을 선택한 후 Enter(MR), Curve를 선택한 다음 Enter를 눌러 Curve 모양으로 면을 잘라낸다.

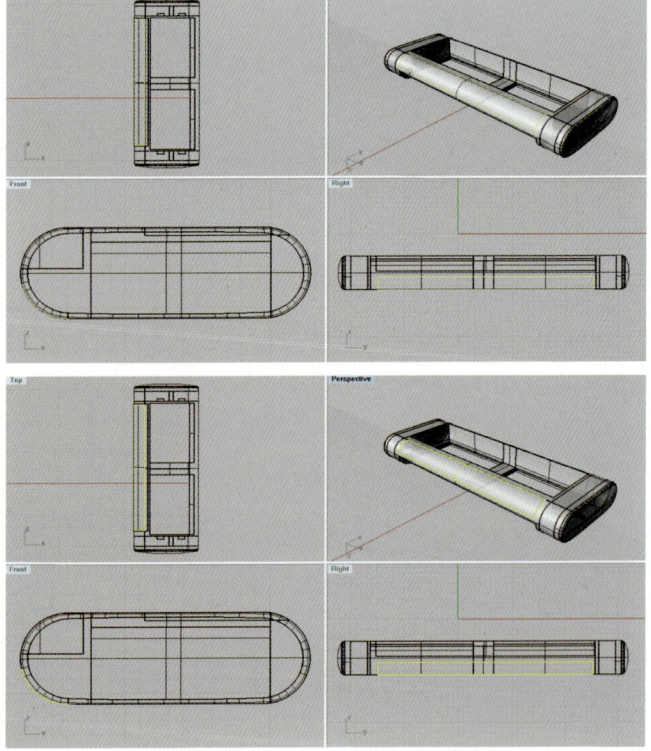

39 Curve > Rectangle > Corner to Corner 를 클릭해 사각형을 그린다.

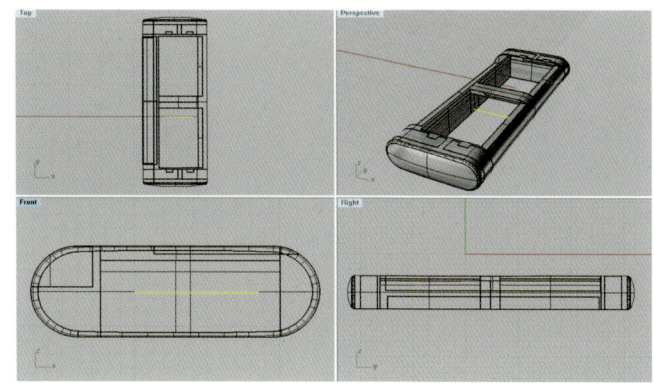

40 Curve 선택 후 Edit > Control Points > Control Points On 또는 약키 F10을 누르고 모서리 부분의 Point 하나를 이동시켜 모양을 만든다.

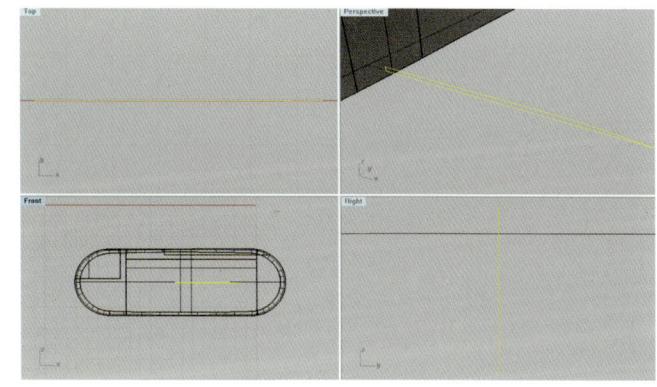

41 Curve를 드래그로 이동하여 그림에서 보이는 위치로 이동한다.

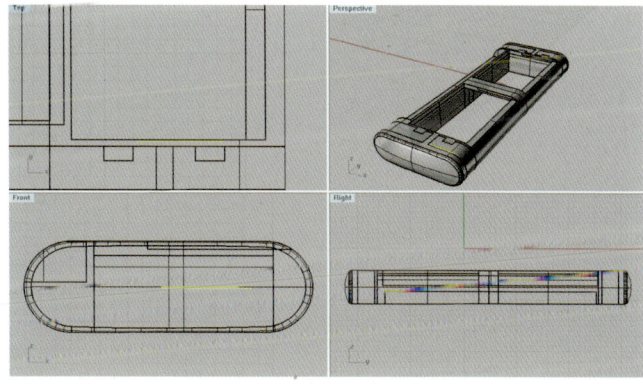

42 Surface > Extrude Curve > Straight 🔲를 클릭하고 만들어진 두 개 Curve를 모두 선택한 후 Command Line의 옵션에서 Cap을 선택한다.

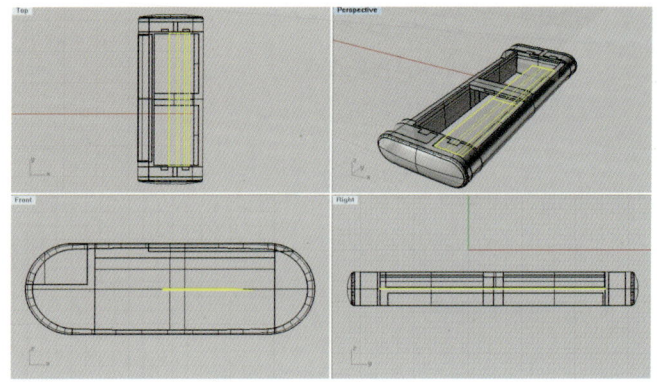

43 Transform > Rotate 2-D 🔲를 클릭해 면도날의 각도를 잡는다.

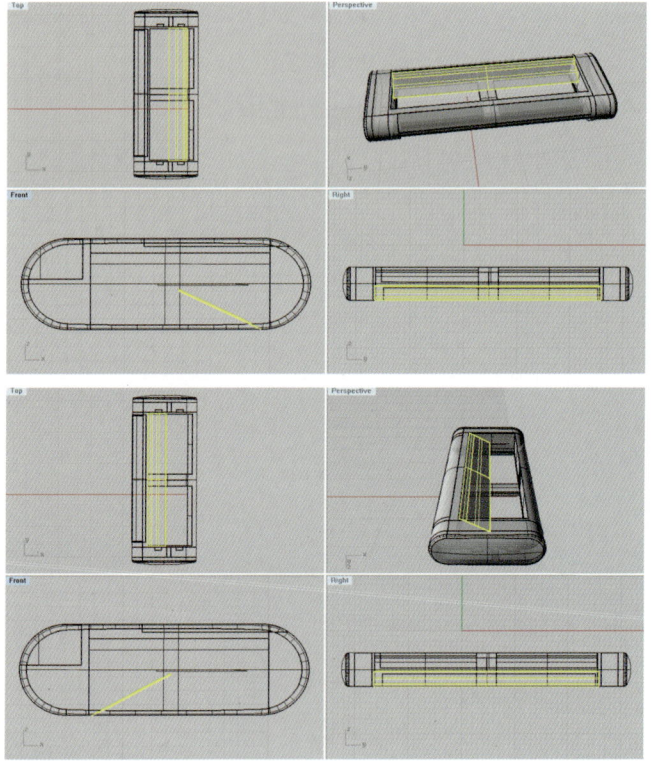

44 Main1 > Copy 를 클릭해 동일한 간격으로 두 개를 복사하여 붙인다. (Main1에 있는 Copy는 Multicopy이다.)

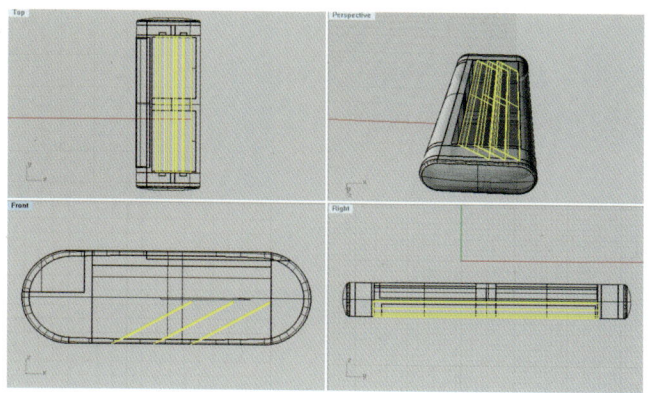

45 Solid > Box > Corner to Corner, Height 를 클릭해 Box를 만들고, 관통하는 것이 아니라 위쪽을 남겨두는 형태로 움직인다.

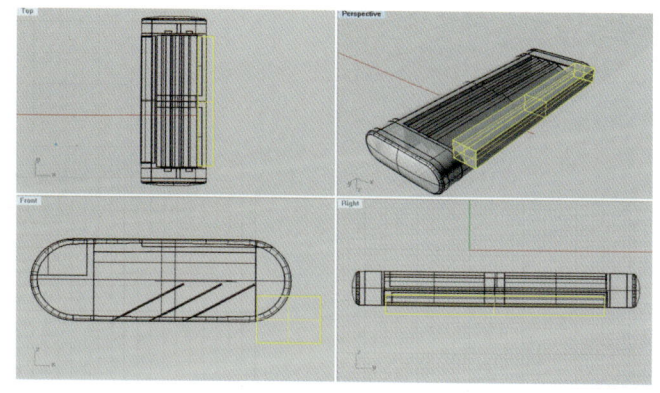

46 Curve > Curve From Objects > Intersection 을 클릭해 두 오브젝트가 교차되는 부분의 Curve를 추출한 후 Join 시킨다.

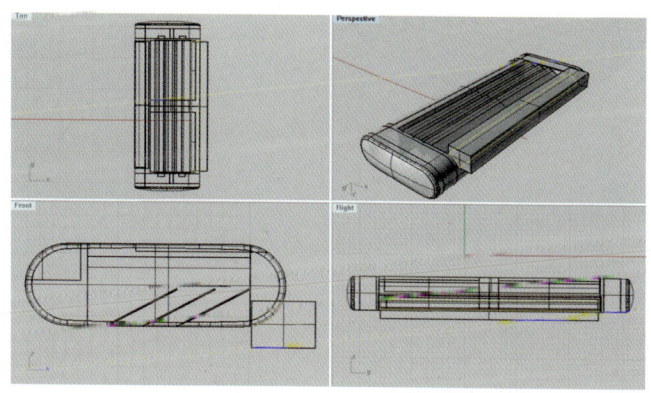

chapter 2 실습 예제 _ Curve와 Solid 혼합 모델링 · 면도기   297

47 Edit > Split 을 클릭하여 몸체를 선택하고 Enter(MR), 생성된 Curve를 선택하고 Enter를 눌러 면을 분리한다.

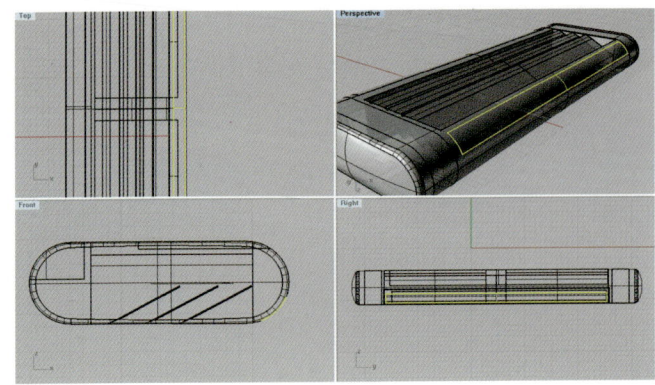

48 Polyline 을 클릭해 Curve를 그린다. Mode=Arc로 그린 후 Mode를 클릭하고 Line으로 바꿔주어 닫힌 Curve로 만든다.

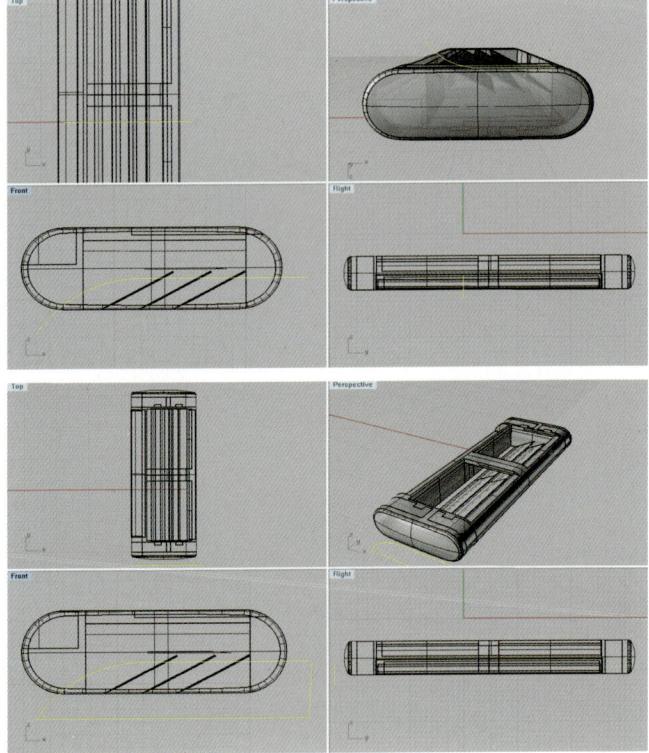

49 Surface > Extrude Curve > Straight 을 클릭하고 만들어진 두 개 Curve를 모두 선택 후 Command Line의 옵션에서 Cap을 선택한다. Transform > Mirror 를 클릭하고 Osnap > Mid를 활성화시켜 반대편에도 똑같이 만든다.

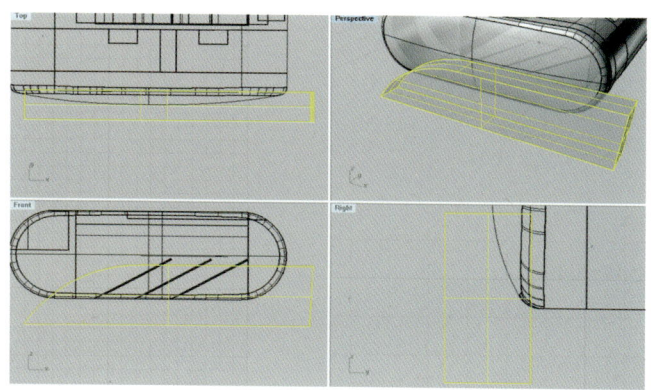

50 Solid > Difference 를 클릭하고 몸체에서 MR, 새로 생성된 Solid를 선택하고 MR을 클릭한다.

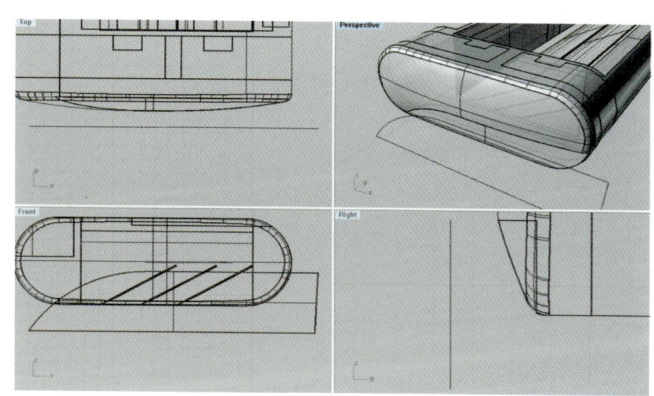

51 전체를 선택 후 Join 시킨다.

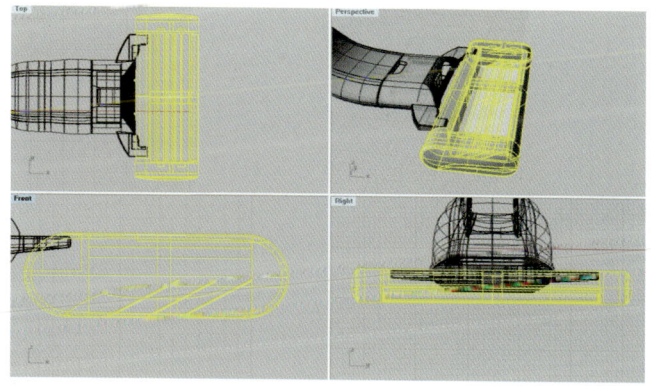

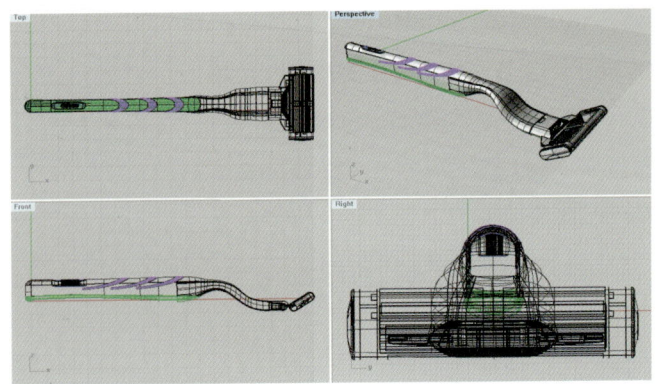

52 Solid > Sphere > Center, Radius
🔘를 클릭하여 적당한 크기의 구를 만든다.

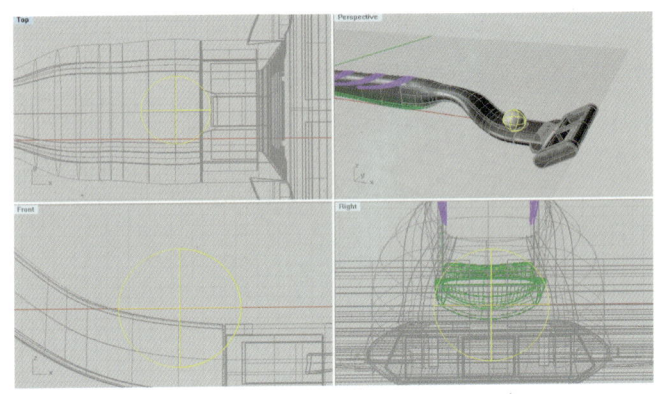

53 Curve > Free-Form > Interpolate Points 를 클릭하여 그림에 보이는 형태대로 Curve를 만든다. 아랫부분의 선은 몸체의 형태에 맞추어 그리고, 나머지 두 선을 그린다.

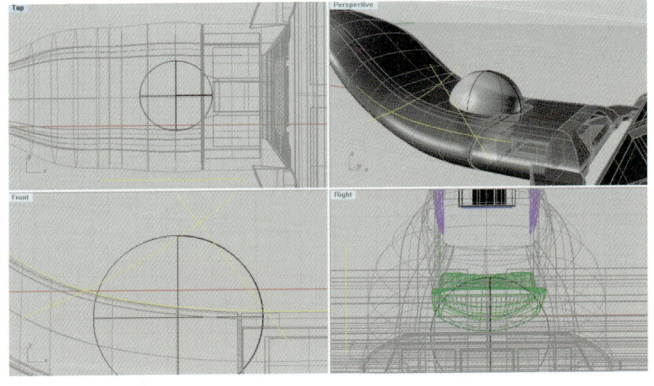

54 Surface > Extrude Curve > Straight ▣를 클릭하고 세 선을 동시에 선택하여 면을 생성한다.

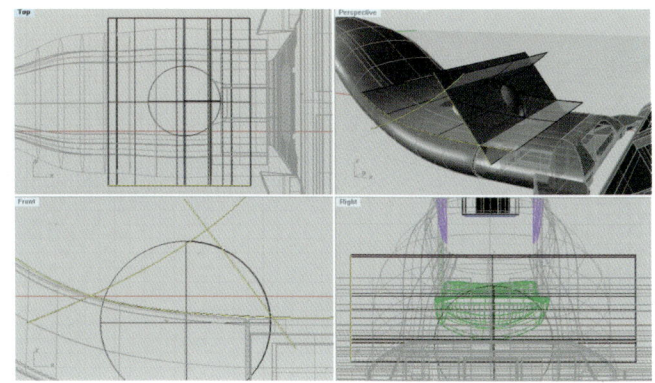

55 Edit > Split ▣을 클릭하여 몸체를 선택하고 Enter(MR), 생성된 면을 선택하여 Enter를 누른다.

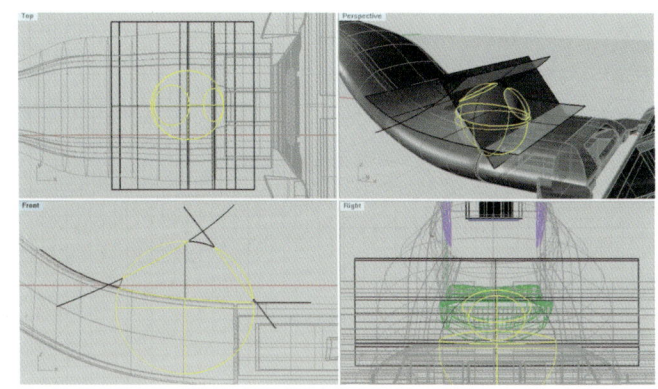

56 다시 한 번 순서를 바꾸어 Split한다. 그 후에 전체를 선택하여 Join ▣시킨다.

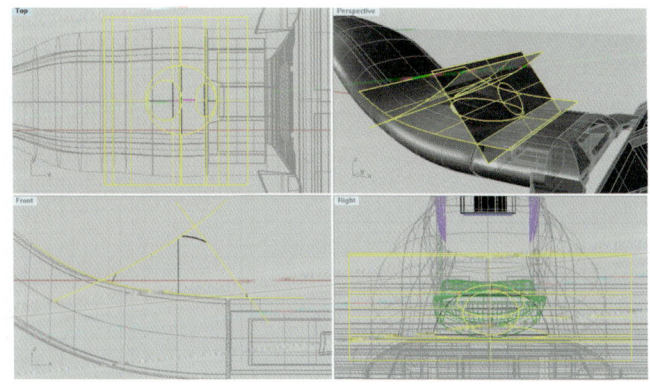

57 Solid > Cylinder 를 클릭하고 Osnap > Cen을 활성화시켜 원기둥을 만든다. Transform > Rotate 를 클릭해 각도에 맞추어 회전시킨다.

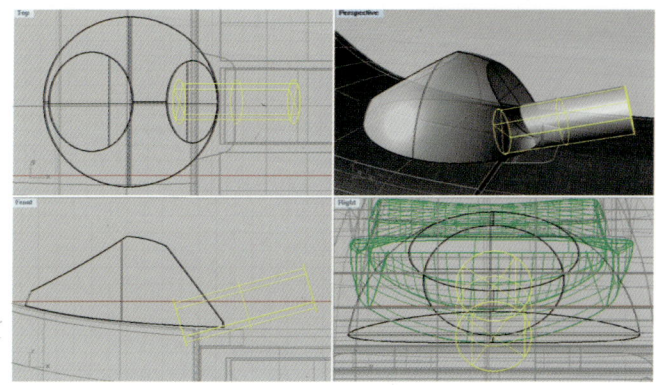

58 Solid > Fillet Edge > Fillet Edge 를 클릭하고 Radius값을 '0.2'로 입력한다.

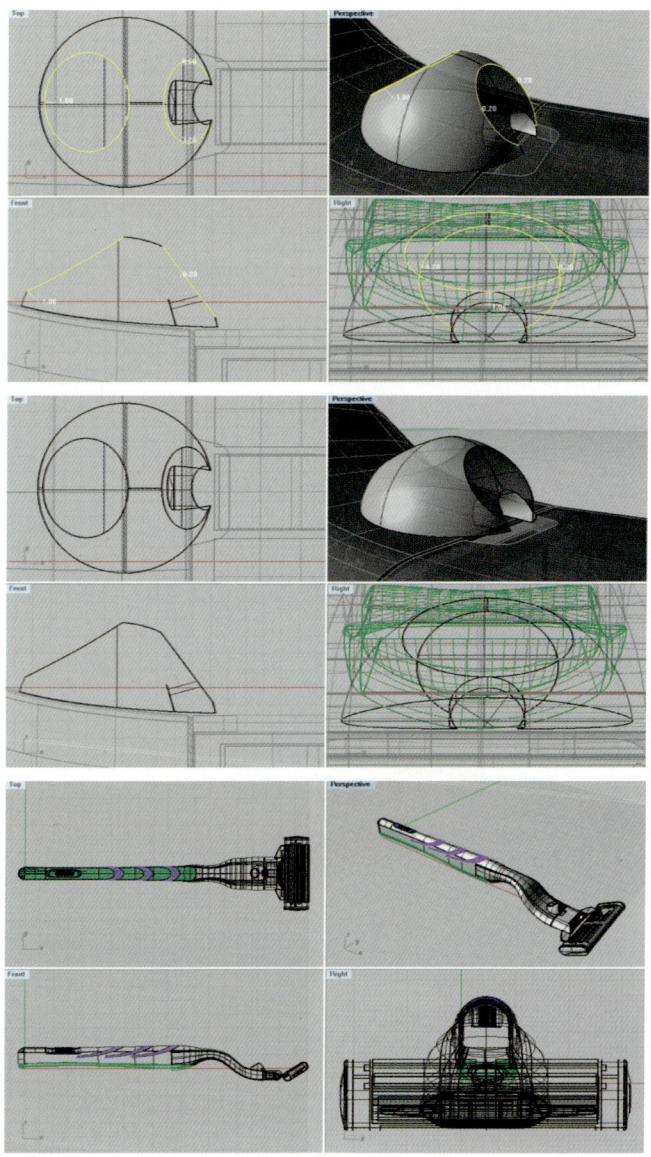

chapter 2 실습 예제 _ Curve와 Solid 혼합 모델링 • 면도기

Rhino 3D 따라하기

지은이 유상현, 문재호, 오재성
펴낸이 한병화
편 집 김채은
디자인 역사공간
표지 디자인 손고운

초판 인쇄일 2011년 7월 18일
초판 발행일 2011년 8월 1일

펴낸곳 도서출판 예경
등 록 1980년 1월 30일(제300-1980-3호)
주 소 서울 종로구 평창동 296-2
전 화 02-396-3040~3
팩 스 02-396-3044
전자우편 webmaster@yekyong.com
홈페이지 http://www.yekyong.com

ISBN 978-89-7084-460-2 (13000)

* 신저작권법에 의해 한국 내에서 보호를 받는 저작물이므로 무단전재와 복제를 금합니다.
* 책값은 뒤표지에 있습니다.